KB267290

아 나 키 스 트 의 초 상

아 나 키 스 트 의 초 상

국립중앙도서관 출판시도서목록(CIP)

아나키스트의 초상 / 폴 애프리치 지음 ; 하승우 옮김.
-- 서울 : 갈무리, 2004
p. ;   cm. -- (카이로스총서 ; 3)

원서명: Anarchist portraits
원저자명: Avrich, Paul
색인수록
ISBN 89-86114-70-4 04300 : \16900
ISBN 89-86114-63-1(세트)

340.28-KDC4
320.57-DDC21   CIP2004001465

아나키스트의 초상

| 폴 에브리치 지음 | 하승우 옮김 |

Anarchist

Portraits

2004

Anarchist Portraits by Paul Avrich

가른 쏜을 기리며

1904~1985

차례

서문 | 9

1부 러시아

1장 바쿠닌의 유산 | 16

2장 바쿠닌과 미국 | 35

3장 바쿠닌과 네차예프 | 64

4장 크로포트킨의 윤리적 아나키즘 | 97

5장 미국의 크로포트킨 | 137

6장 폭풍의 새 : 아나똘리 젤레즈니아코프 | 186

7장 네스토르 마흐노 : 사람과 신화 | 193

8장 V. M. 아이헨바움(볼린) : 사람과 그의 책 | 215

2부 미국

9장 프루동과 미국 | 244

10장 벤자민 터커와 그의 딸 | 256

11장 C. W. 모브레이 : 미국의 영국인 아나키스트 | 272

12장 사코와 반체티 : 이탈리아 아나키스트의 배경 | 287

13장 미국의 유대인 아나키즘 | 309

14장 알렉산드르 베르크만 : 스케치 | 351

15장 감옥에 갇힌 리카르도 플로레스 마공 | 363

16장 몰리 슈타이머 : 한 아나키스트의 삶 | 373

3부 유럽을 포함한 다른 나라들

17장 파리꼬뮨과 그 유산 | 396

18장 폴 브루스 : 현실주의적 아나키스트 | 413

19장 순교자, 구스타프 란다우어 | 423

20장 브라질의 아나키스트들 | 436

21장 오스트레일리아 아나키스트 : J. W. 플레밍 | 445

옮긴이 후기 유령처럼 나를 깨우는 아나키스트의 초상들 | 461

찾아보기 | 467

일러두기

1. 이 책은 *Paul Avrich, Anarchist Portraits*(Princeton : Princeton University Press, 1988)를 우리말로 옮겼다. 폴 애브리치의 가장 최근 저작은 Anarchist Voices : An Oral History of Anarchism in America(Princeton : Princeton University Press, 1995)이지만, 이 책은 러시아나 미국처럼 어느 한 지역이나 특정 사건, 인물에 치중하지 않고 19세기부터 20세기 초반까지 전 세계에서 출현했던 아나키스트들의 운동을 포괄적으로 다루고 있다. 따라서 최근 솟구치는 아나키즘과 아나키스트에 대한 관심을 충족시키기에 더 적합할 것 같다.

2. 외국 인명과 지명 그리고 작품명은 그곳의 발음에 가장 가깝게 표기하는 것을 원칙으로 하였다.

3. 원문에서 이탤릭체로 강조된 부분은 고딕으로 표시하였다.

4. 주석의 경우, '옮긴이 주'는 대괄호(예 : [옮긴이 주])를 사용하여 밝혀주었으며, 지은이의 주석에는 아무런 표시도 달지 않았다. 또한 독자들의 추가적 독서를 위해 각주에 인용되어있는 도서 중에서 한국어판이 있는 참고문헌의 경우 영문을 그대로 표기하고 그 옆에 한국어판을 표시했다.

5. 단행본, 전집, 정기간행물, 영상 · 음반 · 공연물에는 겹낫표(『 』)를, 논문 · 논설 · 기고문 · 단편 등에는 홑낫표(「 」)를, 단체명이나 행사명에는 가랑이표(< >)를 사용했다.

6. 본문에 들어있는 [ ] 안의 내용은 옮긴이가 읽는 이들의 이해를 돕기 위해서 덧붙인 것이다. 단, 지은이가 덧붙였을 경우에는 '−지은이'라고 명기했으며 본문의 ( ) 안의 내용은 원서에 있는 내용이다. 그 외의 본문 구성은 원서의 본문 구성을 그대로 따랐다.

서문

1970년 리버테리안(libertarian)[1]의 한 전단은 "쉴리만(Schliemann)이 트로이를 발굴하듯 오늘날의 신좌파가 아나키에 가까이 다가서고 있다"고 선언했다.[2] 베트남 전쟁이 터지기 전까지 아나키즘은 소멸하고 반쯤 잊혀

---

1. [옮긴이 주] libertarian을 어떻게 번역해야 옳을까? 보통 libertarian을 '자유지상주의자'나 '자유의지주의자', '절대자유주의자'로 번역한다. 이런 번역에서 우리는 '개인만'의 자유를 떠올리기 쉽다. 그런데 아나키즘의 흐름에는 개인주의적 아나키스트들만이 아니라 조합주의자, 꼬뮨주의자도 섞여 있고, 이들은 개인을 개별화된 단자나 분리된 존재로 보지 않고 '사회 속의 개인'으로 보았다. 그리고 아나키스트들은 개인의 해방이나 자유만큼 자율성을 촉진하는 사회의 구조적 변화를 중요하게 여겼다. 따라서 libertarian이라는 하나의 개념 속에는 여러 가지 다양한 흐름이 있다. 이런 흐름을 무시하면, 자유주의자들을 공격했던 아나키스트들이나 아나키스트들을 공격했던 자유주의자들 모두가 자신을 libertarian이라 불렀다는 점을 이해할 수 없다. 개념을 제대로 이해하려면 그 개념이 쓰이는 맥락을 봐야 한다. 이 책에서는 그 내부의 다양한 흐름을 하나로 뭉뚱그리지 않기 위해 libertarian을 영어식 발음인 '리버테리안'으로 옮겼다.
2. [옮긴이 주] 쉴리만이 트로이를 발굴하기 전까지 트로이는 가상의 신화였을 뿐이다. 쉴리만의 발굴은 트로이가 실재했던 구체적인 역사임을 증명했다. '신좌파가 아나키에 다가선다'는 말은 가상의 신화였던 아나키가 구체적인 사실이자 가능한 현실임을 드러낸다는 뜻이다.

진 운동처럼 보였다. 1930년대 스페인 혁명에서 패배한 뒤, 아나키즘 모임들은 뿔뿔이 흩어졌고 기력을 잃어버렸으며 결속력도 약해졌다. 이와 함께 그들의 문헌들도 사라져 갔다. 몇몇 역사가들이 아나키즘 운동의 묘비명을 쓰기 시작하던 바로 그때, 1960년대와 70년대의 사회적인 동요가 아나키즘에 다시 새로운 생명력을 주었다. 아나키스트 모임들이 부활하고 확산되었으며 아나키즘의 지지자들은 인종차별철폐와 핵무기감축에서 징병거부와 전쟁반대까지 다양한 사회활동에 참여했다. 팸플릿과 책, 성명서뿐 아니라 새로운 아나키스트 잡지가 발간되었고, 이런 인쇄물들은 국가권력을 근본적으로 비판하며 실질적으로 다른 모든 정치사상학파들이 내세운 전제들에 물음을 던졌다.

이런 활동에 발맞추어 아나키즘과 관련된 주제들—역사서들, 전기들, 선집(選集)들, 관련서적목록—에 관한 학술적인 연구들이 쏟아져나왔고 이 책에 실린 글들도 그런 흐름의 일부이다. 내가 20년 넘게 써온 많은 글들은 주로 러시아와 미국에 초점을 맞췄다. 아나키즘은 전 세계로 퍼져나간 국제적인 운동이기에 다른 나라들도 포함해야 했지만, 나의 주요한 관심영역은 독일과 프랑스에서 오스트리아와 브라질까지로 제한되었다. 그리고 가장 긴 글 중 하나(13장 "미국의 유대인 아나키즘")는 이 책을 위해 특별히 준비했다. 나머지 글들도 최근까지 수정·보완하여 손질했고 어떤 경우 너무 많이 고쳐서 거의 새로운 글이 되었다.

이전에 내가 아나키즘의 역사를 다뤘던 글들처럼, 이 책도 엄선한 아나키스트 활동가의 삶을 통해 아나키즘 운동의 향기를 발산하는 전기적인 방식을 주로 사용했다. 몇몇 인물들(예를 들어, 바쿠닌과 크로포트킨)은 세상에 널리 알려졌지만 [나머지] 대부분의 사람들은 그렇지 않다. 하지만 이들 모두는 흥미로운 삶을 살았고 비범한 인간적 자질을 타고났다.

이 은유는 몇 문장 뒤 '묘비명'이라는 표현과 대비된다.

나는 그들의 오류와 모순을 무시하지 않으면서도 그 비범한 자질을 짧게 나마 전달하려고 노력했다. 유명하건 유명하지 않건, 이들 아나키스트들의 경력을 살펴볼 때, 다른 무엇보다도 한 가지 점이 강한 인상을 남긴다. 즉 이들은 부조리와 모든 형태의 압제를 열렬히 증오했으며 정치와 경제 모두에서 중앙집권적인 권력의 위험성을 경고하려 했다. 그들은 경찰국가의 성장, 개인의 종속, 노동의 탈인간화, 언어와 문화의 타락으로 규정되는, 좌파와 우파 도두에서 최초의 형태이자 가장 철저한 전체주의[볼셰비즘과 파시즘] 속에서 살았다. 즉 그들은 한 세기 전에 허버트 스펜서(Herbert Spencer)가 "다가오는 야만의 시대"라고 묘사했던 시대를 살았다.

일반적으로 중앙집권적인 권위, 특히 국가사회주의에 관한 스펜서의 예언은 우리 시대에 충분히 증명되었다. 근대의 독재체제 아래에서 진리와 정의, 품위와 명예, 자유와 평등이라는 가치는 무참히 짓밟혀 왔다. 중앙집권적인 권력에 대한 아나키스트의 비판을 곰곰이 생각하면 전체주의를 "영원히 인간의 얼굴을 짓밟는 군화발"로 묘사했던 조지 오웰(George Orwell)이 떠오른다. 또 해방 없는 사회주의는 최악의 노예제가 되리라는 프루동과 바쿠닌의 경고도 떠오른다.

25년의 시간 동안 나는 아나키즘에 관한 자료를 찾아 수많은 도서관과 문서보관소들(archives)을 방문했고 또 다시 방문했다. 다음의 곳들이 특히 중요하다. 암스테르담에 있는 국제사회사 연구소(the International Institute of Social History), 미시간 대학의 라바디 문서보관소(the Labadie Collection of the University of Michigan), 뉴욕 대학의 타미멘트 도서관(the Tamiment Library of New York University), 뉴욕 공공 도서관, 의회 도서관, 하버드와 콜롬비아 대학의 도서관이 그곳들이다. 친절하고 효율적으로 도움을 준 그곳의 직원들에게 감사를 전하고 싶다. 또 나는 프린스턴 대학 출판부의 가일 울만(Gail Ullman)과 엘리자베스 그레츠(Elizabeth Gretz)에게도 고마움을 표한다. 그들은 초고를 꼼꼼히 읽고 세세한 점까지 충고했다. 그리고 나는 이 책에 글을 다시 싣도록 허락해준 아래의 출판사와 잡지사들에게도 감사를 보낸다. 그들은 다음과 같다. Penguin Books(런던), *Black Rose*(보스턴), Dover Publications(뉴욕), *Freedom*(런던), *the International Review of Social History*(암스테르담), Charles H. Kerr Publishing Company(시카고), *The Match!*(터슨), *The Nation*(뉴욕), *The New Republic*(워싱턴), *The Russian Review*(매사추세츠주의 캠브리지).

그렇지만 이 책을 바치는 고(故) 아른 쏜(Ahrne Thorne)에게 가장 고마움을 느낀다. 아른은 1904년 12월 26일 폴란드 로츠(Lódź)의 하시디즘[3]을 믿던 한 가정에서 태어났다. 청소년기에 그는 [그 사회의] 전통을 깨고 파리에서 고학을 했다. 그곳에서 그는 사코(Sacco)와 반체티(Vanzetti)를 위해 시위를 벌이면서 아나키즘에 귀의했다. 1930년 그는 토론토로 이주했고 엠마 골드만(Emma Goldman)과 친분을 맺었으며 뉴욕의 유대인 아나키스트 잡지인 『프라이에 아르베터 슈티메』(*Fraye Arbeter Shtime*, 자유로운 노동자의 목소리)에 글을 쓰기 시작했다. 아른은 뉴욕으로 가서 1940년부터 유대인 출판사에서 인쇄공으로 일했으며 나중에 『프라이에 아르베터 슈티메』의 편집장을 맡았다. 그가 편집장을 맡은 후 이 잡지는 유대교 지식세계와 문화세계에서 독특한 위치를 차지했다. 이 잡지는 87년 동안 발행되다 1977년 문을 닫았다. 1985년 12월 13일 아른 자신도 81살의 나이로 삶을 마감했다.

나는 20년 이상 아른과 알고 지내온 걸 기쁘게 생각한다. 그는 항상 정

---

3. [옮긴이 주] 하시디즘(Hasidic)은 1750년경 폴란드에서 만들어진 유대교 신비주의의 한 파벌이다.

다운 동지였고 흥미로운 조언자였으며 헌신적인 친구였다. 그는 자유롭고 인간적인 정신을 가졌으며 끝없는 호기심을 가지고 탐구했다. 그의 말과 글 모두에서 많은 공정함과 품위를 느낄 수 있다. 그를 알던 우리 모두는 항상 그에게 진 빚을 의식할 게다. 특히 현명한 조언자와 공감하며 들어줄 사람이 필요할 때 그가 없다는 사실은 더 뼈저리게 느껴질 거다.

1987년 12월 뉴욕에서

폴 애브리치

1부

러시아

1장 바쿠닌의 유산 2장 바쿠닌과 미국 3장 바쿠닌과 네차예프

4장 크로포트킨의 윤리적 아나키즘 5장 미국의 크로포트킨

6장 폭풍의 새 : 아나똘리 젤레즈니아코프 7장 네스토르 마흐노 : 사람과 신화

8장 V. M. 아이헨바움(볼린) : 사람과 그의 책

1

바쿠닌의 유산

100년 전 아나키즘은 유럽 혁명운동 내에서 중요한 세력이었고, 그 중 가장 유명한 투사이자 예언자였던 미하일 바쿠닌(Michael Bakunin)의 이름은 <제1 인터내셔널>의 주도권을 놓고 다퉜던 칼 맑스(Karl Marx)의 이름만큼이나 유럽의 노동자들과 급진적인 지식인들 사이에서 알려져 있었다. 그러나 맑스와 달리 바쿠닌은 반란의 이론가라기보다 주로 활동가로 명성을 얻었다. 그는 도서관에 앉아서 예정된 혁명에 관해 연구하고 글을 썼던 사람이 아니었다. 행동할 때를 갈망했고 주체할 수 없는 활력을 지녔던 그는 1848년 봉기[1]에 직접 뛰어들었다. 이 프로메테우스적인 인물은 파리에서 오스트리아, 독일의 바리케이드까지 반란의 물결이 넘실거리게 했다. 그와 같은 시대를 살았던 사람들은 바쿠닌 같은 인물이 "태풍 속에서 자라고 맑은 날보다 폭풍이 부는 날씨에서 더 잘 무르익는

---

1. [옮긴이 주] 1848년 프랑스에서 시작해 전 유럽을 휩쓸었던 혁명의 물결.

다"고 얘기했다.[2]

바쿠닌은 1849년의 드레스덴 폭동 때 체포되어 혁명활동을 중단해야 했다. 그때부터 그는 감옥에서 8년을 보냈고 그 중 6년을 짜르가 지배하던 러시아의 지하감옥에서 보냈다. 영원히 시베리아로 추방한다는 형량으로 감형되어 마침내 감옥에서 나왔을 때, 그는 괴혈병으로 이빨을 모두 잃었고 건강이 아주 나빠지고 있었다. 하지만 1861년 그는 간수를 피해 탈출했고 세계를 깜짝 놀라게 한 대방랑(odyssey)을 시작했다. 대방랑을 하면서 바쿠닌은 전 세계를 일주했고 유럽 전역의 급진주의 집단들 사이에서 자신의 이름을 전설이자 숭배의 대상으로 만들었다.

낭만주의적인 반란자이자 능동적인 역사의 동인이던 바쿠닌은 맑스가 도저히 따라잡을 수 없는 매력을 발휘했다. 드레스덴 봉기에 함께 참여했던 작곡가 리하르트 바그너(Richard Wagner)는 "그에 관한 모든 게 놀랄 만했고 그는 원초적인 충만함과 힘으로 가득 차 있었다"고 회상했다.[3] 1851년 『참회록』(Confession)에서 바쿠닌은 "끝을 볼 수 없는 거대한 지평"을 연 "환상적이고 보기 드문, 들어보지 못한 모험들"[4]에 대한 자신의 애정을 직접 이야기하기도 했다. 그는 다른 사람들의 기발한 꿈들을 자극했고, 1876년에 죽었을 때는 혁명전통의 모험가들과 순교자들 사이에서 독특한 위치를 차지하게 되었다. 알렉산드르 헤르쩬(Alexander Herzen)은 "이 사람은 평범한 하나의 별이 아니라 혜성의 영향을 받고 태어났다"고 말했다.[5] 그의 넓은 아량과 천진난만한 열정, 해방[6]과 평등에 대한 불타는

2. E. Lampert, *Studies in Rebellion*(London, 1957), p. 118.

3. E. H. Carr, *Michael Bakunin*(New York, 1961), p. 196, 한국어판: E. H. 카, 『미하일 바쿠닌』, 박순식 옮김, 종로서적, 1989.

4. Iu. M. Steklow이 편집한 M. A. Bakunin, *Sobranie sochinenii i pisem, 1828~1876,* (Moscow, 1934~1936), 총 4권 중 4권, pp. 154~55. Lawrence D. Orton이 서문을 쓰고 주를 달았으며 Robert C. Howes가 번역한 *The 'Confession" of Mikhail Bakunin*(Ithaca, 1977), p. 92.

5. Eugene Pyziur, *The Doctrine of Anarchism of Michael A. Bakunin*(Milwaukee, 1955), p. 1.

정열, 기득권과 부조리에 대한 폭발적인 공격은 당시 리버테리안 모임들에서 엄청난 호소력을 발휘했다.

그러나 바쿠닌은 끊임없이 [문제를] 지적하는 비판자였지 체계적인 사상가는 아니었다. 그리고 그는 사상가로 보이기를 원하지도 않았다. 그는 자신을 "철학자나 맑스와 같은 체제의 발명가가 아니라"[7] 실행(deed)[8]의 혁명가로 봤다. 그는 역사가 미리 예정되어있다는 법칙을 인정하지 않았다. 그는 사회변화가 "객관적인" 역사적 조건들의 점진적인 발전에 따른다는 생각을 거부했다. 반대로 그는 개인들이 자기 자신의 운명을 만들어나가고 그들의 삶을 추상적인 사회학 공식이라는 프로크루스테스 침대[9]에 끼워 맞출 수 없다고 믿었다. 바쿠닌은 "어떤 이론이나 이미 만들어진 체계, 이미 씌어진 책이 세계를 구하지는 못한다. 나는 어떠한 체제에도 집착하지 않는다. 나는 충실한 탐구자이다"라고 선언했다.[10] 그는 맑스가 노동자들에게 이론을 가르침으로써 혁명적인 열정—인간이 이미 가지고 있는 "해방을 향한 충동, 평등에 대한 정열, 반란을 위한 신성한 본능"—을 질식시키는 데 성공했을 뿐이라고 말했다. 맑스의 "과학적 사회주의"와 달리 바쿠닌은 자신의 사회주의가 "오직 본능적"일 뿐이라고 강력하게 주장했다.[11]

---

6. [옮긴이 주] liberty를 '자유'로 번역하기도 하지만 freedom과 구별하기 위해, 그리고 아나키스트들이 살았던 압제의 시기를 더 잘 표현하기에 특별한 경우가 아니면 '해방'으로 번역한다.

7. Iu. M. Steklov, *Mikhail Aleksandrovich Bakunin*(Moscow, 1926~1927), 총 4권 중 3권, p. 189.

8. [옮긴이 주] 뒤에 나올 '실행에 의한 선전'이라는 개념에서 드러나듯이, 실행은 말로만 떠들거나 이론에 머무는 지식인들을 비판하는 개념이다. 실제로 행동한다는 의미가 강하기에 '실행'으로 번역한다.

9. [옮긴이 주] 사람을 잡아다 침대 길이보다 길면 다리를 자르고, 침대 길이보다 작으면 사람을 잡아당겨 늘여서 죽였다는 신화로 이론적인 기준에 억지로 현실을 맞추려는 교조적인 태도를 가리킨다.

10. E. H. Carr, *Michael Bakunin*, p. 175.

11. M. A. Bakunin, *Oeuvres*(Paris, 1895~1913), 총 6권 중 2권, p. 399 ; Steklov, *Mikhail*

표트르 크로포트킨(Peter Kropotkin)이 언급했듯이, 바쿠닌은 지적인 권위가 아니라 주로 "드덕적인 인품"으로 영향력을 행사했다.[12] 수없이 많은 글을 썼지만 그는 후세에 단 한 권의 책도 남기지 않았다. 그는 항상 새로운 일을 시작했고 열정적으로 살았기 때문에 책을 쓰는 작업을 중단해야 했고 결코 그것을 완성하지 못했다. 토마스 마사릭(Thomas Masaryk)은 그의 학문적인 성과가 "파편들을 모은 잡동사니(patchwork of fragments)"일 뿐이라고 말하기도 했다.[13]

산만하고 체계가 없긴 하지만 아직도 그의 글들은 근대의 가장 심각한 몇 가지 문제들을 푸는 데 있어서 예리한 통찰력을 많이 제공한다. 크로포트킨은 바쿠닌이 글로 남긴 유산을 "때때로 체계적이지는 않지만 항상 탁월한 설명력"을 갖는다고 얘기했다. 사실 바쿠닌은 아주 분명하고 힘찬 표현을 특징으로 했던 뛰어난 문학적 재능을 가졌지만 사상가나 명문가로는 낮게 평가되어왔다. [하지만] 그런 재능 이상으로 바쿠닌은 『신과 국가』(*God and the State*)나 다른 연구들에서 일관된 사회철학과 혁명이론을 주장했고 세속적인 것과 마찬가지로 종교적인 독재와 착취를, 정치와 마찬가지로 경제적인 독재와 착취의 모든 형태들을 비난했다. 인품 못지않게 그의 사상도 지속적인 영향을 미쳤고 그 영향은 특히 1960년대와 70년대 동안 두드러졌다. 바쿠닌의 정신을 선언한 곳은 1968년 5월 파리의 학생거주지역, 즉 아나키즘의 검은 깃발을 펄럭이며 바쿠닌주의 문구("파괴의 충동이 창조적인 충동이다")를 소르본 대학 담장의 잘 보이는 장소에 낙서했던 곳이었다. 여기 미국에서도 흑인 투사 엘드리지 클리버(Eldrige Cleaver)와 조지 잭슨(George Jackson)은 1969년 캘리포니아주 버

Aleksandrovich Bakunin, 1권, p. 189.

12. Peter Kropotkin, *Memoirs of Revolutionist*(Boston, 1899), p. 288, 한국어판 : 크로포트킨, 『크로포트킨 자서전』, 김유곤 옮김, 우둘이 있는 집, 2003.

13. Pyziur, *Doctrine of Anarchism*, p. 10.

클리에서 <블랙 팬더당>이 팸플릿 형태로 펴냈던 바쿠닌과 네차예프의
『혁명가의 교리문답』(*Catechism of a Revolutionary*)에서 도움을 받았다고
썼다. 바쿠닌에게 열광한 젊은 제자라는 의미에서 별명을 "안데스의 네차
예프"라고 붙인 레지 드브레(Régis Debray)에게서 사회학자 루이스 코저
(Lewis Coser)는 신(新)바쿠닌주의적 경향을 간파했다.[14] 그리고 경멸당하
고 배제되어온 사람들이 식민지 억압자들을 없애기 위해 사회의 밑바닥
에서 봉기한다는 마니교적 시각[이원론적 시각]을 가졌던 프란츠 파농
(Frantz Fanon)의 유명한 책『대지의 저주받은 자들』(*The Wretched of the
Earth*)도 마치 바쿠닌의 글 중에서 추려낸 것처럼 읽힌다.

그렇다면 바쿠닌의 중심 사상은 무엇인가? 무엇보다도 그는 다른 동시
대인들 그 누구보다도 ─맑스도 예외는 아니다─ 더 분명하게 근대 혁명
의 성격을 예측했다. 맑스는 독일이나 영국 같은 고도로 산업화된 국가들
에서 사회주의 혁명을 기대했기에 조직화되고 계급의식을 가진 프롤레타
리아 계급[노동자 계급]의 출현이 필요하다고 봤다. 맑스는 건설적인 혁
명활동을 할 능력이 가장 없는 사회계급으로 농민을 꼽았다. 즉 도시 빈
민가의 룸펜 프롤레타리아 계급과 함께 농민은 미개한 야만인이자 반(反)
혁명의 보루였다. 반대로 바쿠닌은 부르주아 문명의 타락한 영향력에 가
장 적게 노출된 농민과 룸펜 프롤레타리아 계급이 원초적인 활력과 반란
을 위한 거친 본능을 유지하고 있다고 봤다. 바쿠닌에 따르면, 진정한 프
롤레타리아는, 중간계급의 자만심과 열망에 감염된 솜씨 좋은 장인(匠人)
이나 조직화된 공장노동자가 아니라, 진정 자신들의 사슬 외엔 아무것도
잃을 게 없는 "문명화되지 않고 소유를 박탈당했으며 글자를 모르는" 대
중들 속에 있다. 따라서 맑스는 훈련되고 규율을 가진 노동자 계급이 이
끄는 혁명을 믿었던 반면, 바쿠닌은 정의를 향한 본능적인 열정과 억누를

---

14. *Dissent*, 1968년 1~2월호, pp. 41~44.

수 없는 복수의 갈망이 이끄는, 분노한 도시 폭도들의 자발적인 봉기와 결합된 농민폭동에 희망을 걸었다. 바쿠닌은 17, 18세기 러시아의 스텐카 라찐(Stenka Razin)과 에밀리앙 푸가쵸프(Emelian Pugachev)의 대반란을 모델로 삼았다. 바쿠닌은 노동자 계급과 함께 사회의 가장 어두운 요소들－룸펜 프롤레타리아 계급, 농민, 실업자, 불량배－이 자신들을 노예로 만들어 부유해진 사람들에게 맞서는 걸 포함하는 포괄적인 의미의 봉기, 진정한 "대중들의 반란(revolt of the masses)"을 자신의 전망으로 삼았다.

그 이후의 사건들은 바쿠닌의 예상이 놀라울 정도로 적중했음을 증명했다. 지금 시대의 역사가들이 역사를 만드는 "원초적인(primitive)" 운동들의 역할을 새로이 평가하는 건 놀라운 일이 아니다. 과거의 혁명들처럼 근대 혁명들도 도시와 농촌의 노동자 군중이 이끄는 대부분 계획되지 않은 자발적인 혁명이었고 그 정신은 주로 아나키즘을 따랐다. 이런 대부분의 조직화되지 않은 모임들은 더 이상 역사가들이 무시하는 부차적인 요소로 사라지면 안 된다. 오히려 사회변화의 뿌리는 그 모임들 자체에 있다.

바쿠닌은 우리 시대의 위대한 혁명들이 비교적 발전되지 못한 국가들에서, "더 밑바닥"에서 나타날 거라고 예측했다. 그는 발달된 문명에서 타락을 봤고 낙후된 국가에서는 생명력을 보았다. 그는 사람이 아무런 재산도 가지지 않고 정해진 직업도 없으며 과거의 것에 어떠한 이해관계도 가지지 않는 곳에서 혁명적인 충동이 가장 강해진다고 주장했다. 그리고 이건 그의 꿈인 전 세계의 봉기가 영국이나 독일처럼 풍요롭고 안정된 국가보다 남반구나 동유럽에서 일어나리라는 걸 의미했다.

이런 혁명적인 견해들은 초기 바쿠닌의 범슬라브주의(pan-Slavism)와 매우 밀접하게 관련되었다. 1848년 바쿠닌은 서유럽이 썩었다고 얘기하며 유럽 대륙의 부활이라는 희망을 위해 더 원시적이고 산업화되지 않았던 슬라브에 걸었다. 유럽 혁명을 위한 필수조건이 오스트리아 제국의 붕괴라고 확신했기에 그는 독립된 슬라브 공화국이 그 자리를 대체할 것을 요청했다―이 꿈은 70년 뒤 실현되었다. 그는 미래에 슬라브 민족주의가 가질 중요성을 정확하게 예견했고 슬라브인들의 혁명이 유럽의 사회변혁을 촉진하리라고 보았다. 특히 바쿠닌은 과거의 로마 제3제국, 미래의 <제3 인터내셔널>의 역할과 비슷하게 자신의 조국 러시아가 구세주 역할을 하리라고 예언했다. 1848년에 바쿠닌은 "피와 불의 바다에서 모스크바 위로 혁명의 별이 높이 솟을 터이고 인류의 해방을 이끌 북극성이 되리라"고 쓴 바 있다.[15]

이제 우리는 맑스보다 바쿠닌이 근대 혁명의 참된 예언자라고 주장할 수 있는 이유를 알 수 있다. 20세기의 가장 위대한 세 혁명들―러시아, 스페인, 중국―은 모두 비교적 낙후된 국가들에서 발생했고 바쿠닌이 예측했듯이 주로 도시빈민의 분노와 결합된 "농민전쟁"이었다. 맑스가 경멸감을 드러낸 집단인 농민과 숙련되지 않은 노동자들은 20세기 사회봉기―종종 "맑스주의자"라는 딱지가 붙지만 이 봉기는 "바쿠닌주의자"로 묘사되는 게 더 정확하다―의 대중적 기반을 구성해 왔다. 더구나 전 세계 차원으로 볼 때 바쿠닌의 전망들은 유럽과 대비되는 후진적이고 주변화된 제3 세계 내부의 사회동요를 예측했다.

따라서 바쿠닌의 정신이 파농과 드브레의 책에 영향을 주었고, 그보다 더 적다해도 클리버와 헤르베르트 마르쿠제(Herbert Marcuse)의 책에도 영향을 미쳤다는 점은 놀랄 일이 아니다. 바쿠닌과 마찬가지로 파농은 발전되지 못한 국가들의 가장 선진적인 노동자들이 중간계급의 가치에 오

---

15. George Woodcock, *Anarchism*(Cleveland, 1962), p. 155, 한국어판: 조지 우드코크, 『아나키즘』, 하기락 옮김, 형설출판사, 1981.

염되어 혁명적 열정을 잃어버렸다고 확신했다. 파농은 자신의 가장 큰 실수가 "정치적으로 가장 의식화된 사람들, 즉 마을의 노동자 계급과 숙련 노동자들, 공무원들, 즉 인구의 1 퍼센트를 조금 넘는 작은 부분에 가장 먼저 접근한 것"이었다고 말했다.[16] 바쿠닌처럼 파농도 특권이 없고 유럽화되지 않은 마을의 노동자들, 오랫동안 살아온 고향에서 밀려난 가난하고 기아에 시달리며 아무것도 잃을 게 없는 룸펜 프롤레타리아 계급의 사람들에게 희망을 걸었다. 바쿠닌처럼 파농도 사람이 원시적일수록 혁명정신이 더욱더 순수하다고 여겼다. 자연적인 반란을 "희망 없는 인류의 쓰레기들"에서 찾았을 때 파농은 바쿠닌의 언어로 말하고 있었다. 더구나 바쿠닌처럼 파농은 하층 사회의 혁명적인 잠재력을 신뢰했을 뿐 아니라 타락하고 억압적이라며 유럽 문명을 철저히 거부했다. 그는 유럽을 대신해 제3 세계가 "인류의 새로운 역사"를 시작해야만 한다고 말했다. 그리고 〈블랙 팬더당〉은 파농의 생각을 많이 받아들였고, 클리버와 잭슨, 휴이 뉴튼(Huey Newton)은 백인 경찰이라는 직업군대가 감시하고 백인 기업가와 정치인들이 착취하는 억압된 식민지로 미국의 흑인 사회를 묘사했을 때 터놓고 파농에게 ―그리고 간접적으로 바쿠닌에게― 신세를 졌다고 인정했다.

비슷한 맥락에서 다르쿠제는 『일차원적 인간』(One-Dimensional Man)에서 혁명적인 변화의 가장 큰 희망이 "버림받은 사람과 외국인, 다른 인종과 피부색으로 인해 착취당하고 박해받는 사람들, 실업자와 [나이나 장애 등으로] 고용될 수 없는 사람들이 속한 하층(substratum)"에 있다고 썼다. 그는 만약 이런 집단들이 급진적인 지식인들과 동맹을 맺는다면, "인류애라는 가장 발전된 의식을 가진 사람들과 가장 착취 받아온 세력들"의 봉

---

16. Frantz Fanon, *The Wretched of the Earth*(New York, 1966), p. 88, 한국어판 : 프란츠 파농, 『대지의 저주받은 자들』 박종렬 옮김, 광민사, 1979.

기가 일어날 수 있다는 말을 덧붙였다.[17] 여기서 다시 한번 맑스보다 바쿠닌의 영향력이 더 분명해진다. 바쿠닌은 불만을 품은 학생들과 지식인들을 매우 중요하게 여겼고 곧 다가올 세계 혁명에서 그들에게 핵심적인 역할을 맡겼다. 노동자 계급과 자본가 계급의 투쟁으로 매우 협소하게 이해했던 맑스와 달리, 총체적인 계급전쟁이라는 바쿠닌의 예언가적 전망은 맑스가 거의 주목하지 않았던 부수적인 요소들을 다루기 위한 여지를 남겨 놓았다. 맑스가 보기에 뿌리가 없는 지식인들은 자신만의 계급을 구성하지 못하고 자본가 계급으로 통합될 부품도 못된다. 그들은 계급투쟁의 과정에서 거의 아무런 역할도 하지 못하는 단순히 중간계급의 "부스러기"―고객 없는 법률가, 환자 없는 의사, 쁘띠 언론인, 가난한 학생들―일 뿐이다.[18] 반대로 바쿠닌에게 이 지식인들은 소중한 혁명세력이자 "열정적이고 원기 왕성한 청년들, 경력이나 해결책도 없이 완전히 몰락한 계급(déclassé)이다."[19] 바쿠닌이 지적했듯이 직업이 없는 룸펜 프롤레타리아 계급과 토지가 없는 농민처럼 몰락한 계급들은 과거의 질서가 어떻게 되든 아무런 이해관계를 가지지 않고, 현재의 질서를 파괴하는 즉각적인 혁명을 통해서가 아니라면 어떠한 개선에도 기대를 걸지 않는다.

그래서 일반적으로 바쿠닌은 고향에서 밀려나고 소외된 사회 요소들, 근대 사회가 방치하거나 근대 사회에 적응하길 거부하는 요소들에서 가장 큰 혁명 잠재력을 발견했다. 이런 점에서도 그와 같은 시대를 살았던 사람들에 비해 그는 더욱더 진정한 예언자였다. 게릴라 방식의 전쟁에서 소외된 지식인들과 재산을 빼앗긴 대중들의 동맹은 근대 혁명의 핵심적

---

17. Herbert Marcuse, *One-Dimensional Man*(Boston, 1964), pp. 256~57, 한국어판 : H. 마르쿠제, 『일차원적 인간』, 박병진 옮김, 한마음사, 1988.

18. Max Nomad, *Apostles of Revolution*(Boston, 1964), p. 127 ; Karl Marx, *L'Alliance de la démocratie socialiste et l'Association Internationale des Travailleurs*(London, 1873), p. 48.

19. M. A. Bakunin, *Gesammelte Werke*(Berlin, 1921~1924), 총 3권 중 3권, pp. 120~21.

인 특징이 되어왔기 때문이다. 근대적인 반란에 관한 또 다른 영향력있는 지침서인 『혁명에서의 혁명?』(*Revolution in the Revolution?*)에서 드브레는 이런 생각을 극단으로 몰고 갔다. 그는 비록 가난하고 억압당한다 해도 직업이 있는 사람, 어느 정도 정규적인 직업을 가진 사람이라면 그 본질에서 자본가와 같다고 말했다. 왜냐하면 그들은 잃을 어떤 것, 즉 직업과 집, 살림을 가졌기 때문이다. 드브레에게는 자신의 목숨 외엔 잃을 게 없는 불안정한 게릴라만이 참된 프롤레타리아 계급이었다. 드브레에 따르면, 만일 혁명투쟁이 성공하려면 그 투쟁은 "가장 높은 수준의 계급투쟁을 이끄는" 전문적인 게릴라 집단—즉 몰락한 지식인들—의 손으로 수행되어야만 한다.[20]

현재, 그리고 가까운 과거와 관련된 또 다른 점에서도 바쿠닌은 여전히 맑스와 달랐다. 바쿠닌은 즉각적인 혁명(immediate revolution)을 굳게 믿었다. 그는 때가 되면 혁명 세력이 차츰 등장하리라는 생각을 거부했다. 사실상 그가 요구한 건 "지금 당장의 자유(freedom now)"였다. 그는 기성 체제와의 어떠한 타협도 허용하지 않았다. 그는 낡은 질서가 부패하고 있고 오직 그 뿌리와 가지를 잘라내야만 구원을 얻을 수 있다고 주장했다. 점진주의와 개혁주의는 쓸데없는 짓이고 일시적인 완화와 타협은 소용없다. 바쿠닌은 즉각적이고 보편적인 파괴, 지금 존재하는 모든 가치들과 제도들을 무너뜨리고 그 폐허 위에 리버테리안 사회를 세운다는 꿈을 꿨다. 그의 관점에 따르면 남성과 여성이 경제적인 착취에 종속되는 한 의회 민주주의는 수치심 없는 거짓일 뿐이다. 심지어 스위스와 미국처럼 가장 자유로운 국가에서도 소수의 사람들이 누리는 문명의 이기는 대다수

---

20. Régis Debray, *Revolution in the Revolution?*(New York, 1967), pp. 95~116. 한국어판: 레지 드브레, 『혁명 중의 혁명』, 석탑 편집부 옮김, 석탑, 1987.

사람들을 빈곤하게 만든다고 주장했다. 바쿠닌은 "나는 헌법과 법률을 믿지 않는다. 전 세계에서 가장 뛰어난 헌법이라 해도 나를 만족시킬 수 없다. 우리는 뭔가 다른 것을 욕구한다. 즉 열정과 삶, 법률이 없는, 따라서 자유로운 신세계이다."[21]

바쿠닌은 의회민주주의가 국민을 대변한다는 주장을 반박했고 그의 전기 작가인 카(E. H. Carr)가 언급했듯이 "19세기보다 20세기에 더 친근한 언어를 말했다."[22] 또 다른 근대적 특징을 얘기한다면 바쿠닌은 전쟁에서, 궁극적으로 세계대전에서 대중혁명을 위한 이상적인 계기를 찾았다. 1870년 바쿠닌은 프랑스와 프러시아의 전쟁을 국가가 분쇄되고 꼬뮨들의 자유로운 연합이 그 폐허 위에 구성될 아나키스트 혁명의 징조로 봤다. 『프랑스인에게 보내는 편지』(*Letter to a Frenchman*)에서 그는 프랑스를 구할 수 있는 유일한 방법이 "인민 대중의 자발적이고 무시무시하며 열정적이고 원기 왕성한, 아나키하고 파괴적인, 야만적인 봉기"라고 적었다.[23] 이 주장은 다니엘 콩방디(Deniel Cohn-Bendit)와 1968년 5월 파리 반란의 동지들이 열정적으로 동의했던 생각이다. 레닌처럼 바쿠닌도 세계전쟁이 사회적인 반란으로 전환되어야만 한다고 믿었다. 그는 세계전쟁이 임박했다고 여겼고 자본주의 세계를 파괴할 유럽의 전면전을 꿈꿨다. 물론 그의 타이밍은 그릇되었다. 일찍이 헤르젠이 말했듯이 바쿠닌은 상습적으로 "임신 2개월을 9개월로" 착각했다. 그러나 제1차 세계대전이 낡은 질서를 무너뜨리고 이제 스스로 행동해야 하는 혁명적인 세력들을 해방시켰을 때 마침내 그의 전망은 달성되었다.

20세기 사회봉기의 원형인 러시아 혁명이라는 하나의 계기에 초점을

---

21. E. H. Carr, *Michael Bakunin*, p. 181.

22. 같은 책, 같은 쪽.

23. Arthur Lehning이 편집한 *Archives Bakounine* 6권: *Michel Bakounine et la guerre franco-allemande et la révolution sociale en France, 1870~1871*(Leiden, 1977), p. 45.

맞춰 보자. 그 본질에 있어 러시아 혁명은 바쿠닌이 약 50년 전에 예언했던 "대중들의 반란"이었다. 1917년 러시아는 정치권위의 실질적인 붕괴를 경험했고 당시 생겨난 노동자와 농민들의 평의회들은 리버테리안 꼬뮨의 기반을 마련했다. 바쿠닌처럼 레닌도 러시아 사회의 교육받지 못한 집단들을 자극해서 낡은 정권의 잔재들을 제거하려 했다. 바쿠닌과 레닌은 기질이나 교리에서 차이를 드러내지만 자신들이 치료할 수 없는 반(反)혁명주의자로 여긴 자유주의자나 온건한 사회주의자들과 협력하기를 거부했다는 점에서 비슷하다. 두 사람 모두 근본적으로 자본가 계급에 반대했고 자유주의에도 반대한 사람들이었다. 바쿠닌처럼 레닌도 자본주의 발전단계로 미룰 수 없는 즉각적인 사회주의를 요청했다. 또한 레닌은 세계혁명이 후진 농업국가인 러시아를 중심으로 삼을 수 있다고 믿었다. 더구나 『4월 테제』에서 레닌은 상당 부분 바쿠닌주의적인 입장을 분명하게 제시했다. 즉 세계전쟁을 자본주의 체제에 대한 혁명투쟁으로 바꿀 것, 파리꼬뮨 이후 모범이 된 소비에트 체제를 지지하며 의회정부를 폐기할 것, 경찰과 군대, 관료제의 폐지, 소득의 평준화를 제안했다. "2월 혁명보다 수천 배 더 강한 파괴와 혁명"을 레닌이 요청한 건 분명히 바쿠닌주의와 연관을 가진다. 그리고 그럴수록 더욱더 페트로그라드의 한 아나키스트 지도자는 레닌이 국가 권력을 장악하는 순간 "국가를 제거"할 작정이라고 확신했다.[24]

게다가 레닌의 가장 큰 성과는 러시아 혁명전통의 아나코-인민주의(anarcho-populist) 근원으로 돌아간 것, 프롤레타리아 혁명이 의미를 갖지 못하는 비교적 낙후된 국가의 조건에 맞도록 맑스주의 이론을 바꾼 것이

---

24. Paul Avrich, *The Russian Anarchists* (Princeton, 1967), p. 129, 한국어판: 폴 애브리치, 『러시아 아나키스트 1905』, 『러시아 아나키스트 1917』, 편집부 옮김, 도서출판 예문, 1989. [한국어판은 두 권으로 출간됨 - 옮긴이]

다. 레닌 속의 맑스주의는 그에게 참으로, 역사적 유물론의 법칙에 따라 러시아가 발전하게 하라고 얘기했지만, 레닌 속의 바쿠닌주의는 프롤레타리아 혁명을 ―우리가 봤듯이 맑스가 경멸했던― 토지를 갈망하는 농민과 몰락한 지식인이라는 전투적인 엘리트들의 혁명과 연계시켜서 당장 혁명을 시작해야만 한다고 주장했다. 레닌의 동지였던 정통 맑스주의자들이 레닌이 아나키스트이자 "바쿠닌 왕좌의 상속자"로 되어 가고 있다고 그를 비난했다는 사실은 그리 놀랍지 않다.[25] 또 몇 년 뒤, 손꼽히는 볼셰비키 역사가가 "유럽 아나키즘만이 아니라 러시아 인민주의 봉기의 창설자이자 <공산당>의 모태가 된 <러시아 사회민주당>의 창설자"로 바쿠닌을 묘사하고, 바쿠닌의 방식이 "많은 측면에서 소비에트 권력의 출현을 예견하고 위대한 1917년 10월 혁명의 과정을 개괄적으로 예상했다"고 쓸 수 있었다는 점도 마찬가지다.[26]

그러나 바쿠닌은 러시아 혁명의 아나키즘적인 성격을 예상했을 뿐 아니라 그 권위주의적인 결말 또한 예언했다. 바쿠닌이 희망했던 것처럼 1917년이 자발적인 대중반란으로 시작했다면, 그 반란은 바쿠닌이 두려워했듯이 새로운 지배 엘리트의 독재로 끝났다. 바클라브 마차이스키(Waclaw Machajski)나 밀로반 쥘라스(Milovan Djilas)보다 더 빨리 바쿠닌은 지식인과 준(準)지식인이라는 "새로운 계급"이 토지귀족과 자본가를 대체하고 인민들의 자유를 부정하려 할지 모른다고 경고했다. 1873년에 바쿠닌은 소위 프롤레타리아 독재 하에서 "공산당의 지도자들, 즉 맑스와 그의 추종자들은 자신들의 방식으로 인류를 해방시키려고 할 것이다. 그들은 강력한 한 사람의 손에 정부의 통제수단을 집중시킬 것이다. … 그들은 자신의 손에 모든 상업, 산업, 농업, 심지어 과학적인 생산까지 집중시

---

25. 같은 책, 같은 쪽.
26. Steklov, *Mikhail Aleksandrovich Bakunin*, 1권, pp. 343~45 ; 3권, pp. 118~27.

키는 국가은행을 설립하고, 새로운 특권을 가진 과학·정치 계급을 구성할 국가관리자들의 직접통제 하에 대중들을 두 개의 군대, 즉 산업 군대와 농업 군대로 나눌 것”이라고 놀라울 정도로 정확하게 예언했다.[27]

그렇게 혁명 독재[프롤레타리아 독재]를 공격하면서도 바쿠닌은 “엄격한 위계질서와 무조건적인 복종”을 준수하는 자신의 음모적인 비밀결사를 만들기로 결심했다. 더구나 이 비밀결사는 심지어 혁명이 완수된 이후에도 어떤 “공식적인 독재”가 들어서는 걸 막기 위해 그대로 유지되어야 했다.[28] 따라서 바쿠닌은 자신이 그토록 신랄하게 비판했던 바로 그 죄를 저질렀다. 그는 혁명적인 독재자에 대한 맹목적인 복종과 혁명적인 정파를 밀접하게 연관시켜 생각했던 최초의 사람 중 한 명이었다. 이 정파는 맹목적인 복종이라는 점에서 제수이트 질서(Jesuit order)[29]와 견줄 만 했다. 그는 수단과 목적의 깊은 연관성을 인정했고 혁명을 일으키는 데 사용되는 방법들이 혁명 뒤 사회의 본성에 영향을 미칠 수밖에 없다고 봤지만 자신의 리버테리안 원리들과 모순되는 방법들에 의지했다. 그의 목적은 자유를 향했지만 그의 수단－비밀정파－은 독재를 가리켰다.

혁명 도덕의 문제에서 한 걸음 더 나아가 바쿠닌은 자신의 제자였던 네차예프의 영향을 받아 사실상 목적이 수단을 정당화한다고 설교했다. 거의 100년 전 네차예프와 함께 쓴 『혁명가의 교리문답』에서[30] 혁명가는 현재의 질서를 파괴하기 위해서라면 어떠한 범죄나 배반도 저지를 의무가 있는 완벽한 비도덕가로 그려진다. 클리버는 『갇힌 영혼』(*Soul on Ice*)

---

27. M. A. Bakunin, *Izbrannye socineniia*(Petrograd, 1919~1922), 총 5권 중 1권, p. 237.

28. Bakunin, *Gesammelte Werke*, 3권, pp. 35~38, 82.

29. [옮긴이 주] ‘예수회’로도 번역되는 제수이트 교단은 1540년에 만들어진 교파로 무조건적이고 전적인 자기헌신에서 나오는 영적이며 인간적인 태도를 강조했다.

30. 바쿠닌이 구성이나 수정에 관한 권한을 가졌지만, 네차예프가 집필을 맡았던 것으로 생각된다(이 책 3장을 보라).

에서 자신이『혁명가의 교리문답』과 "사랑에 빠졌고", "내가 접촉하는 모든 사람들과의 관계에서 무자비한 전술"을 사용하며 이 팸플릿의 원리들을 일상생활과 결합해야 할 혁명의 성경으로 받아들였다고 말했다.[31] (위에서 말했듯이 클리버의 <블랙 팬더당>은『혁명가의 교리문답』을 다시 펴냈다.)

"일시적인" 혁명 독재만이 아니라 혁명가들의 비밀조직을 믿었다는 점에서 또 한번 바쿠닌이 레닌의 선배라는 점은 드러난다. 이건 1917년 많은 아나키스트들이 케렌스키(Kerensky) 정부를 무너뜨리기 위해 볼세비키 경쟁자들과 협동하는 게 가능했던 이유를 더욱더 잘 이해하게 해준다. 심지어 10월 혁명 이후 실제로 한 아나키스트 지도자는 "프롤레타리아 계급의 독재에 관한 아나키스트 이론"을 만들려고 노력했다.[32] 20년 뒤 스페인에서처럼, 아나키스트들이 민주주의의 허약한 싹을 제거하도록 도와서 자신들의 몰락을 불러왔고 새로운 전제주의에게 길을 열어줬다는 사실은 비극적인 아이러니이다. 일단 권력을 잡자 볼세비키들이 자신들의 리버테리안 동맹군을 억압하기 시작했기 때문에 혁명은 바쿠닌의 모든 기대를 완전히 뒤집었다. 가까스로 살아남은 소수의 아나키스트 모임 중에는 "소비에트 영토에서가 아니라 우주공간(interplanetary space)에서" 국가가 없는 사회를 만들겠다고 맹세한 모임도 있었다.[33] 그러나 대부분의 아나키스트들은 자신들의 스승인 바쿠닌이 거의 50년 전에 이 사실을 모두 예언했다는 걸 우울한 위안으로 삼았을 뿐이었다.

---

31. Eldridge Cleaver, *Soul on Ice*(New York, 1968), p. 12, 한국어판 : 엘드리지 클리버,『얼음 위의 영혼』, 김세균 옮김, 종로서적, 1982. ; George L. Jackson, *Blood in My Eye*(New York, 1972), p. 3.
32. Avrich, *The Russian Anarchists*, p. 200.
33. 같은 책, p. 231.

따라서 바쿠닌의 우산은 양면적이다. 그건 바쿠닌 자신이 양면적인 본성을 가진 모순된 인간이기 때문이다. 농민반란을 열망한 귀족이자 다른 사람들을 지배하라고 주장한 리버테리안, 강력한 반(反)지식인 경향을 가진 지식인이던 바쿠닌은 비밀조직의 네트워크를 만들고 지지자들이 자신의 의지에 무조건 복종할 것을 요구하는 것과 동시에 다른 한편으로 제한이 없는 해방을 설교할 수 있었다. 짜르에게 바친 『참회록』에서 바쿠닌은 슬라브 세력(Slavdom)의 깃발을 서유럽으로 옮기고 허약한 의회체계를 없애자며 니꼴라스 1세에게 호소할 수 있었다. 그의 범슬라브주의와 반지식인주의, 독일인과 유대인(물론 맑스는 둘 다이다)에 대한 증오, 폭력과 혁명적인 부도덕주의에 대한 찬양, 자유주의와 개혁주의에 대한 증오, 농민과 룸펜 프롤레타리아 계급에 대한 믿음, 이 모든 건 거북하게도 이후 좌파와 우파 모두의 권위주의 운동―살아있을 때 바쿠닌 자신도 이 운동의 독기 어린 성장을 보고 공포에 사로잡혀 물러섰던―과 바쿠닌을 더 가까워지게 했다.

비록 양면적이었지만 바쿠닌은 영향력있는 인물로 남았다. 일찍이 헤르쩬은 바쿠닌을 "미국 없는 콜럼부스, 심지어 배 한 척 없는 콜럼부스"라 불렀다.[34] 그러나 최근의 혁명운동들은 자신들의 에너지와 용맹함, 치열함의 대부분을 바쿠닌에게 빚지고 있다. 젊었을 때의 충만함과 중간계급의 관습에 대한 경멸, 이론보다 실행에 대한 강조는 20세기 후반 반항적인 청년들 사이에서 큰 호소력을 가졌다. 그것은 바쿠닌이 행동으로서의 아나키즘과 생활방식으로서의 혁명에 관한 모범을 제시했기 때문이다. 또한 그의 생각은 당면한 과제와 계속 관련을 가졌고, 어떤 점에서는 예전보다 더 [많은] 적실성을 가졌다. 학자로서의 결함들―특히 맑스와 비교할 때―이 무엇이든 간에, 그의 혁명적인 전망이나 직관에 비해 결함만

---

34. Pyziur, *Doctrine of Anarchism*, p. 5.

이 지나치게 강조되었다. 바쿠닌은 원초적인 반란, 음모적인 혁명당파, 테러리스트의 비도덕주의, 게릴라 봉기, 혁명 독재, 자신들의 의지를 인민에게 강요하고 인민들의 자유를 도둑질하는 새로운 계급의 출현을 예언했다. 그는 체계적인 개념을 가지고 국제적인 규모의 사회혁명을 설교한 최초의 러시아 반란자였다. 자기결정(self-determination)과 직접행동(direct action)이라는 공식은 계속 호소력을 가졌지만 그가 몹시 혐오했던 주요 대상인 중앙집권적인 관료주의 국가는 그의 가장 절망적인 예언들을 계속 실현시켰다. 러시아와 스페인, 중국에서 교훈을 얻은 뒤, 특히 사회적인 해방이 독재적인 수단보다 리버테리안적인 수단으로 달성되어야만 한다는 바쿠닌의 메시지는 특별한 주목을 받았다. 노동자의 [생산] 통제가 논의되던 그 시기에 노동조합의 자유로운 연합이 "자본가 세상을 대체하는 새로운 사회질서의 살아있는 싹"이 되리라고 믿었던 혁명적 노동조합주의(syndicalism)의 예언자—아마도 프루동 이상으로—로 바쿠닌을 기억하는 건 정당하다.[35]

그러나 다른 누구보다도 급진주의자들과 지식인들에게는 바쿠닌이 여전히 매력적인 인물로 남아있다. 왜냐하면 그의 리버테리안적 사회주의라는 브랜드가 20세기의 파산한 권위주의적 사회주의를 대체하는 전망을 제공하기 때문이다. 자율적인 꼬뮨들과 노동연합체들의 분권적인 사회를 꿈꿨던 그는 순응적이고 인위적인 세계에서 벗어나려고 노력하는 사람들에게 호소력을 가졌다. "나는 한 인간이다. 실패하거나 구차하게 살거나 무능해지기 싫다"는 말은 바쿠닌주의자의 독특한 향취를 풍긴다. 1960년대 이후 학생들의 저항은 맑스주의를 공언할 때조차도 그 정신에서 바쿠닌과 종종 더 가까웠다. 자연성과 자발성, 체계적이지 않음, 더 단순한 생활방식을 향한 충동, 관료주의와 중앙집권적인 권위에 대한 불만을 강조

---

35. Rudolf Rocker, *Anarcho-Syndicalism*(Indore, n.d.), p. 88.

하는 것, 남성과 여성이 자신들의 삶에 영향을 미치는 결정들에 참여해야 한다는 신념, 이 모든 건 바쿠닌의 전망과 조화를 이뤘다. 리버테리안 아나키즘과 권위주의적 사회주의라는 대조적인 방식을 결합했던 1960년대와 70년대의 반란자들 속에서 드러난 양면성은 바쿠닌의 혁명철학과 개인적인 기질 내의 양면성을 나타냈다.

마지막으로 스스로를 정당화하는 과학의 발전을 무비판적으로 받아들이는 생각에 이의를 제기하는 젊은이들이 있는 곳이라면 바쿠닌은 어디서든 자신의 메아리를 발견했다. 100년보다 훨씬 전에 바쿠닌은 과학자들과 기술전문가들이 다른 사람들을 지배하기 위해 그들의 지식을 이용할지 모르고 언젠가는 평범한 시민들이 "야망을 가진 새로운 집단의 노예와 장난감, 희생자"가 되었다는 사실을 깨닫게 되리라고 경고했다.[36] 그래서 바쿠닌은 "과학에 대항하는 삶의 반란, 더 정확히 말하면 과학의 지배에 대항하는 삶의 반란"을 주장했던 것이다. 그가 과학적인 지식의 타당성을 부정한 건 아니다. 다만 바쿠닌은 그 위험성을 알고 있었다. 그는 삶이 연구소의 공식으로 환원될 수 없고 이런 방향으로의 노력이 전제주의로 이끌 수 있다고 봤다. 죽기 거의 1년 전에 쓴 한 편지에서 바쿠닌은 전 세계에서 "악의 원리가 발전"하고 있다고 말했고 군산복합체라 불리게 될 것에 관해 경고했다. 그는 "조만간 이 악독한 군국주의 국가들이 서로 파괴하고 멸망시키게 될 것이야. 하지만 하나의 예상일뿐이지!"라고 적었다.[37]

그의 두려움이 얼마나 올바른지는 대량파괴를 위한 핵무기와 생물학무기의 시대에 더 높이 평가될 수 있다. 근대 기술이 서구 문명을 멸망시키

---

36. Bakunin, *Oeuvres*, 4권, p. 376.
37. 1875년 2월 15일 바쿠닌이 엘리제 르클뤼에게 보낸 편지. James Guillaume, *L'Internationale : Documents et souvenirs(1864~1878)* (Paris, 1905~1910), 총 4권 중 3권, pp. 284~85 ; K. J. Kenafick, *Michael Bakunin and Karl Marx*(Melbourne, 1948), p. 304.

려고 위협하는 시기에 바쿠닌을 재평가하는 건 분명히 정당하다. 손꼽히는 아나키즘 역사가 막스 네틀라우(Max Nettlau)가 주장했듯이, 바쿠닌의 사상은 "생생하게 남아있고 영원히 살아있을 것이다."[38]

---

38. G. P. Maximoff가 편집한 *The Political Philosophy of Bakunin*(New York, 1953), p. 48.

2

바쿠닌과 미국

    1861년 11월 헤르쩬의 신문 『콜로콜』(*Kolokol*, 종, 鐘) 1면은 "미하일 알렉산드로비치 바쿠닌이 샌프란시스코에 있다"고 알렸다. "그는 자유롭다! 바쿠닌은 시베리아를 탈출해 일본을 거쳐 영국으로 가는 중이다. 우리는 바쿠닌의 모든 친구들에게 이 기쁜 소식을 알린다."[1] 1849년 5월 바쿠닌은 쳄니츠(Chemnitz)에서 체포되어 1851년 러시아로 인도되었고 표트르-파블로프스키(Feter-Paul) 요새와 슐뤼셀부르크(Schlüsselburg) 요새에서 6년을 보낸 뒤 영원히 시베리아로 추방한다는 선고를 받았다. 그러나 1861년 6월 17일 바쿠닌은 극적인 탈출을 시도했다. 이르쿠츠크를 떠나 바쿠닌은 배를 탔고 아무르 강을 따라 니콜라예프스크(Nikolaevsk)로 갔다. 거기서 그는 시베리아 연안을 정기적으로 오가던 정부범선을 탔다. 바다에서 일본항구들과 교역하던 미국상선 빅커리(the Vickery)호로 배를

---

1. *Kolokol*(London), 1861년 11월 22일자.

갈아탄 뒤 8월 16일 일본에 도착했다. 한 달 뒤인 9월 17일 그는 요코하마에서 샌프란시스코로 가는 또 다른 미국상선 캐링턴(the Carrington)호를 탔다.[2] 4주 뒤 샌프란시스코에 도착하면서 그는 헤르쩬의 묘사처럼 "지리적인 의미에서 가장 긴 탈출"을 끝냈다.[3]

당시 바쿠닌은 47살이었다. 그는 지난 12년을 감옥과 망명생활(exile)로 보냈고 겨우 14년의 수명—분명 가장 활동적이던—만이 남아있었다. 샌프란시스코에서 헤르쩬과 오가료프(Ogarev)에게 "죽은 삶에서 부활했다"고 썼듯이 그는 유령처럼 과거에서 돌아왔다.[4] 미국에서 보낸 날 중에서 가장 잘 알려진 에피소드 중 하나는 그가 샌프란시스코에 상륙했던 10월 15일부터 런던을 향해 뉴욕을 떠났던 12월 14일까지 마지막 2개월이다. 자료를 최대한 활용해서 이 장은 그가 방문한 곳, 그가 만난 사람들, 그가 그들에게 남긴 인상 같은 막간의 삶을 묘사하려 한다. 또 이 장은 체류할 동안과 그 뒤 미국에 대한 그의 입장을 연구하고 지난 100년 간 미국 아나키스트 운동에 미친 바쿠닌의 영향을 추적하려 한다.

샌프란시스코에 도착하자마자 바쿠닌은 런던에 있는 헤르쩬과 오가료프에게 편지를 썼다. 무엇보다도 그는 영국으로 갈 수 있도록 뉴욕으로 500달러를 보내 달라고 요청했다. 뉴욕으로 이동하면서 바쿠닌은 이미 캐링턴호에서 만난 젊은 영국인 성직자 코(F. P. Koe)에게 250달러를 빌렸다. 자신의 돈이 이미 바닥났고 샌프란시스코에는 "친구는 말할 것도

---

2. E. H. Carr, "Bakunin's Escape from Siberia," *Slavonic Review* 15(1937년 1월), pp. 377~88 ; 그리고 *Libero Internaional*(Kobe), 5권(1978년 9월)을 보라. 묘한 일치로 요코하마에서 바쿠닌은 1849년 드레스덴 봉기에 참여했던 친구 빌헬름 하이네(Wilhelm Heine)를 우연히 만났다.

3. *San Francisco Evening Bulletin* 1861년 10월 16일자. ; Alexander Herzen이 쓰고 Constance Garnett가 번역한 *My Past and Thoughts*(London, 1924~1927), 총 6권 중 5권, p. 137.

4. M. P. Dragomanov이 편집한 *Pis'ma M. A. Bakunina k A.I. Gertsenu i N.P. Ogarevu*(St. Petersburg, 1906), p. 191[이후부터 *Pis'ma*로 인용한다].

없고 아는 사람 하나 없"기에 "뉴욕으로 가도록 250달러를 빌려준 친절한 사람을 만나지 못했다면, 나는 큰 어려움을 겪었을지 몰라"라고 바쿠닌은 썼다.5 바쿠닌은 뜨베르(Tver) 지방에 있는 가족에게 자신의 탈출 소식을 알려달라고 부탁했다. 부인이 소식을 들으면 자신에게 오리라고 기대하면서 바쿠닌은 친구들[히르쩬과 오가료프]이 이웃에게 "그리 비싸지 않은 피난처"를 알아봐 달라고 부탁했다.6

바쿠닌의 의도는 혁명적인 활동을 다시 시작하기 위해 런던으로 가려는 것이었다. 카가 썼듯이 혼수상태에서 깨어난 사람처럼 바쿠닌은 12년 전 자신이 멈춘 바로 그 지점에서 다시 삶을 시작하기로 결정했다. 헤르쩬은 "그가 1849년 쾨니히슈타인(Königstein)에 감금당했을 때부터의 공상과 이상들을 하나도 빠뜨리지 않고 품고 있었고 일본과 캘리포니아를 가로질러 가져왔다"고 설명했다. 무엇보다도 바쿠닌은 슬라브 인민의 해방을 위해 자신의 삶을 바치려 했다. 헤르쩬과 오가료프에게 쓴 편지에서 바쿠닌은 "친구들, 나는 너희들을 만나길 진심으로 바라왔어. 도착하자마자 나는 일을 시작하려 해. 나는 1846년 이후 내게 강박관념이었고 1848년과 49년에 특별한 활동무대였던 폴란드와 슬라브 문제에 관해 너희들을 도우려 해. 너무 야심 찬 목표이기에 실행을 장담할 수는 없지만 오스트리아 제국의 파괴—완전한 파괴—가 내 소원일 꺼야. 이 위대한 대의를 돕기 위해서라면 나는 도둑이나 심지어 불량배가 될 각오도 되어있어. 아슬아슬하게 그 목표를 이룬다 해도 나는 만족할 거야. 그 후에 위대하고 자유로운 슬라브 연방은 러시아와 우크라이나, 폴란드, 모든 슬라브 인민

---

5. 1861년 10월 15일 헤르쩬과 오가료프에게 쓴 바쿠닌의 편지는 *Pis'ma*, p. 189. E. H. Carr는 코가 250달러가 아니라 총 300달러를 빌려줬다고 적었다. "bakunin's Escape from Siberia," p. 383. 그리고 *Michael Bakunin*(New York, 1961), p. 247.

6. *Pis'ma*, p.189.

7. E. H. Carr, *Michael Bakunin*, p.252 ; Herzen, *My Past and Thoughts*, 5권, pp. 131~32.

들을 위한 유일한 길이 되겠지."[8]

샌프란시스코에서 6일을 보낸 뒤 10월 21일 바쿠닌은 대형증기선 오리자바(Orizaba)호를 타고 파나마해협을 통해 뉴욕으로 출발했다. 다음날 파나마 해협에서 약 400마일 떨어진 지점에 도착했을 때 그는 다시 헤르쩬과 오가료프에게 편지를 보내 돈이 필요하다고 요청(뉴욕에 있는 발린앤샌더(Ballin & Sander) 은행으로 보내달라고)했고 러시아에 있는 가족들의 안부를 물었다. 10월 24일 오리자바호는 파나마에 도착했다. 2주 동안 출발이 지연된 뒤 11월 6일 바쿠닌은 뉴욕으로 향하는 챔피언(the Champion) 호에 승선했다.[9] 그는 머챤트(C. S. Merchant) 대령 휘하의 430명의 정규병을 거느린 캘리포니아주 연방군 총사령관 숨너(Sumner) 장군과 함께 승선했다. 그리고 선내에는 남부동맹(Confederate)에 공감하는 캘리포니아주 전(前)상원의원 윌리엄 그윈(William M. Gwin)과 샌프란시스코의 주(洲)검사였던 칼훈 벤햄(Calhoun Benham), 밀수 감시정의 지휘관이었던 브란트(J. Brant) 함장이 있었다. 파나마를 떠난 뒤 어느 날 숨너 장군은 남부를 위해 일하는 분리주의자라는 명목으로 세 명을 체포했다.[10]

11월 15일 아침 바쿠닌은 뉴욕에 도착했고[11] 코틀란트(Cortlandt)가에 위치한 브로드웨이 아래편의 호워드 하우스(Howard House)에 묵었다. 그가 방문했던 사람 중에는 잘 알려진 48년 세대[12]인 라인홀트 졸거(Reinhold

---

8. *Pis'ma*, pp. 189~90 ; Herzen, *My Past and Thoughts*, 5권, p. 131.

9. *Pis'ma*, pp. 191~92 ; Max Nettlau, *Michael Bakunin : Eine Biographie*(London, 1896~1900), 총 3권 중 1권, pp. 138~40 ; V. Polonskii, *Mikhail Aleksandrovich Bakunin : Zhizn', deiatel'nost', myshlenie*(Moscow, 1922~1925), 총 2권 중 2권, pp. 347~48.

10. *New York Times*와 *New York Tribune*, 1861년 11월 16일자.

11. *the New York Tribune* 1861년 11월 16일자에 실린 챔피언호의 승객명단에는 "M. Bakonnia"라고 기록되었다.

12. [옮긴이 주] '48년 세대(Forty-Eighters)'는 1848년 프랑스 2월 혁명의 영향으로 연쇄적으로 일어난 봉기에 참여했던 사람들을 일컫는다.

Solger)와 프리드리히 캅(Friedrich Kapp)이라는 두 명의 늙은 독일인 동지들이 있었다. 졸거는 할레(Halle)와 그라이프스발트(Greifswald)에서 공부했고 역사와 철학으로 학자경력을 쌓으면서 1842년 박사학위를 받았다. 헤겔 좌파였던 그는 아르놀트 루게(Arnold Ruge)와 루트비히 포이에르바흐(Ludwig Feuerbach), 게오르그 헤르베크(Georg Herwegh)의 친구였다. 졸거와 바쿠닌은 1843년 취리히에서 처음 만났고 그 뒤 수년간 편지를 주고받았으며 1847년 파리에서 헤르쩬, 헤르베크와 함께 다시 만났다.[13] 1848년에 졸거는 반란군의 사령관인 미에로슬라브스키(Mieroslawski) 장군의 부관으로 바덴의 혁명군에 입대했다. 봉기가 진압되고 "자신의 목에 현상금이 걸리자" 그는 스위스로 도망쳤고 1853년에 미국으로 이민을 왔으며 6년 뒤 미국시민이 되었다. 재능 있는 연설가이자 작가인 졸거는 보스턴의 〈로웰연구소〉(the Lowell Institute) 강의에 두 번 초청을 받았고 (1857년과 59년) 1859년 쉴러 100주년 행사에서 발표했던 시와 1862년 독일계 미국인의 삶에 관한 소설로 두 번의 문학상을 탔다. 노예제도폐지론자이자 급진적인 공화주의자인 그는 아브라함 링컨을 지지하는 선거운동에 문학적인 재능을 썼고 나중에 링컨은 재무성의 관직을 그에게 주었다. 그는 1866년 1월 48세의 나이로, 그리고 은행 이사로 삶을 마감했다.[14]

졸거처럼 프리드리히 캅도 1840년대 동안 유럽에서 바쿠닌과 헤르쩬 모두를 알았고(한때 그는 헤르쩬의 아들을 가르쳤다)[15] 1848년 혁명에 참

---

13. 1844년 10월 14일 바쿠닌이 졸거에게 쓴 편지와 1847년 10월 18일 바쿠닌이 엠마 헤르베크(Emma Herwegh)에게 쓴 편지, 바쿠닌이 쓰고 Iu. M. Steklov가 편집한 *Sobranie sochinenii i pisem, 1828~1876*(Moscow, 1934~1936), 총 4권 중 3권, pp. 236~38, 267~68을 보라.

14. 같은 책, 3권, p. 467 ; *Dictionary of American Biography*, 17권, pp. 393~94. 그리고 A. E. Zucker가 편집한 *The Forty-Eighters : Political Refugees of the German Revolution of 1848*(New York, 1950), pp. 124, 343~44 ; 그리고 Carl Wittke, *Refugees of Revolution : The German Forty-Eighters in America*(Philadelphia, 1952), pp. 310~11.

여했다. 제네바로 도망갈 수밖에 없자 그는 1850년 미국으로 이민을 왔고 저명한 역사학자이자 이민자들에 대한 부당한 대우와 착취에 맞서 여론을 환기시킨 언론인으로, 그리고 뉴욕의 성공한 법률가가 되었다. 졸거처럼 캅도 공화당의 급진파로 활동했고 독일계 미국인들이 연방이라는 대의를 지지하게 했다.[16]

11월 21일 또는 22일 바쿠닌은 보스턴을 방문하기 위해 뉴욕에서의 체류를 잠시 중단했다. 그는 보스턴에서 약 한 주 넘게 머물렀다. 이때 바쿠닌의 미국 체류에서 중요한 점이 드러났다. 졸거와 캅의 소개장으로 무장한(armed) 그는 영향력있는 인물들을 많이 방문했고 그 중에는 졸거의 친구이자 노예제도를 반대하는 연설을 하고 존 브라운(John Brown)을 위해 자금을 모았던 급진적인 공화주의자이자 매사추세츠의 주지사인 존 앤드류(John Andrew)도 있었다. 그리고 바쿠닌은 크리미아 전쟁을 감시하기 위해 1855~56년 러시아를 방문했던 연방군 총사령관 조지 맥클랜(George B. McClellan) 장군, 앤드류 주지사처럼 급진적인 공화주의자이자 노예폐지론자인 두 명의 매사추세츠 상원의원, 숨너와 헨리 윌슨(Henry Wilson)에게 소개장을 전달했다. 몇 년 후 바쿠닌은 남부의 해방된 노예들에게 토지를 분배하는 걸 찬성함으로써 "사회주의"의 한 형태를 지지했기 때문에 숨너를 "보스턴의 뛰어난 상원의원"이라며 칭찬했다.[17]

숨너의 동료인 헨리 윌슨은 상원의원의 지위에 오르기 전에는 제화공

---

15. 뉴욕에 있는 졸거의 집을 방문했을 때 바쿠닌은 헤르쩬과 오가료프에게 편지를 썼고 졸거와 캅은 그 편지에 그들의 안부를 묻는 말을 덧붙였다. 1861년 12월 3일 바쿠닌이 헤르쩬과 오가료프에게 보낸 편지, *Pis'ma*, p. 193.

16. Zucker, *The Forty-eighters*, pp. 307~308 ; Wittke, *Refugees of Revolution*, pp. 43, 62~63. 그리고 Edith Lenel의 *Friedrich Kapp*(Leipzig, 1935)를 보라.

17. M. A. Bakunin, *Oeuvres*(Paris, 1895~1913), 총 6권 중 1권, p. 50. 숨너에 대해서는 David H. Donald, *Charles Sumner and the Coming of the Civil War*와 *Charles Sumner and the Rights of Man*(New York, 1960, 1970)이라는 두 권의 훌륭한 전기를 보라.

이었고 그랜트 대통령 밑에서 미국 부통령을 지냈다. 노예폐지론자일 뿐 아니라 노동운동가였기에 그는 과거의 자기 처지와 비슷한 노동자들로부터 항상 공감을 얻었다(1858년에 그는 "노동자들이 '노예'인가?"라는 안건을 상원에 제출했다). 그렇다 해도 그는 "노예권력의 공격성(Aggressions of the Slave Power)"과 "노예제도의 폐지가 나라를 살린다(The Death of Slavery Is the Life of the Nation)"라는 주제로 상원에서 연설했던 노예제 폐지운동의 기수로 유명했다. 그리고 몇 년 뒤 『미국에서 노예권력의 성장과 몰락에 관한 역사』(*History of the Rise and Fall of the Slave Power in America*)라는 세 권의 책을 펴냈다.[18] 그리고 바쿠닌은 자신처럼 폴란드 해방을 갈망하는 당파심이 강한 사람이자 1830~31년 폴란드 봉기의 역사를 번역한 보스턴의 개혁가 조지 스넬링(George H. Snelling)을 방문했다. 이처럼 바쿠닌은 교우관계를 넓히는 특별한 즐거움을 누렸고 "처음 만났을 때 바쿠닌은 사람들을 매우 따뜻하게 안아 주었다"고 당시의 사람들은 회상했다.[19]

간단히 말해 바쿠닌은 진보적인 보스턴 사회를 주도하던 인물들과 사귀었다. 이 정치인들과 장군들, 기업가와 작가들은 자유주의 성향의 인물들로 민주주의의 성장과 유럽에서의 민족해방을 찬성하는 진보적인 사회·정치적 생각을 가졌다. 노예폐지론자이자 i개혁가로서 그들은 러시아 농노의 해방과 노예제도를 반대하는 자신들의 십자군 사이의 유사성을 볼 수 있었고, 바쿠닌은 그들에게서 독재정치에 맞서 계속 투쟁하는 러시

---

18. *Boston*, 1872~1877. 윌슨에 관해서는 Richard H. Abbott, *Cobbler in Congress : The Life of Henry Wilson, 1812~1875*(Lexington, Ky., 1972)와 *Dictionary of American Biography*, xx, pp. 322~25를 보라.

19. Jósef Hordyński, *History of the Late Polish Revolution, and the Events of the Campaign*(Boston, 1832) ; Martin P. Kennard, "Michel Bakounin," 하버드 도서관의 초고, Oscar Handlin가 발행한 "A Russian Anarchist Visits Boston," *New England Quarterly* 15(1942년 3월), pp. 104~109.

아 인민들에 대한 연민을 많이 발견했다.

그런 개혁가 중 한 명은 노예폐지론자이자 보스턴 보석상회의 동업자인 마틴 케냐드(Martin P. Kennard)로 졸거가 바쿠닌에게 소개장을 써 준 사람이었다.[20] 바쿠닌은 브룩클린에 있는 케냐드의 집에서 두 번 저녁식사를 했고 보스턴의 사무실을 방문했다. 케냐드는 자신의 손님을 "6피트가 넘는 키에 귀족다운 몸가짐을 한 온화하고 매력적인 사람으로, 틀에 박힌 듯하지만 잘 균형 잡힌 사람이고 매킨토시 고무 방수포로 거의 완전히 포장된 사람"이라 평했다. 재밌게도 자신을 "러시아 곰"이라 불렀던 바쿠닌은 케냐드를 호감이 가는 청중으로 봤다. 오스카 핸들린(Oscar Handlin)이 언급했듯이, 바쿠닌이 도망친 노예들을 보호하기 위한 모임에 가입하도록 이끌었던 케냐드의 진보적인 신념들은 미국만이 아니라 유럽에서의 인간해방에도 폭넓게 관심을 가지게 했다. 첫 번째 만남에서 바쿠닌은 "폴란드인의 삶과 독일 통일을 위한 투쟁, 유럽 전역의 공화주의 운동, 그 운동의 일시적인 실패"에 관해 케냐드에게 말했다. 바쿠닌은 "그런 실패에도 자신의 용기가 아직 수그러들지 않았고 열정도 결코 줄지 않았다"는 걸 케냐드에게 분명하게 얘기했다.[21]

케냐드와 다른 미국인들처럼 바쿠닌은 흑인노예제도를 비롯한 모든 형태의 노예제도를 단호하게 반대했다. 미국에서 체류하는 동안 그는 노예폐지운동을 옹호하던 노예폐지론자 모임에 드나들었고 프랑스 아나키스트 프루동과 달리 북부와 남부의 싸움에서 북부를 지지했다. 샌프란시스코에서 그는 미국내전(civil war)[22]이 "매우 흥미롭"다고 헤르쩬과 오가료

---

20. 케냐드는 바쿠닌처럼 졸거를 "모국의 독재가 도망치게 만든 정치적 망명자이자 고귀한 친구"라고 평가했다("Michel Bakounin," p. 105).

21. 같은 글, p. 107. 깜짝 놀랄 우연이지만 바쿠닌이 케냐드의 보석상회를 방문했을 때 그는 1849년 자신을 감옥으로 호송했고 지금은 북군의 매사추세츠 부대에 입대하기 위해 보스턴으로 온 오스트리아 관리를 우연히 만났다.

프에게 편지를 썼다. "나는 북부의 입장에 완전히 공감해."[23] 그렇게 노예 문제에 관심을 많이 가졌기 때문에, 케냐드에 따르면 상황이 허락되었다면 "그는 미국인들과 미래의 운명을 함께 하며 미국내전이라는 사건에 열심히 참여했을지 모른다."[24] 몇 년 뒤 바쿠닌은 남부 농장주들의 "사악한 과두제"와 함께 노예제도를 옹호하는 북부인들을 "자신들의 탐욕과 사악한 야망을 위해 모든 것을 희생시킬, 신념이나 양심이 없는 선동 정치가"라고 비난했다. 그는 그런 인간들이 "미국 북부의 정치도덕을 크게 타락시켰다"고 말했다.[25]

그렇다고 남부가 완전히 매력을 잃은 건 아니었다. 프루동 못지않게 바쿠닌도 연방권력이 점차 중앙집권화되는 걸 의심했고 여러 가지 면에서 북부의 정치구조보다 더 자유롭고 민주적이라고 여겼던 남부연맹에서 사라지고 있는 농민의 미덕(agrarian virtues)을 소중히 여겼다. 이 결론에 도달하면서 우리는 아마도 바쿠닌이 "샌프란시스코를 떠나 파나마를 경유해 항해하면서 친분을 맺었고, 때때로 신문에서 '그윈 공작(Duke)'이라 언급했던" 남부의 상원의원 그윈의 영향을 받았다는 점을 케냐드로부터 확인할 수 있다.[26] 하지만 바쿠닌이 영리하게 지적했듯이 남부의 연방주의는 노예제도라는 "오점"으로 더럽혀져 왔고 그 결과 남부동맹을 맺은 주들은 "자유와 인간애를 사랑하는 모든 친구들의 비난을 받게 되었다." 더구나 "북부의 공화주의적 주들에 맞서 선동했던 사악하고 불명예스러운 전쟁을 시작함으로써 그들은 지금까지의 역사에서 존재했던 정치조직

---

22. [옮긴이 주] 보통 남북 전쟁으로 번역하지만 서로 다른 두 국가의 전쟁이 아니라 단일 국가 내의 전쟁이었기에 내전으로 번역하는 게 올바르다. 남한과 북한의 싸움을 한국 전쟁이라고 부르면서 미국의 내전을 남북전쟁이라고 부르는 건 웃기지 않은가?

23. *Pis'ma*, p. 120.

24. Handlin, "A Russian Anarchist," p. 108.

25. Bakunin, *Oeuvres*, 1권, p. 172.

26. 같은 책, 1권, pp. 21~22 ; Handlin, "A Russian Anarchist," p. 107.

중 가장 훌륭한 조직을 대부분 전복시키고 파괴했다."[27]

보스턴을 떠나자마자 곧바로 바쿠닌은 1843년 뇌샤텔(Neuchâtel)에서 만났던 유명한 스위스 박물학자(naturalist)이자 "오랜 친구" 루이즈 아가지즈(Louis Agassiz)를 방문하기 위해 캠브리지로 갔다.[28] 아가지즈는 1846년 미국으로 이민을 왔고 당시 하버드 대학에서 동물학 교수직을 맡고 있었으며 자신이 바쿠닌에게 소개장을 써 준 헨리 워즈워스 롱펠로(Henry Wadsworth Longfellow)의 친구였다. 노예폐지에 찬성했던 롱펠로는 다른 글들을 별개로 하더라도 『예속의 시』(Poems of Slavery)로 유명했다. 그리고 바쿠닌이 캠브리지에 있는 롱펠로의 집 크래기 하우스(Craigie House)에서 저녁을 먹을 때 노예폐지론자 상원의원의 동생인 조지 숨너(George Sumner)도 초대되었다. 그 날은 11월 27일로 반 윅 브룩스(Van Wyck Brooks)에 따르면 바쿠닌은 정오에 도착해서 거의 한밤중까지 머물렀다.[29] 롱펠로는 일기에 그 날의 사건을 기록했다. "조지 숨너와 바쿠닌 씨가 저녁식사에 왔다. 바쿠닌 씨는 교육을 잘 받은 능력있는 러시아 신사이다. 그리고 아주 정열적이고 끓어오르는 기질을 가진 위대한 사람이다. 그는 1848년 혁명에 참여했고 올뮤츠(Olmütz) 감옥을 체험했으며 심지어 그곳에 있는 라파예트(Lafayette)의 감방에도 있었다. 그 뒤 시베리아에서 4년을 보냈고 6월 말 그곳을 탈출해서 아무르 강을 따라 내려와 일본을 경유해 캘리포니아로 가는 미국 상선을 탔다. 그리고 파나마 해협을 가로질러 이곳으로 왔다. 흥미로운 사람이다."[30]

---

27. Bakunin, *Oeuvres*, 1권, p. 22.

28. *Pis'ma*, p. 190.

29. Van Wyck Brooks가 개정하고 편집한 *The Flowering of New England, 1815~1865*(New York, 1937), p. 150.

30. Samuel Longfellow가 편집한 *Life of Henry Wadsworth Longfellow*(Boston, 1886), 총 3권 중 2권, p. 371.

바쿠닌은 독일어로 번역이 된 제임스 페니모어 쿠퍼(James Fenimore Cooper)의 작품을 포함해 미국 문학을 약간 읽었고 감옥에 있으면서 영어를 공부했기에 케냐드는 바쿠닌이 "분명하고 유창하게" 영어를 말할 수 있었다고 얘기했다.[31] 투옥 중에도 그는 여전히 오랜 활력과 충만함을 대부분 유지했다. 분명히 그는 늙었고 괴혈병으로 이빨을 잃었으며 지나치게 살이 쪘다. 하지만 회색빛의 푸른 눈은 날카로운 빛을 유지했다. 그리고 그의 목소리와 웅변술, 몸집이 서로 결합해서 그에게 관심을 집중하게 했다. 더구나 그는 반란자일 뿐 아니라 카가 언급했듯이 모든 계급장벽을 부수고 서로 다른 사회적, 민족적 배경을 가진 사람들 사이에서도 쉽게 동화될 수 있는 품위 있는 기질을 타고난 귀족이었다. 이 점에 관해 케냐드는 "최소한의 준비 없이도 나의 새로운 친구는 즉시 우호적인 관계를 맺었고 자유롭고 편안한 방식으로 자신을 받아들이도록 만들었으며 지성과 상냥한 신사임을 나타내는 국제적인 정중함을 가진 정력적인 활동가였다"고 적었다.[32]

어디를 가든 바쿠닌은 강한 매력을 발휘했고 자신이 만난 거의 모든 사람들에게 호의적인 인상을 남겼다. 몇 년 뒤 케냐드는 롱펠로가 "정기적으로 자신의 급진적인 손님과 나를 연관시키는 몇 가지 흥미로운 사건들에 관해 최근의 소식들을 물었다"고 말했다. 이 점을 반대할 유일한 사람은 롱펠로의 가장 어린 딸로 『아이들의 시간』(*The Children's Hour*)에서 "우스운 알레그라(Allegra)"로 나오는 애니(Annie)인 것 같다. 그녀는 바쿠닌의 방문에 관해 흥미로운 기록을 남겼다. 저녁식사를 하려고 내려왔을 때 그녀는 아버지 옆의 자기 자리에 앉은 "커다란 머리와 거칠고 덥수룩

---

31. Handlin, "A Russian Anarchist," p. 107. E. H. Carr, *Michael Bakunin*, p. 261에 나오는 "바쿠닌이 영어를 겨우 겉핥기식으로만 익혔다"는 구절과 비교된다.
32. E. H. Carr, *Michael Bakunin*, pp. 252~55 ; Handlin, "A Russian Anarchist," p. 105.

한 머리칼, 커다란 눈과 입, 큰 목소리와 그 소리보다 더 크게 웃는 덩치 큰 야만인"을 보았다. 그녀는 『그림형제의 옛날이야기』(*Grimm's Fairy Tales*)에서 아무런 이유 없이 다음과 같은 얘기를 적었다. "어떠한 애원과 설득도 문턱을 넘도록 나를 끌어당기지 못했다. 그가 나를 밀어내지 않았다면 의미있을 저녁식사에서, 나는 술 취한 듯 서서 그가 테이블의 내 자리를 차지했다는 사실에 분개했다. 그래서 나는 저녁을 먹지 않고 나갔다."[33]

12월이 시작되자 바쿠닌은 보스턴을 떠나 뉴욕으로 돌아갔다. 이들 도시에서 받은 소개장을 가지고 그는 워싱턴으로 계속 여행해서, 헤르쩬과 오가료프에게 말했듯이 가능한 그곳에서 "뭔가를 배우"려 했다.[34] 카는 그가 여행을 하지 않은 이유에 관해 알려진 바 없다고 썼다. 하지만 우리는 케냐드에게서 그가 "종종 가장 부드러운 애정을 드러내던, 자기 아내와 만나기로 약속한 런던으로의 출발을 계속 불안해했고 특유의 조바심을 부렸기"에 여행하지 않았다는 사실을 전해 들었다.[35] 따라서 영국에서 돈이 오자 바쿠닌은 12월 14일 영국 리버풀을 향해 떠나는 다음 배인 시티 오브 볼티모어(the City of Baltimore)호에 표를 예약했다. 12월 27일 도착하자마자 그는 "형제처럼" 맞이하는 헤르쩬과 오가료프가 있던 런던으로 바로 갔고 혁명운동에 다시 참여했다.[36]

미국은 바쿠닌에게 어떤 인상을 남겼을까? 그 인상은 대체로 우호적이

---

33. Handlin, "A Russian Anarchist," p. 106 ; Annie Longfellow Thorp, "A Little Person's Memories of Great People," Longfellow Papers, Craigie House, Cambridge, David Hecht가 발행한 "Laughing Allegra' Meets an Ogre," *New England Quarterly* 19(1946년 6월) pp. 243~44.
34. *Pis'ma*, pp. 190~91.
35. E. H. Carr, *Michael Bakunin*, p. 247 ; Handlin, "A Russian Anarchist," p. 107.
36. Nettlau, *Michael Bakunin*, 1권, p. 138~40 ; *New York Times*, 1861년 12월 15일자 ; M. Bakunin, "Herzen," Arthur Lehning이 편집한 *Archives Bakounine*(Leiden, 1974), 5권, p. 23.

지만 미국의 정치·사회적 성격에 관한 부분은 조건부로 우호적이었다. 1862년 2월 바쿠닌은 한 러시아 친구에게 이렇게 편지를 썼다. "나는 미국에서 한 달 조금 넘게 보냈고 많은 걸 배웠어. 나는 우리의 독재정치가 이룬 것과 똑같이 비참한 결과들을 미국의 선동가들이 낳는 방식을 봤어. 사실 미국과 러시아 사이에는 많은 공통점이 있지. 그러나 내게 가장 중요한 건, 러시아에 대한 보편적이고 조건 없는 [미국인들의] 공감과 러시아 인민들의 미래에 대한 [미국인들의] 믿음이 대단히 강해서 내가 그곳을 떠날 때 미국에서 보고 들었던 모든 것[긍정과 부정]에도 미국에 대해 강한 소속감을 가지게 되었다는 점이지."[37]

러시아에 대한 이런 공감 외에도 미국에서 바쿠닌을 가장 감동시킨 건 정치적인 해방의 역사와 연방주의 정부체계였다. 미국 혁명[미국 독립전쟁]을 "독재에 맞선 해방운동"으로 격찬하면서 그는 마틴 케냐드가 자신에게 작별선물로 주려 했던 "미국방문 기념인 워싱턴의 자필 서명을 몹시 가지고 싶어" 했다.[38] 나중에 쓴 글에서 바쿠닌은 미국을 "정치적 해방의 유서 깊은 땅"이자 "가장 민주적인 제도들"을 가진 세계에서 가장 자유로운 나라로 꼽았다. 특히 미국 연방주의는 깊은 인상을 남겼고 그 주제에 관해 바쿠닌의 생각을 풍부하게 만들었다. 유럽의 진보주의자들에게 그는 미국으로 구체화되는 "연방주의라는 가장 위대하고 건전한 원리"를 열심히 추천했다. "우리는 미국의 정치를 거부해야 하지만 북아메리카인들의 해방정치를 단호하게 채택해야만 한다"고 1868년 <평화와 자유동맹>(the League of Peace and Freedom)에서 얘기했다.[39]

---

37. 1862년 2월 27일 바쿠닌이 리알린(P. P. Lialin)에게 보낸 편지, M. K. Lemke, *Ocherki osvoboditel'nogo dvizheniia "shestidesiatykh godov"* (St. Petersburg, 1908), pp. 133~35.

38. Bakunin, *Oeuvres*, 4권, p. 289 ; Handlin, "A Russian Anarchist," p. 109.

39. Bakunin, *Oeuvres*, 1권, pp. 12~13, 171. 원문의 강조. 그리고 Hans Rogger가 쓰고 Harold Hyman이 편집한 "Russia and the Civil War," *Heard Round the World* (New York, 1969), pp.

다음 몇 년 동안 자신의 아나키스트 교리를 발전시키면서도 바쿠닌은 모든 정부가 똑같이 일괄적으로 사악하고 억압적이라고 얘기하지 않았다. 미국, 그 뒤 영국과 스위스에서의 개인적인 경험 때문에 그는 "가장 불완전한 공화국이 가장 계몽된 군주제보다 천 배 더 낫다"고 확신했다. 그는 미국과 영국을 인민들이 진정한 "해방과 정치권력"을 가지고 심지어 "완전히 버려진 자와 비참한 외국인들조차도 부자와 영향력있는 시민들만큼 충분한" 시민권을 누리는 "유일하고 위대한 두 국가"라고 말했다.[40] 물론 두 국가에서 바쿠닌 자신은 정치적인 도피처를 발견했고 더구나 미국정부는 바쿠닌의 방문기간 동안 그를 러시아로 송환하길 거부했으며 "혁명가들에 대한 보호를" 결코 중단하지 않을 것이라는 점을 러시아 대사 바론 스토에켈(Baron Stoeckel)에게 납득시켰다.[41] 아주 흥미로운 사실이지만 보스턴에 머무는 동안 바쿠닌은 미국에 시민권을 최초로 신청해서 "최초의 논문(first papers)"[앞서 얘기했듯이 바쿠닌이 직접 낸 책은 없다]을 쓰는 것만큼의 충격을 줬다. 케냐드는 "아마도 미국 시민이 되는 걸 결코 진지하게 생각하지는 않았을 것"이라고 언급했다. "그리고 그런 가능성이나 그런 이득이 자신에게 거의 없으리라는 막연한 생각에 최초의 신청을 때마침 보스턴에서 했다." 그리고 스위스에서 생활하던 말년에 그는 다시 한번 미국으로의 이민을 얘기했지만 그곳에 귀화했다.[42]

미국 체류시절을 회상할 때마다 바쿠닌은 노동자들이 결코 굶주리지 않고 유럽에서보다 "임금을 더 많이 받는" 사회를 떠올렸다. 그는 "하나의 정체"의 일부로서 "모든 노동자들도 시민"이기 때문에 이제 계급 간의

177~256.

40. Bakunin, *Oeuvres*, 1권, p. 174 ; 4권, p. 448.

41. Max M. Laserson, *The American Impact on Russia : Diplomatic and Ideological, 1789~1917* (New York, 1950), p. 171에서 재인용.

42. Handlin, "A Russian Anarchist," p. 108 ; E. H. Carr, *Michael Bakunin*, p. 491.

적대가 거의 존재하지 않고” 교육이 “대중 사이에 널리 보급되어” 있다고 적었다. 그는 최초의 식민지 이주자들이 영국에서 수입했던 “전통적인 해방정신”에 이런 이점들이 뿌리내려 있고 [그 정신이] “개인의 독립성, 공동체와 지방의 자치(*Selfgovernment*)” 원리와 함께 “과거에 대한 강박관념”으로부터 자유로운 황야로 이식되었다고 얘기했다. 따라서 한 세기가 지나기도 전에 미국은 “유럽의 문명과 동등해지거나 그걸 넘어설” 수 있었고 “어느 곳에도 존재하지 않는 자유”를 제공할 수 있었다.[43]

바쿠닌에 따르면, 미국의 “놀라운 발전”과 “부러운 번영”은 “엄청나게 풍부한 비옥한 땅”과 “거대한 영토라는 부” 덕분이었다. 그는 이 땅의 풍부함 덕분에 수십만 명의 이민 온 사람들이 매년 흡수되고, 실업자나 임금이 낮은 노동자들도 최후의 수단으로 “항상 서부로 이주”할 수 있었으며 자신이 경작하는 땅의 경계를 분명히 정할 수 있었다고 얘기했다.[44] 아마도 미국 황야에 대한 바쿠닌의 이 이미지는 어느 정도 페니모어 쿠퍼의 소설을 통해 만들어졌을 것이다. 그리고 바쿠닌 스스로 서구 산지인(mountaineer)의 삶을 갈망했던 때가 있었고 특히 감옥에서 그랬다. 1851년 표트르-파블로프스키 감옥에서 쓴, 니꼴라이 1세에게 바쳐진 그의 『참회록』은 이런 영향에 관한 인상적인 구절을 담고 있다. “내 본성에는 언제나 근본적인 결함이 있었습니다. 즉 환상에 대한 사랑, 드물고 들어보지 못한 모험에 대한 사랑, 끝을 예상할 수 없는 엄청난 지평을 여는 사업에 대한 사랑입니다. 대부분의 사람들은 평온함을 추구하고 그것을 최고

---

43. Bakunin, *Oeuvres*, 1권, pp. 28~30. 원문의 강조. 지방자치에 대한 바쿠닌의 평가는 다른 여러 사람 중에서 프루동, 토크빌, 존 스튜어트 밀의 영향을 받았다.

44. 같은 책, pp. 28~29. 원문의 강조. David Hecht의 *Russian Radicals Loot to America, 1825~1894*(Cambridge, Mass., 1947), pp. 58~60에서 지적했듯이 프레드릭 잭슨 터너(Frederick Jackson Turner)가 미국의 사회적 안정성에 관한 유명한 “안전판”이론을 발표하기 25년 전에 [바쿠닌은] 이 점을 얘기했다.

의 축복으로 여깁니다. 그러나 내게 평온함은 오직 절망만을 낳았습니다. 내 정신은 항상 혼란스럽고 행동과 이동, 활기를 요구합니다. 나는 잘 짜여진 시민사회가 아니라 문명이 거의 꽃피지 않은 야성적인 삶, 길들여지지 않은 자연에 맞서 끊임없이 투쟁하는 서부의 이주민들이나 미국의 산림에서 태어나야 했습니다. 그리고 청년시절 운명이 나를 뱃사람으로 만들었다면 나는 아마도 지금쯤 정치에 관심을 두지 않고 바다에서의 모험과 폭풍우 외엔 다른 걸 추구하지 않는 존경받는 인물이 되었을 겁니다."45

그러나 바쿠닌이 미국을 전혀 비판하지 않은 건 아니다. 샌프란시스코에 도착하던 날 그는 헤르쩬과 오가료프에게 미국에서 목격한 "영혼없는 물질적인 번영의 진부함"과 "유치한 국가적 자만심"에 관해 불평했다. 그는 미국내전이 미국을 구원하고 "잃어버린 영혼"을 회복하게 하리라고 생각했다.46 케냐드는 이렇게 쓴 바 있다. "그는 전쟁 후에 미국이 강대국, 말하자면 더 개인화되고 사회적으로 삶의 균형이 잡힌 나라로 될 것이고 미국의 위대한 시도는 이전에 알던 것보다 훨씬 더 위대한 인물을 낳을 수 있으리라 단언하곤 했다."47

하지만 바쿠닌은 미국의 좋은 조건이 일시적일 뿐이라고 믿었다. 최근 몇 년간 뉴욕과 필라델피아, 보스턴 같은 도시들에서 자신들이 "유럽의 대규모 산업국가들의 노동자들과 비슷한" 처지에 있다는 사실을 발견하기 시작한 "노동자 계급 집단"으로 넘쳐흐르는 게 보였기 때문이다. 그 결과 "사실 우리가 더 일찍 사회 문제들에 맞닥뜨렸듯이 북아메리카 국가들도 그런 문제들에 직면하리라 본다."48 오래지 않아 미국 노동자들도

---

45. Bakunin, *Sobranie sochinenii i pisem*, 4권, pp. 154~55 ; Robert C. Howes가 옮기고 Lawrence D. Orton이 서문을 쓰고 주를 단 The *"Confession" of Mikhail Bakunin*(Ithaca, 1977), p. 92.
46. *Pis'ma*, p. 190.
47. Handlin, "A Russian Anarchist," p. 108.
48. Bakunin, *Oeuvres*, 1권, pp. 29~30.

유럽의 노동자들과 다를 바 없게 될 것이고 탐욕스런 자본주의와 중앙집권적인 정치권력의 희생자가 될 것이다. 바쿠닌은 아무리 민주적인 국가라 해도 "대중에게 노동을 강요하지" 않는다면 지속될 수 없다고 주장했다. 오히려 임금노예는 "시민이라는 정치계급들의 여가와 해방, 번영에 반드시 필요한 요소"이다. "북아메리카의 연방국가들이라 해도 아직까지 이런 점에서 예외일 수는 없다."[49]

대부분의 다른 국가들에서 보이는 독재보다 미국과 영국, 스위스의 민주적인 체제를 계속 좋아하긴 했지만, 시간이 흐를수록 일반적으로 정부에 대한 그의 비판은 더 세졌다. "과거든 현재든, 북아메리카의 연방국가와 스위스처럼 가장 민주적인 제도들을 가졌다 해도 우리가 모든 국가들에서 실제로 보는 건 무엇인가?"라고 1867년에 그는 물었다. "인민이 모든 권력을 가진다는 건 구실일 뿐 대중의 자치는 대부분 허구로만 남아있다." 그는 대의정부가 오로지 부유한 계급들에게만 이득을 주고 보통선거권이 단순히 자본가 계급의 도구일 뿐이라고 덧붙였다. 대중은 "법률적으로만 주권자이지 실제로는 아니다." "정치권력을 쫓는, 야심을 품은 소수만"이 "인민에게 구어하고 때때로 아주 사악해질 수 있는 변덕스러운 인민의 열정에 영합하며 대부분의 경우 인민을 속이면서" 지배를 달성하기 때문이다. 따라서 공화국을 좋아하지만 "계급에 따라 차별되는 정부와 소수에 의한 다수의 필견적인 착취가 항상 존재할 사회, 직업과 부, 교육과 권리에서 세습되는 불평등 때문에 서로 다른 계급들로 계속 분리되는 인간사회가 지속되는 한, 어떤 형태의 정부가 가능할 수 있다고 인정하거나 선언하면 절대로 안 된다."[50]

이런 테마들은 바쿠닌이 나중에 쓴 글들에서도 종종 반복되었다. 1871

---

49. 같은 책, pp. 157~58.
50. 같은 책, 1권, pp. 171~74.

년에 초안을 잡은 『신과 국가』에서 바쿠닌은 아무리 보통선거권으로 선출된 의회정부라 해도 빠른 속도로 "정치적 귀족정치나 과두제의 일종으로" 변질된다고 강조했다. "미국과 스위스가 이를 증명한다."[51] 그리고 그는 『신과 국가』의 일부로 완성되지 않은 글인 『크누토-게르만 제국과 사회혁명』(*The Knouto-Germanic Empire and the Social Revolution*)에서 심지어 "미국과 스위스처럼 가장 민주적인 나라에서도" 국가가 "소수 기득권층"의 도구이자 "다수의 실질적인 복종"을 의미한다고 다시 한번 강조했다. 그리고 또 1873년 발행된 『국가의 지위와 아나키』(*Statehood and Anarchy*)에서 바쿠닌은 미국이 "소위 정치인 또는 정치상인이라 불리는 특수한 자본가 계급에 의해서만 움직이는 반면 노동자 대중들은 군주국가에서처럼 속박되고 비참한 조건에서 살고 있다"고 말했다.[52]

노년을 보내면서 바쿠닌은 어떠한 즉각적인 개혁도 단념했다. 1875년 프랑스 지리학자이자 아나키스트인 엘리제 르클뤼(Elisée Reclus)에게 보낸 편지에서, 스페인 군주제가 복원되고 비스마르크가 떠오르던 독일을 지배하며 가톨릭교회가 여전히 전 세계의 대다수 사람들보다 부유하고 강력하며 영국은 비틀거리고 유럽 전체가 타락하고 있으며 "미국의 공화국 모델이 군부 독재와 손을 잡고 이미 완전히 사라졌기에" 모든 곳에서 "악이 승리했다"고 썼다. "불쌍한 인류여!"[53]

---

51. M. Bakunin, *God and the State*(New York, 1970), p. 32.

52. Bakunin, *Oeuvres*, 1권, pp. 287~89 ; Arthur Lehning이 편집한 *Archives Bakounine*, 3권 : *Gosudarstvennost' i anarkhiia*(Leiden, 1967), p. 45. 또 다른 예로 미국과 스위스의 교육발전을 칭찬했지만 바쿠닌은 역시 "부르주아지의 아이들"이 더 많은 교육을 받는 반면 "인민"의 아이들은 "기초적인 교육만을, 아주 드문 경우에 약간의 중등교육"을 받는다고 주장했다. *Oeuvres*, 5권, p. 324.

53. 1875년 2월 15일 바쿠닌이 르클뤼에게 보낸 편지, James Guillaume, *L'Internationale : Documents et souvenirs(1864~1878)* (Paris, 1905~1910), 총 4권 중 3권, pp. 284~85.

미국을 짧게 방문하는 동안 바쿠닌은 혁명가나 노동자 계급운동, 그리고 그 뒤 운동의 초기발전단계에 분명한 흔적을 남기지 못했다. 예를 들어, <국제 노동자 협회>(The International Working Men's Association, 인터내셔널)는 1864년에야 만들어졌고 최초의 미국 지부는 1867년에야 구성되었다. 하지만 바쿠닌은 1868년부터 <국제 노동자 협회>의 구성원이 되었고 그 후에 그의 영향력은 급속하게 확장되었다. 역사가들이 묘사하듯이 맑스와의 갈등이 극에 달했던 1870년대 초 바쿠닌은 배타적인 맑스주의 조직이 결코 될 수 없었던 <국제 노동자 협회>의 미국지부 내에서 실질적인 지지를 얻을 수 있었다.

1870년과 72년 사이에 <국제 노동자 협회>의 연방주의자 지부가 뉴욕과 보스턴, 또 다른 미국 도시들에 만들어졌다. 예를 들어, 뉴욕에는 유명한 리버테리안인 윌리엄 웨스트(William West), 빅토리아 우드헐(Victoria Woodhull), 그녀의 딸 테네시 클랜플린(Tennessee Claflin), 바쿠닌을 "심오한 사상가이자 독창적인 천재, 학자이자 철학자"로 인정했던 스티븐 펄 앤드류스(Stephen Pearl Andrews)가 제9 지부와 제12 지부를 조직했다.[54] 미국에서 손꼽히던 프루동의 제자 윌리엄 그린(William B. Greene)은 보스턴에서 <국제 노동자 협회>의 리버테리안 지부를 출범시키는 걸 도왔다. 그의 동료인 에즈라 헤이우드(Ezra Heywood)는 뉴욕과 다른 도시들에서 <인터내셔널> 회의를 개최했다. 1872년 헤이우드는 매사추세츠주 프린스턴에서 바쿠닌의 글들을 실은 최초의 미국 잡지 중 하나인 월간지 『워드』(*The Word*)를 발행했다.[55] 뉴욕의 『우드헐 & 클래플린 위클리』(*Woodhull & Claflin's Weekly*)와 함께 『워드』는 미국에서 <국제 노동자 협회>의 리

---

54. Charles Shively가 쓰고 S. P. Andrews가 서문을 쓴 *The Science of Society*(Weston, Mass., 1970, 1888년의 벤자민 터커판을 다시 찍은 책), p. 21에서 인용.

55. 예를 들어, M. Bakunin, "Gospel of Nihilism," *The Word*, 1880년 4월호를 보라.

버테리안 당파의 비공식적인 기관지가 되었고 분권주의적 사회주의 원리를 옹호했으며 맑스가 통제했던 총무위원회의 권위주의적인 성향을 비판했다. 1872년 5월 『워드』는 "강압적인 정치 쪽으로 강하게 이끌리고 있는 이 거대하고 성장하는 단체의 맑스 박사와 다른 지도자들을 만나는 건 즐겁지 않다"고 선언했다. "더 나아질 수 있을 때까지 자연법에 우리를 맡기자. 만일 <인터내셔널>이 성공하고 싶다면 밑바닥의 생각, 즉 공동의 인류애를 대표하는 자발적인 연합이라는 생각에 충실해야 한다."

미국의 자생적인 모임들 외에도 미국에서 <인터내셔널>의 외국어를 쓰는 다양한 지부들(특히 프랑스어)은 맑스주의 당파보다 바쿠닌주의 당파를 지지했다. 이 지부들은 (파리꼬뮨의 망명자들로 구성된) 뉴욕의 제2지부와 뉴저지주 호버켄(Hoboken)의 제29 지부, 곧 주요한 아나키스트 본거지로 성장했던 도시인 뉴저지주 패터슨의 제42 지부를 포함했다. 바쿠닌은 자신의 초상화가 휴게실을 장식했던 아이오와주 코닝(Corning)의 모험적인 공동체(Icarian Community) 내에서도 자신의 지지자들을 더 발견했다.[56]

1872년 <인터내셔널>에서 쫓겨났지만 바쿠닌의 영향력은 대서양 양쪽에서 점점 늘어났다. 1876년 그가 죽은 뒤에도 이 영향력은 줄어들지 않았다. 오히려 1880년대 동안 그의 책들이 미국에서 발행되기 시작했고 그 당시 등장하던 아나키스트 운동과 사회주의 운동에 강한 영향을 미쳤다.

북아메리카에서 바쿠닌의 책을 대부분 출판했던 사람은 벤자민 터커(Benjamin R. Tucker)라는 이름을 가진 뉴잉글랜드의 청년 아나키스트였다. 1872년 매사추세츠 공과대학의 학생이던 18살의 터커는 보스턴에서 처음 아나키스트 모임에 참석했다. 그곳에서 터커는 에즈라 헤이우드, 윌

---

56. Donald Drew Egbert와 Stow Persons가 편집한 *Socialism and American Life*(Princeton, 1952), 총 2권 중 1권, p. 207.

리엄 그린, 평생을 아나키스트 운동에 바치도록 그에게 강한 영향을 준 조슈아 워렌(Josiah Warren, 미국 아나키즘의 "아버지")을 만났다. 1870년대 중반 동안 『워드』의 부(準)편집자로 일한 뒤, 터커는 1881년부터 1908년까지 자신의 신문 『리버티』(*Liberty*, 자유)를 발간했고 이 신문은 미국에서 개인주의적 아나키즘의 주요한 기관지로서 『워드』를 대체했다.

20년 전 보스턴에서 바쿠닌을 만났던 사람들처럼 터커도 러시아의 인민과 혁명운동에 깊이 공감했다. 『리버티』의 첫 신문(1881년 8월 8일)은 그 해 초 알렉산드르 2세를 암살하려다 교수형을 당한 소피아 페로프스카야(Sophia Perovskaya)의 초상화로 일면을 장식했다. [그리고] 초상화 밑에는 "소피아 페로프스카야, 해방의 영웅적인 순교자, 1881년 4월 15일 전제군주의 세상을 없애는 걸 돕다 목이 매달리다"라는 요아킨 밀러(Joaquin Miller)의 감동적인 시를 실었다. 같은 쪽에서 터커는 <인민의 의지>의 사절로 미국에 온 페로프스카야의 동료 레프 하르트만(Lev Hartmann)을 "훌륭한 작가이자 영웅적인 노동자이며 위대한 인물"이라고 칭송했다.

그 뒤에도 『리버티』는 서유럽으로 추방되거나 알렉산드르 3세가 시베리아로 유형을 보냈던 러시아 혁명가들에 대한 소식들을 실었다. 페로프스카야 외에도 터커는 베라 자술리치(Vera Zasulich), 베라 피그네르(Vera Figner), 소피아 바르디나(Sophia Bardina)처럼 "뛰어난 여성 허무주의자 유형들"을 찬양했다. 1882년 1월 터커는 자신이 "러시아인의 생활에서 가장 좋은 요소들을 믿을 만하게 말하는" 사람이라고 얘기했던 표트르 라브로프(Peter Lavrov)와 자술리치가 서명한 <인민의 의지 적십자회>(the Red Cross Society of the People's Will)의 호소문을 실었다.[57] 터커 자신도 <적십자회>의 미국 대표가 되었고 『리버티』를 통해 돈을 모아서 런던에 있던 니꼴라이 차이코프스키(Nicholas Chaikovsky)에게 보냈다.

---

57. *Liberty*, 1882년 1월 7일자와 21일자, 3월 18일자.

터커는 바쿠닌만이 아니라 체르니쉐프스키(Chernyshevsky)와 톨스토이, 크로포트킨과 스테피낙(Stepniak), 코롤렌코(Korolenko)와 고리끼처럼 잘 알려진 인민주의자와 혁명가들의 책을 출판했다.[58] 체르니쉐프스키의 『무엇을 할 것인가?』(*What Is to Be Done?*)를 영어로 처음 번역한 사람이 터커였다(그는 러시아어가 짧았기 때문에 프랑스 번역본으로 작업했다). 그는 체르니쉐프스키를 "근대 혁명의 영웅적인 순교자"라고 불렀다.[59] 1890년 터커는 끼예프(Kiev) 출신의 나로드니끼[인민주의자]이자 『리버티』의 부편집자로 일하던 빅토르 야로스(Victor S. Yarros, Yaroslavsky, 야로슬라브스키)가 러시아어로 번역하고 자신이 다시 한번 프랑스 번역본으로 재번역한 톨스토이의 『크로이첼 소나타』(*The Kreutzer Sonata*)를 미하일로브스키(N. K. Mikhailovsky)의 서평을 실어서 펴냈다.[60]

1881년 11월 12일 『리버티』의 칼럼은 터커가 복사본 한 장에 50센트를 치르고 "위대한 혁명가"의 사진 하나를 손에 넣었다고 알리며 바쿠닌의 이름을 최초로 언급했다. 2주가 지난 뒤 『리버티』의 1면에 실린 그림 판화는 "미하일 바쿠닌: 러시아 혁명가이자 허무주의의 아버지, 아나키의 사도"라는 제목을 달았다. 『리버티』는 터커가 프랑스와 독일의 자료에서 수집한 바쿠닌에 관한 간단한 약력을 덧붙였다.[61] 바쿠닌에 대해 터커는

---

58. 표트르 크로포트킨과 터커의 관계는 5장에서 상세히 설명하겠다.
59. *Liberty* 1884년 5월 17일자 ff. 에 연속으로 연재되었고 1886년에 책의 형태로 간행되었다.
60. *Liberty*, 1890년 6월 7일자. 그리고 야로스는 *Liberty*에 체르니쉐프스키와 헤르쩬에 관한 에세이들을 썼다.
61. 같은 신문 1881년 11월 26일자. 터커의 자료는 아마도 바쿠닌에 대한 장(章)으로 48쪽을 할애했던 J. W. A. von Eckardt가 쓰고 Edward Fairfax Taylor가 번역했던 *Russia before and after the War*(London and Boston, 1880)를 뜻할 것이다. 그리고 바쿠닌에 관한 기사는 같은 해에 *Revue des Deux Mondes*에 E. de Laveleye가 썼다. 1908년에 바쿠닌과 그의 사상에 관한 유익한 장을 담은 Paul Eltzbacher의 *Anarchism*(터커의 친구인 스티븐 브라잉턴(Steven T. Byington)이 독일어본을 번역한)의 영어 번역본이 발행되었다는 점을 덧붙이면 좋을 것 같다.

다음과 같이 썼다. "우리는 다가올 역사가 언젠가 그[바쿠닌]를 세상의 가장 위대한 사회 구세주의 맨 앞자리에 앉힐 거라고 판단하는 위험을 기꺼이 무릅쓰려 한다. 큰 머리와 얼굴 그 자체만으로도 그의 엄청난 에너지와 고상한 인품, 타고난 고결함이 드러난다. 우리는 그를 개인적으로 알게 된 걸 생의 큰 영광으로 여겨야 하고 그와 개인적으로 친분을 맺거나 그의 사상과 열정의 본질이나 전체 의미에 관해 얘기하는 게 얼마나 큰 행운인지 생각해야 한다."[62]

터커는 책을 좋아하는 미국의 대중에게 바쿠닌을 친숙하게 만들기 위해 그의 가장 유명한 책인 『신과 국가』를 번역하는 중대한 공헌을 했다. 프랑스어 원판은 바쿠닌의 가장 헌신적인 제자 중 카를로 카피에로(Carlo Cafiero)와 엘리제 르클뤼의 서문을 달고 1882년에 나왔다. 터커는 제네바에서 책을 배달받자마자 이 책을 (20센트에 복사본으로) 팔기 시작했다. 거의 1년 뒤인 1883년 9월 그는 카피에로와 르클뤼의 서문을 담은 영어 번역본을 발행했다. 많이 팔렸던 작은 책자(booklet)는 거의 10판을 찍었고 가장 널리 읽혔으며 한 세기 뒤에도 여전히 사랑 받던 바쿠닌의 글 중에서 자주 인용되었다.[63] 게다가 터커는 사라 홈즈(Sarah E. Holmes)가 프

---

62. *Liberty*, 1881년 11월 26일자.

63. 같은 신문, 1882년 7월 22일자. 터커에 대해 손꼽히는 권위자는 이 책의 발행을 "아나키스트 선전에서의 전환점(landmark)"이라고 불렀다. James J. Martin이 교정을 보고 편집한 *Men against the State : The Expositors of Individualist Anarchism in America, 1827~1908*(Colorado Springs, 1970), p. 219. 마리 르 콩트(Marie Le Compte)의 번역으로 『신과 국가』의 또 다른 번역본이 1883년과 84년 샌프란시스코 *Truth*에 시리즈로 실렸지만, 터커의 번역본은 그 후로 영국과 미국 모두에서 다양한 단형으로 다시 발행된 영어권 표준본이 되었다. 미국에서 이 책은 Liberty Library의 시리즈 2호로 아이오와주의 Columbus Junction의 E. H. Fulton이 다시 발행했고, Free Society Library의 시리즈 4호로 샌프란시스코의 (러시아 메노파 거종 아나키스트인) 아베 이사크(Abe Isaak)가 1900년에, 그리고 "첫 번째 영어판"이라는 잘못된 표지를 붙여 엠마 골드만의 Mother Earth Publishing Association이 (막스 네틀라우의 수정본으로) 1916년에 다시 발행했다. 터커를 깜짝 놀라게 했던 the Liberty Library와 Free Society판은 번역권이 단순히 서문을 바쳤을 뿐인 카피에로와 르클뤼에게 속하다고 보면서 그릇되게도 터커의

랑스어본을 번역해서 1886, 87년에『리버티』에 시리즈로 연재했던, 바쿠 닌의 또 다른 주요저작『마찌니의 정치신학과 인터내셔널』(*The Political Theology of Mazzini and the International*)을 펴냈다.[64]

터커처럼 개인주의적이고 "철학적인" 아나키스트가 집산주의와 혁명의 사도였던 바쿠닌을 해설하는 중요한 미국인이 되었다는 점은 이상해 보일 수 있다. 하지만 두 사람 모두 종교적이든 세속적이든, 또는 경제적이든 정치적이든 억압적인 권위를 거부하고 자유를 위해 헌신했다. 당연히 바쿠닌은 터커주의 학파가 아니라 자신의 혁명적이고 꼬뮨주의적인 확신을 공유했던 미국인 중에서 중요한 제자들을 얻었다. 1881년에 보스턴에서 에드워드 나단 간즈(Edward Nathan Ganz)가 "사회주의 혁명가 비평"을 싣던『아나키스트』(*The Anarchist*) —이 잡지는 겨우 두 번 발행되었고 2호는 경찰이 발매금지했다— 주변의 모임을 한 예로 들 수 있다.

또 다른 사례는 버넷 해스켈(Burnette G. Haskell)이 세운 <국제 노동자 연합>(the International Workmen's Association)의 기관지 샌프란시스코『트루스』(*Truth*, "가난한 사람들을 위한 잡지")였다. 또 바쿠닌의 정신은 버려진 자와 실업자에게 특별한 관심을 쏟던 시카고『알람』(*Alarm*, 경종, 警鐘)에도 스며들었다. 헤이마켓 순교자인 앨버트 파슨즈(Albert R. Parsons)가 편집했던『알람』은『신과 국가』의 복사본(과 스테피냑의『지하 러시아』(*Underground Russia*)의 복사본)을 팔았고 바쿠닌과 네차예프의『혁명가의 교리문답』을 발췌해서 실었다.[65] 마찬가지로 강력한 바쿠닌주의 향기를 풍겼던 또 다른 전투적인 잡지는 1890년대에 발간된 뉴욕의『솔리데리티』(*Solidarity*, 연대)였다. 1897년 크로포트킨이 미국을 방문할 동안

권리를 인정하지 않았다.

64. *Liberty*, 1886년 9월 18일부터 1887년 6월 18일까지. 1892년 6월 1일과 15일 아나키스트 잡지 *El Despertar*(New York)에 실린 스페인어를 인용했다.

65. *The Alarm*, 1886년 1월 23일자.

그를 대접했던 편집장 존 에델만(John H. Edelmann)은 건축가였고 바쿠닌을 공부한 뒤 "그를 숭배했던 기억을 가진" 아나키스트가 되었다.[66]

19세기 말과 20세기 초 이민의 물결과 함께 혁명적인 아나키스트 운동은 새로이 보충병을 공급받았다. 1880년대가 시작되면서 새롭게 만들어진 아나키스트 모임들은 바쿠닌의 글들을 수많은 유럽 언어들―독일어, 체코어, 러시아어, 이디시어[유대어], 이탈리아어, 스페인어―로 번역했다. 또 한번 『신과 국가』는 가장 대중적이고 널리 보급된 책이 되었다. 터커가 영어로 번역한 지 겨우 1년이 지난 1884년 모리츠 바흐만(Moritz A. Bachmann)은 필라델피아에서 『신과 국가』의 독일어 번역본을 펴냈고 그 후에 요한 모스트(Johann Most)의 『프라이하이트』(Freiheit, 자유)는 바쿠닌에 대한 긴 전기를 곁들여 시리즈로 연재했다.[67] 오래지 많아 체코어 번역본과 러시아어 번역본, 이디시어 번역본이 발행되었다.[68] 바쿠닌의 다른 글들도 다양한 언어로, 다양한 지역의 아나키스트 잡지들에 많이 실렸다.[69]

---

66. *Freedom*(London), 1900년 9월~10월호. 1901년의 또 다른 사례를 얘기하면 아베 이사크의 *Free Society*는 바쿠닌의 무덤을 장식하고 유지하기 위한 기금을 독자들에게 호소했다. *Free Society*(Chicago) 1901년 8월 4일자.

67. Verlag der Gruppe II, I.A.A.[Internationale Arbeiter-Assoziation]가 발행한 M. Bakunin, *Gott und der Staat*(Philadelphia, 1884) ; *Freiheit*(New York), 1891년 5월 2일에서 6월 13일까지 실렸고 그 후 팸플릿 형태긴 Internationale Bibliothek No. 17(New York, 1892)로 나왔다. 미국의 중요한 독일계 아나키스트인 모스트는 바쿠닌을 종종 인용했는데 1883년 10월 그의 피츠버그 선언은 바쿠닌주의 사상에 무게를 뒀다.

68. *Dělnicke Listy*(New York), 1896년 1월 18일자 ff. 팸플릿 형태인 *Bůh a stát*(New York, 1896)로 다시 간행됨 ; 뉴욕시 <러시아 노동자 연맹>이 발간한 *Bog i gosudarstvo*(New York, 1918) ; *Fraye Arbeter Shtime*, 1900~1901.

69. 예를 들어, *Freiheit* 1895년 3월 16일자와 4월 6일자는 스위스 쥐라의 코틀래리(Courtelary)에서 1871년 5월 바쿠닌이 했던 세 번의 강연을 독일어로 번역해서 실었고 *Drei Vorträge*라는 제목을 붙인 팸플릿으로 다시 펴냈다. 스페인어 번역본은 1985년 플로리다주의 탐파(Tampa)에서 *El Esclavo*로 간행되었고 체코어 번역본은 1895년 *Dělnicke Listy*와 팸플릿 형태인 *Třednáski*(New York, 1895)로 발행되었다. 바쿠닌의 에세이와 연설들드 *Il Grido Degli*

세기가 바뀐 뒤[20세기가 된 뒤] 바쿠닌이 북미 대륙에서 출현했던 러시아 아나키스트 운동에 특히 강한 영향을 미쳤다는 점은 당연하다. <아나키스트 적십자>와 <미국과 캐나다의 러시아 노동자 연맹>의 연설가들은 바쿠닌주의를 적극적으로 확산시키는 한편 그가 쓴 글을 추려 <러시아 노동자 연맹>의 기관지인 『골로스 뜨루다』(Golos Truda, 노동자의 목소리)에 실었다. 『골로스 뜨루다』의 후신인 『흘렙 이 볼리야』(Khleb i Volia, 빵과 자유)는 바쿠닌의 유명한 금언 "파괴를 향한 열정이 창조적인 열정"이라는 말을 표제로 실었다.[70] 제1차 세계대전 뒤 책으로 펴내기 위해 바쿠닌의 글을 모았지만 1919~20년의 [집단]히스테리인 "빨갱이 사냥(Red Scare)"을 거치면서 러시아 아나키스트 운동은 무너졌고 지도자들은 감옥에 갇히거나 추방되었다. 그래서 여러 권으로 기획된 전집 중에서 겨우 첫 번째 것만 인쇄되었다.[71]

전쟁 전 10년과 전쟁 동안의 시기는 거의 반세기 동안 미국에서 바쿠닌이 많은 추종자들을 거느렸던 마지막 시기였다. 산업이 발달하기 시작

Oppressi(New York, 1892~1894), *Germinal*(Paterson, J.J., 1899~1902), *Volné Listy*(New York, 1890~1917), *Di Fraye Tsukunft*(New York, 1915~1916), *Free Society*(San Francisco, Chicago, New York, 1897~1904), *Mother Earth*(New York, 1906~1917), *Why?*(Tacoma, 1913~1914) 같은 잡지들에 실렸다.

70. *Golos Truda*(New York, 1911~1917) ; *Khleb i Volia*(New York, 1919). 그리고 바쿠닌과 헤르쩬의 슬로건인 "인민에게로(To the People)!"를 연상시키는 *Rabochaia Mysl'*(New York), 1916년 8월호. 권위있는 한 소식통에 따르면, 미국 최초의 러시아어 신문인 *Svoboda*는 바쿠닌의 추종자들이 1870년대 동안 캘리포니아에서 발간했다. L. Lipokin[Lazarev], "Russkoe Anarkhicheskoe dvizhenie v Severnoi Amerike : Istoricheskii ocherk," manuscript, International Institute of Social History, Amsterdam, p. 111.

71. V. Cherkezov가 서문을 쓴 M. Bakunin, *Izbrannye sochineniia*, vol. I(New York, 1920). 그리고 Bratstvo Vol'nykh Obshchinnikov가 1914년 파리에서 처음으로 출간한 *Tak govoril Bakunin* (Bridgeport, Conn., n.d. [1919?])을 보라. 바쿠닌의 글의 이디시어 전집인 *Geklibene shriften*은 루돌프 로커(Rudolf Rocker)의 전기적인 초고를 덧붙여 Kropotkin Literary Society가 1919년에 뉴욕에서 출간했다.

하던 시기에 노동조합의 자유로운 연합이 새로운 사회질서의 "살아있는 맹아"를 구성해야 한다는 바쿠닌의 생각[72]은 아나코-노동조합주의자들과 1905년 시카고에 세워진 <세계 산업 노동자 조합>(The Industrial Workers of the World, IWW)에 큰 영향을 미쳤다. 비슷한 생각으로 고무되었던 인디안 혁명가 할 다얄(Har Dayal)은 1913년 캘리포니아주 오클랜드 근처에 바쿠닌 연구소를 설립했다.[73] 그리고 1914년 5월 바쿠닌 탄생 100주년 행사가 뉴욕의 웹스터 홀에서 열렸고 그곳에서 2천 명의 청중들은 알렉산드르 베르크만(Alexander Berkman)과 해리 켈리(Harry Kelly), 이뽈리트 하벨(Hippolyte Havel)이 영어로, 빌 샤토프(Bill Shatoff)가 러시아어로, 사울 야노브스키(Saul Yanovsky)가 유대어로 말하는 찬사를 들었다.[74]

그러나 전쟁 동안과 전쟁 뒤 급진주의자들에 대한 탄압은 아나키스트들에게 결코 회복할 수 없는 타격을 가했다. 감옥에서 고상하던 빨갱이 사냥의 유명한 희생자인 바르톨로메오 반체티(Bartolomeo Vanzetti)는 [자신과] 바쿠닌이 비슷한 운명이라고 생각했다. 즉 "투옥과 추방, 투쟁이 바쿠닌이라는 건강한 거인을 −62세의 나이로− 죽였다."[75] 두 번의 세계대전 사이에 바쿠닌의 영향력은 빠른 속도로 줄어들었다. 아나키스트 출판물들은 그의 글을 발췌해서 계속 실었지만 −예를 들어, 뉴욕의 『로드투프리덤』(*The Road to Freedom*, 자유로의 길)과 『뱅가드』(*Vanguard*, 전위),

---

72. Rudolf Rocker, *Anarcho-Syndicalism*(Indore, n.d.), p. 88.

73. Emily C. Brown, *Har Dayal : Hindu Revolutionary and Rationalist*(Tucson, 1975), pp. 116~17 을 보라.

74. *Mother Earth*, 1914년 5월호 ; *The Modern School*, 1914년 6월 1일자. 백 주년기념위원회는 하벨이 행사를 위해 작은 팸플릿으로 만든 *Bakunin*, 1814년 5월 30일~1876년 7월 1일(New York, 1914)을 발행했다. 파리에서의 비슷한 기념행사에 관해서는 Paul Avrich, *The Russian Anarchist*(Princeton, 1967), p. 114와 삽화 7을 보라.

75. 1925년 9월 15일 반체티가 앨리스 스톤 블렉웰(Alice Stone Blackwell)에게 보낸 편지, Marion Denman Frankfurter와 Gardner Jackson이 편집한 *The Letters of Sacco and Vanzetti* (New York, 1928), p. 169.

샌프란시스코의 『맨!』(*Man!*) – 그의 책과 팸플릿들은 절판되었고 점차 찾기 어려워졌다. 볼셰비키 독재를 피해서 망명했던 그레고리 막시모프 (Gregory Maximoff)는 다른 누구보다도 바쿠닌의 사상을 살아있게 하려고 많이 노력했고, 특히 1950년에 죽을 때까지 시카고와 뉴욕에서 편집하던 『젤로 뜨루다』(*Delo Truda*, 노동의 이유)와 『젤로 뜨루다-프로부제니에』 (*Delo Truda-Probuzhdenie*, 노동의 이유-각성)에서 바쿠닌의 사상을 지키려 했다.

1960년대 신좌파의 반란과 함께 바쿠닌은 확실하게 부활했다. 그전까지 미국 독자들은 막시모프가 죽은 뒤 나온 개론서인 『바쿠닌의 정치철학』(*The Political Philosophy of Bakunin*)과 예브게니 피주르(Eugene Pyziur)의 『미하일 바쿠닌의 아나키즘 교리』(*The Doctrine of Anarchism of Michael A. Bakunin*)에 만족해야 했다.[76] 하지만 이제 새로운 선집(選集)과 전기들이 발행되었고,[77] 버클리 대학에서 콜롬비아 대학까지 캠퍼스 내의 시위들은 바쿠닌의 슬로건을 새긴 아나키의 검은 깃발을 다시 한번 펼쳤다. 베트남 전 시기의 젊은 급진주의자들에게 자기결정과 직접행동이라는 바쿠닌의 방식이 점점 호소력을 가졌던 반면, "전쟁국가(warfare state)"라는 바쿠닌의 가장 절망적인 예언도 실현되는 것처럼 보였다. 러시아와 스페

---

76. (Glencoe, Ill, 1953) ; (Milwaukee, 1955).

77. 예를 들어 Sam Dolgoff가 편집한 *Bakunin on Anarchy*(New York, 1972) ; Arthur Lehning이 편집한 *Michael Bakunin : Selected Writings*(New York, 1973) ; Michael Confino가 편집한 *Daughter of a Revolutionary : Natalie Herzen and the Bakunin/Nechayev Circle*(La Salle, Ill., 1974) ; 그리고 Anthony Masters, *Bakunin : The Father of Anarchism*(New York, 1974). 1961년에 E. H. Carr의 *Michael Bakunin*이 뉴욕의 Vintage Books에서 다시 간행되었고 1970년에 바쿠닌의 『신과 국가』가 뉴욕의 Dover Publications에서 다시 —1916년 Mother Earth판으로 나온 뒤 처음으로— 간행되었다. 바쿠닌의 『국가의 지위와 아나키』를 최초로 영어로 번역한 책은 1976년에 뉴욕에서 나왔고 그의 『참회록』은 1977년에 Cornell University Press에서 영어 번역본으로 간행되었다. Paul Avrich, "Bakunin and His Writings," *Canadian-American Slavic Studies* 10(Winter 1976) : pp. 591~96을 보라.

인, 중국에서의 교훈을 따라 권위주의적 방식이 아니라 리버테리안 방식으로 사회해방을 이뤄야만 한다—해방 없는 사회주의가 전제주의의 가장 나쁜 형태라고 말했듯이—는 그의 메시지는 특히 적절했다.

　미국 독립 200주년인 1976년, 뉴욕의 아나키스트들은 바쿠닌 사망 100주년 추모식을 거행했고 노동자의 자주관리와 성해방, 교육과 소득의 평등, 국가권력의 분산이라는 덕목들을 부르짖었다.[78] 비슷하게 취리히와 비엔나, 전 세계의 다른 도시들에서도 집회가 열렸다. 바쿠닌이 죽은 지 100년이 지났지만 여전히 그의 전망은 새로운 반란세대에게 중요했다.

---

78. *Freedom*, 1976년 4월 3일자.

3

바쿠닌과 네차예프

바쿠닌이 네차예프와 함께 보낸 시기(1869~72)는 비교적 짧았다. 하지만 흥미로운 심리 드라마 외에도 이 시기는 러시아 혁명운동사에서 중요한 한 장(章)을 구성한다. 이 시기는 오늘날까지도 혁명가들이 씨름하고 있는 혁명전술과 도덕이라는 [서로 갈등하는] 근본적인 질문을 던졌다. 그리고 바쿠닌과 네차예프의 관계는 맑스와 바쿠닌의 갈등, <제1 인터내셔널>이 바쿠닌을 제명했을 때 중요한 원인이었다. 또 이 시기는 바쿠닌이 자신의 혁명원리를 다시 검토하게 했고 그가 "제수이트주의", "마키아벨리주의"라고 부르던 청년기의 원리를 거부하고 리버테리안 원리를 거듭 주장하도록 이끌었다.[1]

------

1. 나는 네차예프 사건을 다시 검토하기 위해 다음과 같은 책들의 도움을 받았다. Arthur Lehning이 편집한 *Archives Bakounine*, 4권 : *Michel Bakounine et ses relations avec Sergei Nečaev, 1870~1872*(Leiden, 1971) ; Michael Confino가 편집한 *Daughter of a Revolutionary : Natalie Herzen and the Bakunin/Nechayev Circle*(La Salle, Ill., 1974) ; Confino가 편집한 *Violence dans la violence : Le débat Bakounine-Nečaev*(Paris, 1973) ; Stephen T. Cochrane, *The*

세르게이 겐나디비치 네차예프(Sergei Gennadievich Nechaev)는 1847년 9월 20일 "러시아의 갠체스터"라는 평판을 얻기 시작하던 모스크바 북부의 성장 중인 섬유도시 이바노보(Ivanovo)에서 태어났다. 아버지는 페인트공, 어머니는 여자 재봉사였고 두 사람 모두 농노 신분이었다. 그래서 네차예프는 순전히 하층계급으로 태어난 러시아 최초의 유명한 급진주의자 중 한 사람이었다 베라 자술리치는 자신의 자서전에 네차예프가 "같은 세계의 산물이 아니라 우리 중의 이방인"이었다고 썼다.[2] 그러나 인민의 아들인 네차예프는 하층집단에게 진 자신들의 빚을 갚고 싶어 하던, 참회하는 귀족들인 동료 혁명가들의 눈에 강한 인상을 남겼다. 동료들은 귀족이고 교육을 받은 자신의 동지들에게도 적개심을 드러내던 네차예프를 "주인에 대한 농노의 적개심을 고스란히 간직한 진짜 혁명가이자 농민"[3]이라고 불렀다.

1866년 4월 18세의 네차예프는 가톨릭 교구의 학교를 다니기 위해 이바노보를 떠나 상트페테르부르크로 갔다. 1868년 가을 그는 무시험 입학생으로 대학에 들어갔고 마르크 나탄슨(Mark Natanson)과 저만 로파틴(German Lopatin), 골든버그(L. B. Goldenberg)처럼 아나키스트와 비슷한 사람들이나 리버테리안적 사회주의자들만이 아니라 랠리(Z. K. Ralli), 체르케조프(V. N. Cherkezov)와 볼호프스키(F. V. Volkhovsky)처럼 미래의 아나키스트들도 속해있던 젊은 혁명가 모임에 가담했다. 그때까지 프랑스어를 몰랐지만 네차예프는 바뵈프(Babeuf)의 평균파 음모(Conspiracy of Equals)의 역사를 다룬 부오나로티(Buonarroti)의 책을 토론하는 자리에

Collaboration of Nečaev, Ogarev and Bakunin in 1869 : Nečaev's Early Years(Giessen, 1977) ; Philip Pomper, *Sergei Nechaev*(New Brunswick, N. J., 1979). 그리고 Aileen Kelly, *Mikhail Bakunin : A Study in the Psychology and Politics of Utopianism*(Oxford, 1982)을 보라.

2. Confino가 편집한 *Violence dans la violence*, pp. 31~32.

3. Max Nomad, *Apostles of Revolution*(Boston, 1939), p. 216.

참여했는데4, 이 책은 러시아의 모든 반란자 세대[곧 나올 20, 40, 60년대 세대]의 형성을 도왔다. 그리고 곧 비밀조직과 음모적인 삶이 네차예프의 꿈을 지배했다. 그는 저항할 수 없을 정도로 자코뱅주의와 블랑키주의에 빠진 자신을 발견했다. 그리고 그는 나중에 스위스에 있던 랠리를 만나고 루소와 로베스피에르의 책을 가져왔는데, 그때부터 이미 네차예프의 권위주의적인 성향과 "일반의지"를 깨달았다는 구실, "인민이 자유로워지도록 강제한다"는 핑계는 잘 드러났다.

또 네차예프는 1820년대 12월주의자들(the Decembrist)5의 지도자 파빌 페스텔(Pavel Pestel)과 1840년대의 니꼴라이 스페시네프(Nicholas Speshnev)로 거슬러 올라가는 러시아 혁명운동 내의 자코뱅주의 전통에도 매력을 느꼈다. 스페시네프는 음모적인 전술과 자신이 제시한 "제수이트" 모델에 바탕을 둔 혁명 독재가 필요하다고 강조했다. 푸리에주의자인 미하일 페트라셰프스키(Michael Petrashevsky)가 선언했던 제안을 보자. "나는 독재자에게 되받아치려고 손을 든 최초의 사람이 될 것이다."6 혁명적인 음모라는 방법을 사용했던 로베스피에르와 바뵈프, 마찌니와 이탈리아 급진 공화주의자의 영향을 받았던 주요한 러시아 자코뱅주의자 중 한 사람인 표트르 자이치네브스키(Peter Zaichnevsky)는 네차예프가 상트페테르부르크에 호기 4년 전인 1862년 『영 러시아』(*Young Russia*, 젊은 러시아, 이 제목은 '영 이탈리아'에서 따왔다)라 불리는 비밀전단을 발행했다. 하지만 스스로 다스리는 꼬뮨들의 연방(federation)이라는 그의 최종목적은 프

---

4. Filippo Michele Buonarroti, *Conspiration pour l'égalité dite de Babeuf*(Brussels, 1828).

5. [옮긴이 주] 1825년 12월 니꼴라이 1세의 즉위에 반대했던 음모가들

6. Franco Venturi, *Roots of Revolution*(New York, 1960), p. 87. 12월주의자 중에서 네차예프는 파노프(Panov)라는 사람을 제일로 꼽았다. 그는 "모든 농민(muzhik)의 진정한 사상과 감정, 열망을 품고 짜르 니꼴라이와 그의 황실 전체를 도살하기 위해 홀로 궁전으로 들어갈 사람이었다. 오, 만일 그가 성공했었다면!" Philip Pomper의 "Nechaev and Tsaricide", *Russian Review* 33(April 1974), p. 131에서 재인용했다.

루동의 분권주의적 사회주의에서 영감을 받았고, 그를 체포했을 때 경찰은 서류들 사이에서 프루동의 첫 번째 아나키스트 책인 『소유란 무엇인가?』의 미완성 러시아 번역본을 발견했다.

『영 러시아』에서 자이치네브스키는 라찐과 푸가쵸프의 모델을 따라 "피비린내 나고 잔혹한" 혁명을 일으키고 짜르 가족과 그 지지자들을 무자비하게 제거하라고 요구했다. "우리는 '당신의 도끼에' 호소할 터이고, 그들이 우리에게 많은 피해를 줬듯이 우리도 피해에 아랑곳하지 않고 황실의 일당을 공격할 것이다. 비열한 돼지들이 감히 덤빈다면, 우리는 광장에서 그들을 없앨 것이다. 우리는 집에서, 도시의 좁은 거리에서, 수도의 넓은 대로에서, 농촌에서 그들을 없앨 것이다. 일단 혁명이 시작되면 우리와 함께 하지 않는 사람은 누구든지 우리에게 대항하는 사람이자 우리의 적이고, 적을 소멸시키기 위해서라면 모든 수단을 사용할 것임을 명심하라." 헤르쩬은 이 전단의 무자비함과 조잡한 부도덕주의에 불쾌함을 느꼈고 심지어 바쿠닌조차도 "미쳤고 이론적으로 인민을 완전히 모욕"했다며 저자를 비난했다.7 하지만 『영 러시아』는 반항적이고 타협하지 않는 어법으로 네차예프 도래의 젊은이들인 "60년대 사람들"을 자극했고 그들 사이에서 강력한 영향력을 발휘했다.

[자코뱅주의적] 영감의 또 다른 원천은 1864년에 발행된 체르니쉐프스키의 소설 『무엇을 할 것인가?』의 주인공 라흐메토프(Rakhmetov)라는 인물이었다. 라흐메토프는 차분하고 완전히 금욕적인 삶을 살며 혁명적인 역할을 준비하기 위해 심각한 물질적인 궁핍을 스스로 받아들이는 새로운 혁명가의 문학적 원형(原型)이었다. 자신을 단련하기 위해 그는 날고기를 먹고 못을 박은 침대에서 잤다. 그는 혁명이라는 목적에서 벗어나게 만들지 모를 개인 생활이나 아내, 친구, 가족 관계를 가지지 않았다. 그는

---

7. 같은 책, pp. 295~98.

전통사회와 단절했고 공허한 말과 형식에 시간을 낭비하지 않기 위해 [사람들과] 퉁명스럽게 대화하고 행동하는 방식을 일부러 택했다. 그는 개인적인 필요를 위해서가 아니라 가난한 학생과 혁명운동을 돕기 위해 돈을 썼다.

라흐메토프라는 인물은 그 뒤 수십 년 동안 젊은 혁명가들의 상상력을 사로잡았다(1892년 알렉산드르 베르크만이 헨리 클레이 프릭(Henry Clay Frick)을 총으로 쏘았을 때 그는 "라흐메토프"를 가명으로 썼다). 1860년대 중반 라흐메토프는 <이슈틴단>(Ishutin circle)의 모델이었고 그 조직원들(나중에 크로포트킨의 동지가 될 발람 체르케조프(Varlaam Cherkezov)와 네차예프가 "신성한 운동의 시작"이라며 환영했던, 1866년 짜르의 목숨을 노렸던 드미트리 카라코조프(Dmitri Karakozov)를 포함해)은 모든 개인적인 즐거움을 포기했으며 마루바닥에서 잠자고 운동을 위해 모든 돈을 쓰며 자신의 모든 에너지를 인민의 해방을 위해 바치는 엄격하고 금욕적인 생활에 앞장섰다. 그리고 그들은 심각한 반(反)지식인 편향을 드러내면서 노동자와 농민의 협력자가 아니라 "교양인(generals of culture)"을 훈련시키는 곳이라며 대학을 비난했다. 심지어 몇몇 조직원들은 공부를 포기하고 협동조합(cooperatives)을 조직했다. 한 조직원이 주장했듯이 "대중은 교육받지 못했다. 따라서 우리는 교육받을 권리가 없다. 속임과 도둑질을 당하고 있다고 인민에게 설명하는 데는 많은 배움이 필요하지 않다."[8] 자이치네브스키처럼 그들은 개혁이나 일시적인 변화를 거부했고 헤르쩬과 그의 조직으로 대표되던 "40년대 사람들"이라는 지난 혁명세대를 무능한 지식인이라며 경멸했다. 왜냐하면 박식함이나 혁명적인 말투와 달리 그들은 낡은 질서나 자신들의 귀족적 근성과 단절하지 못했기 때문이다. 자이치네브스키처럼 그들은 현존하는 질서를 먼지로 만들 푸가

---

8. Avrahm Yarmolinsky, *Road to Revolution*(New York, 1962), p. 136.

쵸프 반란인 사회봉기를 다시 한번 일으키기 위해 짜르 가족을 제거하자고 요구했다.

이 과업을 실행하기 위해 "헬(Hell, 지옥)"이라 불리는 작은 모임이 〈이슈틴단〉 안에 조직되었다. 이 모임의 구성원들은 테러리스트들의 금욕적인 핵심인물(cadre)로서 비밀에 붙여졌고 익명으로 지하조직생활을 이끌었다. 헬의 모든 성원은 자신을 불운한(doomed) 인간으로 간주하면서 정상적인 사회생활을 포기하고 혁명에 완전히 헌신했다. 그들은 자신의 친구, 가족, 개인생활, 심지어는 운동을 위해 자신을 완전히 지움으로써 이름도 포기해야 했다. 〈이슈틴단〉의 말에 따르면(나중에 네차예프가 다시 흉내냈던) 그들은 하층계급의 해방이라는 "오직 하나의 절대적인 목적을 가지고 살아야"9만 했다.

이 목적을 달성하기 위해서라면 무고한 사람들에 대한 사기나 속임수, 위협, 경쟁하는 비밀결사를 통제하기 위해 그 속에 잠입하는 건 말할 것도 없고 도둑질, 약탈, 심지어 살인 같은 모든 방법이 허용되었다. 아주 엄격한 혁명 규율이 모든 걸 지배했고 규율을 어기면 사형을 선고받았다. 심지어 한 조직원은 자기 아버지를 독살하고 그 유산을 운동에 기부할 것을 고려했다. 그리고 무장하고 상점이나 정부기관을 강도질—나중에 "몰수(expropriations)"라 불렸던—하는 것도 계획되었다. 그러나 [단체의] 중요한 목표는 짜르와 관리들의 암살이었다. 일단 행동을 개시하고 나면 테러리스트들은 자신의 이빨 사이에 끼워둔 수은염 캡슐을 깨물어 자살하는 극단적인 행위를 해야만 했다(베르크만은 프릭의 목숨을 노린 뒤 이렇게 자살하려 했다). 왜냐하면 경찰이 그의 진짜 신분을 알면 안 되기 때문이다. 나폴레옹 3세의 목숨을 노렸던 오르시니(Orsini)에게 열광하던 〈이슈틴단〉은 헬이 전 세계의 군주들을 제거하려는 목적을 가진 전 유럽 혁

---

9. Venturi, *Roots of Revolution*, p. 337.

명조직의 러시아 지부라는 얘기를 퍼뜨렸고 그럼으로써 네차예프가 예술로 승화시켰던 신비화(mystification)라는 수법을 개척했다.

러시아 자코뱅주의의 흐름에서 또 다른 고리가 아직 남아있다. 표트르 타체프(Peter Tkachev)는 "대다수 사람들에게 지적이고 도덕적인 힘을 행사하는" 잘 조직된 엘리트만이 성공적으로 혁명을 일으킬 수 있고 그 조직이 "행동의 중앙집권화와 엄격한 규율, 속도, 과감성, 조정"을 요구한다고 주장했으며 이 흐름은 페스텔에서 레닌(Lenin)으로 이어졌다. 죽을 때까지도 여전히 자코뱅 원리를 믿었던 자이치네브스키가 타체프를 가장 확고하게 지지했던 사람 중 한 사람이었다는 점은 주목할 만하다. 그리고 1869년에 네차예프는 타체프와 함께 『혁명적인 행동강령』(*A Program of Revolutionary Action*)의 초안을 잡았다. 이 책은 혁명적인 목적이 어떠한 수단, 모든 수단을 정당화한다는 원리에 따라 <이슈틴단>처럼 움직이는 "모범적인 혁명가" 조직을 요구했다. 그들은 "조직에 가입한 사람들이 모든 소유와 직업, 가족과의 관계를 포기해야만 한다. 왜냐하면 가족과 직업은 조직원들이 활동을 포기하도록 만들 수 있기 때문이다"라고 밝혔다.[10] 또 한번 <이슈틴단>처럼 그들은 유럽에 본부를 둔 유럽 혁명조직의 동맹을 구상했고, 아마도 1869년 네차예프가 스위스로 가 미하일 바쿠닌을 처음 만났을 때 이 점을 염두에 두었을 것이다.

러시아를 떠나기 전에, 네차예프는 신비화와 기만이라는 자신의 경력을 쌓기 시작했다. 1869년 3월 베라 자술리치는 다음과 같이 적힌 익명의 편지를 받았다. "오늘 바실레프스키 섬(Vasilevsky Island)을 걷고 있을 때, 저는 죄수를 이송하는 마차를 보았습니다. 손 하나가 창문으로 빠져나와 메모를 떨어뜨렸습니다. 그때 저는 이런 말을 들었어요 '만일 당신이 학

---

10. 같은 책, p. 363. 그리고 Deborah Hardy, *Petr Tkachev : The Critics as Jacobin*(Seattle, 1977), pp. 133~36을 보라.

생이라면 이 편지를 적혀진 주소로 부쳐달라.' 저는 학생이고 이 요청에 응하는 게 제 의무라고 생각했습니다. 편지를 소각하세요"[11] 네차예프가 쓴 동봉된 편지는 자신이 체포되었고 표트르-파블로프스키 요새로 이송 중이라고 친구들에게 알렸다. 그 이후 이 소문은 네차예프가 전례없이 아슬아슬하게 요새에서 탈출했고 유럽으로 가고 있는 중이라고 퍼졌다. 하지만 사실 탈출은 없었고 심지어 체포되지도 않았다. 이 모든 건 네차예프가 자신을 영웅으로 만들고 신비로운 분위기로 감싸며 자신과 타체프가 쓴 『혁명적인 행동강령』의 "모범적인 혁명가" 역할을 맡기 위해 창작해낸 엉뚱한 장난 시리즈의 일편으로 순전히 거짓이었다.

1869년 3월 4일 네차예프는 러시아 국경을 넘었다. 제네바에 도착하자마자 그는 즉시 바쿠닌을 찾았고 짜르 제국에 있는 강력한 혁명조직을 대표한다고 주장했다. 바쿠닌은 네차예프를 "젊은 야만인(young savage)", "호랑이 클럽(tiger club)"이라 부르며 얼이 빠졌다. 1869년 4월 13일 바쿠닌은 잠 기욤(James Guillaume)에게 "여기서 나는 의심을 도르고 아무런 두려움도 없으며 자신들 대부분이 정부의 손에서 말라 죽어가고 있음을 깨달은 젊은 열광자들(fanatics) 중 한 명과 같이 있다네. 이들은 민중이 봉기할 때까지 물러서지 않겠다고 결심했다네. 이 훌륭한 젊은 열광자들은 신이 없는 신자, 두 말할 나위없는 영웅이라네."[12] 바쿠닌은 제국의 질서를 무너뜨리기 위해 자신의 에너지와 판단력, 비타협성을 사용할 새로운 세대를 예고하는, 이상적인 혁명음모가의 모습을 네차예프에게서 보았다. 카(E. H. Carr)가 관찰했듯이 스위스에 도착한 네차예프는 나이 든 바쿠닌에게 새로운 활력을 줬고 혁명적인 희망을 부활시켰으며 바쿠닌이 결코 다시 느낄 수 없으리라 여겼던 모국의 숨결을 전했다. 마이클 콘피

---

11. Nomad, *Apostles of Revolution*, p. 222.
12. Confino가 편집한 *Daughter of a Revolutionary*, p. 20.

노(Michael Confino)가 옮겼듯이 바쿠닌에게 "네차예프는 러시아 젊은이 이자 혁명적인 러시아인이며 러시아인 자체였다."[13]

1869년 봄과 여름 동안 바쿠닌과 네차예프는 러시아의 사회봉기를 요청하는 팸플릿과 성명서 시리즈들을 발행했다. 『러시아의 젊은 형제들에게 전하는 몇 가지 얘기』(*Some Words to Our Young Brothers in Russia*)에서 바쿠닌은 혁명적인 청년들이 반란의 메시지를 가지고 "인민에게 가라고" 권했다. 그리고 2세기 전 스텐카 라찐이 시작했던 모델을 본받아 국가와 기득권계급들에게 맞서는 생사를 건 투쟁에 눈뜨라고 권유했다. "교육받은 청년들은 인민의 은인이나 권력자, 길잡이가 아니라 인민이 스스로를 자유롭게 하기 위한 단순한 방편이자 인민의 에너지와 세력을 통합하는 사람이 되어야만 한다"고 바쿠닌은 선언했다. "너희를 속박하고 그 힘을 빼앗으려는 가식적인 사람의 가르침에 주의하라. 그런 종류의 가르침은 말뿐인 세계와 함께 사라져야만 한다."

네차예프는 비슷한 종류의 선언인 『대학과 학원, 기술학교의 학생들에게』(*To the Students of the University, the Academy, and the Technical Institute*)를 초안했는데, 헤르쩬과 바쿠닌의 동료인 니꼴라이 오가료프(Nicholas Ogarev)는 이 선언을 『러시아 학생들』(*Russian Students*)이라고 불렀다. 나머지―『혁명적인 의문이 떠오르는 법』(*How the Revolutionary Question Presents Itself*)과 『혁명의 원리들』(*Principles of Revolution*), (1869년 늦은 여름에 두 개의 논문으로 구성한) "＜인민의 정의＞(The People's Justice)라는 단체의 간행물 1호"―는 모두 서명이 없기에 그들이 썼다고 최종적으로 판단을 내리지는 못한다. 혁명의 이름으로 가차없이 파괴하는 걸 찬양하면서 그들은 혁명적인 목적을 위해서라면 모든 수단이 정당화된다고 설

---

13. E. H. Carr, *Michael Bakunin*(New York, 1961), p. 393 ; Confino가 편집한 *Violence dans la violence*, p. 20.

파했다. 『혁명적인 의문이 떠오르는 법』은 바쿠닌주의자의 독특한 말투로 산적행위를 찬양했다는 점에서 주목할 만하다. "러시아의 산적은 유일하고 진정한 혁명가이다. 즉 그들은 미사여구나 이론적인 수사를 늘어놓지 않는 혁명가이자 타협하지 않고 지치지 않으며 굴복하지 않는 실행의 혁명가들이다. … 스틴카 라찐과 푸가쵸프의 기념일이 다가오고 있다. 축제를 준비하자."

『혁명의 원리들』(네차예프의 것으로 여겨지는)의 저자는 『혁명가의 교리문답』의 문체와 아주 비슷하기 때문에 특히 중요하다. 즉 "우리는 박멸(extermination) 외에 다른 어떠한 활동도 인정하지 않지만 이런 활동이 취할 방식들은 매우 다양하리라는 점―독약, 나이프, 로프 등―을 인정한다. 이 싸움에서 혁명은 이와 유사한 모든 방법을 정당화한다." 『인민의 정의 1호』는 라찐과 푸가쵸프의 농민반란을 호소하며, 살아있는 "인민의 활력(juices)"을 그들에게서 빼앗는 가르침을 퍼뜨리던 "초대받지 않은 교사들"을 비판했다. 이 팸플릿은 "영 러시아"와 아주 비슷하고 〈이슈틴단〉의 사례에 호소하지만("〈이슈틴단〉이 주도권을 가져야 한다. 그리고 이제 그 뜨거운 궤도가 식기 전에 시작할 시간이 되었다") 바쿠닌과 네차예프 두 사람의 것이라고 받아들여진다.

유례없이 뜨겁게 논쟁된 악명 높은 『혁명가의 교리문답』은 1869년 4월과 8월의 사이에 씌어졌다. 우럽 혁명운동의 초창기 문건들이 미리 예고했듯이, 이 팸플릿은 러시아에서 자이치네브스키와 〈이슈틴단〉이 제안했던, 그리고 서구에서 카보나리당(Carbonari)과 청년 이탈리아당(Young Italy)이 제안했던 사상과 감정을 표현했다. 그런데 앞서 주장했던 사람들의 극단적인 무자비함과 부도덕(immorality)을 받아들이면서 이 팸플릿은 100년이 넘는 혁명사에서 중요한 위치를 차지하던 신조(creed)를 가장 분명하게 드러냈다. 『혁명가의 교리문답』에서 혁명가는 현재의 질서를 파괴하기 위해서라면 어떠한 범죄나 배신, 사기도 행할 의무가 있는 완전한 부도덕가로 묘사된다. 이 때문에 니콜라스 월터(Nicolas Walter)는 "다른 어느 혁명적인 문건보다 더 반항적인", "순수하고 총체적이며 열광적이고 파괴적인, 허무적인 자기파괴 혁명주의"의 표현이라고 이 책을 설명했다.14

『혁명가의 교리문답』은 두 부분으로 나눠진다. (1) 22개의 항으로 구성된 조직의 일반규칙들과 (2) 3개의 제목 ─즉 자기 자신을 대하는 혁명가의 태도, 혁명 동지들을 대하는 혁명가의 태도, 조직을 대하는 혁명가의 태도─ 밑에 26개의 항을 배치한 혁명가들의 행동규칙이다. 암호로 씌어진 『혁명가의 교리문답』의 원판(原版)은 1869년 8월 네차예프가 러시아로 가지고 돌아갔다. 이 원판은 3개월 뒤 네차예프의 추종자들을 검거하면서 경찰이 발견했고 재판에서 증거로 사용되었다. 1871년 7월 『거번먼트 해럴드』(*Pravitel'stvennyi Vestnik*, 정부 신문)에 처음 실린 원래의 초고는 1917년 법무성(the Ministry of Justice) 화재로 소실되었다. 하지만 그 텍스트는 짜르 비밀경찰의 문서보관소에서 복사본으로 발견되어 1924년 잡지 『바르바 끌라소보』(*Bar'ba Klassov*, 계급투쟁)에 다시 실렸다.

『혁명가의 교리문답』의 2부는 1873년 <제1 인터내셔널>에서 바쿠닌에 맞서 싸웠던 맑스주의자들이 불어로 발행했다. 최초의 영어 번역은 막스 노마드(Max Nomad)의 『혁명의 사도』(*Apostles of Revolution*)로 발행되었고, 또 다른 번역본은 1957년 로버트 페인(Robert Payne)의 『테러리스트』(1967년 『요새』(*The Fortress*)라 불리던 확장판으로 다시 발행된)로 나왔다. 프랑코 벤추리(Franco Venturi)의 『혁명의 뿌리』(*Roots of Revolution*,

---

14. Nicolas Walter, 『혁명가의 교리문답』 크로포트킨 등대 출판사판(London, 1971)의 서문. 그리고 Walter의 "The Doomed Man : Sergei Nechayev(1847~1882), *Freedom*, 1982년 12월 11일 자를 보라. 『혁명가의 교리문답』의 영어 완역본은 Confino, *Daughter of a Revolutionary*, pp. 221~30을 보라.

1960)도 많은 분량을 발췌했다. 1969년에서 71년 사이에는 적어도 세 가지 형태의 판본이 팸플릿 형태로 발행되었다. 첫 번째는 버클리의 <블랙팬더당>이 (1부에 주목해서) 간행했고 두 번째는 니콜라스 월터의 서문을 붙여서 런던의 크로포트킨 등대출판사가(두 경우 모두 노마드의 번역본을 다시 펴냈다), 그리고 세 번째는 저자를 알 수 없는 서문과 출판사가 표시되어있지 않은 『붉은 팸플릿』 1호로 나왔다.

　『혁명가의 교리문답』의 2부는 <이슈틴단>을 연상케 하는 말인 "혁명가는 불운한 사람이다"로 시작한다. "그는 개인적인 이해관계나 일거리, 감정, 애착, 소유, 심지어 자신의 이름조차 없다. 그의 모든 건 한 가지의 유일한 이해관계이자 사상, 열정인 혁명으로 수렴된다"(1항). 그는 자신의 적을 파멸시키려는 목적으로 화학과 다른 과학을 공부한다(3항). 그는 사회질서와 교육, 전통적인 도덕과 모든 관계를 끊는다. 즉 "혁명의 성공을 돕는 건 무엇이든 윤리적이지만 그걸 방해하는 건 어떤 것이든 윤리적이지 않고 범죄이다"(4항). "혁명가는 가족애, 우정, 사랑, 감사처럼 감정을 부드럽게 만드는 모든 걸, 심지어 명예마저도 혁명운동이라는 단 하나의 차가운 열정으로 자기 속에 억눌러야만 한다. 그에게는 혁명의 성공이라는 단 하나의 만족, 위안, 기쁨이 있을 뿐이다. 언제나 혁명가는 가차없는 파괴라는 하나의 생각과 하나의 목적을 가져야만 한다. 이 목적을 가차없고 단호하게 추구하기 위해 혁명가는 자신을 희생시켜야 하고 그 실현을 막는 모든 걸 자신의 손으로 파괴할 준비를 해야만 한다"(6항).

　혁명조직은 제거해야 할 사람들의 목록을 작성해야만 하고(15항), "특히 혁명조직에 해로운 사람들을 제거해야만 한다"(16항). 이어서 『혁명가의 교리문답』은 혁명가가 돈이나 영향력을 가진 사람들에게 덫을 놓아 "그들을 한 사람의 노예로 바꿔야"(18항) 한다고 얘기했다. 자유주의자들에 대해서도 "혁명가는 그들을 굴복시키고 그들의 모든 비밀을 빼내며 최대한 그들과 타협해야 한다. 그건 빠져나갈 어떠한 출구도 그들에게 남겨놓지 않기 위해서이다"(19항). 마지막 절은『러시아의 젊은 형제들에게 전하는 몇 가지 얘기』와『혁명적인 의문이 떠오르는 법』,『혁명의 원리들』의 선동적인 메시지를 반복했다. "우리의 과업은 소름끼치고 가차없으며 보편적이고 무자비한 파괴이다"(24항). "러시아에서 유일하고 진정한 혁명가들인 산적들의 대담한 세계와 손을 잡아라"(25항).

『혁명가의 교리문답』의 저자들이 누구인지는 오랫동안 질질 끌어온 격렬한 논쟁의 주제가 되었다. 아나키스트들을 적대하던 학자들은 결정적인 증거도 없으면서 이 팸플릿을 항상 바쿠닌의 작품이라고 여긴 반면, 다른 학자들은 네차예프의 작품이라 여겼다. 그리고 또 다른 학자들은 이 팸플릿을 1869년 동안 바쿠닌과 네차예프가 협력한 산물로 봤다. 그래서 크로포트킨 등대출판사의 책은 저자를 네차예프로 표기했고, <블랙 팬더 당>과 레드 팸플릿판은 바쿠닌을 저자로 표기했다. 레드 팸플릿의 이름모를 편집자는 "네차예프가 이 팸플릿을 썼다는 신화는 바쿠닌의 주장을 수정했던 쁘띠 부르주아 사이비 '아나키스트들'이 만들었다"고 주장했다.

바쿠닌이 손으로 쓴 초고의 복사본을 봤다고 그의 동료인 랠리와 미하일 사친(Michael Sazhin, "아먼드 로스(Armand Ross)")이 주장했듯이, 막스 네틀라우와 카, 프랑코 벤추리 같은 서구의 저명한 학자들과 소련의 코즈민(B. P. Kozmin)도『혁명가의 교리문답』을 바쿠닌의 작품으로 본다. 카를 포함해 몇몇 학자들은『혁명가의 교리문답』이 바쿠닌의 문체를 그대로 따랐고 교리문답이 그가 좋아하는 작문방식(1866년 바쿠닌은『혁명적인 교리문답』(*Revolutionary Catechism*)을 출간했다) 중 하나라고 주장했다. 하지만 교리문답은 19세기 동안 러시아와 서구의 혁명가들이 널리 사용하던 작문방식이었다. 더구나 마이클 콘피노는 바쿠닌의 초기 작품인『혁명적인 교리문답』과『혁명가의 교리문답』을 비교해 보면 문체와 용어가

"근본적으로 일치하지 않는다"고 주장한다.[15] 더구나 말투와 내용 모두에서『혁명가의 교리문답』은 스위스의 노쇠한 망명자 세대[바쿠닌 세대]보다 1860년대 러시아 내의 학생혁명주의 환경-네차예프와 달리 바쿠닌이 아무런 역할도 하지 못했던 환경-에서 나타난 것처럼 보인다.

이런 의문에 관한 새롭고 강력한 증거는 1870년 6월 2일 바쿠닌이 네차예프에게 보낸 한 편지에 담겨 있다. 이 편지는 오랫동안 파리의 국립도서관의 나탈리 헤르쩬 문서보관소(Natalie Herzen Archives of the Bibliothèque Nationale)에 묻혀 있다가 1966년 콘피노의『소비에트 러시아에 관한 노트』(Cahiers du Monde Russe et Soviétique)에 처음 실렸다. 바쿠닌이 쓴 편지 중에서 가장 길고 흥미로운 이 편지는 완성하는 데 8일이 걸렸고 30쪽 이상을 빽빽하게 채웠다. 이 편지는 바쿠닌과 네차예프에 관한 콘피노의 전집과 아써 레닝(Arthur Lehning)의 전집에서 가장 중요한 글이고 조금 뒤에 이 편지에 관해 더 얘기하려 한다.

이 편지에서 바쿠닌은 네차예프의 완전한 "제수이트적 체계"와 함께 자신이 "너의 교리문답"이라고 부른 것과 분명하게 관계를 끊었다. 비록 [팸플릿의] 구성이나 수정에서 바쿠닌이 아무런 역할도 하지 않았는지는 확실하지 않지만, 이 편지에 다르면『혁명가의 교리문답』의 저자는 원래부터 분명히 네차예프였다. 두 사람이 긴밀하게 협력하던 시기에 씌어졌기 때문에, 글을 쓴 책임이 비록 네차예프에게 있다 하더라도 바쿠닌이 집필이나 편집을 도왔을 수 있다. 이렇게 생각하면 바쿠닌의 필체로 된 복사본이 있을지 모른다는 주장뿐 아니라 간혹 드러나는 바쿠닌주의적 어법까지도 실제로 설명할 수 있다. 1870년 6월 2일에 바쿠닌이 네차예프에게 보낸 편지는 네차예프가『혁명가의 교리문답』을 집필할 시기-바쿠닌이 네차예프의 영향력에 완전히 빠져있던 시기-에 자신도 그 팸플릿

---

15. Confino가 편집한 *Violence dans la violence*, p. 41.

의 집필을 알고 있었고 1년 뒤 네차예프와 사이가 틀어질 때까지『혁명가의 교리문답』에 관해 분명한 항의도 하지 않았다는 점을 인정했다.

『혁명가의 교리문답』 초고를 가지고 러시아로 돌아가기 전부터 네차예프는 그 [팸플릿의] 조항들을 실천하기 시작했다. 이미 체포와 탈출이라는 거짓 이야기로 혁명 동지들을 속였던 그는 이제 친분있는 러시아의 더 온건한 사람들이 정부의 의심을 받게 만들어 급진적인 활동에 더 깊이 개입하게끔 남에게 죄를 떠넘기는 편지와 혁명적인 문건들을(『혁명가의 교리문답』 18항과 19항에 따라) [그들에게] 보냈다. 1869년 3월과 8월 사이에 그는 상트페테르부르크에서만 387명의 사람들과 관련된 약 560가지 아이템들을 중간에서 가로챘다. 같은 원리에 따라 네차예프는 나중에 바쿠닌과 그의 모임에게 압력을 가하기 위해 그곳에서 보낸 사적인 편지들과 문서들도 가로챘다. 심지어 공모자들이 자신의 의지에 따르도록 하기 위해 살인을 저지르기도 했다. 이 모든 건 혁명사에서 "네차예프주의(Nechaevism)"로 기록된, 품위와 공정함을 완전히 무시했던 체계의 일부였다.

그동안 바쿠닌은 자기 자신의 일시적인 환상에 빠져 있었다. 1869년 5월 바쿠닌은 네차예프를 "<세계 혁명동맹> 러시아 지부의 공인대표 중 한 사람인 2,771번"으로 임명하는 증명서를 네차예프에게 주었다. 이 증명서에는 혁명가들의 전 세계 네트워크라는 인상을 주려는 목적으로 바쿠닌의 서명과 함께 순전히 날조된 −<이슈틴단>과 네차예프가 이미 사용했던 방식과 비슷한− "<유럽 혁명동맹>, 중앙위원회"라는 도장이 찍혀 있었다. "따라서 분명 존재하지 않는 <러시아 혁명위원회>의 대표자로 자칭했던 네차예프는 마찬가지로 존재하지 않는 <유럽 혁명동맹>의 대표로 러시아에서 활동할 권한을 바쿠닌에게 받았다"고 카는 비꼬아 논평을 했다. "이건 코미디나 역사에서 비슷한 사례를 거의 찾을 수 없는 아주 재미있는 상황이었다."[16] 네차예프의 명성을 더 높이기 위해 바쿠닌은 오가료프가 시베리아에서 순교한 한 학생을 위해 지은 시 한 편을 "젊은 친구 네차예프"에게 바치도록 설득했다. 이 시는 1869년 가을 네차예프 전설을 만들기 위해 전단으로 인쇄되어 러시아에 뿌려졌다.

1869년 8월 말 네차예프는 한 편의 시와 『혁명가의 교리문답』, 바쿠닌과 오가료프의 축복으로 무장하고 러시아로 돌아갔다. 모스크바에 도착한 네차예프는 『혁명가의 교리문답』에 규정된 노선에 따라 〈인민의 정의〉—제네바에서 발행했던 팸플릿의 이름과 같다—라고 불렀던 혁명가 모임을 조직하는 데 착수했다. 이 모임은 서유럽 전역의 비밀 모임들처럼, 〈이슈틴단〉의 헬과 1860년대 최초의 〈토지와 자유〉에서처럼 "5인의 혁명가(revolutionary fives)" 모임들로 조직된 비밀스럽고 엄격한 규율을 가진 단체였다. 조직원 각각은 한 명의 지도자에게 절대적으로 복종했고 차례대로 중앙위원회로부터 명령을 받았다. 그 모임의 주요 목적은 1870년 2월 19일 농노해방 9주년 기념일에 대중봉기를 일으키는 것이었고 공식 봉인은 "1870년 2월 19일 〈인민의 정의〉 위원회"로 단축되었다. 모든 자료가 동의하듯이, 자신의 동지들에게 절대적인 복종을 요구했던 네차예프의 하수인들이 이 조직을 이끌었다. 네차예프는 존재하지 않는 중앙위원회의 이름으로 명령했다. 네차예프는 조직원들이 서로를 감시하게 만들었고 운동에 필요한 자금을 마련하기 위해 강탈하고 공갈을 치라고 권했다.

분명히 이런 방식들은 가장 유능한 조직원 중 한 사람이자 이반 이바노비치 이바노프(Ivan Ivanovich Ivanov)라는 가명 같은 이름을 쓰던 페트로브스크(Petrovsk) 농업학원의 한 학생에게 반감을 준 것으로 드러났다.

---

16. E. H. Carr, *Michael Bakunin*, p. 393.

이바노프는 학원의 조직에서 존경받는 지적인 조직원이었던 것으로 보인다. 그는 학생협동조합에서 활동했고 농민의 자식들을 가르치며 시간을 보냈고 혁명적인 동지들 사이에서 상당한 영향력을 행사했다. 어느 순간부터 이바노프는 네차예프의 명령들을 분명하게 반대했고 네차예프가 [메시지를] 전달한다고 주장하는 중앙위원회가 실제로 존재할까라는 의문을 품었다. 심지어 이바노프는 더욱더 민주적인 노선을 따르는 새로운 혁명가모임을 만들겠다고 위협해서 네차예프가 도저히 참지 못하게 만들었다. 어쨌든 네차예프는 몇 명의 동지들에게 이바노프가 자신들을 밀고하려한다는 점을 그럭저럭 납득시켰고 이 사실은 『혁명가의 교리문답』의 16항("특히 혁명조직에 해를 입히는 자는 제거해야만 한다")과 일치하기에 이바노프를 제거해야 한다는 점도 납득시켰다.

1869년 11월 21일 밤 [네차예프는] 비밀리에 신문을 발행한다는 구실로 농업학원에 있는 공원의 작은 동굴에 이바노프를 불러들였다. 그곳에서 네차예프와 네 명의 공모자들은 그를 습격해서 때렸다. 네차예프는 그를 목 졸라 죽이려다 손을 심하게 물리자 권총을 꺼내 이바노프의 머리를 쏘았다. 그들은 시체에 돌을 매달아 가까운 연못의 얼음구멍에 버렸다. 이런 방식으로 네차예프는 잠재적인 경쟁자를 제거하는 동시에 동지들에게 죄를 씌워 자신의 권위에 확실히 복종하게 했다. 이런 극단적인 사례는 동지들을 범죄에 끌어들임으로써 복종을 얻는 그의 방식을 증명한다. 그렇지만 그 희생자는 독재권력의 대리인이 아니라 리더의 적개심을 자극했던 자기 조직원 중 한 명이었다.

이바노프의 살해는 물의를 빚었다. 도스토예프스키는 자신의 소설 『악령』(*The Possessed*)에서 네차예프를 나타내는 베르호벤스키(Verkhovensky)와 이바노프를 나타내는 샤토프(Shatov)라는 인물과 함께 이 사건을 이용했다. 살해된 지 나흘 뒤에 발견된 이바노프의 시체는 약 3백 명의 혁명가들이 체포되어 1871년 여름 84명의 네차예프주의자들(*Nechaevtsy*)이 재판을 받게 만들었다. 유죄선고를 받은 사람 중 한 명은 예전에 상트페테르부르크에서 네차예프의 전술을 반대했고 네차예프가 스위스에서 혁명선언서를 보내 끌어들이려고 노력했던 사람 중 한 명인 표트르 라브로프의 사위 미하일 네그레스쿨(Michael Negreskul)이었다. 표트르-파블로프스키 요새에 수감된 네그레스쿨은 탈진상태로 신음하다 1870년 2월 가택연금 상태에서 죽었다. 그 사이에 네차예프는 모스크바를 탈출해서 상트페테르부르크로 향했다. 그는 상트페테르부르크에서 가짜 여권을 손에 넣어 1869년 12월 국경을 넘는 데 성공했다. 자신의 죄를 뒤집어 쓴 동지들을 버려 둔 채.

1870년 1월 12일 로카르노에 살고 있던 바쿠닌은 네차예프가 제네바로 돌아왔다고 알리는 오가료프의 편지를 받았다. 바쿠닌은 기뻐 날뛰며 "천장에 머리를 찧을 정도였다."[17] 잠시 뒤 네차예프가 로카르노에 도착했고 두 사람은 러시아 구족에 대한 두 가지 선언—첫 번째는 바쿠닌이 썼을 가능성이 크고 두 번째는 네차예프가 쓴—을 발행하며 다시 협력하기 시작했다. 그리고 네차예프는 1870년 4월과 5월 『벨』(*The Bell*, 종소리) 6호를 발행했을 뿐 아니라 (1870년 늦은 겨울) 『인민의 정의』 제2호를 발간했다.

이 발행비를 대기 위해 네차예프는 1858년 유토피아 공동체를 찾으려고 남태평양으로 떠난 한 젊은 러시아 귀족이 알렉산드르 헤르쩬에게 남긴 소위 바흐메티예프 기금(bakhmetiev fund)을 사용했다. 1869년 제네바에서 네차예프를 만났을 때부터 헤르쩬은 본능적으로 그를 싫어했다. 그러나 바쿠닌과 오가료프의 압력 때문에 헤르쩬은 기금의 절반을 그들에

---

17. 1870년 1월 12일 바쿠닌이 오가료프에게 보낸 편지, Confino, *Daughter of a Revolutionary*, p. 151.

게 넘겼고 그 중 상당액은 러시아로 돌아간 뒤 자신의 혁명활동을 위해 이 기금을 사용하려 했던 네차예프에게 넘어갔다. 1870년 1월 헤르쩬이 죽자 바쿠닌은 오가료프를 재촉해서 헤르쩬 가족에게 나머지 기금을 넘겨받으라고 했다. 오가료프가 헤르쩬의 아들로부터 받은 나머지 기금에서 거의 전부를 건네주자 네차예프는 영수증에 서명하기를 거부하며 존재하지 않는 자신의 중앙위원회 이름으로 돈을 받았다.

바로 그즈음 바쿠닌은 금전적인 어려움을 겪고 있었다. 그는 러시아 출판가 폴리아코프(Poliakov)에게서 맑스의 『자본론』을 번역해 달라는 요청과 함께 300루블을 선금으로 받았다. 하지만 그는 번역을 조금도 시작할 수 없었다. 1870년 2월 17일 네차예프는 바쿠닌과 폴리아코프 사이에서 중개인 역할을 하던 뤼바빈(Liubavin)이라는 러시아 학생에게 협박편지를 썼다. 그 편지에서 네차예프는 바쿠닌을 방해하지 말고 그에 대한 모든 권리를 포기하라고 요구했다. 도끼와 단검, 권총으로 장식된 <인민의 정의> 중앙위원회 편지지로 쓴 이 편지는 나중에 맑스가 바쿠닌을 의심하고 <인터내셔널>에서 바쿠닌을 제명하는 데 이용되었다.

그런데 오래지 않아 바쿠닌과 네차예프의 관계가 나빠지기 시작했다. 레닝과 콘피노가 보여줬듯이, 그 뒤 몇 개월 동안의 불화는 심리적, 재정적, 도덕적, 이데올로기적인 문제를 포함하는 복잡한 사안이었다. 스위스에 두 번째로 머무는 동안 바쿠닌에 대한 네차예프의 태도는 1년 전과 달랐다. 랠리에 따르면, 네차예프는 자신의 스승에게 더 이상 아무런 존경심도 보이지 않았다. 오히려 그는 진정한 혁명조직을 가진 유일한 사람으로 자신을 대우해 달라고 요구했다. 그는 점점 더 바쿠닌에게 퉁명스럽게 대했고 심지어 바흐메티에프 기금을 바쿠닌의 사사로운 생활비로 쓰는 걸 반대했다. 그는 바쿠닌이 진정한 혁명가에게 필요한 "[상당한] 수준의 에너지와 자기헌신"[18]을 더 이상 가지고 있지 않다고 사쩬에게 불평했다.

이것은 인민주의 운동 내에서의 세대 갈등―"40년 세대"에 맞섰던 "60년 세대"―을 드러냈다. 『혁명가의 교리문답』에서 자유주의자들로부터 따낼 것을 최대한 얻어낸 뒤 제거해야 한다고 말했던 것처럼 네차예프는 바쿠닌을 대하기 시작했다. 네차예프는 바쿠닌과 그의 친구들에게 자신의 권위주의적인 방식을 강요하려 들었고 나중에 그들을 협박하거나 조종하기 위해 개인적인 문서들을 훔치기까지 했다("혁명가는 그들을 조종하고 그들의 모든 비밀을 입수하며 최대한 그들과 타협해야 한다. 그것은 벗어날 어떠한 출구도 그들에게 남겨놓지 않기 위해서이다" ―『혁명가의 교리문답』 19항).

바쿠닌의 환멸감은 깊었다. 그의 자존심은 "소년(Boy)"에 대한 심취 때문에 심한 고통을 받았다. 바쿠닌은 "만약 당신이 그에게 한 친구를 소개한다면 그는 즉시 당신과 그 친구 사이에 불화와 스캔들, 음모의 씨앗을 뿌리기 시작하고 당신에게 다툼을 만들 것"이라고 썼다. "만일 당신 친구에게 부인이나 딸이 있다면, 그는 그들을 유혹하려 하고 전통적인 도덕의 힘을 제거하며 그들의 의사와 상관없이 사회와 맞서는 혁명적인 저항으로 몰아넣기 위해 그들을 임신시키려 할 것이다."19 (이것은 나탈리 헤르쩬의 일기에 묘사된 네차예프의 태도와 일치한다.) 그 와중에 러시아에서 돌아온 저만 로파틴은 이바노프 살해에 관한 진실을 밝히고 네차예프의 손가락 흉터를 희생자가 남긴 살인의 증거라고 밝혔다. 또 로파틴은 네차예프의 중앙위원회와 요새에서 탈출했다는 그의 자랑이 거짓임을 폭로했다.

이 논쟁의 클라이맥스는 1870년 6월 2일 바쿠닌이 네차예프에게 보낸

---

18. Confino가 편집한 *Violence dans la violence*, p. 53.

19. 1870년 7월 24일 바쿠닌이 알프레드 타란디에르(Alfred Talandier)에게 보낸 편지, Confino가 편집한 *Daughter of a Revolutionary*, p. 307 ; Yarmolinsky, *Road to Revolution*, p. 163.

편지로 이어졌다. 이 편지는 1972년 7월과 8월 잡지 『인카운터』(*Encounter*, 마주침)에 마이클 콘피노의 주석을 달고 리디아 보트(Lydia Bott)의 영어 번역으로 실렸다. 콘피노는 이 편지를 19세기 혁명운동사에서 가장 이색적인 문서 중 하나로 불러야 옳다고 얘기한다. 왜냐하면 유명한 『혁명가의 교리문답』의 저자가 누구인지를 밝혔을 뿐 아니라 바쿠닌이 네차예프와 결별한 이유를 분명하게 설명해서 비밀조직에 관한 생각의 차이를 이해하도록 돕고 무엇보다도 전 세계의 혁명가들이 계속해서 부딪쳤던 혁명적인 윤리―수단과 목적의 관계에 관한―의 문제를 밝히기 때문이다.[20]

실망과 거의 참을 수 없는 굴욕감을 드러내면서 바쿠닌은 엄청난 감정과 힘을 실어서 편지를 썼다. 그는 "날 속이는 동안에도 너를 완전히 믿었다"며 네차예프에게 한탄했다. "나는 완전히 바보가 되었다. 이건 내 경험과 나이에 비추어 볼 때 고통스럽고 부끄러운 일이야. 무엇보다 나쁜 건 러시아나 국제적인 운동들과 관련된 내 상황을 망쳐버린 것이다." 혁명의 문제에 있어 바쿠닌은 인민 스스로의 자발적인 대중봉기를 요구하지 않는 네차예프의 자코뱅주의와 블랑키주의―혁명적인 소수가 권력을 장악하고 혁명 독재를 확립해야 한다는 신념―를 단호하게 거부했다. "나는 다른 어떠한 혁명도 불명예스럽고 위험하며 해방과 인민을 파멸로 몰아넣는다고 확신한다."

그렇다면 혁명조직의 역할은 무엇인가? 새로운 "인민의 착취자들"을 대기시키고 "개인적인 공정함에 관한 모든 감정"을 제거하며 "거짓말과 의심, 스파이짓, 비난을 가르친다"는 점에서 네차예프의 생각은 잘못이다. 바쿠닌은 진정한 혁명조직이 "인민에게 어떤 새로운 통제나 질서, 생활방

---

20. 러시아어 원본과 프랑스어 번역은 Lehning이 편집한 *Michael Bakounine et ses relations avec Sergej Nečaev*, pp. 103~34, 221~54. 영어 완역본은 Confino가 편집한 *Daughter of a Revolutionary*, pp. 238~80.

식을 부과하는 게 아니라 그들의 자유로운 의지에 따라, 위가 아니라 아래로부터 스스로 만들어져야만 하는 사회·경제조직과 자기결정의 기회를 더 많이 제공해야 한다"고 얘기했다. 혁명조직은 "모든 권력—그걸 무엇이라 부르든—이 낡은 노예제의 새로운 혁명에 반드시 인민을 복종시키기 때문에 인민이 승리한 뒤에는 그들을 지배하려는 어떠한 국가권력도 —가장 혁명적이고 심지어 너의 권력이라 해도— 세우지 말아야 한다." 바쿠닌은 "나는 너를 깊이 사랑했고 아직도 사랑한다"고 쓰면서 "거짓된 제수이트 체계"와 "점점 더 너의 유일한 체계이자 중요한 무기와 수단들이 되고 있는, 그리고 운동에 나쁜 영향을 주는 기만적인 체계"를 네차예프가 거부해야만 한다고 적었다.

그 편지는 자신의 비뚤어진 제자에 대한 변명이었다. 바쿠닌은 "네차예프주의"를 거부했지만 완전히 거부하진 않았다. 환멸감을 느꼈지만 네차예프에 대한 바쿠닌의 태도는 애매했다. 바쿠닌이 보기에, 다른 사람들이 단지 [말로] 얘기만 할 때 여전히 네차예프는 [몸으로] 행동하는 헌신적인 혁명가였고 그 에너지와 단호함, 대담함, 의지력은 강력한 호소력을 가졌다. 바쿠닌은 네차예프에게 "너는 열정적이고 헌신적인 인간"이라고 썼다. "그게 너의 힘이고 활력이며 정당성이야." 바쿠닌은 만약 네가 방식을 바꾼다면, "나는 너의 동맹자로 남을 뿐 아니라 이 결합관계를 더 가깝고 단단하게 만들 것"이라 덧붙였다. 바쿠닌은 오가료프와 동료들에게도 비슷한 메시지를 보냈다. "지금 이 시기에 가장 중요한 건 잘못을 저지르고 혼란에 빠진 친구를 구원하는 일이야. 잘못을 저질렀지만 그는 여전히 가치있는 사람, 세계에서 몇 안 되는 가치있는 사람이지. … 우리는 그를 사랑하고 믿으며 장차 그의 행동이 인민에게 많은 득이 되리라는 점을 이미 알고 있어 잘못되고 불운한 길에서 그를 구해야만 하는 이유도 바로 그 때문이지."

따라서 바쿠닌은 자존심에 상처를 입고 네차예프의 원리와 전술을 거부했지만, ─심지어 속임수와 굴욕감, 『혁명가의 교리문답』의 노골적인 부도덕성, 심지어 이바노프의 살해에도─ 네차예프와의 관계를 과감하게 단절할 수 없을 만큼 "호랑이 클럽"에 대한 그의 애정은 강했다. 또 그들은 공통된 입장을 많이 가졌다. 바쿠닌이 인정했듯이 그들의 강령은 "정말 똑같았다." 바쿠닌이 네차예프에게 극도의 혐오감을 나타낸 건 그가 자신에게 맞서며 사악한 방법을 사용하기 시작한 이후부터이다.

네차예프 못지않게 바쿠닌도 음모와 비밀조직을 아주 좋아했다. 앞서 봤듯이, 혁명 독재를 공격했지만 그 자신은 혁명 지도자에게 무조건 복종할 의무를 가지는 빈틈없는 혁명조직을 줄기차게 옹호했다. 바쿠닌을 무조건 따랐던 추종자들은 그의 아나키즘 이론이 완전히 발전되지 않았을 때나 네차예프의 나쁜 영향을 받으면서 발표했을 때의 "철의 규율"과 "보이지 않는 독재"에 대한 언급들이 그의 전체 사상과 분리되며 두드러진 특징이 아니라고 주장할 때 확신하지 못했다. 오히려 음모는 바쿠닌의 전체 혁명 경력에서 중심 줄거리였다. 그가 부오나로티를 "동시대의 가장 위대한 음모가"[21]로 칭송한 것도 마찬가지다.

1840년대에서 70년대까지의 성인 바쿠닌은 서구사회에 있던 비밀결사를 모델로 삼아 그런 조직을 만들려고 노력했다. 1845년 바쿠닌은 〈프리메이슨단〉의 일원이 되었다. 그리고 1848년 그는 "엄격한 위계질서를 따르고 중앙의 통제에 무조건 복종"해야 하는 3~5명을 묶은 비밀조직을 요구했다. 그 이후에도 바쿠닌은 이 목표를 포기하지 않았다. 1860년대 동안 그는 일련의 완전한 비밀모임들─〈플로랑스 형제단〉(the Florentine Brotherhood, 1864), 〈국제 형제단〉(the International Brotherhood, 1866), 〈국제 사회민주주의동맹〉(the International Alliance of Social Democracy,

---

21. Arthur Lehning, *From Buonarroti to Bakunin*(Leiden, 1970), p. ix.

1868)-을 만들었고 조직원들의 행동을 통제하는 규칙을 정교하게 만들었다. 이 조직은 "보이지 않게 대중 위에서" 움직이고 혁명을 완수한 후에도 어떠한 "공식적인 독재"의 확립을 막기 위해 계속 유지되는 "일종의 참모"로 움직여야 했다. 이 조직은 "어떠한 계급장이나 타이틀, 공식적인 권리를 갖지 않으며 권력의 실체가 없기 때문에 더욱더 강력한" 독재인 "집단 독재(collective dictatorship)"를 실행한다. 바쿠닌이 『혁명가의 교리문답』을 떠올리게 만드는 언어로 선언했듯이 그 조직원들은 "엄격한 규율"에 복종하고 그 규율에 따르지 않는 건 "모든 조직원의 복수에 노출되는 것을 의미하는 제명(expulsion)"이라는 처벌받을 수 있는 "범죄"로 간주되었다. 말기인 1872년에도 그는 여전히 "강력하지만 항상 보이지 않는, 혁명을 준비하고 이끌어야만 하는 조직을 만드는 게 목표"라고 썼다.22

똑같은 입장이 네차예프에게 보낸 편지에서도 보인다. 그는 대중의 혁명이 "공식적인 독재에 의해서가 아니라 모든 억압으로부터 인민의 완전한 해방을 지지하는 사람들로 구성된, 비밀조직으로 굳게 단결되고 항상 어느 곳에서나 공동의 목적을 지지하며 공동의 강령과 일치하도록 행동하는, 이름을 가지지 않는 집단 독재에 의해 보이지 않게 이끌어져야"만 한다고 반복했다. 그는 혁명조직을 "인민군대의 참모"라 불렀고 다시 한 번 『혁명가의 교리문답』의 말처럼 그 조직이 다음과 같은 사람들로 구성되어야만 한다고 덧붙였다. "그들은 열정적이고 이탈하지 않으며 제 갈 길을 가는 헌신적인 사람들이다. 그들은 가능한 모든 개인적인 이해관계를 포기하고 모든 것들, 즉 삶과 죽음 자체, 사람들을 유혹하는 모든 것들,

---

22. E. H. Carr, *Michael Bakunin*, p. 193 ; Bakunin, *Gesammelte Werke*(Berlin, 1921~1924), 총 3권 중 3권, pp. 35~38, 82, 90~99. ; C.E. Balck이 편집한 *Rewriting Russian History*(New York 1962), p. 297.

모든 물질적인 편안함과 즐거움, 야망과 지위, 명성이라는 모든 만족들을 단호하게 포기한다. … 그들은 인민의 해방이라는 하나의 열정에 전적으로 그리고 완전히 빠져들어야만 한다."

더구나 조직은 집행위원회를 구성해야만 하고 그 구성원들이 엄격한 규율을 준수하도록 요구해야만 한다. 모순적이게도 이 조직은 도덕적으로 순수한 전위여야 하지만 특별한 경우에 ―여기서 우리는 또 한번『혁명가의 교리문답』의 말을 듣는다―, 특히 경쟁하는 혁명조직에게 거짓말을 하고 사기를 쳐야만 한다. "우리와 비슷한 목적을 가진 조직들이 우리 조직으로 통합되도록 강요하거나 적어도 그들이 인식하지 못하는 상태에서 우리에게 복종하도록 해야만 한다. … 진실을 선전하는 것으로는 이 모든 걸 획득할 수 없다. 교활함, 외교적 수완, 기만이 필요하다. 이 목적을 위해서는 제수이트 방식을 쓰거나 심지어 함정을 놓을 수도 있다. … 이처럼 이 간단한 법칙이 우리 활동의 바탕이어야 한다. 모든 형제들에게는, 그리고 형제가 될 가능성을 가진 사람에게는 진실과 정직, 상호신뢰를, 적에게는 거짓말과 교활함, 함정을, 필요하다면 폭력을." 따라서 바쿠닌의 방식은 네차예프의 방식과 그리 다르지 않다. 아마도 중요한 차이점은 네차예프가 실제로 그 방법을 실행―친구와 적을 가리지 않고 썼던 협박과 살인을 포함해서―으로 옮겼다면, 바쿠닌은 단지 말로만 했거나 자신이 사칭했던 <세계 혁명동맹>처럼 비교적 해롭지 않은 신비화(mystifications)로 자신을 제한했다는 점이다.

1870년 여름에 불화를 겪은 뒤 바쿠닌과 네차예프는 다시 만나지 않았다. 네차예프는 런던으로 가서『옵스키나』(*Obshchina*, 꼬뮨)라는 이름의 새로운 잡지를 발행했다. 그는 이 잡지를 통해 바쿠닌과 오가료프에게 바흐메티예프 기금에서 남은 돈을 요구했다. 파리꼬뮨 전날 파리를 방문한 뒤 네차예프는 런던으로 돌아갔고 다시 스위스로 갔다. 스위스에서 그는 자기 아버지가 속했던 오래된 페인트공조합의 도움을 받아 불안정한 생활을 하며 간신히 생계를 이어갔고 당분간 마찌니의 이탈리아 제자들이 제공한 은신처에서 살았다. 그렇지만 짜르 정부는 그를 체포하기로 결심하고 19세기의 다른 혁명가들을 추적하는 것보다 그를 추적하는 데 더 많은 돈과 노력을 쏟았다. 바쿠닌은 네차예프에게 짜르당국이 그를 추적한다고 경고했지만, 네차예프는 노쇠한 스승이 단지 "취리히에서 [자신을] 떼 놓으려는" 거라고 확신하며 그 경고를 무시했다. 결국 1872년 8월 14일 러시아의 스파이가 된 전(前)폴란드 혁명가 아돌프 스텝프코우스키(Adolph Stempkowski)는 네차예프를 스위스 경찰에 밀고했다. 검거 직후 네차예프와 친했던 당명자들(그 중에는 바쿠닌도 있었다)은 그가 사실상의 정치적 망명자라고 항의했지만 네차예프는 일반 살인범으로서 러시아로 이송되었다.

1872년 11월 2일 바쿠닌은 오가료프에게 보낸 주목할 만한 편지에서 네차예프에게 동정심을 보였다. 이 편지는 장황하지만 인용할 만한 하다. "나는 그를 깊이 동정해. 이전에 다른 누가 줬던 것보다 더 많은 상처를 의도적으로 [내게] 줬지만 나는 그래도 그를 동정해. 그는 보기 드문 에너지를 가진 사람이고 우리는 그를 만났을 때 가난하고 억압받는 인민들을 위하는 아주 맹렬하고 순수한 불꽃이 타오르는 걸 보았지. 우리 과거와 현재의 국가적 불행이 그에게 실질적인 고통을 줬어. 그 시기에 드러난 그의 행동은 상당히 불쾌했지만 그의 내면적 자아는 더럽혀지지 않았어. 매우 유감스러웠던 그의 마키아벨리주의나 제수이트적 방식, 그의 무지와 함께 마침내 그를 벗어날 수 없는 진창 속으로 밀어 넣은 건 권위주의와 오만함이었지. … 내면의 묵소리가 그를 영원히 잃어버렸다고 내게 말하고 분명히 그를 잃었음을 알지만, 또 왜곡되고 더럽혀졌지만 이제 결코 비열하거나 평범하지 않았던 그의 모든 원초적인 에너지와 용기를 존재의 깊은 곳에서 끌어낼 것이야. 그는 영웅처럼 사라질 것이고 이때 그는 그 무엇도, 그 누구도 배반하지 않을 것이야. 이건 내 신념이야. 내가 옳다는 걸 보게 될 꺼야."[23]

네차예프에 관한 나머지 이야기는 짧게 정리될 수 있다. 1873년 1월 모스크바에서 재판받을 때, 그는 당당하고 반항적인 태도로 일관했다. "나는 당신네 전제주의 정부의 노예가 되기를 거부한다"고 그는 선언했다. "나는 황제와 이 나라의 법률을 인정하지 않는다." 그는 어떤 질문에도 대답하지 않았고 결국 피고인석에서 "전제주의를 타도하라!"고 외치며 끌려 나갔다. 20년의 중노동형을 선고받은 뒤, 그는 자신을 "인민의 아들"이라 선언했고 "프랑스에서 귀족들을 길로틴으로 보냈던 것처럼 귀족들을 교수형에 처했던" 라찐과 푸가초프를 연상시켰다. 공판 뒤에 이어진 "집행(civil execution)"의식에서 그는 외쳤다. "짜르를 타도하라! 자유여 영원하라! 러시아 인민이여 영원하라!"[24]

네차예프는 1869년에 자신이 탈출했다고 거짓말했던 표트르-파블로프스키 요새에서 외로운 독방생활로 생애의 남은 10년을 보냈다. 막스 노마드(Max Nomad)가 주장했던 것처럼 옥중에서도 그의 행동은 "혁명사의 가장 위대한 에피소드 중 하나였다."[25] 비밀경찰대장인 포타포프(Potapov)가 그의 독방을 방문해서 스파이로 일한다면 관용을 베풀겠다고 제의했을 때, 네차예프는 그의 온 얼굴을 때리고 상처를 입혔다. 그 뒤 2년 동안 그의 손과 발은 살이 썩어 들어갈 때까지 사슬로 묶였다.

하지만 네차예프의 정신은 무너지지 않았다. 심지어 감옥에서도 그는

23. K. J. Kenafick, *Michael Bakunin and Karl Marx*(Melbourne, 1948), pp. 132~33 ; Confino가 편집한 *Daughter of a Revolutionary*, pp. 323~24.

24. Venturi, *Roots of Revolution*, pp. 386~87 ; Yarmolinsky, *Road to Revolution*, p. 165.

25. Nomad, *Apostles of Revolution*, p. 251.

카리스마적인 힘을 발휘하며 간수들을 사로잡아 "독수리"라 불렸다. 그는 간수들에게 <인민의 의지>의 불법잡지를 읽게 했고 심지어 암호로 편지를 쓰는 법을 가르쳤다. 사실 간수들의 도움으로 그는 동료 죄수들과 소통할 수 있었고 마침내 알렉산드르 2세를 암살하기 전날에는 <인민의 의지> 중앙위원회를 포함해 외부세계와도 소통했다. 베라 피그네르는 자신의 회고록에서 유배를 명령받은 시베리아가 아니라 표트르-파블로프스키 요새 근처에서 네차예프가 아직도 살아있다는 사살을 알았을 때의 흥분을 얘기했다. 그러나 짜르에게 대항하는 에너지를 집중시키기 위해 그를 구출하려는 시도는 미루어졌다. 암살 이후 <인민의 의지>는 탄압을 받았고 동료 죄수의 배반으로 간수들과 네차예프의 관계도 들통 났다. 그 결과 감옥에서 일하던 60명 이상의 사람들이 체포되어 재판에 회부되었고 네차예프 자신도 건강이 완전히 나빠질 때까지 지독한 통제를 받았다. 1882년 11월 21일 그는 체력소모와 괴혈병 때문에 35세의 나이로 죽음을 맞이했다. 바쿠닌이 예언했듯이 "한 명의 영웅"처럼 죽었다.

그렇다면 우리는 네차예프에 대해 어떤 결론을 내려야 할까? 그는 다른 결점을 보충할 만한 장점이 없는 지독한 악당일까, 아니면 험담을 퍼뜨리는 사람들이 부당하게 헐뜯은 헌신적인 혁명가일까? 물론 어느 정도 그의 삶은 아직도 수수께끼로 남아있다. 그런데 필립 폼퍼(Philip Pomper)가 네차예프의 성격과 동기에 관해 가치있는 설명을 했기에 어느 정도 평가를 내릴 수 있다. 긍정적인 면으로 네차예프의 용기와 헌신을 부정할 수는 없다. 사쩬에 따르면, 그는 "엄청난 에너지와 혁명에 대한 열광적인 헌신, 냉혹한 성격. 일에 다한 끈질긴 성품"을 타고났다.[26] 그는 가난과 극기(克己)의 삶을 살았다. 바흐메티예프 기금에서 받은 돈 역시 자신을

---

26. M.P. Sazhin, *Vospominaniia*(Moscow, 1925), p. 65.

위해서는 한 푼도 쓰지 않았다. 혁명적인 열정의 순수함이나 기득권 세력과 착취에 대한 증오는 결코 의심받을 수 없다. 그 대가로 그는 생의 거의 삼분의 일을 지하감옥에 갇혀 지냈다. 그는 혁명적인 순교의 연대기에서 비교할 만한 사람을 찾을 수 없을 만큼 고난의 운명을 맞이했다.

그러나 그의 사심없는 헌신은 가혹하고 무자비한 상흔을 남겼다. 바쿠닌을 그토록 사로잡았던 건 동정이나 인간의 연민에 누그러지지 않는 점이었다. 네차예프는 엄청난 에너지와 계산된 부도덕주의, 체제와 자신이 적으로 간주하는 모든 사람들에 대한 무한한 증오로 영향력을 확보했다. 레프 도이치(Lev Deutsch)가 썼듯이, 그의 큰 결점은 "자신의 무오류를 절대적으로 확신했고 인간을 완전히 멸시했으며 목적이 수단을 정당화한다는 원리를 체계적으로 응용한 점"27이다. 그는 혁명투쟁에서 모든 남성과 여성을 단순히 도구로 여겼고 그들의 개인적인 존엄, 무엇보다도 그들의 주체성조차 제거했다. 알베르 까뮈(Albert Camus)가 『반항하는 인간』(*The Rebel*)에 썼듯이, [혁명가로서의] 경력을 쌓기 시작할 때부터 네차예프는 "자기 주변의 학생들, 바쿠닌, 혁명적인 망명자, 마지막에는 감옥의 간수들을 매수하려는 노력을 결코 멈추지 않았다." 그는 자신의 음모적인 활동으로 어느 정도 타협적인 급진주의자들을 더 깊게 끌어들이기 위해 [그들이] 경찰의 의심을 받게 만들어도 상관없다고 생각했다. 그는 혁명적인 방편을 절대적인 선, 즉 그 앞에선 일반적으로 인정되는 모든 도덕이 철회되는 선으로 고양시켰다. 혁명에 도움―오로지 그 자신만이 판단할 수 있는―이 된다면, 그는 설사 반감을 가져올 수 있을지라도 모든 행동과 범죄를 정당화했다. 음모적인 동료들에게 설교했던 것처럼 그 자신도 도둑질과 협박, 살인을 저질렀다. 더구나 그는 적만이 아니라 자신의 친구에게도 그 모든 짓을 저질렀다. 카가 관찰했듯이, "그는 자신이 만난 모든

27. Confino가 편집한 *violence dans la violence*, p. 67.

사람을 속였다. 더 이상 그들을 속일 수 없을 때 그의 권력도 사라졌다." 까뮈가 지적했듯이 그의 독창성은 "자신의 형제에게 가한 폭력을 정당화하는 데"[28] 있었다. 따라서 비록 그 규모가 적다해도 결국 네차예프는 혁명에 필요하다는 명목으로 대량학살을 저질렀던 스탈린의 전조(前兆)가 되었다.

간단히 말해 그 끝점이 무엇이든 간에 바쿠닌이 본질적으로 리버테리안이었다면, 네차예프는 그 장점이 무엇이든 간에 본질적으로 권위주의자였다. 그의 진정한 스승은 푸리에나 프루동, 바쿠닌이 아니라 그 자신이 극한까지 추구했던 자코뱅 원리들을 만든 로베스피에르, 바뵈프, 타체프였다. 아나키즘과는 거리가 멀었던 그는 국가없는 사회라는 목표보다 중앙집권적인 조직, 음모라는 수단에 관심을 가진 정치적 편의주의의 사도였다. 그의 자코뱅주의와 마키아벨리주의는 리버테리안의 정신과 근본적으로 충돌했고 근본적인 인류애와 거리가 먼 야만성과 무자비함이라는 아우라로 아나키즘을 감쌌다. 인간의 자유와 존엄을 이상으로 삼았던 아나키즘은 네차예프의 손에서 더럽혀지고 타락했으며 결국 옛 모습을 찾아볼 수 없을 만큼 왜곡되었다.

하지만 아나키스트이든 아나키스트가 아닌 사람들이든 그들 사이에서 네차예프는 혁명운등에 큰 영향을 미쳤다. 도둑질과 협박은 말할 것도 없고 동료 혁명가를 살해한 자임이 폭로되었어도 그의 악행은 열의와 자기희생 때문에 어느 정도 상쇄되었다. 따라서 <인민의 의지>는 그의 경력의 어두운 측면보다 그의 용기와 헌신을 더 부각시켰다. 그리고 그의 조직능력과 운동에 대한 사심없는 헌신을 존경했던 레닌은 네차예프를 "혼

---

28. E. H. Carr, *The Romantic Exiles*(London, 1933), p. 290, 한국어판 : E. H. 카, 『낭만의 망명객』, 박순식 · 신동란 옮김. 까치, 1980 ; Albert Camus, *The Rebel*(New York, 1956), pp. 160~62 한국어판 : 알베르 까뮈, 『반항하는 인간』, 김화영 옮김, 책세상, 2003.

명적인 거인"이라 칭송했다. 1905년과 17년 혁명 동안 네차예프의 이미
지는 그의 독특한 특성을 받아들여 혁명적인 음모에 대한 열정을 품고 테
러리스트 방식들을 쓰며 지식인들을 극단적으로 혐오했던 소수의 젊은
극좌파 투사들에게 많은 호소력을 가졌다.

가장 최근의 <블랙 팬더당>과 <붉은 여단>, <웨더 언더그라운드>(the
Weather Underground), <심바이어니즈 해방군>(the Symbionese Liberation
Army) 같은 조직들은 혁명적 대의라는 명목으로 네차예프의 방식—무차
별적인 테러, 목적을 위해서라면 수단을 가리지 않는 걸 포함해—을 사용
했다. 이미 얘기했듯이 엘드리지 클레버는 『혁명가의 교리문답』을 혁명
의 성경으로 받아들였다.[29] <심바이어니즈 해방군>은 캘리포니아주 오클
랜드의 장학사를 (끝에 청산가리를 바른 총알을 사용해) 암살해서 비난을
받았고 몇 명의 조직원들은 "폭력에 호소하고 비밀결정을 고집하는 '독선
적인' 지도부"[30] 때문에 조직과 갈라섰다. 아주 묘하게도 이바노프 살해
는 1969년 뉴해븐에서 <블랙 팬더당>이 스파이 혐의를 받은 사람을 살해
하고 1972년 일본에서 <통합 적군파>(the United Red Army)가 "혁명 규
율"을 위반했다는 이유로 14명의 조직원을 학살한 사건처럼 최근에도 비
슷한 사례들을 가졌다.

그러나 "네차예프주의" 전술은 혁명운동 내에서 많은 반감을 불러일으
켰다. 1860년대 말 상트페테르부르크에 있는 네차예프의 조직에서 마르
크 나탄슨, 펠릭스 볼코프스키, 저만 로파틴, 미하일 네글레스쿨 같은 리

---

29. Eldridge Cleaver, *Soul on Ice*(New York, 1968), p. 12. George L. Jackson, *Blood in My Eye*(New York, 1972), p. 3과 비교하라 ; 그리고 1973년 5월 『플레이보이』지에 실린 휴이 뉴튼(Huey Newton)의 인터뷰, p. 90. 1970년대 이탈리아 <붉은 여단>의 지휘자였던 레나토 쿠르시오(Renato Curcio)도 마찬가지로 『혁명가의 교리문답』에 공감하며 인용했고 네차예프 이후 혁명조직의 모범으로 삼았다. Curtis Pepper, "The Possessed," *New York Times* Magazine, 1979년 2월 18일자를 보라.
30. *New York Times*, 1974년 2월 23일자.

버테리안적 사회주의자들이 네차예프를 이미 반대했었다. 1870년대의
〈차이코프스키단〉-나탄슨, 볼코프스키, 로파틴과 크로포트킨, 스테피냑
을 포함해-도 네차예프의 자코뱅적 방식과 냉소적인 부도덕주의, 독재
적인 정파조직에 반감을 가졌다. 〈인민의 정의〉와 반대로 〈차이코프스
키단〉은 신용과 신뢰의 분위기를 만들었고 조직원들의 상호부조(mutual
aid)와 상호존중에 바탕을 둔 조직을 세우려 노력했다. 네차예프의 마키
아벨리주의를 거부하면서 그들은 아무리 고귀한 목적이라 해도 그런 저
주스런 방법을 쓰면 타락할 수밖에 없다고 주장했다. 그리고 네차예프가
제안했던 노선을 따르는 혁명조직의 훈련은 인민에게 그들이 원해야 하는
(*ought*) 걸 주겠다며 권력을 추구하는 오만한 엘리트를 만들 수밖에 없다
고 -실제로 그들이 그렇게 하든 하지 않든 간에- 〈차이코프스키단〉은
바쿠닌처럼 주장했다. 따라서 〈차이코프스키단〉은 진정한 사회주의 도
덕이 없다면 참된 사회주의 혁명을 일으킬 수 없다고 느꼈고 〈이슈틴단〉
과 타체프, 네차예프의 권위주의적 혁명주의에 맞서는 헤르젠과 바쿠닌,
라브로프의 리버테리안적 사회주의 대열에 동참했다.

　　나중에 마리아 골드스미스(Maria Goldsmith)가 말했듯이, "'네차예프주
의'라는 말이 언제나 강한 비난"을 의미한다고 말하던 표트르 크로포트킨
은 볼셰비키에게 동일한 비판을 퍼부었다. 〈차이코프스키단〉의 일원으
로서 크로포트킨은 수단을 목적에 종속시켰던 "전문혁명가들"의 폐쇄적
인(self-contained) 단체들을 비난했다. 그는 "도덕적으로 발달된 개체성
(individuality)이 모든 조직의 토대여야 한다"[31]고 주장했다. 크로포트킨은
목적과 수단이 분리될 수 없다고 봤고 자신의 이런 원리나 목적과 충돌하
는 모든 전술들을 완고하게 반대했다. 바쿠닌도 가장 현명했던 순간에는

---

31. George Woodcock과 Ivan Avakumović, *The Anarchist Prince*(London, 1950), p. 360 ; Peter
　　Kropotkin, *Memoirs of a Revolutionist*(Boston, 1899), pp. 304~305.

똑같이 생각했다. 죽음을 채 2년도 남겨놓지 않았을 때 바쿠닌은 사찐에게 다음과 같이 [편지를] 썼다. "생명력이 있고 확고한 건 제수이트적 속임수 위에 세워질 수 없고, 성공을 목표로 삼는 혁명활동이 비열하고 천한 열정에게 지지를 구해서도 결코 안 되며, 고상함과 자비로움, 선량한 사상없이는 혁명도 승리할 수 없다는 점을 가장 먼저 깨달아야 해."[32]

32. H. E. Kaminski, Bakounine : *La vie d'un révolutionnaire*(Paris, 1938), p. 339.

4

크로포트킨의 윤리적 아나키즘

미하일 바쿠닌과 표트르 크로포트킨의 삶과 글이 있기에 러시아는 전세계 아나키스트 운동의 형성에서 다른 어떤 나라보다도 큰 기여를 했다. 많은 점에서 달랐지만 두 사람은 많은 공통점도 가졌다. 두 사람 모두 지주귀족 출신이지만 전업혁명주의자로 살기 위해 상속을 포기했다. 두 사람 모두 짜르의 감옥에서 극적으로 탈출해 자신들의 이름에 전설적인 아우라를 부여했다(크르포트킨은 바쿠닌이 사망한 해인 1876년에 탈출했다). 두 사람 모두 노동자와 농민의 사회혁명을 요구했고 국가없는 천년왕국을 즉시 실현하는 걸 찬성하면서 중간단계의 어떠한 독재도 거부했다. 두 사람 모두 서구에서 대부분의 시간을 보냈고 많은 국가들에서 아나키스트 운동을 형성하는 데 중요한 역할을 한 국제적인 인물이었다. 그리고 두 사람 모두 분권적인 리버테리안 사회를 구상했고 자신들의 뒤를 이은 반란의 세대들에게 영감을 주는 모범이 되었다.

100년 훨씬 이전에 젊은이들이 사회정의를 위한 투쟁에 동참할 것을 요청하면서 크로포트킨은 지금도 의미가 있는 말을 남겼다. 그는 상업이나 전문직을 공부하는 청년이 "그런 능력을 개인적인 이익을 위해서나 약탈하는 수단으로 써먹기 위해 공부하면 안 된다. 그러면 악덕이 그 사람을 정말 타락시키고 완전히 좀먹는다. 그런 사람은 오늘날 빈곤과 무지에 시달리는 사람들의 해방을 돕기 위해 자신의 지성과 능력, 지식을 써야 함을 단 하루도 꿈꾸지 않는다"고 적었다. 전쟁과 억압으로 고통받던 많은 국가들에서 고귀한 학생들이 전체 인류의 이익을 위해 자신들의 재능을 쓰길 열망했던 1960년대와 70년대 동안 이 얘기는 아주 적절했다. 그런 청년들에게 크로포트킨의 충고는 인류애라는 대의에 동참하라고, 즉 "인민들의 진실과 정의, 평등을 위한 결코 멈출 수 없는 투쟁에. 너는 인민의 감사를 받을 것이다. 어떤 국가의 청년들도 이보다 더 고귀한 경력을 바랄 수는 없지 않을까?"[1]라고 제안했을 때처럼 아주 적절해 보였다.

선조들이 중세 러시아에서 공작 작위를 받은 낡은 귀족사회의 귀공자인 크로포트킨은 자기가 다른 사람들에게 처방했던[청년들에게 개인적인 이익을 버리고 인류애라는 대의에 동참하라고 처방했던] 과정을 직접 겪었다. 1871년 그는 상트페테르부르크의 〈제국지리학협회〉의 사무관이라는 탐내던 자리를 제의 받았다. 채 서른도 되지 않았지만(크로포트킨은 1842년 모스크바에서 태어났다) 그는 그런 영예를 누리기에 충분했고 불과 몇 년 전이라면 그 제의를 기꺼이 받아들였을지 몰랐다. 1860년대 시베리아의 군대에서 장교로 일하면서 그는 지도에 없는 광막한 땅을 탐험했고 관찰(observations)에 기초해 동아시아 지도를 수정하며 하나의 이론을 고심해서 만들었다. 그가 보기에 아시아의 구조선[산맥의 구조]은 훔

---

1. P. Kropotkin, "An Appeal to the Young", Roger N. Baldwin이 편집한 *Kropotkin's Revolutionary Pamphlets*(New York : 1927), pp. 261, 279.

볼트(Humboldt)나 다른 학자들이 묘사했던 것처럼 북쪽과 남쪽 또는 동쪽과 서쪽을 지나지 않고 동북방면에서 남서방면으로 지나갔다. 『자서전』에서 크로포트킨은 모든 데이터가 맞아떨어지는 과학적 발견의 순간에 느낀 엄청난 즐거움을 다음과 같이 묘사했다. "오랜 연구 끝에 마음을 환하게 밝혀주는 착상이 갑자기 떠오르는 기쁨은 일상에서 자주 접할 수 있는 게 아니다. 몇 년 동안 그렇게 혼란스럽고 모순되며 해결불가능해 보이던 것들이 그 즉시 조화로운 전체 속에 적절한 자리를 잡았다."[2]

시베리아의 지형에 대한 그의 보고서는 즉시 인정을 받았고, 저명한 학자로서 경력을 쌓게 될 길이 열렸다. 만일 연구작업을 계속했다면 우리는 그가 더 많이 발견하고 더 많은 명성을 얻었으리라 짐작할 수 있다. <지리학협회>의 제안이 들어왔을 때 그는 핀란드에서 자신의 학문적 명성을 높일 아주 가치있는 관찰인 빙하기 흔적을 연구하고 있었다. 그러나 그 시기에 크로포트킨은 삶의 방향을 바꿀 중대한 국면에 접어들었다. 그는 더 이상 관찰력과 통찰력이라는 재능을 사용하는 연구에서 평화를 찾을 수 없었다. 그는 자신이 지적인 영예를 얻을 특권을 가진 반면 대다수의 인민이 가난과 무지 속에서 생활하고 있다는 사실 때문에 아주 괴로워했다. "내 주위의 모든 사람들이 진흙 같은 빵 한 조각 때문에 투쟁할 때에, 고상한 즐거움을 누리는 게 옳다고 할 수 있을까. 내가 이 고상한 정서의 세계에서 살기 위해 써야 하는 건, 땀 흘려 농사를 지어도 자신의 아이들에게 빵 한 조각 배불리 먹이지 못하는 농민들에게서 빼앗은 게 아닌가?"[3]

크로포트킨의 방향은 정해졌다. 학문적인 연구를 하고 싶었지만 연구를 계속하는 건 많은 고통과 부조리 속에 있는 세계를 너그럽게 받아들이는 것처럼 보였다. 더 높은 소명의 부름을 받은 그는 그것이 어디로 이끌

---

2. P. Kropotkin, *Memoirs of a Revolutionist*(Boston, 1899), p. 226.
3. 같은 책, p. 240.

든, 어떤 희생을 요구하든 그 길을 걷겠다고 각오했다. 한 동지가 주장했듯이, 그가 자신을 의도하지 않게 수혜자로 만든 운명이라는 바로 그 부조리를 맞서는 데 일생을 바치기로 결심한 건 "속죄의 최고경지(ecstasy of expiation)"였다.[4] 따라서 그는 <지리학협회>의 제안을 거절하고 귀족이라는 타고난 권리를 포기하면서 거의 반세기 동안 이어질 투옥과 추방이라는 미래를 시작했다.

사무관직을 거절하기 전에도 크로포트킨은 가족을 깜짝 놀라게 하며 개인적인 출세의 길을 거부했었다. 1862년 상트페테르부르크의 근위학교를 졸업할 때 그는 황실에서 찬란한 경력을 시작할 수 있었지만, 동부 시베리아 아무르에 있던 시대에 뒤떨어진 코사크 기병 연대에 장교임관을 지원했다. 다른 사람이 어떻게 생각하든 그 자신은 이 결정을 결코 후회하지 않았다. 그의 리버테리안 철학이 최초로 만들어지기 시작한 게 시베리아에서였기 때문이다. 그곳에서 크로포트킨은 프랑스 아나키즘의 아버지인 프루동을 처음 읽었고, 바로 1년 전에 아무르를 탈출해서 세계를 한 바퀴 돌아 서유럽으로 갔고 그곳에서 노동자와 장인, 지식인 사이에 아나키스트 운동의 기초를 닦았던 바쿠닌의 공적(功績)을 배웠다. 다른 무엇보다도 국가가 사회진보의 매개로 작동할 수 있다는 희망을 크로포트킨이 시베리아에서 버렸다는 게 가장 중요한 점이다. 도착하자마자 그는 상관의 요청으로 지방자치정부와 형벌체계(이건 나머지 여생동안 그의 관심을 끌었던 주제이다)를 개혁하려는 계획의 초안을 정교하게 잡았다. 하지만 그는 이 초안이 벗어날 수 없는 관료주의 미로에서 사라지는 걸 봐야 했다. 그리고 그의 탐험[5]이 막바지로 접어들던 1866년 시베리아 당국

---

4. Errico Malatesta, Joseph Ishill이 편집한 *Peter Kropotkin : The Rebel, Thinker, and Humanitarian*(Berkeley Heights, N. J., 1923), p. 39에서 인용.
5. 크로포트킨은 시베리아에서 오지를 탐험했다.

은 바이칼 호수 근처에서 일어난 폴란드 유형수들의 반란을 아주 무자비
하게 진압했다. 이 사건은 그나마 남아있던 정부의 미덕에 대한 크로포트
킨의 신념을 산산이 부숴버렸다.

그러나 동시에 크로포트킨은 시베리아 황무지에서 번성하던 작고 자율
적인 공동체들에서 좋은 인상을 받았다. 그가 러시아 농민들—특히 두호
보르(Dukhobor) 교파[6]—과 토착 부족민들에게서 관찰한 성공적인 협력은
그 이후의 사상을 해명해준다. "나는 명령과 규율의 원리에 따라 행동하
는 것과 상호이해라는 원리에 따라 행동하는 것 사이의 차이점을 올바르
게 인식하기 시작했다"고 그는 나중에 회상했다. "당파간의 투쟁에서 빌
려온 개념으로는 내 관찰을 공식으로 표현할 수 없었지만, 나는 이전에
고이 간직해 온 국가규율에 대한 그 모든 신념을 시베리아에서 버렸다고
말할 수 있다. 나는 아나키스트가 될 준비를 했다."[7]

몇 년 뒤 부패하지 않는 공동체 생활에서 받은 크로포트킨의 우호적인
인상은 스위스 쥐라(Jura) 산맥의 시계제조 공동체들을 방문했을 때 더
강해졌다. 그는 곧 서로 돕는 그들의 자발적인 단체들에 주목했고, 그들
사이에는 정치적 야심이나 지도자와 부하 같은 구분도 없다는 점에 끌렸
다. 산악마을에서 [이루어지던] 가내제조업과 농업노동의 통합과 함께 육
체노동과 정신노동의 혼합은 그의 감탄을 자아냈고 이상적인 미래 사회
에 대한 전망을 구체화하도록 도왔다. 시베리아 이후 스위스에서의 경험
은 새로운 리버테리안적 신념을 확신시켰다. "시계제조업자들과 한 주를
보낸 뒤 [쥐라] 산맥에서 돌아왔을 때 사회주의에 대한 내 생각은 정해졌
다. 나는 아나키스트가 되었다."[8]

---

6. [옮긴이 주] 러시아 정교의 한 분파로, 교회 중심이 아니라 신앙중심의 개혁을 주장했고 모
   든 외부 권위를 거부했던 러시아의 농민종교

7. P. Kropotkin, *Memoirs of a Revolutionist*, pp. 216~17.

8. 같은 책, p. 287.

시베리아는 크로포트킨의 삶에서 중요한 전환점이 되었다. 그곳에서 크로포트킨은 자신의 철학에서 핵심적인 위치를 차지하는 상호부조이론을 정교하게 발전시키기 시작했다. 그는 (3년 전에 출간된) 다윈(Darwin)의『종의 기원』(*Origin of Species*)에 깊은 감명을 받았고, 1862년 극동을 향해 떠났을 때 대부분의 다윈주의자들이 종의 진화에서 중요한 요소로 간주했던 "적자생존(struggle for existence)"에 관한 새로운 증거들을 발견하려고 노력했다. 그러나 그가 관찰한 것들은 그를 매우 놀라게 했고 다윈의 추종자들이 유럽 지식인들의 이야깃거리이던 진화론을 심각하게 왜곡했다는 결론을 내리도록 이끌었다. 동물과 인간생활에 대한 크로포트킨의 관찰들은 동일한 종의 일원들 사이에 서로를 죽이는 투쟁 사례가 적다는 사실을 폭로했다. 그가 관찰한 건 무자비한 경쟁이 아니라 "생명의 유지와 각 종의 보존, 더 높은 단계의 진화를 위한 가장 중요한 특성이 무자비한 경쟁이라는 점을 의심하게 만들 정도로 계속 나타나던" 상호부조였다.[9]

이렇게 해서 상호부조론이 형체를 드러내기 시작했다. 하지만 거의 20년이 지난 뒤에야 크로포트킨은 그 이론을 정교하게 만들 기회를 가졌다. 그동안 그는 유럽 전역의 급진주의 집단에서 자신의 이름을 존경의 대상으로 만들었던 혁명활동에 투신했다. 쥐라 산맥에서 돌아온 1872년, 그는 젊은 인민주의자들의 조직인 <차이코프스키단>에 가입했다. 이 조직은 모스크바와 상트페테르부르크의 노동자와 농민에게 혁명을 선동했다. 1874년 크로포트킨은 경찰의 수사망에 걸려서 수감되지만 2년 뒤 극적으로 탈출해서 서유럽으로 달아났다. 그곳에서 그는 아나키스트 운동의 으뜸가는 이론가이자 지도자가 되었다. 그 뒤 1881년 알렉산드르 2세의 암

---

9. P. Kropotkin, *Mutual Aid*(London, 1972), p. 18, 한국어판 : 크로포트킨,『상호부조론』, 하기락 옮김, 형설출판사, 1994.

살 이후 러시아 정부의 요청에 따라 추방될 때까지 몇 년간 더부분의 시간을 스위스에서 보냈다. 그 후 그는 프랑스로 갔지만 1882년 겨울에 체포되어 선동죄를 뒤집어쓰고 클레르보(Clairvaux) 감옥에 3년 동안 수감되었다. 그곳에서 그의 상호부조이론은 한 단계 더 발전했다.

수감된 첫 해 동안 크로포트킨은 러시아의 존경받는 동물학자이자 상트페테르부르크 대학의 학장인 칼 케슬레(Karl Kessler) 교수가 1880년에 발표한 "상호부조의 법칙에 관하여"라는 강연원고를 우연히 읽었다. 케슬레의 논문은 진화과정에서 중요한 요인이 갈등보다 협력이라는 내용을 담고 있었다. 그는 "상호투쟁의 법칙" 외에도 종의 생존과 진화에서 훨씬 더 중요한 "상호부조의 법칙"이 존재한다고 주장했다. 특히 케슬레는 새끼들을 보호하려는 욕망이 동물들을 협력하게 만들고 "개체들이 서로 협력을 유지할수록 서로를 더 돕게 되고 지적인 발전을 더 빠르게 만들 뿐 아니라 종의 생존기회를 더 높인다"고 강조했다. 케슬레는 모든 종류의 동물들이 상호부조를 실천한다고 얘기하며 딱정벌레와 새, 포유동물의 행동에서 사례들을 저시했다.

케슬레의 강연은 크로포트킨의 사상에 큰 영향을 미쳤다. 그는 진화의 "모든 주제에 새로운 빛을 비춘 듯한" 충격을 받았다고 썼다.[10] 이 강연은 스위스 쥐라 산맥의 시계제조업자들과 시베리아에서 관찰했던 사실을 확증할 뿐 아니라 자신이 발전시키고 있던 리버테리안 사회철학에 딱 들어맞았다. 그리고 케슬러의 논둔은 크로포트킨에게 매우 올바르고 중요하게 여겨져서 그 즉시 이론을 최대한 발전시키기 위해 새로운 자료 수집을 시작하게 했다. 아주 흥미롭게도 그는 곧 다른 학자들도 비슷한 관찰들을 하고 있다는 사실을 발견했다. 예를 들어 프랑스 철학자 알프레드 에스피나스(Alfred Espinas)는 1877년에 발표한 박사논문에서 종의 보존을 위해

---

10. 같은 책, p. 19.

동물들 사이에서도 사교적인 행동이 중요하다고 강조했다. 크로포트킨이 주를 달았듯이, 이런 생각은 [이미] "감돌고(in the air)"[11] 있었다.

그러나 이 점을 인정한다고 해서 크로포트킨의 업적을 축소하면 안 된다. 1881년의 죽음—강의를 한지 약 1년 뒤—이 연구의 진전을 막았기에 케슬레 자신은 피상적인 스케치로만 견해를 제시했다. 크로포트킨 이전에는 어느 누구도 상호부조론을 조리 있고 체계적으로 제시하지 못했다. 상호부조론을 정교하게 다듬으며 인류학자와 현장 박물학자들(field naturalists)의 글을 폭넓게 연구하고 —이 점은 그의『상호부조론』에 각주로 달린 자세한 참고문헌들로 증명된다— 직접 관찰하면서 풍부한 증거를 가지고 이론을 보강한 건 아나키스트 공작의 몫으로 남겨졌다.

자신의 연구결과를 발표하기 시작했을 즈음 크로포트킨은 클레르보 감옥에서 풀려났고 영국에 정착했다. 그곳에서 크로포트킨은 러시아 혁명이 일어나 모국으로의 귀환이 허용될 때까지 30년을 보냈다. 1888년 다윈의 수제자 중 한 명인 헉슬리(T. H. Huxley)가 당시 널리 읽히던 런던의 잡지『나인틴 센츄리』(*The Nineteenth Century*, 19세기)에 실은 "적자생존"에 관한 영향력있는 에세이는 크로포트킨의 이론을 유명하게 만든 동력이 되었다. 헉슬리는 삶이 "끊임없는 난투극"이고 동일한 종의 개체들 사이의 경쟁이 자연의 법칙일 뿐 아니라 진보를 이끄는 힘이라는 주장을 반복했다. 헉슬리는 "도덕주의자의 시선으로 보면 동물세계는 검투사의 쇼와 거의 동일한 수준에 있다. 생물들은 꽤 잘 대우받고 싸움을 시작한다. 가장 강하고, 가장 빠르고, 가장 교활한 것만이 살아남아 다음날 다시 싸운다. 구경꾼들이 엄지손가락을 밑으로 내리지[죽음을 명령하지] 않아도 목숨을 건지지 못한다"[12]는 유명한 말을 남겼다.

---

11. 같은 책, p. 31
12. T. H. Huxley, "The Struggle for Existence : A Programme," *The Nineteenth Century*, 1888년

크로포트킨에게 헉슬리의 에세이는 그 추종자들이 다윈의 이론을 왜곡하는 방식을 보여주는 두드러진 —게다가 기괴한— 사례로 보였다. 크로포트킨은 다윈과는 아무런 갈등이 없었다. 오히려 그는 다윈의 발견을 매우 존경했고 아마도 자연선택이론을 세기의 가장 뛰어난 과학적 일반이론으로 여겼다. 그는 "적자생존"이 종의 진화에서 중요한 역할을 한다는 점을 부정하지 않았다. 『상호부조론』에서 그는 분명하게 "삶은 투쟁이다. 그리고 그 투쟁에 가장 적합한 종이 살아남는다"[13]고 선언했다. 그러나 살아남기에 가장 적합한 종은 어떤 종인가? 크로포트킨이 받아들일 수 없었던 건 헉슬리와 다른 사람들이 한결같이 진화과정에서 경쟁과 갈등만을 강조한다는 점이었다. 그는 누그러질 수 없는 갈등이라는 헉슬리의 공식에서 오류를 찾지 못하는 건 다른 인종을 대하는 백인의 관계, 약자를 대하는 강자의 관계가 정당하다고 보는 거라고 썼다. 게다가 온갖 수단을 다 쓰는 격렬한 야만의 정글로 자연세계를 그리는 헉슬리의 이론은 크로포트킨 자신의 연구결과와 완전히 달랐다. 그의 연구결과는 자연선택과정에서 동물들 사이의 자발적인 협력이 잔인한 경쟁보다 더 중요하다는 점, "상호부조하는 습성을 습득한 동물들이 확실히 살아남기에 가장 적합한 종"[14]이라는 점을 나타냈다. 더구나 크로포트킨은 다윈 자신도 이 생각[상호부조]을 결코 진지하게 발전시키지 않았지만 『인간의 유래』(*The Descent of Man*)에서 적자생존에서 서로간의 협력의 중요성을 인정했다는 점을 곧바로 지적했다.

크로포트킨은 1890년과 96년 동안 『나인티 센츄리』에 발표했던 일련의 논문들로 헉슬리를 반박했고, 이 글들은 1902년 『상호부조론』이라는

2월호

13. P. Kropotkin, *Mutual Aid*, p. 71.

14. 같은 책, p. 30.

유명한 책으로 묶였다. 이 책에서 그는 동물과 인간 생활에서의 풍부한 실례들을 상호부조론에 덧붙였다. 그는 동물들 사이에서 서로간의 협력이 사냥과 이동, 종의 번식에서 늘 행해지는 방식임을 보여줬다. 그는 개미와 벌의 정교한 사회적 행동과 늑대가 공격하면 빙 둘러서는 야생마들, 사냥을 위해 무리를 형성하는 늑대들, 넓은 지역에 흩어져 살다 강을 건너기 위해 떼를 이루며 이동하는 사슴들에서 사례들을 끌어냈다. 이런 많은 비슷한 실례들을 통해 크로포트킨은 사회성(sociability)이 동물세계의 모든 단위에서 두드러진 특징임을 증명했다. 더구나 그는 인간들 사이에서도 상호부조가 예외라기보다 규칙임을 발견했다. 풍부한 자료를 가지고 크로포트킨은 원시부족과 농민촌락, 중세의 꼬뮨에서부터 억압적인 관료주의 국가의 성장에도 서로를 계속 지원했던 근대의 다양한 단체들까지 자발적인 협력의 발전과정을 추적했다. 간단히 말해 그의 논문은 경쟁과 야만적인 힘이 사회진보의 유일한 ─심지어 으뜸의─ 결정요소라는 이론을 반박했다. 크로포트킨에게는 상호부조가 훨씬 더 중요한 역할을 했다 ─그리고 이것이 "발전적인 진화의 중요한 요인"[15]이었다.

『상호부조론』은 하나의 고전이 되었다. 『자서전』을 예외로 친다면 이 책이 가장 많이 알려진 크로포트킨의 저작이고 일반적으로 대표작으로 여겨진다. 이 책은 유럽만이 아니라 아시아에서도 다양한 언어로 번역되었고 수많은 인쇄물로 거듭 발행되었다. 그 이유들을 찾는 건 그리 어렵지 않다. 『상호부조론』은 진화론에 많은 기여를 했고 크로포트킨의 아나키스트 철학의 주춧돌을 만들었다. 첫째로, 이 책은 아나키스트 이론에 과학적인 토대를 제공하려는 시도 중 가장 성공적이었다. 동물학, 인류학, 역사학에 관한 해박한 지식을 배치해서 이전에 그 누구도 증명하지 못했

---

15. 같은 책, p. 69. *Kropotkin's Modern Science and Anarchism*(New York, 1908), p. 44, 한국어판 : 크로포트킨, 『현대과학과 아나키즘』, 이을규 옮김, 창문각, 1973과 비교하라.

던 진화과정에서 연대와 협력의 중요성을 그는 증명할 수 있었다. 더구나 상호부조는 크로포트킨에게 윤리적인 원리들의 토대였다. 그는 도덕이 인간의 사회성이라는 본능에서 진화했고 "모두의 행복에 바탕을 두는 모든 개인의 행복의 밀접한 의존성, 개체가 다른 모든 개체의 권리를 자기 자신만큼 고려하게 하는 정의와 공정성(equity)이라는 의식의 밀접한 의존성"16을 무의식적으로 인정함으로써 진화했다고 주장했다.

인간의 행동에 부정적인 측면이 없는 건 아니다. 인간의 자연 본능이 대체로 협력적이지만 경쟁과 과시가 결코 사라지지 않는다는 점을 크로포트킨도 인정했다. 자신을 다윈주의자라고 선언했듯이 그는 동물세계에서처럼 인간세상에도 갈등이 있다는 점을 결코 무시하지 않았다. 그러나 그가 봤듯이, 어려운 과제는 "자신의 개인적인 목적을 위해 다른 사람들을 이용하려고 그들을 억압하도록 유혹하는" 감정들을 막고 "공동의 노력으로 공동목표를 달성하기 위해 인간의 단결을 유도하는" 감정들을 기르는 것이다. "앞의 감정은 인간 본성의 근본적인 욕구, 즉 투쟁과 일치하고, 뒤의 감정은 똑같이 근본적인 또 다른 경향인 단결과 상호연민을 향한 욕망을 나타낸다."17

이 점은 크로포트킨의 사회사상에 있어서 상호부조가 갖는 중요성을 알려준다. 그가 학문적인 시선을 보냈던 사실상의 모든 영역들에서처럼 여기서 다시 한번 상호부조의 역할이 결정적으로 중요하다. 그는 모든 과거사에서 인간이 연대와 동료의식이라는 정신과 함께, 노동하려는 성향을 보여왔다고 주장했다. 인간 사이의 상호부조는 다른 사람들을 지배하려는 이기적인 의지보다 잠재적으로 훨씬 더 강한 힘이 되어왔다. 사실 인류가 살아남은 건 서로의 도움 덕분이었다. 헤겔과 맑스, 다윈의 이론

---

16. P. Kropotkin, *Mutual Aid*, p 22.
17. P. Kropotkin, *Ethics : Origin and Development*(New York, 1924), p. 22.

을 거스르면서 크로포트킨은 갈등보다 협력이 역사발전과정의 뿌리를 이룬다고 생각했다. 더구나 그는 인간의 자연상태를 만인에 대한 만인의 투쟁으로 여겼던 홉스를 반박했다. 그는 모든 역사단계에서 각기 다른 종류의 상호부조하는 단체들이 등장했고 중세 유럽에서 길드와 꼬뮨이라는 발달된 상태에 도달했다고 선언했다. 크로포트킨에게는 16세기에서 19세기까지 중앙집권적인 국가의 성장이 서구 문명의 정상 패턴에서 발생한 궤도이탈에 지나지 않았다. 국가가 출현했지만 자발적인 단체들이 인간의 생활에서 핵심적인 역할을 계속해왔고 상호부조 정신이 "심지어 근대 사회에서도" 거듭 주장되며 "항상 그래왔듯이 한 걸음 더 발전하기 위한 중요한 인도자가 될 권리를 주장한다."[18] 근대사의 지배적인 경향은 지배자나 성직자, 군인의 음모가 없는 사회, 인간이 자신들의 창조적인 능력을 발전시킬 수 있는 분권적이고 비정치적인 협력사회를 향한다. 크로포트킨은 어느 곳에서나 인위적인 국가가 자연적이고 자발적인 집단들에게 이득이 되는 "신성한 기능들(holy functions)"을 양보하고 있대[분권이 아니라 중앙집권으로 향하고 있다]고 얘기했다.

그렇다면 자발적인 협력을 억압하기보다 자극하려면 사회가 어떻게 만들어져야 할까? 크로포트킨은 『빵의 쟁취』(*The Conquest of Bread*)[19]에서 이 물음에 대한 답을 찾으려 했다. 『상호부조론』이 크로포트킨의 학문적인 대표작으로 널리 인정된다면, 『빵의 쟁취』는 아마도 그의 아나키스트 사회의 원칙을 가장 분명하게 밝힌 책이다. 일반 노동자를 위해 씌어진

---

18. P. Kropotkin, *Mutual Aid*, p. 245.
19. [옮긴이 주] 『빵의 정복』으로 번역하는 사람도 있는데, 그렇게 하면 어감이 살아나지 않는다. conquest라는 말 속에는 '싸워서 얻는다'라는 의미가 있고 당시 아나키스트들은 빵을 정복하는 게 아니라 국가나 자본과 싸워서 따내야 했다. 따라서 '쟁취'라는 말이 번역어로 더 적절할 듯하다.

이 책은 사회적인 주제들을 다룬 책들에서 잘 드러나지 않는 명쾌함을 가지고 있다. 이 책이 처음 나왔을 때 에밀 졸라(Emile Zola)는 이 책이야말로 "진정한 시(true poem)"라며 환호했다. 크로포트킨의 간결한 설명에 따르면 이 책은 "인류애의 필요성과 그 필요를 만족시키기 위한 경제적인 방식에 관한 연구"이다. 파리꼬뮨을 모델로 삼았던 이 책의 목적은 사회혁명이 일어날 수 있고 리버테리안 노선에 따라 조직된 새로운 사회가 낡은 것들의 폐허 위에 건설될 수 있는 방법을 증명하는 거였다. 그러나 크로포트킨은 미래의 유토피아를 아주 상세하게 구성하려는 어떠한 시도도 하지 않았다. 반대로 그는 미리 구상한 어떤 틀 속으로 사회의 자연적인 진화를 밀어 넣기를 거부했고 단지 그 일반적인 윤곽을 스케치하는 데 만족했다.

『빵의 쟁취』는 크로포트킨이 편집자를 맡던 잡지 『르 레볼떼』(*Le Révolté*, 반란)와 『라 레볼떼』(*La Révolte*, 반란)에 실린 일련의 논문들로서 프랑스에서 처음 출판되었다. 그리고 『빵의 쟁취』라는 제목을 제안했던 유명한 아나키스트 지리학자 엘리제 르클뤼가 쓴 서문을 실어 1892년 파리에서 출판되었다. 이 책의 기본적인 주제는 현재 소수가 부당하게 착취하고 있는 생산도구와 생산의 결과물이 [실은] 인류 전체의 집단적인 성취라는 점이다. 크로포트킨은 "모든 것이 모두에게 속한다"고 썼다. "모든 것은 모든 사람을 위한 것이다. 왜냐하면 모든 사람이 그것을 필요로 하기 때문이고 모든 사람이 그것을 생산하기 위해 자신의 힘만큼 일했기 때문이며 전 세계 부의 생산에서 어느 한 사람의 몫을 평가하는 건 불가능하기 때문이다."[20] 이 점에서 크로포트킨은 단호했다. 사회적인 부의 생산에서 각 개인의 공헌을 평가하는 건 불가능하고 수백만 명의 인간이

---

20. P. Kropotkin, *The Conquest of Bread*(London, 1972), p. 49. 한국어판 : 크로포트킨, 『빵의 쟁취』, 백낙철 옮김, 신명, 1993.

지금의 세계적 부를 창조하기 위해 땀 흘려 왔기 때문이다. 모든 세대의 땀이 모든 에이커의 땅에 물을 대 왔고 인간의 피가 모든 마일의 철도에 스며들어있다. 그리고 인류 전체가 공동으로 상속받지 않은 사상이나 발명은 없다. 크로포트킨은 "모든 발견과 발전, 그리고 인간 부의 총합이 증가한 건 과거와 현재의 육체적, 정신적 노고 덕분"이라고 강조했다. "따라서 그 무엇이든 헤아릴 수 없이 큰 전체의 가장 작은 부분을 차지할 뿐인데 이것은 너의 것이 아니라 나의 것이라고 말하는 게 옳을까?"[21] 라고 썼다.

이 전제에서 출발해 크로포트킨은 모든 이에게 똑같이 보상하는 체계를 지지하면서 각 개인의 노동에 대한 평가를 전제하는 임금체계를 폐지해야 한다고 주장했다. 이 주장은 아나키스트 경제사상의 발전과정에서 중요한 한 걸음이었다. 막스 슈티르너(Max Stirner)의 개인주의, 프루동의 상호주의(mutualism), 바쿠닌의 집산주의(collectivism)에서 크로포트킨은 "아나키스트 꼬뮨주의(anarchist communism)"라는 원리로 나아갔다. 이 원리는 사적 소유와 소득의 불평등을 재화와 서비스의 자유로운 분배로 대체하는 걸 의미한다. 심지어 바쿠닌의 집산주의 하에서도 분배를 위한 기준은 맑스주의자들의 프롤레타리아 독재에서처럼 필요보다 능력이었다. 반대로 크로포트킨은 개인의 능력에 바탕을 둔 어떠한 보상체계도 단지 또 다른 형태의 임금노예를 낳을 뿐이라고 생각했다. 내 것과 네 것을 구별함으로써 집산주의 경제는 순수한 아나키즘의 이상과 조화를 이룰 수 없게 된다. 더구나 집산주의는 개인의 능력을 평가하고 재화와 서비스의 적절한 분배를 감독할 생산자들의 단체 내의 어떤 권위를 요구한다. 따라서 집산주의자의 질서는 불평등과 지배의 씨앗을 품고 있다.

크로포트킨은 자신의 아나키스트 꼬뮨주의 이론이 모든 점에서 임금체

---

21. 같은 책, p. 46.

계와 반대된다고 생각했다. 하지만 그 자신이 어떤 개념을 던저 구상한 건 아니다. 상호부조른처럼 아나키스트 꼬뮨주의도 체계적으로 표현할 능력을 가진 사상가를 기다리면서 미리 "감돌고" 있었다. 이 점에서 그는 지식인만이 아니라 다수의 노동자들에게도 아나키스트 운동에 대한 강한 인상을 남기는 데 성공했다. 그의 이론의 호소력은 분명했다. 그는 임금 원리를 필요의 원리로 대체했다. 각 개인들은 자신에게 필요한 것을 판단 하고, 얼마만큼 노동에 기여했는가와 상관없이 필요하다고 생각하는 것 을 그 무엇이든 공동창고에서 꺼내오면 되었다. 크로포트킨의 인자한 낙 관주의는 일단 정치적이고 경제적인 착취가 제거되면 모든 사람들―거의 모든 사람들―이 어떠한 강압도 없이 자유의지에 따라 일하고 편안한 생 활을 위해 필요한 것만을 공동창고에서 가져가리라고 추측했다. 아나키 스트 꼬뮨주의는 마침내 모든 형태의 억압과 특권을 끝장내고 자유와 평 등, 박애라는 황금시대로 인도하려 했다.

크로포트킨은 아나키스트 꼬뮨주의가 서구세계 곳곳에서 성장하고 있 고 그것이 "근대적인 생활의 무수한 발전"[22]들로 자신을 드러내고 있다고 확신했다. [예를 들어] 모드가 자유롭게 길과 다리를 이용하고 모두가 이 용하도록 도로를 닦고 개방하며 모든 집으로 상수도가 공급된다. 공원과 박물관, 도서관, 학교가 모든 사람에게 개방된다. 이 모든 사례에서 크로 포트킨은 그런 배치들(arrangements)이 필요의 원리 위에 세워졌다고 얘 기했다. 예를 들어 당신이 공공도서관에 갔을 때 리버테리안들은 필요한 책을 주기 전에 당신기 사회에 어떤 서비스들로 보답해 왔는지를 묻지 않 는다. 크로포트킨은 이런 발전들로 많은 용기를 얻었다. 그는 지배원리가 조금씩 자발적인 협동원리로 전환되고 있다고 믿었다. 삶의 모든 영역에 서 자발적인 단체들―노동조합, 학회, 적십자―이 사람들을 공동의 이해

---

22. 같은 책, p. 63.

관계와 열정으로 묶고 있고 조화로운 협동으로 유지되는 자유로운 꼬뮨들이라는 미래 사회로 가기 위한 준비를 하고 있었다.

사실 크로포트킨이 열망한 건 어느 정도 최첨단으로 장식된 중세 유럽의 분권적인 사회였다. 시베리아와 쥐라 시계제조업자 마을에서의 직접적인 경험과 함께 그의 역사연구는 사람들이 연대와 상호부조라는 자연스런 본능을 충분히 활성화할 수 있는 작은 공동체들에서 가장 행복하다는 뿌리 깊은 확신을 키웠다. 더 작지만 더 풍요로운 삶을 살았던 과거를 그리워하는 욕망은 과거의 자율적인 사회단위들을 이상적으로 보게 했다. 19세기 유럽에서 점점 집중되던 경제적, 정치적 권력에 직면하자 크로포트킨은 자본주의와 근대 국가가 아직 완전히 침투하지 못했던 세계를 그리워했다. 『빵의 쟁취』에서 그가 구상한 세계는 협동적인 노력이라는 자연적인 유대로 결합된 남성과 여성이 관료주의적 국가와 대규모 산업단지라는 인공물을 제거한 새로운 분권사회였다.

그러나 그가 근대기술 자체를 거부한 건 아니다. 중세를 열망했지만 그는 결코 톨스토이나 간디(Gandhi)의 목가적인 시각에 압도되지 않았다. 그는 기계에 반감을 가졌던 영국의 사회주의자 윌리엄 모리스(William Morris)를 비판하면서 기계화가 고통스런 노동과 피로를 덜고 모두에게 흥미로운 일을 분배하도록 돕는다는 윌리엄 고드윈(William Godwin)의 신념을 공유했다. 일리노이주의 코크래인(Cochrane) 부인이 가사노동의 부담을 덜어주는 세탁기를 발명했을 때 크로포트킨은 기뻐했다. 그는 자서전에서 "인류가 기계의 힘에서 끌어낼 수 있는 즐거움, 그 노동의 지적인 특성, 그 운동의 우아함, 지금 하고 있는 일의 정확성을 충분히 이해했다"[23]고 말했다. 소규모 자발적인 작업장에 놓인 기계는 거대화된 자본주의 기업의 단조로움과 힘든 노동에서 인간을 구하고 여가 시간과 문화적

---

23. P. Kropotkin, *Memoirs of a Revolutionist*, p. 119.

취미를 위한 시간을 제공하며 전통적으로 육체노동이 맡아온 열등함이라는 낙인을 영원히 제거할 것이다.

그러나 크로포트킨은 근대기술의 출현이 동반했던 노동분업을 우려했다. 그가 보기에 노동분업은 인간의 정신을 파괴했다. 노동분업은 "딱지 붙여지고 낙인찍힌[역할이 고정된] 인간"을 의미했고 "인간의 사회적 가치"를 무시했다. 산업에서 세세한 전문화는 고용주에게만 이득을 줄 뿐 "핀 하나의 18번째 부분을 만들도록 배치된 노동자는 점점 우둔해지고 가난에 빠진다."[24] 노동분업과 관련된 또 다른 악은 노동자의 생산능력을 떨어뜨리는 한편 따분함과 좌절감을 증가시켰던 공장노동의 불쾌하고 때론 억압적이기까지 한 특성이었다. 크로포트킨은 그런 조건들이 불필요하며 변명될 수 없다고 주장했다. 그런 조건들은 자신이 고용한 일손들의 복지와 행복에 무관심한 공장주들의 탐욕에서 생겨났다. 크로포트킨은 탁 트이고 환기가 잘 되는 공장들이 가능할 뿐 아니라 "근대 대학의 가장 좋은 실험실들처럼 위생적이고 근사해질" 수 있다고 주장했다. "조직이 개선될수록 인간노동은 더 많이 생산할 것이다."[25]

비슷한 맥락에서 크로포트킨은 육체노동과 정신노동, 농업과 공업이라는 불쾌한 구분을 없애려고 노력했다. 오히려 그가 구상한 건 "각 개인이 육체노동과 지적인 노동 모두를 행하는" 통합된 사회(integrated society)였다. "그곳에서는 신체 건강한 모든 개인들이 노동자이고 각 노동자들은 들판과 산업작업장 모두에서 일한다." 그런 환경에서 노동은 더 이상 "운명의 저주"로 나타나지 않고 "그것이 되어야 하는 바, 즉 모든 인간능력의 자유로운 활용"[26]이 된다. 크로포트킨에 따르면, 인간의 행복은 공장에서

---

24. P. Kropotkin, *The Conquest of Bread*, p. 197.

25. 같은 책, p. 139.

26. P. Kropotkin이 수정하고 편집한 *Fields, Factories and Workshops*(London, 1913), p. 23, 한국어판: 크로포트킨, 『전원, 공장, 작업장』, 하기락 옮김, 형설출판사, 1983 ; *The Conquest of*

처럼 대지에서도 다양한 종류의 일을 요구한다. 그는 푸리에(Fourier)와 오웬(Owen)의 주제를 되풀이하면서 사람들이 흔쾌히 들판에서 일할 거라고 썼다. "더 이상 노예의 고통스런 노동이 아닐 때 이 노동은 즐거움과 페스티벌, 육체의 쇄신, 기쁨이 된다."[27]

앞서의 얘기가 암시하는 건 크로포트킨이 분명하게 지지했던 지역적인 자족체계(a system of regional self-sufficiency)이다. 그는 소규모 생산단위로 분배되는 전력을 이용해 산업체의 크기를 줄이면 최신 기술을 희생시키지 않고 재화의 제조를[제조업을] 시골로 이전할 수 있다고 주장했다. 이런 방식으로 생산이라는 중요한 부담은 인간의 행복이라는 관점에서 더 좋을 뿐 아니라 더 효율적으로 노동하는 작업장들로 이전될 수 있다. 동시에 집약적인 농업방식이 식품생산을 늘리면 영국처럼 인구가 많은 국가조차도 외국에서의 수입에 의존하지 않고 주민들을 충분히 먹일 수 있을 거라고 그는 믿었다. 따라서 루이스 멈포드(Lewis Mumford)가 얘기했듯이, 크로포트킨은 한편으로 시장에 내다팔 야채를 재배하는 기술과 함께 전기의 이용이 도시생활과 농촌생활의 장점을 결합하는 동시에 인간 개성의 발전을 최대한 허용하는 분권적인 사회를 위한 토대를 닦을 수 있다고 말해서 훗날 "전원도시(garden city)"를 주장했던 사람들보다 앞서서 그 사회를 예언했다.[28]

당시 많은 동시대인들처럼 크로포트킨에게도 가장 시급한 사회 문제들은 생산의 조직과 부의 분배였다. 그는 만일 생산이 더 낫게 조직된다면, 적절하고 즐거운 노동량이 모든 이에게 편안한 삶을 제공하리라고 확신했다. 우리가 보듯이 『빵의 쟁취』의 후속편인 『들판과 공장, 작업장』

Bread, p. 164.

27. P. Kropotkin, *The Conquest of Bread*, p. 104.

28. Lewis Mumford, *The City in History*(London, 1966), p. 585.

(*Fields, Factories and Workshops*)[29]의 부제를 인용하면 더 나은 조직이란 "산업과 농업의 결합, 두뇌노동과 육체노동의 결합"을 의미했다. 그러나 그는 군사무기나 정부 관료제, "부자의 우둔한 허영심만을 만족시키려는 용도로 한정된"[30] 개인적인 사치품에 더 이상 자원과 노동을 낭비하면 안 된다고도 주장했다. 한 [부유한 여성이 드레스 한 벌에 백 파운드를 지불할 때 더 올바른 체제라면 매력적인 드레스를 백 명의 여성에게 제공해야 했다고 그는 썼다. 과잉생산(overproduction)은 하나의 신화일 뿐이다. 진정한 문제는 과소소비(underconsumption)이다. 생산도구가 모든 이를 위해 쓰일 때, 노동자들이 임금노예제에서 자유로워지고 우호적인 환경에서 일할 수 있을 때, 군수품과 사치품의 생산이 사회적으로 유익한 일들을 위해 폐지될 때, 모든 사람의 욕구가 충족될 것이라고 크로프트킨은 얘기했다. 공동체의 구성원들은 20세부터 40세까지 일하고 하루 4, 5시간의 노동은 편안한 삶을 누리기에 충분하다. 정신노동과 육체노동이라는 해로운 구분을 포함해 노동분업은 다양하고 즐거운 직업에, 결국 중세도시에서 유행했던 일종의 유기적인 생활(organic existence)에 굴복할 것이다.

크로포트킨은 그런 공동체에서라면 어느 누구도 일하라고 강요당하지 않지만 거의 모든 사람들이 게으름보다 일을 좋아할 거라고 주장했다. 일은 "심리적인 필요이자 축적된 육체 에너지를 사용할 필요, 건강과 삶 자체의 필요"이기 때문이다. "만일 그렇게 많은 종류의 유용한 노동이 지금 마지못해 행해진다면 그건 단지 지나치게 일하거나 부적절하게 조직되었기 때문이다."[31] 크로포트킨은 정말 게으른 사람이 아주 드물다고 얘기했

---

29. [옮긴이 주] 보통 『전원, 공장, 작업장』으로 번역하는데, 앞서 봤듯이 크로포트킨에게 전원은 농업과 산업이, 들판과 공장이 결합된 상태를 가리킨다. 따라서 농업을 연상시키는 '들판'이라는 번역이 더 적절하다.

30. P. Kropotkin, *The Conquest of Bread*, p. 53.

다. 소위 게으름뱅이는 시계의 100번째 부품을 만들면서 삶을 허비하는
데 반감을 품고 다른 곳에 쓸 에너지를 충분히 비축하는 사람일 수도 있
다. 일단 노동이 더 이상 고통스러움을 의미하거나 지나친 전문화를 동반
하지 않는다면, 더 나아가 노동이 하루 몇 시간 동안의 일련의 유쾌한 작
업으로 된다면 노동자들에게 유익한 성취감을 주기 때문에 게으름과 꾀
병은 사라질 것이다.[32]

노동에 가치를 부여했지만 크로포트킨은 엄격한 금욕을 지지하지 않았
다. 적당한 여가는 인간의 정신에 아주 중요하다. 그는 "빵을 보장한 뒤에
는 여가가 최고의 목표"라고 썼다. 미래의 국가없는 사회에서 수천 개의
단체들은 "모든 취향과 모든 가능한 공상을 만족시키는" 상태로 도약하
고 그것은 과거에 작은 소수집단만이 누렸던 특권을 모든 사람이 이용할
수 있게 됨을 의미한다.[33] 더구나 크로포트킨은 사생활이라는 척도가 여
전히 또 다른 본질적인 욕구임을 인정했다. 그는 "사회에서 보내는 시간
과 엇갈리는 고독이 인간 본성의 정상적인 욕망"이라고 말했다.[34]

더 행복한 삶을 준비하기 위해 크로포트킨은 청년의 교육에 희망을 걸
었다. 새로운 사회에 대한 전망은 지금 현재의 교육체계를 철저하게 해체
하는 걸 전제조건으로 삼았다. 지금의 학교는 "게으름의 대학"이라고 그
는 불평했다. "얕은 날림 교육과 기계적으로 되풀이하는 반복, 노예근성,
정신의 굼뜸이 우리 교육방식의 결과이다. 우리는 아이들에게 배우라고
가르치면 안 된다."[35] 그렇다면 무엇을 해야 할까? 통합된 사회를 만들기

---

31. P. Kropotkin, "Anarchist Communism," Baldwin이 편집한 *Kropotkin's Revolutionary Pamphlets*,
   p. 71.
32. P. Kropotkin, *The Conquest of Bread*, p. 172.
33. 같은 책, pp. 124, 136.
34. 같은 책, p. 140.
35. P. Kropotkin, *Fields, Factories and Workshops*, p. 383.

위해 크로포트킨은 정신적 기능과 육체적 기능 모두를 발달시키는 "통합 교육(integral education)"을 요청했다. 고전문학들과 수학, 과학의 기본원리는 강조되어야 마땅하다. 그러나 책으로만 가르치는 대신에 아이들은 활동적인 야외학습을 받아야 하고 근대 교육이론가들 대부분이 지지해 온 충고처럼 직접 행동하고 관찰함으로써 배워야 한다.

또 크로포트킨은 형벌체계의 철저한 개혁을 지지했다. 자신이 직접 감옥생활을 체험했기에 형벌체계를 개혁해야 한다는 신념은 강했다. 『러시아와 프랑스의 감옥』(*In Russian and French Prisons*, 1887)에서 그는 감금이 초래하는 엄청난 고통—감옥이 죄수들을 타락시키고 굴욕감을 주는 방식, 감옥이 죄수의 개성을 왜곡하고 존엄함을 파괴하는 방식, 죄수의 모든 생활이 활기 없는 기계적인 틀에 순종하는 방식, 모든 것이 죄수의 정신을 파괴하고 내면의 힘을 제거하며 죄수를 통제하는 사람들의 온순한 도구로 만드는 방식—을 직접 얻은 지식으로 증명했다. 더구나 감옥은 무고한 사람들을 처벌했다. 죄수의 수입에 의존해 온 가족은 때론 죄수보다 더한 결핍과 굴욕감을 경험했다.

크로포트킨은 감옥이 아무런 쓸모도 없다고 얘기했다. 많은 자료들은 범죄를 막는 수단으로서 감옥이 완전히 쓸모없다는 점을 증명했다. 그리고 감옥은 범죄자를 바꾸기는커녕 죄수들이 공동체의 생활에 적응할 수 있게 하는 특성들을 제거한다. 감옥은 범죄자를 잔인한 처벌에 굴복하게 하고 거짓말과 사기를 가르치며 주로 죄수가 자신의 범죄방식에 무감각해지게 만드는 "범죄의 학교"였다. 따라서 죄수는 출감해도 다시 범죄를 저지를 운명으로 정해진다. 크로포트킨은 감옥이 매년 수백만 명을 소위 사회복귀훈련으로 충원한다 해도 그 목적을 달성하지 못하는 쓸모없는 곳이라고 결론을 내렸다. 감옥은 죄수들을 개선시키거나 범죄를 막지 못한다. 감옥은 자신이 고안된 목적 중 어느 하나도 달성하지 못했다.[36] 결국 해결책은 리버테리안 노선에 따라 사회를 전체적으로 다시 조직하는 것이다. 노동이 즐거움으로 되고 평등하게 보상받는 아나키스트 사회가 세워지면 반사회적인 행동이 줄어들고 그 행동은 법이 아니라 인간의 이해와 공동체의 도덕적인 압력으로 다루어질 것이다.

대강의 윤곽만 그렸지만 바로 이게 크로포트킨의 미래 전망이다. 그는 낡은 질서의 파편에서[낡은 질서를 무너뜨린 뒤] 정부 없는, 소유 없는, 배고픔이나 빈곤이 없는 황금시대가 등장하리라 믿었다. 그건 사람들이 조화롭게 생활하고 어떠한 권위에도 간섭받지 않으며 자신들을 일상사를 처리하는 빛나는 자유의 시대이다. 그러나 이 꿈을 어떻게 실현할 건가? 크로포트킨의 대답은 한 마디로 "몰수(expropriation)"이다. 그는 온화한 자비심을 가졌지만 혁명의 필요성을 회피하지 않았다. 왜냐하면 기득권 세력들이 한 차례도 싸우지 않고 자신들의 특권과 소유를 포기하리라고 기대하지 않았기 때문이다. 그는 이 싸움이 가능한 한 "희생자를 줄이고 서로간의 분노를 최소화"[37]하는 단 한 번의 인도적인 혁명으로 끝나길 원했다. 더구나 이 혁명은 어떤 정치정당이나 조직이 아니라 대중 스스로가 수행하는 사회혁명(*social* revolution)이어야 했다. 그는 정치혁명이 전제정치의 본질을 바꾸지 않고 단순히 다른 지도자의 체제로 바꾸는 것이라 경고했다. 특히 그는 음모적인 혁명전술을 쓰는 걸 개탄했다. 1870년대 <차이코프스키단>의 일원이던 크로포트킨은 바쿠닌보다도 더 심하게 비밀조직에 열광했던 네차예프의 비열한 음모를 비난했다. 크로포트킨은 비밀 계획과 지도위원회, 철의 규율을 가진 "전문 혁명가들"의 비밀조직을

---

36. P. Kropotkin, *In Russian and French Prisons*(London, 1887) ; Baldwin이 편집한 *Kropotkin's Revolutionary Pamphlets*, pp. 219~35.
37. P. Kropotkin, *Memoirs of a Revolutionist*, p. 291.

전혀 이용하지 않았다. 노동자, 농민과 분리된 모든 폐쇄적인 음모집단들은 권위주의의 병균을 감염시켰다. 그는 혁명 독재라는 개념을 조금도 받아들일 수 없었다. 끝까지 그는 정치권력이 사악하고 권력을 휘두르는 모든 사람을 타락시키며 어떠한 종류의 정부라도 인민의 리버테리안적 본능을 억누르고 자유를 빼앗는다고 경고했다.

크로포트킨은 혁명을 일으키는 데 사용된 방법들이 혁명 이후 사회의 성격에도 영향을 미치리라는 점을 ―아마 어떠한 선배 혁명가들보다도 더 분명하게― 깨달았다. 이런 이유 때문에 그는 혁명적인 독재자에 대한 맹목적인 복종과 비밀혁명정파를 결합시켰던 바쿠닌의 생각을 거부했다. 그는 사회적인 해방이 독재적인 수단보다 리버테리안적 수단으로 달성되어야만 한다고 강조했다. 더구나 그의 혁명가 개념은 현재의 질서를 파괴하기 위해서라면 어떠한 범죄나 배신도 저질러야 한다는 바쿠닌과 네차예프의 광적인 부도덕주의로부터 아무런 영향도 받지 않았다. 크로포트킨에게 목적과 수단은 분리될 수 없었다. 그는 자신의 숭고한 원리와 일치하지 않는 모든 전술들을 단호하게 반대했다. 그 자신이 거짓말이나 거짓 자백으로 감옥에서 풀려나지 않았듯이 크로포트킨은 아나키스트 운동이 다른 사람들의 부도덕성으로 왜곡되는 걸 원치 않았다. 심지어 그는 보석 중에 달아난 동지들을 비난하는 것으로까지 나아갔다. 왜냐하면 그건 신념위반과 관련될 뿐 아니라 다른 정치사건에서 동지들이 보석으로 풀려나는 데 실제로 영향을 미치기 때문이었다.[38]

하지만 그와 동시에 크로포트킨은 자유와 평등을 위한 투쟁에서 폭력을 사용하는 걸 묵인했다. 사실 아나키스트 투사로 활동하던 초기 몇 년 동안 그는 인민의 반항적인 본능을 깨우기 위해 말과 글로 하는 선전을 보완하는 "실행에 의한 선전(propaganda by the deed)"을 가장 적극적으로

---

38. Baldwin이 편집한 *Kropotkin's Revolutionary Pamphlets*에서 그의 서문, p. 7.

주장했던 대표자 중 한 사람이었다. 1880년 그는 "하나의 용맹한 행동이 단 며칠 사이에 정부기관 전체를 전복시키고 거인을 떨게 만들기에 충분하다"고 썼다. "정부는 저항한다. 정부는 야만스럽게 억압한다. 그러나 이전의 박해가 억압당하는 자의 에너지를 소멸시켰다면, 지금 열정의 시대에 그런 박해는 정반대의 결과를 낳는다. 그런 박해는 개인과 집단의 새로운 반항적 행동을 자극한다. 정부의 박해는 반란을 영웅주의로 이끈다. 그리고 그 이후 이런 행동들이 빠르게 퍼지고 일반적이 되며 발전한다."[39]

크로포트킨은 톨스토이의 무저항주의를 받아들이지 않았다. 그는 폭력적인 행동이 전제주의와 착취에 대항하는 유일한 수단이 되는 시기가 있다고 생각했다. 예를 들어, 그는 암살자가 고귀한 동기(noble motives)로 실행했다면 전제군주의 암살—19세기 후반에 폭발적으로 발생했던—을 지지했다. 유혈참사를 받아들였지만 크로포트킨은 희생자에 대한 증오보다 억압당하는 사람들에 대한 연민으로 그것을 인정했다. 그는 대중을 비참하게 만드는 자에 대한 절망적인 보복심으로 이끌린 테러리스트들을 비판하지 않았다. 그의 관점에서 그런 폭력행위는 국가가 인민에게 저지르는 더 큰 폭력—전쟁, 고문, 처형—에 대한 응답이었다.

그러나 시간이 지남에 따라 크로포트킨은 억압을 줄이는 수단으로 폭력을 점점 더 신뢰하지 않게 되었다. 1905년 러시아 혁명 동안 그는 대중과 분리된 소규모의 음모적인 무리들이 조직적으로 실천했던 테러리즘 운동을 계속해서 반대했다. 그는 닥치는 대로 살해하고 강탈하는 건 단순히 정치권력을 빼앗을 수 있을 뿐이지 지금의 사회질서를 변화시키는 데에는 아무런 영향을 미칠 수 없다고 강조했다. 개인적인 "몰수"는 대중의 전면적인 반란에서 아무런 역할도 맡을 수 없다. 왜냐하면 대중반란의 목적은 부를 한 집단에서 다른 집단으로 이전하는 게 아니라 사적 소유 자

---

39. P. Kropotkin, "The Spirit of Revolt," 같은 책, pp. 40~41.

체를 제거하는 것이기 때문이다. 크로포트킨에게 무차별적인 테러리즘은 운동의 진정한 지지자를 혼란시키고 일반 대중이 아나키즘을 신뢰하지 않게 만드는 아나키스트 교의의 기괴한 희화화(caricature)이다. 그러나 그의 비판은 효과가 없었다. 제1차 세계대전 때까지 테러리즘이 운동에서 비교적 작은 부분을 차지했지만 그 뒤 몇 십 년 간 변하지 않았기 때문에 [테러를 포기하지 않았기 때문에] 아나키즘은 폭력적이라는 평판을 얻었다.

1886년 영국에 정착했을 때(할로우(Harrow), 악톤(Acton), 브롬리(Bromley), 하이게이트(Highgate), 건강 때문에 마지막에는 브링톤(Brighton)에서 살았다)부터 제1차 세계대전 때까지 크로포트킨은 저술가이자 선전가로서의 경력을 가장 활발하게 쌓았다. 이 시기 동안 역사와 지리, 사회문제들을 다룬 다른 책과 논문들의 기획자로서만이 아니라 『상호부조』와 『빵의 쟁취』를 직접 출판하였다. 1886년 그는 런던에서 『프리덤』─한 세기 뒤에도 영국의 주도적인 아나키스트 잡지였던─의 창간을 도왔다. 이 외에도 그는 다양한 러시아 망명자들의 정기간행물을 발행하는 데 참여했고 다양한 언어로 발간되던 많은 리버테리안 출판물에 정기적으로 기고했다. 다른 어느 누구보다도 크로포트킨은 아나키즘의 이상을 퍼뜨리는 책임을 더 많이 떠맡았고, 심각한 어려움에 부딪쳤을 때도 전 세계의 아나키스트 운동이 살아남을 수 있도록 만들었다.

그러나 전쟁[제1차 세계대전]의 발발은 크로포트킨과 많은 가까운 동지들 사이에 골을 만들었다. 논쟁은 그가 전쟁을 이유로 독일을 분명하게 비난하며 연합국을 강력하게 지지하고 나섰을 때 시작되었다. 독일의 군국주의와 권위주의가 대혁명과 파리꼬뮨의 나라로 존경받던 프랑스에서의 사회진보를 치명적으로 파괴할지 모른다는 두려움 때문에 크로포트킨은 그런 행동을 했다. 정치적, 경제적 중앙집권화와 융커들의 군대식 통제 정신을 가진 독일은 크로포트킨이 혐오한 모든 것의 전형이었다. 국가주의의 보루였던 독일은 유럽이 크로포트킨의 꿈인 리버테리안 사회로 나아가는 길을 막았다. 그는 독일황제가 대륙을 지배하려는 목적으로 전쟁을 시작했다고 굳게 믿었고, 이 생각은 프리츠 피셔(Fritz Fischer)의 조사로 입증되었다.[40] 따라서 그는 "인류의 진보라는 이상을 소중히 하는" 모든 사람들이 프러시아의 맹공격을 저지하도록 도와야 한다고 주장했다.[41] 그러나 크로포트킨의 입장은 거의 반세기 동안 자신이 일궈온 운동의 힘을 약화시킨 쓰라린 논쟁을 유발했다. 스승[크로포트킨]과 달리 대다수의 아나키스트들은 자신들의 반(反)군국주의 전통에 여전히 충실했다. 동지들과의 이런 단절은 크로포트킨의 경력에서 가장 음울한 순간 중 하나였다.

그러나 이 상황은 러시아 혁명[10월 혁명]의 발발로 조금 나아졌다. 75살의 크로포트킨은 자신의 고국으로 서둘러 돌아갔다. 전쟁에 관해 대중적이지 않은 입장을 가졌지만 추방된 지 40년만인 1917년 6월 페트로그라드에 도착했을 때, 크로포트킨은 자신의 가슴을 울렸던 전 세계 혁명가들의 찬가이자 위대한 프랑스 혁명의 축가인 "마르세예즈(Marseillaise)"를 밴드가 연주하는 동안 6만 명의 군중들에게서 따뜻한 환영을 받았다. [임시정부의 수상] 케렌스키는 국가연금과 함께 교육장관이라는 내각의 자리를 제안했지만 존경받던 아나키스트는 그 제안을 거절했다. 크로포트킨은 고립되었다. 아나키스트 신념 때문에 정부와 멀어졌고 전쟁에 대한 지지 때문에 혁명적인 좌파와 멀어졌음에도 그는 동시대인들이 묘사했듯이, [실천가로 살고자 했던 그 자신이 전혀 원하지 않았던] "러시아 혁명

---

40. Fritz Fischer, *Germany's Aims in the First World War*(London, 1967).

41. P. Kropotkin, "A Letter on the Present War," *Freedom*, 1914년 10월호.

의 우상(icon)"42이 되었다. 1917년 국가없는 사회의 기반을 형성할 꼬뮨과 소비에트들의 자발적인 출현을 보았지만 리버테리안적인 미래라는 그의 희망은 결코 더 밝게 보이지 않았다. 오히려 2월 혁명이 『빵의 쟁취』에서 구상했던 무혈의 전복모델과 더 가깝게 느껴졌다.

그러나 볼세비키가 권력을 잡자 그의 열정은 낙담으로 변했다. 그는 "이것이 혁명을 매장했다"고 한 친구에게 말했다. 정말 절망적이게도 [그 자신이] 평생 동안 싸워온 바로 그 이상의 이름으로 자유로은 사회의 꿈이 짓밟히는 걸 봐야간 했다. 계속해서 음모적인 당파와 혁명 독재를 경고했던 게 옳았다는 무기력한 위안만이 남았을 뿐이다. 그는 혁명이 만들면 안 되는 상황을 볼세비키들이 증명했다고 얘기했다. 1920년 3월 그는 러시아가 "말로만 소비에트 공화국"이라고 레닌에게 편지를 썼다. "지금 러시아를 지배하는 건 소비에트가 아니라 당위원회들"이고 이런 상황을 계속 방치한다면 "쟈코뱅들의 지배 이후 프랑스에서 40년 동안 평등이라는 사상이 그랬듯이 '사회주의'라는 말 그 자체가 저주로 변할 거요"43

아마도 크로포트킨에게 또 다른 위안은 볼세비키 쿠데타 덕분에, 멀어졌던 동지들과 다시 결합했다는 점이었다. 그들과 함께 그는 노동자 위원회와 농민의 협동조합이 혁명을 다시 참된 궤도로 복귀시킬 수 있다는 희망에 매달렸다. 그러나 크로포트킨의 건강이 나빠졌다. 1921년 1월 76세의 그는 치명적인 폐렴으로 고통 받았고 몇 주 뒤인 2월 8일 크로포트킨은 사망했다. 그의 장례식은 아나키의 검은 깃발이 모스크바를 가로질러 행진한 마지막 사례였다. 모진 추위를 견디며 수만 명의 사람들은 [혁명의] 선배들의 장례지인 노보제비치(Novodevichi) 수도원까지 열을 지어

---

42. N. N. Sukhanov, the left Menshevik chronicler of 1917, N. N. Sukhanov, *Notes on the Revolution*(in Russian).

43. Alexander Berkman, *The Bolshevik Myth(Diary 1920~1922)* (New York, 1925), p. 75 ; Paul Avrich가 편집한 *The Anarchists in the Russian Revolution*(Ithaca, 1973), pp. 147~48.

행진했다. 합창단은 "불멸의 기억"을 노래했고, 행렬이 부튀르키 감옥을 통과할 때 죄수들은 창살을 흔들며 죽은 자를 기리는 아나키스트 찬가를 불렀다. 쓰러진 스승의 덕을 기리는 글에서 제자들은 "새로운 독재자, 즉 지하실에서 일하는 도살자[비밀경찰]에 맞서, 혁명을 짓밟는 정부의 폭력이 사회주의에 드리운 불명예에 맞서 가차없이 저항하겠다"[44]고 맹세했다.

크로포트킨의 죽음은 러시아 아나키즘의 몰락을 알렸다. 그러나 수도의 구(舊)귀족 거주지에 있던 그가 태어난 저택은 그의 책과 논문, 개인적인 유품들을 위한 박물관으로 사용하도록 동지들에게 넘겨졌다. 이 박물관은 1938년 크로포트킨의 부인이 죽은 뒤 폐쇄될 때까지 전 세계에 퍼져있던 그를 존경하던 사람들의 기부로 유지되었다.

크로포트킨이 죽은 지 거의 70년이 흘렀고 그의 저작을 새롭게 평가할 시간이 되었다. 분명히 그의 리버테리안적 꿈은 실현되지 못했고 가까운 미래에 실현되리라는 전망도 주지 못했다. 하지만 우리는 크로포트킨을 패배자로 판단하지 말아야 한다. 오히려 그는 엄청난 성공을 거뒀다. 그의 삶 자체는 고귀한 윤리적 지표이자 글을 통해 설교한 사상과 행동을 결합하는 좋은 모범이 되었다. 그는 지리학과 지질학에서 사회학과 역사까지 넓은 범위를 아우르며 각기 다른 많은 영역에서 명성을 얻었다. 동시에 그는 쫓겨 다니는 혁명가로 살면서도 물질적인 성공을 멀리했다. 가까운 친구들이 말하듯이, 그는 다른 사람들에게 희생을 강요하지 않았지만 그들을 자신처럼 만들었다.[45] 그는 오랜 세월 동안 감옥과 추방을 견

---

44. Aaron Baron, Victor Serge, *Memoirs of a Revolutionary*, 1901~1941(London, 1963), p. 124에서 재인용.
45. Georg Brande가 P. Kropotkin의 *Memoirs of a Revolutionary*에 쓴 서문, p. xxxiii.

더냈고 심지어 가장 어려운 상황에서도 그의 낙관주의와 고결함은 손상되지 않은 채 남았다. 그는 다른 많은 혁명가들의 이미지를 망쳤던 이기주의나 권력에 대한 욕망 그 어느 것도 드러내지 않았다. 이 때문에 그는 자신의 동지들만이 아니라 아나키스트라는 딱지가 단검과 폭탄을 의미할 뿐이라고 생각하던 많은 사람들에게도 존경을 받았다. 로망 롤랑(Romain Rolland)은 톨스토이가 단지 옹호했을 뿐인 삶을 크로포트킨이 몸소 살았다고 얘기했다. 그리고 오스카 와일드(Oscar Wilde)는 자신이 아는 진실로 행복한 두 사람 중 한 명이라고 불렀다(다른 한 사람은 시인 베를렌느(Verlaine)이다).

크로포트킨은 아나키스트 운동의 영혼이자 주도적인 이론가가 되었다. 프루동과 바쿠닌의 사상을 많이 받아들였지만 그때도 크로포트킨은 [그들보다] 더 부드러운 불꽃으로 타올랐던 아나키즘의 횃불을 들었다. 대체로 그의 개인적인 성품은 부드럽고 자비로웠다. 그에게는 바쿠닌의 폭력적인 기질과 파괴를 지향하는 거대한 충동, 억제되지 않는 지배욕이 없었다. 그리고 그는 선배들의 반(反)유대인 성향을 가지지 않았고 바쿠닌의 말과 행동에서 드러나던 공상 같은 암시들도 보이지 않았다. 우아한 매너의 개성과 지성, 품성을 가진 크로포트킨은 사리가 분명한 인물처럼 보였다. 그리고 그의 학문적인 훈련과 낙관적 전망은 바쿠닌의 말에 배어있던 부정의 정신과 뚜렷하게 대비되는 건설적인 측면을 아나키스트 이론에 제공했다.

크로포트킨의 인품은 강력한 호소력을 발휘했고 운동에 대한 공감을 많이 얻어냈다. 또 깔끔하고 우아하게 표현하는 그의 글들도 운동의 지지자들을 추가로 끌어 모았다. 『상호부조론』과 『빵의 쟁취』같은 고전에서 그는 알기 쉽게 설명하는 일에 모든 재능을 썼고, 그 고전들은 바쿠닌과 프루동의 글들에서 항상 분명하게 드러나지 않던 일관성과 설득력을 가

졌다. 그는 종종 자신의 목적이 더 발전된 단계를 암시하는 사회의 주요
한 흐름들을 연구함으로써 아나키즘을 과학적 토대 위에 놓는 것이라고
얘기했다. 뛰어난 지리학자이자 박물학자로서 그는 맑스 못지않게 사회
이론이 과학적인 토대에 근거를 둬야 한다고 믿었다. 중요한 영역들은 그
의 학문적 관심—산업과 농업, 주택공급과 교육, 법과 정부—을 벗어날
수 없었다. 그리고 일찌감치 학문적인 경력을 포기했지만, 그는 다른 사
람들이 결코 달성하지 못했을 일관성을 아나키즘에 제공했던 과학적인
방법을 확실하게 이해했다.

이론적인 재능을 타고났지만 크로포트킨의 실제 입장은 과학적인 조사
방법들이 윤리적인 가르침을 보강하도록 했던 도덕주의자였다. 다른 어
느 누구보다도 그가 아나키즘을 더 과학적인 이론으로 만들었다는 건 논
쟁의 여지가 없다. 그러나 어떤 사회철학이 진정 과학적일 수 있는지는
의심스러울 수 있고 아나키즘도 예외는 아니다. 차라리 크로포트킨의 글
들을 지배하는 건 위대한 윤리적 전망, 누구도 다른 사람의 지배자일 수
없고 서로 돕는 데 바탕을 둔 새로운 질서에 관한 전망이다. 운동을 인도
하는 도덕적인 이상이 없기 때문에 볼셰비키주의가 정의와 평등 원리에
바탕을 둔 새로운 사회체계를 만들지 못할 것이라고 노년의 크로포트킨
은 확신했다. 그리고 그가 살아있을 때 완성하지 못한 마지막 저작이 윤
리적인 교의에 관한 연구였다는 점도 특징적이다.[46]

대량생산과 노동분업이 초래한 인간성 말살로 심란해했다는 점에서 크
로포트킨은 근본적으로 윤리적인 사상가였다. 그는 근대기술이 많은 장
점들을 갖지만 중앙집권적인 산업기구의 장치에 노동자를 사로잡히게 만

---

46. P. Kropotkin, *Ethics*, p. viii. 작가 이반 부닌(Ivan Bunin)에 따르면, 크로포트킨은 "아나키스
트 파라다이스라는 혁명적 꿈"에 모든 삶을 바쳤고 "오랫동안 기다려온 혁명의 와중에 인간
윤리에 관한 초고를 비추던 그을음 나는 석유등의 흐릿한 불빛 아래에서 배고픔과 추위"
속에 삶을 마감했다. Bunin, *Memories and Portraits*(Garden City, N. Y., 1951), pp. 199~201.

들지 모른다고 두려워했다. 육체노동과 정신노동을 결합하고 산업과 농업이 조화되는 통합된 공동체라는 생각을 발전시킨 건 이런 위험을 미리 막기 위해서였다. 그렇게 함으로써 그는 작은 사회의 맥락 내에서 기계화의 장점을 유지하려 했다. 루이스 멈포드가 지적했듯이, 크로포트킨은 많은 대기업들이 제2차 세계대전 중에 알았던 점, 즉 특화된 산업활동에서 종종 농장경영방식(farming)이 대규모 조직화보다 더욱더 효율적이며 경제적이고, 기술이 정밀해질수록 작은 작업장에서만 유지되던 일종의 인간 창의력과 기술에 대한 욕구가 더 확대된다는 점을 예측했다. 더구나 크로포트킨은 시골지역에 전력을 공급하는 것과 함께 새롭고 빠른 소통수단이 작은 공동체의 기술수준을 큰 도시의 수준으로까지 끌어올릴 수 있다는 점을 깨달았다. 자동차, 라디오, 영화, 텔레비전의 발명은 한때 주변화되고 의존적이던 시골 공동체와 대도시 중심부 사이의 장점들을 평준화함으로써 그의 진단을 더욱더 분명하게 증명했다.[47]

도시생활과 농촌생활의 통합을 제안하면서 크로포트킨은 에베네저 하워드(Ebenezer Howard, "전원도시"의 창시자)가 개척했고 패트릭 게데스(Patrick Geddes)와 루이스 멈포드, 퍼시벌 굿맨(Percival Goodman), 폴 굿맨(Paul Goodman) 같은 사람들이 발전시켰던 주목할 만한 운동[전원도시운동]을 예상했다. 오늘날 지나치게 혼잡한 도시에서 크로포트킨의 충고들은 예전보다 더 큰 호소력을 가진다. 더구나 집약재배(intensive cultivation)에 관한 구상은 "인구폭발"에 대한 [식량] 해결책을 절망적으로 추구해 온 세계에서 새로운 의미를 가진다. 동시에 오늘날 그가 살아있다면 인간과 자연의 건강한 균형을 회복하기 위한 생태학적 투쟁의 최전선에 가담했으리라고 확신할 수 있다.

간단히 말해 크로포트킨의 사상은 근대세계가 가장 심하게 고통을 겪

---

47. Mumford, *The City in History*, pp. 585~86.

던 사회문제들과 관련되어있다. 『빵의 쟁취』에서 "대부분의 사람들이 공기와 햇빛을 갈망하며 혼잡한 슬럼지대에서 비명횡사하고 있다"[48]고 불평하는 "주거"를 다루는 장(章)은 특히 네덜란드와 영국에서의 무단점거(squatters)운동, 미국 도시들에서의 심각한 주택공급위기를 볼 때 시대에 뒤떨어지지 않게 느껴진다. 비슷하게 감옥개혁에 대한 그의 제안들은 나중에 많은 형벌학자들이 기꺼이 수용했고 오늘날에도 결코 뒤떨어지지 않는다. 더구나 정신기술과 육체기술의 "통합교육"이라는 생각은 현대의 교육자들 사이에서 대중적인 테마가 되었고, 과학과 고전문학을 함께 공부해야 한다는 호소는 "두 문화" 사이에 벌어지던 틈을 경고하며 지식인 집단 내에 토론을 자극했던 사람 중에서 스노우(C. P. Snow)가 이어받았다.

그러나 크로포트킨을 도덕적인 사상가라 부르는 게 그가 활동적인 혁명가였다는 사실을 부정하는 건 아니다. 반대로 우리가 봤듯이 그는 혁명적인 조직가와 선전가의 자질을 도덕주의자와 학자의 자질과 결합했다. 전기 작가들은 그가 반란의 정신을 일깨우기 위해 "단검과 총, 다이너마이트"의 사용을 인정했던 "실행에 의한 선전"[49]의 초기 대표자 중 한 사람이었다는 사실을 가볍게 다룬다. 하지만 크로포트킨은 자신의 경력에서 그 시기를 결코 부끄러워하지 않았다. 그는 집필용 책상에 앉아있는데 만족하며 이룰 수 없는 유토피아에 관한 이론을 다듬는 단지 철학적 아나키스트일 뿐이라고 불리는 데 분개했을 것이다. 그리고 그의 분노는 분명 타당하다. 그는 대부분의 성인시절을 헌신적인 아나키스트 투사로 살았다. <차이코프스키단>에의 참여와 표트르-파블로프스키 요새에서의

---

48. P. Kropotkin, *The Conquest of Bread*, p. iii.
49. 이 말은 이탈리아 아나키스트인 카를로 카피에로가 썼지만 1880년 12월 제네바의 잡지 *Le Révolté*에서 크로포트킨이 찬성하고 공표했다.

투옥, 클레르보 감옥에서의 수감생활, 망명생활 중에도 지칠 줄 몰랐던 활동, 굽히지 않고 볼셰비키에 반대한 점, 이 모든 사실이 그 점을 증명한다.

활동가로서 크로포트킨은 영국과 러시아 아나키스트 운동의 주요한 창설자였고 프랑스와 벨기에, 스위스에서의 운동들에 영향을 미쳤다. 회의를 소집하고 잡지를 만들며 자신의 신조를 퍼뜨리면서 그는 다른 어느 누구보다도 유럽과 전 세계에서 리버테리안 운동을 더욱 발전시켰다. 일본처럼 멀리 떨어진 곳에서도 아나키스트 순교자 고토쿠(Kotoku)가 그의 책을 발행했다. 인도에서는 그의 책이 간디와 그 제자들에게 영향을 주었다. 또한 중국에서 크로포트킨은 학생과 지식인들에게 새로운 전망을 열어주었다. 『청년에게 보내는 호소』(*Appeal to the Young*)를 읽던 한 예민한 소년[50]은 크로포트킨이 얘기를 듣는 사람들에 대해 "따뜻한 가슴과 고귀한 천성"을 지닌 사람이라 느꼈고, 바진(Pa Chin, 바쿠닌과 크로포트킨을 줄인 이름)이라는 필명을 쓰며 다른 사람들에게 이 메시지를 전달하기 위해 헌신했다.[51]

고압적인 관료주의에 대한 저항이 다시 한번 크게 확산된 오늘날, 크로포트킨의 호소력은 예전보다 더 강한 듯이 보인다. 중앙집권적인 국가가 그의 가장 큰 우려를 계속 증명하던[권력을 강화하던] 때에도 상호부조론은 계속 호소력을 가졌다. 예를 들어, 억압적인 정부가 존재하기에 전쟁이 끊이지 않는다는 그의 신념이 이를 증명한다. 즉 "동구를 점령하기 위한 전쟁, 바다의 제국이 되려는 전쟁, 수입품에 관세를 부과하려는 전쟁,

---

50. [옮긴이 주] 이 소년은 중국의 유명한 혁명 소설가 리페이간(李芾甘)이다. 그의 장편소설과 단편소설은 1930~40년대에 광범위한 인기를 누렸다. 바진이라는 필명은 그가 존경하던 러시아의 무정부주의자 바쿠닌과 크로포트킨의 한자음에서 각각 첫 음절과 마지막 음절을 따온 것이다.

51. Olga Lang, *Pa Chin and His Writings*(Cambridge, Mass., 1967)를 보라.

이웃 국가들에게 지불조건을 명령하려는 전쟁, 반란을 일으키는 "흑인들"에 대한 전쟁! 전 세계에서 대포의 포성이 그치지 않고 모든 인종들이 학살당하고 있으며 유럽 국가들은 예산의 삼분의 일을 군사력 증강에 쓰고 있다. 우리는 이런 세금들이 노동자들을 얼마나 어렵게 만드는지를 안다."[52] 만약 이런 구절들이 낯설지 않게 들린다면, 이 구절들이 군산복합체(military-industrial complex)와 "전쟁국가(warfare state)"를 미리 비판했기 때문이다. 1960년대와 70년대 동안 학생들은 군대 징병, 군사적인 연구에 대학이 참여하는 것, 정부와 산업에 전문가들을 제공하기 위해 "종합대학교(multiversity)"를 이용하는 것을 공격하면서 크로포트킨의 말을 메아리치게 했다. 크로포트킨의 도덕적 입장은 그 시대의 많은 젊은 투사들의 입장과 비슷했다. 그는 "투쟁하라, 모든 이가 풍요롭고 충만한 삶을 살 수 있도록. 그리고 이 투쟁에서 다른 무엇이 줄 수 있는 즐거움보다 더 큰 걸 네가 찾으리라고 확신하라"고 선언했다.[53]

이건 청년에게 건네는 그의 충고였다. 그리고 20년 전에 이 충고는 열광적인 반응을 받았다. 버클리와 콜롬비아의 학생운동은 그 이상주의와 인류애에서 크로포트킨에게 큰 빚을 졌다. 그리고 그 시기 동안 미국 전역에서 나타났던 급진적인 꼬뮨들에서 "크로포트킨 하우스"를 발견하는 건 놀라운 일이 아니다.[54] 자율적인 꼬뮨들의 연방이라는 크로포트킨의 꿈은 중앙집권적이고 거짓된 세계의 대안을 추구하던 사람들을 매혹시켰다. 학생 반란자들, 심지어 공인된 맑스주의자들도 때때로 그 정신에서 크로포트킨과 바쿠닌에 더 가까웠다.

---

52. P. Kropotkin, *The Conquest of Bread*, p. 48.

53. P. Kropotkin, "Anarchist Morality," Baldwin이 편집한 *Kropotkin's Revolutionary Pamphlets*, p. 113.

54. James W. Cain, "Kropotkin House, Duluth," *Anarchy*, no. 84(February 1968) : pp. 48~53을 보라.

결국 크로포트킨의 글들은 자본주의 체제에 대한 비판 이상을 제시했다. 즉 [좌/우의] 정치노선을 막론하고 중앙집권적인 국가에 대한 경고들은 특히 중국의 마오주의자들과 볼셰비키 지배하의 소련에서 발전했던 20세기 공산주의에 관한 예언적인 분석을 제공했다. 『빵의 쟁취』와 다른 글들에서 구체적으로 다뤘던 리버테리안 사회주의가 전 세계의 많은 국가들에서 승리를 거둔 권위주의적 사회주의에 대한 대안을 제시했기 때문에 그는 젊은 반란자들에게 호소력을 가졌다. 크로포트킨과 함께 투사들은 강제를 협력으로 대체하고 자본주의이든 공산주의든 관료주의 국가의 독단적인 권력을 빼앗아 사회를 총체적으로 재구성하자고 요구했다.

그러나 현대적인 호소력을 가졌다고 해서 크로포트킨을 비판에서 면제할 수는 없다. 관용적이라는 평을 들었지만 그는 융통성이 없었고 때때로 독단적인 사상가였다. 이탈리아 아나키스트 에리코 말라테스타(Errico Malatesta)는 "항상 자기편이 옳다고 확신했고 반박당하는 걸 태연하게 받아들이지 못했다"고 얘기했다. 크로포트킨의 러시아 협력자인 체르케조프와 스테피냑은 그의 "완고한 원칙들"과 "어떠한 희생을 치르더라도 특정한 생각을 관철시키려 했던" 독단을 지적했다. 오스트리아의 아나키즘 역사가인 막스 네틀라우는 자기 이론에 집착하면서 "수정하려 하지 않았고 자신의 이론들을 전체적으로 재검토하는 것도 싫어했다고 봤다. 네틀라우는 "그의 사상이 비판을 받으며 수정되고 다른 많은 사람들의 노력으로 덧붙여졌던 것 이상으로 최대한, 과학적인 토론의 시련 속으로 던져지는 걸 보고 싶었다"고 썼다.[55]

이런 비판들은 거의 대부분 정당하다. 인간본성에 대한 크로포트킨의

---

55. Vernon Richards가 편집한 *Errico Malatesta : His life and Ideas*(London, 1965), p. 261 ; Stepniak[S. M. Kravchinskii], *Underground Russia*(London, 1883), p. 89 ; Ishill이 편집한 *Peter Kropotkin*, pp. 12~17. 25.

낙관적인 견해와 다원주의적 경쟁에 반대하는 상호부조에 대한 신념, 자신이 살아있을 때 중앙집권적인 국가가 그 한계에 부딪치리라는 믿음, 이런 견해들은 우리 시대의 세계전쟁과 거대한 정부를 설명하지 못한다. 확실히 상호부조에 대한 그의 이론은 거의 냉소에 가까운 헉슬리나 사회적 다원주의자들의 극단적인 비관주의를 교정하기에 매우 유용한 방법이다. 그러나 크로포트킨은 정반대의 실수를 저질렀다. 그는 곤충과 물고기에서 파충류와 포유류까지 대다수 동물들의 삶을 지배하는 적나라한 폭력을 충분히 설명하지 않았다. 그는 동물만이 아니라 인간들 사이에서도 강자가 약자를 박해하는 본능적인 야만성이 널리 퍼져있다는 점을 진지하게 다루지 않았다. 말년까지 그는 인간의 타고난 선함, 국경을 넘나드는 서로 다른 계급과 민족의 인민들을 묶는 유대들을 신뢰했다.

어떤 사람은 크로포트킨이 전체주의의 대두와 제2차 세계대전, 대량파괴를 위한 핵무기와 생물학무기의 발명을 살아서 봤다면 그런 생각을 바꿨을지 모른다는 호기심을 가졌다. 아마도 그렇지는 않을 것이다. 살아서 모진 고난을 겪었어도 그의 낙관주의는 좀처럼 꺾일 줄 몰랐다. 그리고 이 때문에 그는 전 세계 인민연대의 범위를 과장했고 증오나 분할보다 결속을 강조했다. 그는 인간이 원래 유덕한 존재이기에 정치·사회적인 권위가 왜곡하지 않는다면 조화롭게 살 수 있다고 계속 확신했다. 때때로 그는 남성과 여성이 개인적인 노이로제와 사회적 신화 때문에 비합리적인 행동으로 이끌릴 수 있고 그들이 기만과 자기 파괴의 충동─마침내 지금 같은 핵시대에는 멸종이라는 위협을 받는다─에 항상 빠지기 쉽다는 점을 전혀 인식하지 못하는 것처럼 보였다. 더구나 그는 많은 사람들 속에 있는 권력에의 충동, 카리스마를 지닌 지도자를 기꺼이 따르려는 인민대중의 의향을 과소평가했다. 심지어 크로포트킨이 아주 열렬히 존경했던 두호보르 신도들도 자신들이 무조건적인 충성을 맹세하는 일련의 독재적인 구세주들을 신뢰했다. 간단히 말해 우리의 공격적이고 권위주의적이며 탐욕스런 충동들이 단순히 타락한 사회체계의 산물인지, 더구나 그런 체계를 근본적으로 바꾼다 해도 정부와 법률, 경찰, 법원이 필요하지 않을 지는 의문스럽다. 무엇보다 갈등과 억압은 자본주의나 근대의 중앙집권적인 국가가 출현하기 훨씬 전부터 있었다. 그리고 인간 본성 자체의 변화를 막으면서 자본주의나 국가는 미래에도 계속 존재할 터이다.

어떤 이는 만일 모든 사람이 크로포트킨처럼 아나키즘만을 유일하게 가능한 체제라고 생각한다면, 정부와 속박이 필요하지 않을 거라고 크로포트킨에게 말했다.[56] 그러나 크로포트킨의 이름은 역사의 페이지들을 거의 장식하지 못했고[잘 알려지지 않았고] 과거를 연구했지만 그 자신도 그걸[아나키즘만이 유일하게 가능한 체제라는 점을] 인정하지 못했던 게 사실이다. 더구나 그는 상호부조하는 인간의 자연적인 기질이 인간을 [지금과] 정반대 방향으로 이끄는데도 억압적인 국가가 지배하게 된 이유를 결코 설명하지 못했다. 정부와 법률은 "자신들의 이익을 강요하는 관습을 영원히 지속시키려는 지배계급의 욕망"에서 생긴다고 크로포트킨은 썼다.[57] 그러나 그는 이것 이상을 얘기하지 않았다. 그리고 지배하려는 충동을 제거하는 방법도 설득력있게 설명하지 못했다. 중앙집권적인 국가가 일시적인 이탈일 뿐이라는 그의 단언은 그 이후의 사건들에서 증명되지 못했다. 인류의 추세가 "정부를 없애는" 방향으로 간다고 믿었지만 이런 신념은 근대시기에 거의 증명되지 못했다. 오히려 모든 곳에서 국가권력이 성장했다. 그리고 크로포트킨의 예언과는 반대로 이 [국가권력의] 성장은 기술변화가 생산과정에서 전문화를 줄이기보다 더욱더 늘리는 방향

---

56. Keir Hardie, Woodcock and Avakumović, *The Anarchist Prince*, p. 226에서 재인용.
57. P. Kropotkin, "Law and Authority," Baldwin이 편집한 *Kropotkin's Revolutionary Pamphlets*, p. 205.

으로 진행되었다는 점에서 많은 힘을 얻었다. 더 작은 기업들로 도급을 맡기는 계약들이 많이 체결되었지만 이 계약들은 노동분업을 거의 줄이지 못했고 어떤 경우에는 노동분업을 증가시켰다.

크로포트킨의 분석이 가진 약점은 적어도 부분적으로 통치(government)에 대한 잘못된 정의 탓이다. 그가 봤듯이, 국가는 서구 문명사에서 비교적 최근의 현상이었다. 그가 그토록 격렬하게 반대한 건 지역의 도시국가—그가 비판하지 않고 다소 찬양했던—와 구별되는 근대의 관료주의적 민족국가(nation-state)였다. 그는 주로 고대 그리스나 중세 유럽에 많이 있던 분권적인 정체들과 반대되는 중앙집권적인 국가를 전제주의, 억압과 연관시켰다. 사실 그가 중세사회의 부정적인 측면들을 완전히 무시한 건 아니다. "내가 꼬뮨들의 역사에서 드러나는 갈등과 내부의 투쟁들, 즉 귀족들에 대한 분노와 투쟁들을 무시한다고 얘기하는 사람들이 분명 있을 것이다. …이런 투쟁들이 벌어지면 항상 유혈사태와 보복이 있었다"고 그는 『반란의 이야기』(*Words of a Rebel*)에서 썼다. "아니다. 나는 무엇도 무시하지 않았다. … 나는 그런 투쟁들 자체가 자유도시에서 삶의 자유를 증명했다고 생각한다."[58] 하지만 이런 식의 대답들은 그가 중세생활의 더 어두운 측면을 축소했다는 사실을 바꾸지 못한다. 특히 그는 중세시대 동안 대다수 농민들이 빈곤과 속박 속에 살았고 국가가 봉건귀족을 희생시켜서 권력을 증가시켰을 때에야 농노제가 폐지되었다는 점을 강조하지 않았다.

더 중요하게 크로포트킨은 통치를 협소하게 정의했기 때문에[통치를 국가권력으로 제한했기 때문에] 일반적으로 작은 공동체들 내에서 발생하는 억압의 문제를 무시하는 경향이 있다. 예를 들어, 그는 원시부족들이 국가의 강제에 종속되지 않았다고 믿었지만 비록 관료적인 장치는 아

---

58. Camillo Berneri, *Peter Kropotkin : His Federalist Ideas*(London, 1942), pp. 10~11에서 인용.

널지라도 사실 원시사회 내에서도 관습과 의식에 뿌리내린 강제가 일상적이었다. 그가 자랑하던 중세의 꼬뮨도 관습을 위반하면 신체절단과 사형을 포함하는 엄격한 처벌을 가했다는 점에서 그리 다르지 않다. 관습의 횡포를 무시하면서 크로포트킨은 자신이 구상한 리버테리안 유토피아에서 반사회적인 행동을 제한하는 수단으로 공동체의 여론을 생각했다. 그러나 그렇게 함으로써 그는 중앙집권적인 권위의 강제보다 다소 억압적이지 않다 하더라도 강제의 한 형태를 받아들인 셈이다. 이 점에서 존 스튜어트 밀(John Stuart Mill)의 경고를 떠올리는 건 의미가 있다. "관건은 개인의 개성을 위한 자리가 마련되어있어야 하고, 여론이 전제주의적 멍에가 되어서는 안 되며, 각 개인이 모두에게 절대적으로 의존하고 모두가 서로를 감독하는 게 모든 사상과 감정, 행동을 길들여진 획일성으로 짓뭉개지 않아야 한다는 점이다."[59] 따라서 개인과 사회의 관계라는 영원한 질문은 크로포트킨의 아나키스트 천년왕국으로 해결되지 않고 여전히 어려운 과제로 남아있다.

그러나 예언자로서 실패했다 해도 크로포트킨은 지속적으로 영향력을 행사했다. 사회학자 피티림 소로킨(Pitirim Sorokin)이 지적하듯, "국가 전체주의가 인간을 노예화된 꼭두각시로, 인간의 자유로운 창의성을 억압적이고 영혼없는 고역(苦役)으로 바꾸려고 위협하는 시대에 이 위대한 사람의 경고와 가르침은 아주 시의 적절하고 의미가 있다."[60] 크로포트킨은 자발적인 협력만이 인간상존을 위한 유일한 희망이라고 강조했다. 『빵의 쟁취』에서 그는 "올바름과 자존(自尊)이 없다면, 연민과 상호부조가 없다면, 강탈로 살아가는 소수의 동물 종들이나 노예를 지닌 개미들이 멸망했듯이 인간 종도 멸망할 수밖에 없다는 점을 우리 모두 알고 있다"고

---

59. J.S. Mill, *Principles of Political Economy*(London, 1923), pp. 210~11.
60. *Centennial Expressions on Peter Kropotkin, 1842~1942*(Los Angeles, 1942), p. 11.

주장했다.[61] 크로포트킨의 국가없는 전망이 달성하기 어려운 유토피아라 할지라도 이 말에 깃든 지혜를 높이 평가할 수 있다. 그리고 하룻밤 사이에 무너지지 않는다 하더라도 더 많은 자율성이 지방의 자발적인 조직들로 스며들면 들수록 정부는 억압적인 기능을 더 많이 포기할 수밖에 없다. 이런 희망을 공유하는 사람들 모두에게 크로포트킨은 영감의 원천으로 남아있다. 그는 알베르 까뮈가 근대의 가장 어려운 과업이라 말했던 것, 즉 신 없이도 성인이 되는 과업을 달성했다.

1921년 그가 죽은 뒤 미망인이 받은 전보 중 하나는 "크로포트킨은 결코 죽지 않는다!"고 선언했다. 오늘날에도 전 세계의 그를 존경하는 사람들이 그의 이상을 계속 품고 있다. 심지어 소련에서도 그는 리버테리안적인 가르침이나 중앙집권적인 국가에 대한 비판이 아닐지라도 과학자이자 휴머니스트로 존경받고 있다. 1961년 새로운 소비에트 교과서는 그의 시베리아 탐험을 실었고 1966년에는 고전이 된 크로포트킨 자서전의 학술판이, 1972년에는 호의적인 전기가 간행되었다.[62] 그가 태어난 곳을 포함해 광장 하나와 두 개의 거리, 모스크바의 지하철 정거장이 그의 이름을 따서 지어졌다. 1967년 아내와 나는 모스크바의 오래된 귀족 거주지에 있는 그의 출생지를 방문했다. 기념관은 없어졌지만 그 소장품들은 소비에트 정부의 문서보관소들로 흩어져서 보관되고 있다. 지금 그 집은 영국과 미국 대사관직원 자녀들을 위한 학교로 이용되고 있다. 정원에는 놀이터가 있고 아이들의 작품이 교실 내부를 장식한다. 크로포트킨도 기꺼이 기뻐할 것이다.

---

61. P. Kropotkin, *The Conquest of Bread*, p. 49.
62. N. M. Pirumova, *Petr Alekseevich Kropotkin*(Moscow, 1972). 이 책에 대한 찬사는 Paul Avrich, "A New Soviet Biography of Kropotkin," *The Match!*(Tucson), 1975년 1월.

5

미국의 크로포트킨

외국에서 이민을 온 사람들과 방문객들이 미국 아나키즘의 출현에 중요한 역할을 했다는 점은 잘 알려진 사실이다. 19세기와 20세기 동안 유럽 출신의 장인들과 농민들—독일인, 체코인, 이탈리아인, 스페인인, 러시아인, 유대인—이 운동의 대중적인 기반을 마련했다면, 지적인 지도력은 다양한 국가에서 온 유명한 연설가와 작가들—영구적으로 정착하거나 장기간의 순회강연일정으로 온—로 구성되었다.

이미 살펴봤듯이 러시아인 중에서 바쿠닌은 1861년 시베리아를 탈출한 뒤 미국에서 거의 두 달을 보냈다. 1891년 스테피냑(S. M. 크라브친스키, Kravchinsky)은 강연을 위해 왔고, 차이코프스키(N. V. Chaikovsky)는 한 유토피아 공동체에 참여하기 위해, 그리고 러시아 혁명운동을 위한 기금을 모으기 위해 또 한번 미국에 왔다. 1880년대에 도착했던 엠마 골드만(Emma Goldman)과 베르크만(Alexander Berkman) 외에도 제1차 세계대전 이전과 전쟁 중의 러시아 이민 물결에는 아이헨바움(V. M. Eikhenbaum,

"볼린")과 에핌 야르추크(Efim Yarchuk), 아론 바론과 페니 바론(Fanny Baron) 부부, 보리스 옐렌스키(Boris Yelensky), 윌리엄 샤토프(William Shatoff)가 포함되었다. [러시아에서] 볼셰비키가 권력을 강화한 뒤에는 국제적인 명성을 얻은 러시아 아나키스트의 마지막 세대인 그레고리 막시모프, 아바 고르딘(Abba Gordin), 마르크 므라츠니(Mark Mratchny)—1975년 뉴욕에서 죽었다—도 [미국으로] 들어왔다.

그러나 모든 러시아 방문객 중에서 가장 강한 인상을 남긴 사람은 크로포트킨이었다. 데이비드 헤치트(David Hecht)가 얘기하듯이, 크로포트킨은 40대 이후부터 "미국에 적극적이고 지속적인 관심"을 가지며 영어를 공부했다.[1] 그 이전에 미국을 방문했던 바쿠닌처럼, 크로포트킨은 미국 연방주의에 감탄했고 미국 독립전쟁과 독립선언을 인간의 자유를 위한 투쟁에서 이정표적인 사건으로 찬양했다.[2] 그는 미국 문학에도 정통해서, 노예해방을 위해 노력하던 해리엇 비처 스토(Harriet Beecher Stowe)의 『톰 아저씨의 오두막』(*Uncle Tom's Cabin*)을 비롯해 롱펠로(Longfellow)의 시와 브렛 하트(Bret Harte)의 산문을 찬미했다.[3] 그가 존경하던 또 다른 작가들로는 에머슨(Emerson)과 쏘로우(Thoreau), 휘트먼(Whitman)이 있었다. 토지를 몰수하자는 그의 주장은 "영국에서 사회주의적 정서를 폭발"[4]시킨 헨리 조지(Henry George)의 『진보와 빈곤』(*Progress and Poverty*)에 빚을 진 것이기도 하다. 자연과학과 사회과학 모두에서 미국의 학문에 뒤쳐지지 않았던 크로포트킨은 자신의 "상호부조"이론을 보강하기 위해

---

1. David Hecht, "Kropotkin and America," *Bulletin of the American Association of Teachers of Slavic and East European Languages* 10(1952년 9월 15일), pp. 5~7.
2. P. Kropotkin, *The Great French Revolution, 1789~1793*(London, 1909), pp. 21~22, 141~42 를 보라.
3. P. Kropotkin, *Russian Literature*(New York, 1905), pp. 4, 223~24.
4. P. Kropotkin, *Memoirs of a Revolutionist*(Boston, 1899), p. 440.

[미국의] 인류학자 루이스 모건(Lewis H. Morgan)과 사회학자 프랭클린 기딩스(Franklin H. Giddings)를 인용했다.[5] 그리고 『빵의 쟁취』와 『들판과 공장, 작업장』에서 그는 농업, 특히 산업발전을 거론하며 미국의 경제 발전에 찬사를 보냈고, 미국의 산업은 "놀라운 전문기술의 발전, 기술교육과 함께 과학교육을 실시하는 훌륭한 학교들, 유럽에서 경쟁자를 찾을 수 없을 정도의 기업가 정신으로 촉진되었다"고 썼다.[6]

그렇다고 크로포트킨이 미국 사회의 문제점에 관해 침묵한 건 아니다. 오히려 그는 자본주의 체제와 정부의 권력남용을 날카롭게 비판했다. 그는 아동노동의 존속과 —사실 그가 "금권정치"라고 주장했던— 미국 민주주의의 "우스꽝스러움(travesty)"을 비난했다. 그는 1877년의 철도파업을 노동자들 사이에서 혁명 의식이 성장하는 징조로 보고 환영했다. 그는 "그들의 자발성, 전보로만 연결되는 멀리 떨어진 곳에서의 동시성, 서로 다른 노동조합의 노동자들이 제공하는 원조, 파업이 시작된 뒤 증가하고 있는 단호한 기질, 고용주들이 가장 민감하게 신경 쓰는 부분—그들의 소유—을 공격한다는 즐거운 생각이 우리 모두의 공감을 불러오고 존경을 받으며 희망을 일깨우고 있다"고 썼다.[7] 거의 20년 뒤 풀먼 파업 와중에 유진 빅터 뎁스(Eugene Victor Debs)가 수감되자 크로포트킨은 연대와 지지의 징표로 그에게 헌사를 적은 자신의 책을 보냈다.[8]

게다가 크로포트킨은 1886년 헤이마켓(Haymarket) 아나키스트들의 재판[9]에 항의하는 시위에도 적극적으로 참여했다. 시카고 사건을 "두 계급

---

5. P. Kropotkin, *Mutual Aid*(London, 1972), pp. 25, 70, 89.

6. P. Kropotkin, *The Conquest of Bread*(London, 1972), p. 120 ; Kropotkin이 수정하고 편집한 *Fields, Factories and Workshops*(London, 1913), pp. 62, 147~57.

7. P. Kropotkin, "Affaires d'Amérique," *Bulletin de la Fédération Jurassienne*, 1877년 8월 5일자 Le Révolté, 1882년 12월 23일자도 참조하라.

8. Harry Kelly, "Reminiscences and Reflections on Peter Kropotkin," *Centennial Expressions on Peter Kropotkin*, 1842~1942(Los Angeles, 1942), p. 27.

[자본가와 노동자] 사이에 진행되던 사실상의 내전에서 체포된 포로들에 대한 보복”으로 묘사하면서 크로포트킨은 피고에 대한 사형선고를 반대하는 편지를 미국 언론에 보냈다. 그리고 스테피냑, 윌리엄 모리스, 조지 버나드 쇼(George Bernard Shaw)와 함께 곧 닥쳐올 사형집행을 반대하는 런던의 대중집회에서 연설했다. 형이 집행되고 1년 뒤 크로포트킨은 “시카고의 순교자들을 추모하는 게 파리꼬뮨을 기념하는 것과 거의 똑같은 중요성을 가진다”고 선언했다. 10년 뒤 그는 처형된 사람들의 고결함과 용기가 “장년층에게는 하나의 교훈으로, 청년 세대에게는 감동으로 남아 있다”고 얘기했다.[10]

헤이마켓의 비극에서 깊은 감명을 받은 크로포트킨은 미국 아나키즘의 발전을 예의 주시했다. 미국을 방문하기 오래 전부터 그는 미국 아나키스트들과 편지를 주고받았고 그들의 책과 잡지를 읽었으며 지지의 메시지를 보냈다. 그는 [미국의] 개인주의 학파와 집산주의 학파 모두를 잘 알고 있었고 『브리태니커 백과사전』의 그 유명한 “아나키즘” 항목에서 앨버트 파슨즈, 아우구스트 스파이스(August Spies), 요한 모스트와 함께 조슈아 워렌, 라이샌더 스푸너(Lysander Spooner), 벤자민 터커(Benjamin Tucker) 등을 언급했다.

크로포트킨은 사회주의자, 단일과세주의자(single taxers), 다른 개혁가들을 포함해 미국 아나키스트들에 대한 영향력을 확대하려고 노력했다. 1880년에서 90년대를 이끌었던 모든 아나키스트 잡지―터커의 『리버티』

---

9. [옮긴이 주] 1886년 5월 3일 시카고 헤이마켓 광장에서 노동자와 경찰의 유혈충돌로 많은 사상자가 나자 시카고 당국은 아나키스트들을 검거해 7명에게 사형을 선고했고 1887년 11월 11일 4명의 아나키스트들에 대한 교수형을 집행했다. 5월 1일 메이데이를 유명하게 만든 사건이다.

10. *The Commonweal*, 1887년 10월 22일자 ; *Freedom*, 1898년 12월호 ; Paul Avrich, *The Haymarket Tragedy*(Princeton, 1984), p. 436.

와 파슨스의 『알람』, 모스트의 『프라이하이트』를 포함해-가 그의 논설을 실었다. 철학적인 입장이 달랐지만 터커는 크로포트킨을 "유럽에서 가장 탁월한 아나키스트 중 한 사람"이라 평가했고 크로포트킨의 신문『르 레볼떼』를 "지금 발행 중인 아나키스트 신문 중에서 가장 학술적"이라고 칭송했다. 크로포트킨의 "질서와 아나키", "법과 권위"를 번역해서 싣는 것 외에 터커는 유럽에서 크로포트킨의 활동들-1881년 스위스에서의 추방과 1883년 리용(Lyons)에서의 재판(장기복역을 선고받은 "크로포트킨과 그 동지들의 잔혹한 운명"을 애도하는)을 포함해서-에 관한 소식도 『리버티』에 실었다. 그리고 터커는 클레르보 감옥에 수감 중인 남편과 그녀의 경험에 바탕을 둔 "죄수번호 4,237번의 아내"라는 소피아 크로포트킨(Sophia Kropotkin)의 이야기를 출판했다.[11]

그런데 크로포트킨의 초기 저작 중에서 가장 큰 영향을 미친 건, 전 세계의 다른 나라들에서처럼 미국에서도 [아나키즘 운동으로] 수많은 사람들을 전향시킨 『청년에게 보내는 호소』였다. 애나 스트런스키 월링(Anna Strunsky Walling)은 "수만, 수십만의 사람들이 그 팸플릿을 읽었고 혁명적 사회주의 문건들과 비교할 수 없을 만큼의 좋은 반응을 보였다"고 얘기했다. 엘리자베스 걸리 플린(Elizabeth Gurley Flynn)에게 이 팸플릿은 "개인적인 감명을 주었다. 그는 마치 초라하고 가난으로 고통 받는 브롱스 주거단지에서 [직접] 우리에게 말을 거는 듯했다. '아빠와 엄마처럼 너도 30년, 혹은 40년 동안 피곤한 생활을 계속해야 할까? 다른 사람들에게 행복과 학문, 예술이라는 그 모든 즐거움을 제공하기 위해 너의 삶을 힘들게 보내야 할까? 한 조각의 빵을 얻을 수 있을지 없을지 모를 영원한

---

11. James J. Martin, *Men against the State : The Expositors of Individualist Anarchism in America, 1827~1908*, rev. ed.(Colorado Springs, 1970), pp. 219~20에서 재인용 ; *Liberty*, 1881년 10월 29일자 ; 1882년 6월 10일자 2면(f) ; 1883년 2월 17일자 ; 1886년 3월 6일자 2면

불안 속에 너 자신을 계속 가두어야만 할까?""[12]

1890년대 미국 아나키스트 운동에서 아나키스트-꼬뮨주의자 성향이 두드러진 건 크로포트킨의 영향 때문이었다. 엠마 골드만은 자신의 자서전에서 "그는 세계에서 으뜸가는 학자로 인정을 받았다. 하지만 그는 우리에게 그 이상을 의미했다. 우리는 그를 근대 아나키즘의 아버지이자 아나키스트 혁명의 대변인, 과학과 철학, 진보적인 사상을 탁월하게 해석해주는 사람으로 봤다"라고 썼다.[13] 골드만과 그녀의 동지들이 계속해서 크로포트킨의 미국방문을 요구한 건 놀랄 만한 일이 아니다. 1891년 초 그는 <아우토노미 모임>(the Autonomie group)과 <자유개척자단>(the Pioneers of Liberty), 뉴욕의 독일계 아나키스트와 유대계 아나키스트들 모두에게서 초청을 받았다. 오래전부터 신세계를 여행하고 싶어했지만 그는 러시아와 프랑스의 감옥에서 5년 간 갇혀있으면서 나빠진 건강과 [미국 아나키스트] 운동에서 이민세대 내부의 갈등, 즉 자율주의자들(the Autonomiests, 요세프 포이케르트(Josef Peukert)의 제자들)과 모스트주의자들(the Mostians) 사이의 갈등이 깊어져서 어쩔 수 없이 초청을 거절해야 했다.[14] 1893년과 96년 크로포트킨이 미국으로의 여행을 준비하고 있다는 소식이 아나키스트 신문에 실렸지만, 다시 건강이 약화되고 1892년 알렉산드르 베르크만의 습격(attentat, 자율주의자들이 옹호하고 모스트주의자들이 비난했던)에 대한 논쟁으로 운동 내부의 분열이 심해지자 그는 여행을 연기해야 했다.[15]

---

12. Anna Strunsky Walling, "Three Contacts with Peter Kropotkin," *Mother Earth*, 1912년 12월 ; Elizabeth Gurley Flynn, *The Rebel Girl : An Autobiography*(New York, 1973), p. 48. 마리 르꽁트의 첫 번째 영어 번역은 샌프란시스코 *Truth*에 1884년 1월 5일부터 26일까지 실렸다. 그 후 수많은 언어로 된 많은 팸플릿판이 등장했다.

13. Emma Goldman, *Living My Life*(New York, 1931), p. 509.

14. I. Rudash, "Peter Kropotkin's Two Visits to America," *Man!* 1935년 3월호

15. *Il Grido degli Oppressi*, 1893년 6월 14일자 ; *Solidarity*, 1893년 7월 29일자 ; *The Firebrand*,

결국 크로포트킨이 북아메리카를 방문한 건 1897년에 토론토에서 열린 <영국학술발전협회>(the British Association for the Advancement of Science) 회의에 대표로 참석하면서였다. 조직위원회로부터 초청을 받았을 때 그는 건강상태가 좋지 않아서 조금 망설였다. 그러나 1886년 영국에 정착하면서 알게 된 친구 제임스 마버(James Mavor)가 그에게 참가를 권했다. 이전에 윌리엄 모리스의 <사회주의자동맹>(Socialist League) 일원이던 마버는 당시 토론토대학의 정치경제학 교수였고 러시아와 캐나다에 관한 권위자였다(1914년에 출판된 두 권짜리 러시아 경제사는 그 분야의 교과서였다).[16]

8월 말에 열리는 회의에 크로포트킨을 손님으로 맞이하는 건 마버에게 "큰 즐거움"이었다. 크로포트킨은 "핀란드의 아사르(Åsar)에 관한 연구"와 "유라시아 구조선(Lines of Structure)의 방향에 관한 연구"라는 두 개의 논문을 발표했다.[17] 회의가 끝난 뒤, 캐나다태평양철도(the Canadian Pacific Railway)를 타고 태평양 연안지방으로 여행할 기회가 생겼고, 그 덕에 크로포트킨은 캐나다를 둘러볼 수 있었다. 그는 자신이 받은 인상을 아직 출판되지 않은 일기에 기록했고 예전에도 종종 기고했던 런던의 유명한 잡지 『나인틴 센츄리』에도 흥미로운 기사들을 보냈다.[18]

1896년 10월 4일자를 보라. 1893년에는 크로포트킨이 시카고에서 열릴 <국제 아나키스트 대회>(International Anarchist Conference)에 참석할지 모른다는 기대가 있었다. 그리고 같은 해 그가 시카고의 발트하임(Waldheim) 묘지에 있는 헤이마켓 추모비 제막식에 참여했다는 잘못된 보도도 있었다.

16. James Mavor, *An Economic History of Russia*(London and Toronto, 1914), 총 2권.

17. James Mavor, *My Windows on the Street of the World*(London and Toronto, 1923), 총 2권 중 2권, p. 371 ; *Report of the Sixty~Seventh Meeting of the British Association for the advancement of Science, Held at Toronto in August 1897*(London, 1898), pp. 648~49, 722~23

18. P. Kropotkin, "Some of the Resources of Canada," *The Nineteenth Century*, 1989년 3월, pp 494~514. 일기는 모스크바의 Tsentral'nyi Gosudarstvennyi Arkhiv Oktiab-'skoi Revoliutsii에 있는 크로포트킨의 논문들 사이에 보존되어있다.

록키 산맥에서 뱅쿠버까지 연안지방을 여행하면서 크로포트킨은 북아메리카와 유라시아의 "구조와 지질학적 발달에 있어 놀라운 유사점"을 많이 관찰했다.[19] 그는 여행이 "아주 훌륭했다"고 스코틀랜드 생물학자이자 사회사상가인 친구 패트릭 게데스에게 편지를 썼다. 대초원과 숲, 바위산을 보며 크로포트킨은 청년시절 장교로 근무했던 시베리아를 떠올렸다.[20] 크로포트킨은 매니토바(Manitoba)의 평원을 가로질러 토론토로 돌아가면서 다시 한번 시베리아를 떠올렸다. 당시 징병과 짜르 국가의 또 다른 간섭을 피하려고 러시아를 떠났던 매노나이트파(Mennonite)[21]정착지를 방문하면서, 그는 [그들이] "당장이라도 러시아로 돌아갈 사람들"이며, 톨스토이를 "가슴깊이 존경의 대상"으로 삼고 있다고 썼다.[22]

캐나다에 관한 크로포트킨의 글이 『나인틴 센츄리』에 실렸을 때, 톨스토이주의 공동체의 한 구성원이 그 글을 읽고 매노나이트파에 대한 동정적인 설명에 감동을 받아 캐나다 초원이 [러시아의] 두호보르파에게도 안식처가 되지 않겠냐며 크로포트킨의 의향을 물었다. 크로포트킨은 동의했다. 그는 약 30년 전 아무르 강에서 두호보르파를 우연히 만났을 때 그들의 고결함과 상호부조 정신에 감명을 받아 그들을 무척 돕고 싶어했다. 1898년 8월 그는 캐나다 정부가 그들을 위해서 교섭에 나서도록 제안하는 편지를 마버에게 썼다. 약속한 기간 내에 합의가 이루어졌고 수천 명

---

19. P. Kropotkin, *Memoirs of a Revolutionist*, p. 277.

20. 1897년 11월 27일 크로포트킨이 게데스에게 보낸 편지, Geddes Papers, National Library of Scotland, Edinburgh ; George Woodcock and Ivan Avakumović, *The Anarchist Prince*(London, 1950), pp. 273~75. Natalia Pirumova, *Petr Alekseevich Kropotkin*(Moscow, 1972), p. 157에 인용된 1897년 8월 5일 크로포트킨의 캐나다 일기를 보라. 크로포트킨 자서전의 소련판은 1897년 9월 5일 캐나다의 풍경에 대한 스케치를 담고 있다. V. A. Tvardovskaia가 편집한 *Zapiski revoliutsionera*(Moscow, 1966), p. 472.

21. [옮긴이 주] 종교와 세상을 분리하고 외적으로는 은둔을, 내적으로는 엄격한 집단 규율을 통해 강한 문화적 연대감을 가졌던 재세례파.

22. P. Kropotkin, "Some of the Resources of Canada," pp. 494~96, 503~504.

의 두호보르 신도들이 러시아와 사이프러스를 떠나 캐나다 서부에 정착했는데 아직도 많은 후손들이 그곳에 살고 있다.23

크로포트킨은 캐나다 북서부 전역의 발달된 농업에 깊은 감명을 받았고 특히 윌리엄 사운더스 박사(Dr. William Saunders)가 관리하던 지역의 실험농장을 방문하고는 진한 감동을 받았다. "모든 곳에서 사회적인 장애물이 자연의 선물을 이용하는 걸 방해하지 않는다면 인간이 얼마나 풍요로워질까"라고 그는 생각했다. 동시에 그는 캐나다가 "지금 유럽 농민들이 유럽 밖으로 내몰리고 있는 것과 마찬가지로 토지독점을 강화하는 방향으로 급속하게 가고 있다"고 우려했다.24

토론토로 돌아가서 크로포트킨은 마버가 보낸 한 학생을 철도역에서 만났다. 마버의 집으로 가면서 그들은 공동체적 토지소유의 장점에 관해 토론했다. 확고한 개인주의자이자 장차 캐나다 의회의 보수당원이 될 이 학생은 격렬하게 반대했다. 크로포트킨의 학식과 인품을 존경했지만 이 학생의 국가적 자존심은 크로포트킨이 캐나다 서부를 가리켜 "작은 시베리아"라고 했을 때 상처를 받았다.25 크로포트킨은 『나인틴 센츄리』에 기사를 쓰면서 마버와 3주를 보냈다. 개인적인 관찰들을 보충하기 위해 그는 "캐나다에 관한 모든 것을 담고 있는" 마버의 훌륭한 도서관을 이용했다고 패트릭 게데스에게 말했다. 더구나 그는 마버를 "캐나다 경제에 관한 살아있는 백과사전"이라 묘사했다.26

---

23. George Woodcock and Ivan Avakumović, *The Doukhobors*(New York, 1968), pp. 130~32 ; Mavor, My Windows, II p. 1.

24. P. Kropotkin, "Recent Science," *The Nineteenth Century*, 1987년 11월호, pp. 799~820 ; P. Kropotkin, "Some of the Resources of Canada," p. 514.

25. *When the Iron is White*(Toronto, 1943), p. 5. 이 익명의 팸플릿에 관심을 가지게 해준 *Fraye Arbeter Shtime*의 마지막 편집장 아른 쏜에게 감사한다.

26. 1897년 11월 27일 크로포트킨이 게데스에게 보낸 편지 ; P. Kropotkin, "Some of the Resources of Canada," p 495.

크로포트킨은 캐나다에서 10주 동안 머무르면서 아주 즐거워했다. 영국을 떠나올 때부터 아팠지만, 그는 대륙을 가로지르는 여행이 영혼을 고양시키고 "삶에 새로운 힘을 줬다"고 썼다. 어디를 가든 그는 "가장 우호적인 환영", "최고의 진심 어린 우정과 환대"를 받았다. 캐나다 시민들이 누리던 자유의 수준―특히 자신의 모국 사람들과 비교할 때―에 자극을 받은 그는 "러시아의 유일한 대안은 대영제국이나 프랑스, 독일의 중앙집권적인 체계를 모방하는 것이 아니라 연방주의의 원리를 있는 그대로 받아들이고 우리가 캐나다에서 봤듯이 다양하고 자율적인 의회체계를 채택하는 것"이라고 결론 내렸다.[27]

10월 중순 크로포트킨은 토론토를 떠나 미국으로 향했다. 그는 나이아가라 폭포를 지나서, 몇 년 동안 박해받다가 뉴욕시에 임시숙소를 마련한 독일인 아나키스트 선동가 요한 모스트를 방문하려고 버팔로로 갔다. 모스트를 만나기 위해 일부러 길을 돌아갔던 크로포트킨은 화해할 수 없는 학파를 대표한다는 두 명의 아나키스트 지도자들[모스트와 터커]이 불구대천의 원수라는 이야기가 거짓임을 밝혔다. "모스트주의자들이 더 많아질수록 우리 운동은 더 강해질 것이다"라고 크로포트킨은 나중에 얘기했다. 모스트는 자신의 신문 『프라이하이트』에 크로포트킨의 방문기를 쓰며 크로포트킨을 "근대 아나키즘의 유명한 철학자"이자 "이 시대의 가장 위대한 과학자 중 한 사람"이라 불렀다. "그의 눈을 들여다보며[직접 만나] 악수한 건" 즐거움이었다고 모스트는 덧붙였다.[28]

---

27. 1898년 6월 28일 크로포트킨이 게오르그 브란데스에게 보낸 편지, Paul Krüger가 편집한 *Correspondance de Georg Brandes*(Copenhagen, 1952~1956), 총 2권 중 2권, p. 122 ; P. Kropotkin, "Some of the Resources of Canada," p. 494 ; P. Kropotkin, "On the Present Condition in Russia," *The Outlook*, 1898년 1월 8일, p. 117.

28. A. Levin, "A derinerung vegn Pyotr Kropotkin," *Fraye Arbeter Shtime*, 1936년 4월 10일자 ; Johann Most, "Peter Krapotkin," *Freiheit*, 1897년 10월 30일자. Max Baginski, "John Most," *Mother Earth*, 1906년 4월호도 참조하라.

<미국학술발전협회>(the American Association for the Advancement of Science)의 연례회의에 참석하기 위해, 크로포트킨은 버팔로에서 디트로이트로 갔다. 그는 그 회의에서 보고 들은 것들에 흥분하지 않을 수 없었고, 미국이 곧 과학적인 발견에서 유럽을 앞지를 것이라고 예상했다. 그는 미국의 경제와 기술발전 모두에서 감동을 받았다. 그는 "미국은 행복을 위한 모든 가능성들을 가지고 있다. 미국의 농업은 놀랄 만큼 발달했는데 농업은 모든 행복의 토대이다. 게다가 위대한 제조업 국가가 되기 위해서는 무엇보다도 농업이 꼭 필요하다"고 한 기자에게 얘기했다.[29] 디트로이트를 떠나면서 크로포트킨은 훗날 미시간 대학에 라바디(Labadie) 급진문서보관소를 만든 미국의 유명한 아나키스트 조셉 라바디(Joseph A. Labadie)를 방문했다. 디트로이트 수자원국에서 일하던 라바디는 크로포트킨을 "큰 머리와 덥수룩한 머리, 구레나룻을 기른 작은 사람"이라고 묘사했고, 시의 수도조정실로 안내된 크로포트킨이 생기를 띠며 관심을 보였다고 얘기했다. 라바디에 따르면, 크로포트킨은 "영어를 아주 잘했고 마치 놀란 것처럼 움직임이 빨랐다."[30]

그 다음으로 크로포트킨은 10월 22일 <국립지리학회>(the National Geographic Society) 회의에서 연설하기 위해 워싱턴 D.C.로 떠났다. 크로포트킨은 미국의 유명한 천문학자이자 회의에 참가한 대표 중 한 명인 에드워드 싱글턴 홀든(Edward Singleton Holden)에게서 정치적인 이유 때문에 시베리아로 추방당한 형 알렉산드르의 연구가 "좋은 평가를 받았다는 소식을 듣고 즐거워했다." 미국의 수도에 머물면서 크로포트킨은 다른 많은 관광객들처럼 스미스소니언 박물관을 방문했고 워싱턴 기념탑의 꼭대

---

29. *New York Herald*, 1897년 10월 24일자.
30. 1975년 3월 22일 뉴욕주의 Suffern에서 Laurance Labadie와의 인터뷰 ; 크로포트킨의 초상화가 담긴 1874년 8월 샌프란시스코 *Truth*의 복사본 위에 조셉 라바디가 기록한 노트

기에 올라갔으며 백악관의 외관을 둘러봤다(들어가지는 않았다). 바쁘지만 즐거운 방문을 마친 뒤 10월 23일 아침 그는 기차를 타고 뉴욕으로 떠났다.[31]

그 날 오후 크로포트킨이 탄 기차는 저지시(Jersey City)에 도착했고 그는 두 명의 미국인 동지, 즉 1895년 런던에서 만난 적이 있는 해리 켈리와 존경받는 건축가이자 아나키스트 잡지에 종종 글을 쓰던 존 에델만을 만났다. 그리고 한 무리의 신문기자들도 그가 도착하길 기다리고 있었다. 그들은 크로포트킨에게 연설을 요청했다. "저는 아나키스트이고 이상적인 사회를 만들기 위해 노력하고 있습니다. 그 사회는 경제적인 면에서 꼬뮨주의적일 터이지만 개인의 발전을 위해 완전하고 자유로운 여지를 남겨놓으리라 믿습니다. 그 사회는 조직 면에서 생산과 소비를 위한 연방화된 모임들(federted groups)을 구성하리라 믿습니다." 크로포트킨은 사회민주주의자들의 입장과 아나키스트들의 입장을 구분했다. "사회민주주의자들은 [우리와] 동일한 목적을 달성하려고 노력하지만 중심―국가―에서 출발하고 경계(circumference)를 세우려 한다는 점에서 다릅니다. 우리 아나키스트들은 단순한 요소들에서 시작해 복잡한 요소들로 올라가며 이상사회를 만들려고 노력하고 있습니다." 결국 그는 캐나다에서처럼 연방주의 체계를 찬양했다. "나는 완고한 연방주의자"라고 그는 선언했다. "나는 심지어 지금의 조건에서도 정부의 기능들이 지역으로 분권될 경우 더 많은 장점을 가질 수 있다고 생각합니다. 미국 국내를 다스리는 당신들의 이론[연방주의]이 유럽의 중앙집권적인 국가보다 한 걸음 앞서 있다고 저는 확신합니다. 그리고 틀림없이 이런 우위는 모든 방면에서 계속될 겁니다."[32]

---

31. P. Kropotkin, *Memoirs of a Revolutionist*, p. 490 ; Harry Kelly, "Roll Back the Years : Odyssey of a Libertarian," 초고, Avrich Collection, Library of Congress, 8장, p. 1.

기자들은 좋은 인상을 받았다. 겉모습과 행동 덕분에 크로포트킨은 분노로 타오르는 눈빛을 가진 불량한 아나키스트라는 신문의 고정관념을 깨뜨렸다. "크로포트킨 공작[33]은 전형적인 아나키스트이다. 생김새가 족장 같고 옷차림이 단정치 않지만 그건 사회의 관습에 저항하는 사람의 경솔함이라기보다 학문에 몰두하는 사람의 부주의이다. 그의 매너는 우아한 신사 같았고 우리가 익숙하게 봐 오던 아나키스트의 빈정거림과 독단주의를 가지고 있지 않았다."[34]

크로포트킨과 기자들을 떼어놓자마자 켈리와 에델만은 뉴욕 방문 동안 [크로포트킨이] 머무른 매디슨가 66번 도로에 있는 에델만의 아파트로 안내했다. 켈리는 그곳에서 서로가 아는 사람들과 미국, 유럽에서의 사건들에 관해 얘기하면서 긴 밤을 보냈다고 얘기했다. 당연히 그들은 다음날 저녁으로 예정된 "사회주의와 그 근대적인 발전(Socialism and Its Modern Development)"이라는 강연에 관해서도 서로 토론했다. 토론토에 머무를 때 크로포트킨은 켈리와 동지들에게 뉴욕에서 강연을 하겠다고 약속하는 편지를 썼었다. 아나키스트들과 다른 급진주의자들이 모이던 이스트퍼스트가에 있는 유스투스 슈바프(Justus Schwab)의 살롱에서, 필요한 준비를 하기 위한 모임이 열렸다. 크로포트킨이 도착하기 전부터 입장권은 슈바프의 살롱과 시 여기저기에서 (25센트에) 팔렸다.

---

32. 1943년 10월 18일 해리 켈리가 요셉 코헨(Joseph J. Cohen)에게 보낸 편지, Cohne Papers, Bund Archives, New York ; 1948년 7월 7일 켈리가 존 베펠(John N. Beffel)에게 보낸 편지, Beffel Papers, Archives of Labor History and Urban Affairs, Wayne State University ; *New York Herald*, 1897년 10월 24일자.

33. [옮긴이 주] 보통 다른 책들은 '왕자'로 번역한다. 물론 크로포트킨이 아나키즘 운동에서 그런 위치를 차지하지만 아나키스트로서 크로포트킨은 그런 지위를 좋아하지 않았다. 따라서 뒤에 나오지만 미국 사교계의 관심을 끈 건 크로포트킨의 출생신분인 '공작'이라고 봐야 옳다.

34. *New York Herald*, 1897년 10월 24일자.

강연회는 5번가 아래쪽에 있는 2천 석 규모의 멋스러운 강당 치커링 홀(Chickering Hall)에서 열렸다. 하루 종일 주룩주룩 비가 내렸다. 켈리, 에델만과 함께 크로포트킨은 14번가로 가는 3번가의 고가도로를 탔고 "굵은 빗방울이 차창을 때렸다." 홀이 꽉 차고 많은 환영을 받았지만 크로포트킨은 더 가난한 노동자들이 참석하기에 입장료가 너무 비싸다고 생각했기 때문에 마음이 불편했다. 해리 켈리에게는 부유해 보이는 옷차림의 많은 청중들이 "아나키스트의 얘기를 들으러 온 게 아니라 공작을 보러" 온 것처럼 보였다. 여하튼 한 기자는 "모든 좌석이 찼고 서서 들을 만한 여유 공간도 없었기에 수백 명이 돌아가야 했다"고 보도했다.[35] 우아하게 차려입은 청중들은 입장료가 "정말 부담스러웠던" 노동자들, 이민자들과 어깨를 마주 댔다. 빨간색 셔츠를 입고 넥타이를 한 세 명의 여성과 빨간 스웨터를 입은 한 명의 여성이 맨 앞줄의 자리를 차지했다. 연단의 반대편 끝에는 옷깃에 빨간 카네이션을 꽂고 회색 옷을 잘 차려 입은 유스투스 슈바프와 에드워드 브래디(Edward Brady, 당시 엠마 골드만의 동료)가 앉았다.

사회는 벤자민 터커의 말을 빌리자면 "뉴욕시에서 가장 뛰어난 식후 (after-dinner) 연설가"이자 노련한 노동운동가인 존 스윈튼(John Swinton)이 맡았다. 거의 70분을 떠들었는데도 스윈튼의 목소리는 여전히 힘찼고 홀의 모든 사람들에게 전달되었다. 스윈튼이 소개하자 크로포트킨은 "많은 박수갈채를 받으며" 파리꼬뮨의 교훈들과 감옥제도의 해악, 국가사회주의의 위험에 관해 "강연회장을 들뜨게 만든(enthusiastic house)" 연설을 했다. 한 기자는 "익숙한 종교모임을 마주한 연륜있는 성직자마냥 그는 종교적인 분위기의 턱수염을 기르고 안경 너머의 청중들에게 미소를 지었다"고 묘사했다.[36]

---

35. Kelly, "Roll Back the Years," 8장, pp. 1, 6 ; *New York Herald*, 1897년 10월 25일자.

모든 설명을 종합할 때, 크로포트킨은 역동적인 연설가가 아니었다. 그는 모스트처럼 분노와 아이러니로 청중을 들끓게 만드는 현란한 연사가 아니었다. 오히려 그는 심한 러시아 악센트로 조용하게 말했다. 한 기자는 "그의 말은 어떤 체계를 갖추진 못했지만 분명한 진솔함과 부드러움으로 청중의 마음을 사로잡았고 공감을 얻었다"고 생각했다. 차근차근 자신의 주장을 내세우면서도 그는 열정적인 연설을 했다. 옛날부터 친구인 스테피냑은 이렇게 전한다. "그의 목소리는 감정에 북받쳐 떨린다. 그의 목소리는 착각이나 꾸밈이 아니라 확신에 찬 어조로 감동을 주고, 말하는 입만이 아니라 가슴 속 깊은 영혼으로도 들어야 한다. 일류 연설가는 아니지만 그의 연설은 엄청난 감동을 준다. 그렇게 강렬한 느낌 때문에 그의 연설은 호소력이 있고 청중을 자극한다."37

바로 이 점이 치커링 홀의 청중에게 미친 크로포트킨의 영향이었다. 한 청중의 얘기대로라면 그 강연은 "모든 점에서 대성공"이었다. 당시 며칠간 유럽을 방문하고 돌아왔던 미국인 아나키스트 시인 볼테린느 드 클레이르(Voltairine de Cleyre)는 [이 강연이] 자신들의 운동에 매우 필요했던 정신적인 고양을 제공했다고 봤고, 강연에 대한 "환희"를 뉴욕 동지들에게서 발견했다.38

그러나 크로포트킨은 뉴욕에 오래 머물지 못했다. 10월 25일 그는 <오드 펠로우 전당>(Odd Fellows' Temple, 18세기 영국의 비밀공제조합)의 유대인 아나키스트들이 후원하는 집회에서 연설하기 위해 필라델피아로 떠

---

36. *Liberty*, 1881년 9월 3일자 ; *New York Times*, 1897년 10월 25일자 ; *New York Herald* 1897년 10월 25일자. 그리고 *The World*(New Yrok), 1897년 10월 25일자를 보라.

37. *New York Herald*, 1897년 10월 25일자 ; Stepniak[S. M. Kravchinskii], *Underground Russia*(London, 1883), p. 90.

38. Rudash, "Kropotkin's Two Visits" ; Voltairine de Cleyre, "American Notes," *Freedom*, 1898년 2월호

났다. 뉴욕에서처럼 사람들이 떼 지어 집으로 몰려들었고 크로포트킨을 위해 마련된 환영회와 뒤이은 강연도 큰 성공을 거뒀다. 약 2천 명의 사람들이 참석했고, 많은 세월이 흐른 뒤 크로포트킨의 한 전기 작가는 "청중이 아주 호의적이었고 공감했다"고 말했다. 볼테린느 드 클레이르가 말했듯이, 한두 개의 "황색언론"을 제외하면 언론은 "온화한 혁명가에게 공정"했고 특히 차분한 논조의 전통있는 잡지 『필라델피아 레저』(*Philadelphia Ledger*, 필라델피아의 버팀목)는 집회에 관한 "탁월하고 사실적인 보도"를 실었다.[39]

1890년부터 1900년까지 10년 동안 미국에서는 노동자투쟁이 격렬하게 일어났고, 당시 펜실바니아주의 해즐턴(Hazleton)에서 노동자들을 학살한 사건은 크로포트킨의 분노를 불러일으켰다. 그가 필라델피아를 방문하기 6주 전인 9월 10일에 발생한 이 사건은, 지방보안관이 이끄는 경찰파견대가 슬로바키아와 폴란드 광부들의 항의파업 행렬에 발포하면서 발생했다. 이 사건으로 21명의 광부들이 죽고 40명이 부상을 입었다. 정당한 이유가 없는 학살에 격분한 크로포트킨은 주요한 프랑스 아나키스트 잡지인 『레 땅누보』(*Les Temps Nouveaux*, 새로운 시대)에 급하게 기사를 보내 유럽 동료들이 미국에서의 노동자투쟁에 관심을 갖도록 했다. "전쟁이라고 할 수밖에 없는 [싸움], 자비심 없는 전쟁은 미국에서 어떠한 해결책도 내놓지 못할 것이다. 그리고 오랫동안 억눌려 온 노동자들의 인내심이 한계에 도달했기 때문에 전쟁은 참혹할 것이다"라고 그는 결론을 지었다.[40]

크로포트킨은 필라델피아를 떠나 보스턴으로 가서 2주 동안 머물면서

---

39. *Free Society*, 1897년 12월 17일자 ; *Freedom*, 1898년 2월호 ; Woodcock and Avakumović, *The Anarchist Prince*, p. 275.

40. P. Kropotkin, "La tuerie de Hazleton," *Les Temps Nouveaux*, 1897년 10월 9일~15일자 ; Woodcock and Avakumović, *The Anarchist Prince*, p. 276. 그리고 P. Kropotkin, "The Development of Trade-Unionism", *Freedom*, 1898년 3월호를 보라.

7, 8개의 강연을 했다. 그 강연 중 두 개의 강연("야만인과 야만의 상태(Savages and Barbarism)"와 "중세도시(The Medieval City)")은 〈로웰연구소〉라는 유명한 곳에서 했는데, 1901년에 크로포트킨은 이곳을 다시 찾았다. 그리고 그는 뉴욕에서 했던 "사회주의와 그 근대적인 발전"이라는 주제로 〈노동자교육협회〉(Workingmen's Educational Club)의 후원을 받아 콜롬비아 극장(the Columbia Theatre)에서 많은 청중을 모아놓고 공개 강연을 했다. 그는 인류의 진보가 "인간에 의한 인간의 지배를 줄이고 개인에게 더 많은 자유를 주며 모든 개인의 능력과 창의력을 최대한 발전시키고 모든 독립된 단위의 자치(home rule), 권력의 분권화라는 더 자유로운 방향을 지향한다"고 연설했다.41

그리고 크로포트킨은 〈캠브리지 여성노동자〉(the Woman's Industrial Club of Cambridge)에서 "유배자의 땅, 시베리아"라는 주제로 강연했고 하버드 학생들과 지역 노동자들의 단체인 〈캠브리지 미래동맹〉(the Prospect Union of Cambridge)에서 "유럽의 사회주의 운동"에 관해 강연했다. 연설을 초청받은 교회에서 크로포트킨은 "기독교"와 "도덕"에 관한 두 개의 강연을 했다. 청중이 많고 열광적이었지만 선전의 관점에서 집회에 만족했을 뿐이지 그 강연회들이 그의 살림살이에 많은 보탬이 된 건 아니었다. 대부분의 강연이 "간신히 지출을 감당할" 정도였다면, 다행히도 〈로웰연구소〉와 하버드에서의 강연은 "제법 벌이가 좋았다"고 크로포트킨은 게데스에게 편지를 보냈다.42

---

41. "Kropotkin in Boston," *Free Society*, 1897년 11월 14일자, *Boston Herald*에서 인용된 부분.
42. S.C.B., "Boston Letter," *Free Society*, 1897년 12월 12일 ; 1897년 11월 27일 크로포트킨이 게데스에게 보낸 편지. 빡-빡한 일정 때문에 크로포트킨은 〈보스턴 중앙노동연맹〉(the Central Labor Union of Boston)에서 연설해 달라는 오랜 친구인 윌리엄 베일리(William Bailie)의 초청을 거절했다(1897년 11월 5일 크로포트킨이 바일리에게 보낸 편지, Bailie Papers, Avrich Collection, Library of Congress). 예견에 〈사회주의자동맹〉 맨체스터 지부의 구성원이던 바일리는 1892년 미국으로 이민을 왔고 터커의 *Liberty* 주위의 모임에 참여했다.

그러나 또 다른 보상도 있었다. 한 가지 예로, 크로포트킨은 그리 부유하지 않은 하버드 학생들이 만든 협동조합식당에 감명을 받았다. 그는 이 식당을 "상호부조"의 한 예로 보고 이걸 주제로 〈로웰연구소〉에서 강연을 하기도 했고 유명한 『상호부조론』의 테마로도 삼았다.[43] 더구나 다음에 다시 방문해 달라고 초청했던 많은 하버드 교수들을 포함해 새로운 친구들로 모임의 폭이 넓어지는 걸 즐거워했다. 그 중에는 크로포트킨이 깊이 매료되었던 찰스 엘리어트 노턴(Charles Eliot Norton)처럼 문학에 조예가 깊은 학자도 있었다. 노턴은 한 친구에게 보내는 편지에서 크로포트킨을 "가장 온화하고 예의바른 아나키스트"라고 묘사했다. 특히 노턴은 "그렇다, 당신네 형이상학자는 존재하지 않는 검은 모자를 찾아 어두운 방을 뒤지는 맹인이다"라는 형이상학에 관한 크로포트킨의 말에 아주 즐거워했다.[44]

11월 중순 크로포트킨은 영국으로 돌아가기 전 뉴욕에서 마지막으로 강연을 했다. 다시 존 에델만의 집에 머물면서 그는 끊임없이 이어졌던 방문객들을 맞이했고 그 중엔 『프라이에 아르베터 슈티메』의 편집자인 사울 야노브스키와 벤자민 터커도 있었다.[45] 그런데 크로포트킨을 방문했던 사람 중 몇몇은 야노브스키와 터커처럼 환영받지 못했다. 어느 날 오후 뉴욕의 유명한 한 은행가가 러시아 공작을 만찬에 초대하기 위해 들렀다. 에델만은 그에게 크로포트킨의 기분이 좋지 않아 그가 바람을 쐬러 센트럴 파크로 갔다고 얘기했다. 은행가가 막 떠나려 할 때 두 명의 아나

---

43. P. Kropotkin, *Kommunizm i anarkhiia*(St. Petersburg, 1906), p. 11 ; *Mutual Aid*(London, 1902).

44. 1897년 11월 28일 노턴이 와드(S. G. Ward)에게 보낸 편지, Sara Norton and M. A. DeWolfe Howe가 편집한 *Letters of Charles Eliot Norton*(Boston, 1913), 총 2권 중 2권, p. 255.

45. 1937년 3월 22일 막스 네틀라우가 벤자민 터커에게 보낸 편지, Tucker Papers, New York Public Library.

키스트 노동자가 자기 스승[크로포트킨]에게 인사하기 위해 찾아왔다. 크로포트킨은 옆방에서 나와 그들을 따뜻하게 포옹하면서 은행가를 접대하는 데에는 조금도 관심을 보이지 않은 채 자신의 젊은 동지들을 만나 기쁘다고 얘기했다. 크토포트킨은 그들과 함께 몇 시간 동안 그들의 모국어인 이디시어로 대화했다.[46]

곧 있을 크로포트킨의 강연을 광고하기 위해 에델만은 야노브스키의 제안에 따라 자신의 아파트에서 기자회견을 준비했다. 항상 기사가 왜곡되곤 해서 인터뷰를 내키지 않아 하던 크로포트킨도 이번에는 흔쾌히 인터뷰를 허락했다. "하지만 그의 즐거움은 오래가지 않았다"고 야노브스키는 회상한다. "그날 오후『이브닝 저널』(*Evening Journal*)의 기사는 크로포트킨 공작이 담배 한 개비를 얻기 위해 거리를 따라 달렸다고 실었다. 나는 이 신문의 비상식적인 일화를 보고 웃었다. 하지만 나는 크로포트킨이 그처럼 흥분하고 화내는 걸 다시 보지 못했다. '어떻게 이런 거짓말을 할 수 있을까?' 이 일은 크로포트킨과 에델만이『이브닝 저널』의 사무실로 가서 다음날 아침 이 비상식적인 사실을 부인하는 기사를 싣겠다는 약속을 받아낼 만큼 그를 분노하게 했다. 그러나 그 부인기사는 신문의 구석진 모퉁이로 감춰졌고 가장 작은 활자로 인쇄되었다."[47]

그러는 사이에 노동운동 지도자들과 학자들—그 중에는 토버트 엘스킨 엘리(Robert Erskine Ely) 교수와 프랭클린 기딩스 교수도 있었다—, 성직자와 법학자들을 비롯해서 영향력있는 자유주의자들과 개혁가들의 모임인 〈러시아의 자유에 관심을 가진 미국인 친구들〉(the American Friends of Russian Freedom)이 주최한 11월 19일 금요일 저녁의 다음 강연은 다시

---

46. Levin, "A derinerung vegn Pyotr K opokin," 분명히 크로포트킨은 독일에 관한 지식과 런던의 유대인 아나키스트들과의 친분 덕택에 이디시어를 이해했다.

47. S. Yanovsky, "Kropotkin as I Knew Him," Joseph Ishill이 편집한 *Peter Kropotkin : The Rebel, Thinker, and Humanitarian*(Berkeley Heights, N. J., 1923), pp. 131~32.

치커링 홀에서 열렸다. 예전에 국제사법재판소 판사였지만 지금은 톨스토이의 미국인 수제자가 된 언스트 하워드 크로스비(Ernest Howard Crosby)가 사회를 봤는데, 그는 몇 년 전 방문한 러시아에서 받은 인상에 관해 얘기했다. 그리고 나서 크로포트킨은 "진지함과 확신"을 가지고 "러시아에서 자유를 위한 투쟁"에 관해 한 시간 이상 얘기하면서 열광적인 호응을 이끌어냈다. 하지만 항상 자신이 태어난 상류층보다 일반 노동자 친구들을 좋아했던 크로포트킨은 "열렬히 환영하는(chic-très)" 부유한 사람들이 후원한 이번 강연이 "완전한 실패"였다고 생각했다.[48]

다음날 아나키스트 동지들의 부탁으로 그는 러시아인들에게 "아나키즘의 철학적, 과학적 토대"에 관해 강연하는 더 행복한 상황을 경험했다. 입장료는 15센트였고 경비를 지불한 후 남은 125달러는 아나키스트 서적을 발간하기 위해 스위스의 러시아 단체로 부쳐졌다.[49] 다음날 오후 크로포트킨은 뛰어난 유대인 아나키스트이자 의사 히렐 솔로타로프(Hillel Solotaroff)의 집에서 열린 사적인 모임에 참석해서 드레퓌스 사건과 당시의 다른 중요한 문제들을 토의했다. 저녁에 그는 러시아 학생회가 준비한 연회에 예의상 참석했고 "칼 맑스가 언급하는 내용"으로 편향된 사고방식을 가졌다고 느껴진 사회주의 지식인 의사 호르비치(Hourwich), 잉거만(Ingerman)과 논쟁을 벌였다.[50]

빡빡한 일정이지만 일부러 시간을 내 허드슨 강을 건너간 크로포트킨은 노동자 계급 이민자들이 살던 곳이자 전투적인 아나키스트들의 중심

---

48. *Sturmvogel*(New York), 1897년 11월 15일자 ; *New York Tribune*, 1897년 11월 20일자 ; 1897년 11월 27일 크로포트킨이 게데스에게 보낸 편지.

49. Rudash, "Kropotkin's Two Visits," 제네바에 있던 이 단체는 장 그라브(Jean Grave), 엘리제 르클뤼, 요한 모스트, 크로포트킨의 팸플릿을 발행했다. Paul Avrich, *The Russian Anarchists*(Princeton, 1967), p. 38.

50. Rudash, "Kropotkin's Two Visits."

지인 뉴저지주 패터슨시의 동지들에게 강연을 했다. 유럽으로 출발하기 전날인 11월 22일, 그는 "우리 세기의 가장 심각한 사회문제들"이라는 주제로 뉴욕에서 마지막 강연을 했다. 그는 작별모임을 준비하던 동지들에게 "일반 노동자들도 참석할 수 있도록" 입장료를 싸게 낮추자고 주장했다. 그에 따라 입장료로 겨우 5센트를 받았고 아브라함 링컨이 연설했던 <쿠퍼동맹>의 대강당(the Great Hall of Cooper Union)은 꽉 채워졌다. 이 집회는 크로포트킨이 지금까지 연설했던 집회 중에서 아마도 가장 큰 집회로, 한 통계에 따르면 5천 명 이상이 참석했다. 노동조합원들이 초청되었고 <러시아의 자유에 관심을 가진 친구들>의 엘리 교수나 『아틀랜틱 먼쓸리』(*Atlantic Monthly*)의 편집장 월터 하인스 페이지(Walter Hines Page)처럼 글을 쓰는 사람만이 아니라 모든 국적의 노동자들도 참석했다. 집회는 "한 위대한 인간이자 위대한 혁명가에 대한 사랑과 존경"을 분명하게 증명했다.[51]

다음날 크로포트킨은 영국범선 마제스틱호(RMS Majestic)를 타고 영국으로 떠났다. 거의 4달가량의 북아메리카 여행은 대성공이었다. 그는 캐나다 대륙을 횡단하면서 지리와 농업의 특징들에 관한 귀중한 관찰들을 했다. 그는 (토론토와 디트로이트, 워싱턴에서) 세 군데 학회에 참석했고, 그 중 두 군데에서 연설했으며 동료학자들과 사상과 정보를 교환했다. 그는 뉴욕, 버팔로, 패터슨, 보스턴, 필라델피아와 같은 미국 도시들도 방문했다. 지치게 만들기는커녕, 이번 여행은 그의 영혼을 회복시켰다. 더구나 그의 육체적인 건강도 나아졌다. 런던 『프리덤』이 썼듯이, 그 자체로 "막대한 이득"이었다.[52]

---

51. 앞의 글 ; Woodcock and Avakumović, *The Anarchist Prince*, p. 276 ; *Centennial Expressions*, p. 27. *New York Times*, 1897년 11월 23일자를 보라.
52. *Freedom*, 1898년 1월호.

미국 여행을 회상할 때마다 크로포트킨은 여러 곳에서 받은 따뜻한 환대를 떠올리며 즐거워했다. 마제스틱호의 선내에서 그는 "이 아름다운 대륙에 대한 좋은 인상"과 자신이 만난 사람들에 대해 적었다. 캐나다와 미국 모두에서 그는 많은 친구들을 사귀었고 [아나키스트] 운동의 집산주의적 정파와 개인주의적 정파를 주도하는 대표자들인 요한 모스트와 벤자민 터커를 포함해 다양한 국적과 직업을 가진 아나키스트들을 만났다. 일반적으로 크로포트킨은 미국인들에게 "매우 공감했고" "뉴잉글랜드의 주민들과 전혀 다른 인종"의 사람들이 사는 서부의 주들을 방문하지 못했던 걸 아쉬워했다. 정말 그렇게 할 수 있었다면 그는 여기저기 여행하면서 인상을 기록하고 아나키스트 선전을 하며 미국에서 꼬박 1년을 보냈을지도 모른다.[53]

특히 북아메리카의 경제적, 과학적 발전에 감동을 받은 한편, 크로포트킨은 러시아와 유럽이 따라야 할 하나의 모델이라며 환호했던 연방주의 체계를 직접 연구할 기회를 갖게 되었다. 그렇지만 동시에 그는 미국의 정치 환경 때문에 혼란스러웠다. 그는 대의민주주의에 장점들이 있긴 하지만 미국의 정치 환경이 "부패하고 활력을 잃고 있다"고 봤다. 그는 한 미국 기자에게 다음과 같이 말했다. "몇 가지 사소한 예외가 있을지라도 소수의 지배에 맞서고 대중을 위해 싸우도록 선출된 공직자들이 항상 적에게 매수되기 때문에 인민을 위해, 인민에 의해 완전한 해방을 가져오기에는 전통적인 정부형태들이 적절하지 않다는 점을 미국 국민들도 깨닫기 시작하고 있다." 크로포트킨은 당시 대두하던 노동운동을 위안으로 삼으면서 미국에서 파업이 많이 벌어지는 걸 착취에 맞서는 저항의 확산으로 보았다. "미국에서 사회주의적 정서가 오늘날보다 더 풍부했던 적은 전혀 없었다"고 그는 선언했다. "이 정서의 발전이 점점 빨라지고 있고

---

53. 1897년 11월 27일 크로포트킨이 게데스에게 보낸 편지.

특히 뉴욕과 시카고 같은 도시들에서 그렇다."[54]

이[사회주의] 정서를 리버테리안의 방향으로 인도하는 게 크로포트킨의 중요한 방문목적 중 하나였다. 그리고 적어도 어느 정도까지 그의 노력은 헛되지 않았다. 크로포트킨은 강연들로 벌어들인 돈이 지출을 거의 만회하지 못했기에 재정적인 면에서 여행이 "완전히 실패"였다고 인정했다. 그래도 뉴욕에서의 두 차례 대규모 집회—10월 치커링 홀과 11월 〈쿠퍼동맹〉에서—에서는 500달러라는 큰 돈을 모았다. 크로포트킨은 1895년 자금부족으로 발행을 미루던 에델만의 잡지『솔리데리티』를 복간시키기 위해 그에게 이 돈의 대부분을 전해줬다.[55] 더구나 엠마 골드만은 강연들이 "우리 운동에 새로운 활력"을 주는 "가장 만족스런 인상을 줬다"고 적었다. 영국의『프리덤』이 보도했듯이 보스턴과 뉴욕에서의 "집회들은 가장 큰 규모이고 열정적이며 모든 면에서 성공적이었다. 쿠퍼 홀에서의 고별집회는 그가 이전에 했던 어느 연설보다도 훌륭했다."『프리덤』은 크로포트킨의 여행이 "미국의 아나키스트 운동에 엄청난 힘을 줄 것이다. 지난 몇 달간 미국에서 아나키스트 책자의 수요가 이 사실을 증명한다"고 예측했다.[56]

크로포트킨이 방문한 뒤 그의 연설과 에세이들은 미국 아나키스트 언론 지면을 가득 메웠다. 그 중 샌프란시스코『프리 소사이어티』(*Free Society*,

---

54. *The World*, 1897년 11월 22일자.

55. 1897년 11월 27일 크로포트킨이 게데스에게 보낸 편지 ; John H. Edelmann, "Solidarity", *Solidarity*, 1898년 7월 15일자 ; 1948년 7월 7일 켈리가 베펠에게 보낸 편지. 그렇지만 *Solidarity*는 다시 돈이 바닥날 때까지 겨우 여덟 번을 더 발행할 수 있었다. 에델만은 48세의 나이로 2년 뒤에 죽었다.

56. Emma Goldman, *Living My Life*, p. 252 ; *Freedom*, 1898년 1월호. Martin A. Miller, Kropotkin (Chicago, 1976), p. 171과 대조해 보라. 크로포트킨이 표트르 라브로프에게 보낸 편지를 인용하는 밀러에 따르면, 크로포트킨은 미국에서 각양각색의 환영을 받았고 뉴욕과 보스턴에서의 강연에는 사람들이 많이 참석하지 않았다. 그렇지만 이 주장은 다른 유용한 증거들과 일치하지 않는다.

자유로운 사회)의 편집자이자 아나키스트로 돌아선 러시아 메노나이트주의자 아베 이사크(Abe Isaak)는 "법과 권위", "아나키스트 도덕", "혁명정부", "임금체계", "아나키즘: 그 철학과 이상"과 같은 크로포트킨의 중요한 글들을 실었다. 『프리 소사이어티』는 1897년 11월부터 발간되었고 크로포트킨은 뉴욕에서 강연할 때 창간호를 읽었다. 좋은 인상을 받았지만 그는 영국으로 돌아가면서 편집자에게 편지를 보내 한 가지 중요한 비판을 했다. "나는 [『프리소사이어티』보다 앞선] 『파이어브랜드』(Firebrand)가 지나치게 성적인 문제에 관심을 보였다고 보는데, 당신은 그러지 말라고 충고하고 싶어요. 자유로운 남성과 여성은 우리가 지금 예측할 수 있는 것보다 훨씬 더 상호적인 관계를 맺는 방법들을 더욱더 잘 찾을 겁니다. 그건 자유로운 삶을 발전시키려는 자유로운 노력의 결과일 뿐, 대부분의 사례들에서 착각으로 판명되었듯이 어떤 한 신문의 지도로 만들어질 수 없습니다"라고 그는 썼다.[57]

2년 뒤 『프리소사이어티』 편집장의 부인 메리 이사크(Mary Isaak)의 친구 엠마 골드만이 크로포트킨을 방문했을 때, 그는 다시 한번 그 얘기를 끄집어냈다. "신문은 훌륭한 일을 하고 있지만 성을 토론하는 데 너무 많은 지면을 낭비하지 않는 게 좋을 겁니다." 골드만의 생각은 완전히 달랐고 열띤 논쟁이 이어졌다. 골드만의 설명에 따르면, 그와 골드만은 "점점 흥분해서 방안을 걸어 다녔고 서로 굽히지 않고 성 문제에 관한 각자의 입장을 고수했다. 마침내 내[골드만]는 다음의 말로 [논쟁을] 중단했다. '좋아요, 동지, 내가 당신 나이(골드만은 서른이었고 크로포트킨은 쉰일곱이었다)가 되면 성 문제는 내게 더 이상 중요하지 않을 겁니다. 그러나 지금은 수천, 심지어 수백만 명의 젊은이들에게 이 문제는 매우 중대한 부

----

57. *Free Society*, 1898년 1월 16일자.

분이에요.’ 크로포트킨은 잠시 말을 멈추더니 상냥한 얼굴로 밝은 미소를 머금으며 ‘[그건] 공상이오. 나는 그렇게 생각지 않아요. 아마도 나중에는 당신이 옳겠죠’라고 대답했다. 그는 익살스럽게 눈을 깜박이며 호의가 담긴 눈빛을 내게 보냈다.”58

크로포트킨의 미국 여행에서 가장 중요한 결과물 중 하나는 한때 베스트셀러가 된 그의 자서전의 출판이다. 제임스 마버는 자신이 크로포트킨에게 그 작업을 시작하라고 권유했다고 얘기한다. 자신의 친구인 로버트 엘스킨 엘리를 통해 마버는 편집자 월터 하인스 페이지가 달가워하지 않는 경영이사회를 계속 설득했던 『아틀랜틱 먼쓸리』에 크로포트킨이 글을 발표하도록 준비했다.59 우아한 영문체로 씌어진 크로포트킨의 회상은 1898년 9월부터 1899년 9월까지 일련의 시리즈로 발표되었고 그를 “이 시대의 가장 주목할 만한 사람 중 한 명”이라 부른 엘리의 서문을 덧붙였다.60

최초 1회분이 브롬리(Bromley)에 살던 크로포트킨에게 배달되었을 때, 그는 잡지의 편집자들이 붙인 “한 혁명가의 자서전”이라는 제목을 매우 싫어했다. 그 즉시 그는 이후의 제목을 “삶의 언저리에서(Around one’s Life)”로 바꾸고 싶다고 전보를 보냈지만 그의 요청은 무시되었다. 1899년 보스턴의 휴턴 미플린(Houghton Mifflin) 출판사도 “한 혁명가의 회고록”이라는 제목으로 증보판을 출간했는데, 이것 역시 저자를 불쾌하게 만들

<hr>

58. Emma Goldman, *Living My Life*, p. 253. 1912년 청년 월 듀란트(Will Durant)가 크로포트킨을 방문했을 때 그는 “성 문제를 너무 많이 얘기한다”고 잔소리를 들었다. *Mother Earth*, 1912년 10월호

59. Mavor, *My Windows*, 2권, p. 93 ; Roger N. Baldwin, “The Story of Kropotkins’ Life,” Baldwin이 편집한 *Kropotkin’s Revolutionary Pamphlets*(New York, 1927), p. 25.

60. Robert Erskine Ely, “Prince Kropotkin,” Atlantic Monthly, 1898년 9월호, pp. 338~446. 크로포트킨의 제안으로 페이지는 아나키스트 지리학자 엘리제 르클뤼에게 중국에 관한 논문들을 요청했고 같은 호에 실었다.

긴 마찬가지였는데, 이 책에는 1895년부터 크로포트킨의 친구였던 덴마크 출신 비평가 게오르그 브란데스(Georg Brandes)가 서문을 썼다.[61] 이 책의 출간에 "가장 만족"했던 마버에 따르면, "19세기 후반기의 사회운동에 관해 이보다 더 매력적인 자전적 스케치나 명쾌한 설명"은 없었다.[62]

크로포트킨은 1901년 미국을 두 번째로 방문했다. 1897년에 연설했던 곳인 〈로웰연구소〉가 1900년 가을 러시아 문학에 관한 일련의 강의들을 제안하면서 초청했던 것이다. 크로포트킨은 초청을 받아들였고 2월 말경에 두 번째로 대서양을 횡단했다. 보스턴에 도착하자 그는 캠브리지의 컬러니얼 클럽(the Colonial Club)에 들려 전에 방문했을 때 사귄 많은 친구들을 다시 만났고, 한 달 이상 매사추세츠에 머물렀다.[63]

크로포트킨은 마지막까지 〈로웰연구소〉 강의들을 바로잡고 수정하는 데 많은 시간과 노력을 투자했다. 그는 자신의 첫 강의에 관해 노턴 교수에게 이렇게 편지를 썼다. "사실 저는 첫 강의가 아주 걱정됐어요 쓴 원고가 너무 긴데다 끝날 때까지 매우 긴장했죠 그래서 지금에야 나는 [편히] 앉아서 이 편지를 쓰고 있고 밤늦게까지 일할 겁니다." 그러나 그의 두려움은 괜한 것이었다. 해리 켈리가 썼듯이 강의들은 "엄청난 성공"을 거뒀기 때문이다.[64] 로저 발드윈(Roger Baldwin)은 청중들이 "강의를 끝낼

---

61. 1898년 9월 22일 크로포트킨이 브란데스에게 보낸 편지, *Correspondance de Georg Brandes*, 2권, p. 132. 엘리제 르클뤼가 또 다른 제목인 "한 아나키스트의 회고록"이라는 제목을 제안했지만 프랑스판의 제목은 "삶의 언저리에서"(Autour d'une vie)가 되었다. 1898년 8월 28일 르클뤼가 크로포트킨에게 보낸 편지, *Correspondance d'Elisée Reclus*(Paris, 1911~1925), 총 3권 중 3권, p. 213.

62. Mavor, *My Windows*, 2권, p. 93.

63. 1901년 3월 28일 크로포트킨이 브란데스에게 보낸 편지, *Correspondance de Georg Brandes*, 2권, p. 171.

64. Woodcock and Avakumović, *The Anarchist Prince*, p. 284에서 인용 ; Harry Kelly, "American Notes," *Freedom*, 1901년 7월호

때마다 그에게 자유롭고 조심스럽게 질문들을 퍼부었다"고 우리에게 말한다. "그는 권위적이지만 아주 성실한 스타일로, 강한 악센트의 영어로 원고를 읽었다." 모두 여덟 번의 강의를 했고 크로포트킨은 나중에 이것을 보충해서 책으로 출판했다.[55]

보스턴에 더 머물면서 크로포트킨은 다른 강연들도 많이 했다. 예를 들어 그는 웰슬레이 컬리지(Wellesley College)에서 강연했고, 노턴을 비롯해 슬라브 연구의 개척자인 두 명의 교수들로부터 따뜻한 환대를 받았던 하버드에서도 강연했다. 이 두 명의 교수 중 한 명은 레오 바이너(Leo Weiner) 교수로 그 다음해에 『러시아 문학선집』(*Anthology of Russian Literature*)을 출간했는데 크로포트킨은 이 책을 "탁월하다"고 평가했다. 또 다른 한 명은 러시아 역사를 "첫 사랑"이라 말하는 아키발드 캐리 쿨리지(Archibald Cary Coolidge)였는데, 그는 크로포트킨이 <로웰연구소> 강의를 준비하기 위해 필요로 했던 "값진 소장자료"들을 자유롭게 이용할 수 있게 해줬다.[66] 이런 강연 외에도 에드워드 에버렛 할(Edward Everett Hale) 목사가 자기 교회에서 연설해 달라고 초청하자, 크로포트킨은 1897년 보스턴의 교회 모임들에서 연설한 적이 있기 했지만 조직화된 종교에 반감을 갖고 있던 터라 일단 거절했다. 그러나 로저 발드윈은 크로포트킨이 결국 설득 당해 교회의 강당에 서게 되었다고 전한다.[67]

크로포트킨의 가장 큰 집회는 그의 사상과 가장 잘 어울리는 보스턴의 자유사상(freethinking) 공동체의 본거지인 페인 홀(Paine Hall)에서 열렸다. 보스턴 아나키스트 그룹이 조직한 이 집회에서 벤자민 터커의 영국

---

65. Baldwin이 편집한 *Kropotkin's Revolutionary Pamphlets*, p. 26 ; Kropotkin, *Russian Literature*.
66. Leo Weiner, *Anthology of Russian Literature*(New York and London, 1902), 총 2권 ; H. J. Coolidge and R. H. Lord가 편집한 *Archibald Cary Coolidge : Life and Letters*(Boston and New York, 1932), p. 45 : P. Kropotkin, *Russian Literature*, p. 39.
67. Baldwin이 편집한 *Kropotkin's Revolutionary Phmphlets*, p. 26.

출신 제자인 심슨(A. H. Simpson)이 개회사를 맡았다. 사회는 <러시아의 자유에 관심을 가진 미국인 친구들>의 일원이자 윌리엄 제임스와 헨리 제임스의 사촌인 에드윈 미드(Edwin D. Mead)가 맡았다. 그는 크로포트킨을 "우리 시대의 가장 씩씩하고 용감하며 고귀한 자유의 투사"라고 소개했다. 보스턴의 한 기자가 언급했듯이 많은 여성들이 참석했을 뿐 아니라 "가장 국제적이고 독창적이며 열정적인 집회"였고 모두가 운동의 "위대한 선배"에게 호의를 보였다. 다른 기자에 따르면, 크로포트킨이 홀 안으로 들어서자 "우뢰 같은 박수소리가 터져나왔다. 이탈리아 '동지들'의 합창대가 '라마르세예즈'를 불렀고 청중은 다시 박수갈채를 보냈으며 크로포트킨은 그에게 몰려드는 사람들에게 손을 흔들고 웃어주며 행복해했다." 좌석에서 청중 중 일부는 러시아어, 프랑스어, 독일어, 이탈리아어로 인사했고 크로포트킨은 거기에 맞는 언어로 답해주었다.[68]

크로포트킨은 "아나키즘 : 그 철학과 이상"이라는 주제로 강연하면서 국가사회주의가 유례가 없을 정도로 [강력한] 중앙집권적 권력을 낳으면서 반드시 노예제로 이끌 것이라 주장하면서 혹독하게 비판했다. 그는 국가사회주의 대신에 "절대적인 지방자치(absolute home rule), 최고의 개인적 자유"와 함께 자유롭고 자유의지를 따르며 자발적이고 분권적인 사회를 요청했다. 그는 한 기자가 "아나키즘과 그 문헌들, 그 철학과 이상에 관한 학술적이면서도 명석하고 감동적인 선언"이라고 부른 연설을 시작했다. 그는 전 세계에서 아나키스트 운동이 성장하고 있다고 얘기했다. 그는 20년 전만 해도 아나키스트 잡지들이 겨우 한 줌 정도 발행되었지만 지금은 모든 언어로 헤아릴 수 없을 만큼의 문헌들—책과 팸플릿, 정기간

---

68. "Comrade Kropotkin at Boston," *Free Society*, 1901년 3월 17일자 ; *the Boston Post*와 *Boston Transcript*의 기사에 바탕을 둔 Harry Kelly, "Kropotkin in America," *Freedom*, 1901년 3월~4월호.

행물—이 있다고 언급했다. 그는 10년 전이라면 단순히 "아나키즘"이라
는 말만으로도 사람들이 아주 꺼렸기 때문에 지금 같은 모임이 불가능했
을 것이라고 덧붙였다. 연설을 마치면서 크로포트킨은 "빈민과 억압당하
는 자, 굶주린 자, 무방비상태의 사람들에게 가하는 왕과 지배자, 모든 정
부의 무수한 잔혹행위들과 무자비함들을" 예로 들면서 억압적인 권력에
맞서 폭력을 사용했던 아나키스트들을 변호했다. 그는 자신이 경험했던
것만이 아니라 스페인 아나키스트들이 고문받았던 방식을 언급하며 정부
의 박해들에 관해 얘기했다. 그리고 나서 이렇게 말했다. "폭력에 관해 얘
기할 권리를 가진 사람은 그들이 아니라 우리이다."69

『보스턴 포스트』(*the Boston Post*)가 묘사했듯이 "열정적인" 강연 동안,
크로포트킨은 계속 박수를 받았고 "모든 참석자들은 많은 관심을 보이며
귀를 기울였다." 연단 위의 그는 강렬한 인상을 남겼다. "더 이상 크로포
트킨은 얼마 전 〈로웰연구소〉에서 러시아 문학을 강의하던 강사가 아니
었다. 〈로웰연구소〉에서 그는 잘 지내긴 했지만 마음이 편하지는 않았다.
왜냐하면 문학은 그의 특기가 아니었기 때문이다. 그렇지만 이곳에서 크
로포트킨은 열광적인 지지를 받는 동시에 그런 지지를 만드는 선동가였
다. 자신의 운동을 선동하고 고무시키는 투사이자 운동의 신화적인 지도
자인 그는 자신이 내뿜는 모든 말을 [듣는 사람들이] 생각하게 하고 기억
에 남도록 만들었다."70

이 집회는 보스턴에서 크로포트킨의 중요한 행적 중 마지막이었다. 3월
29일 그는 뉴욕으로 떠났다. 출발 전날 밤 워싱턴가의 피닉스 홀에서 고
별모임이 열렸다. 그는 따뜻한 전송을 받았고 해리 켈리가 말했듯이 "에
머슨(Emerson)과 필립스(Phillips), 개리슨(Garrison)의 정신이 죽지 않았고

---

69. *Free Society*, 1901년 3월 17일자 ; *Freedom*, 1901년 3~4월호.
70. *Boston Post*, *Freedom* 1901년 3~4월호에서 인용.

단지 잠자고 있는 중—아마도 이 방문이 그 정신을 깨우는 걸 도울지 모른다—"임을 입증했다.[71]

뉴욕에 도착했을 때, 크로포트킨은 숙박 중이던 제랄드 호텔에서 한 무리의 기자들과 애기를 나눴다. 대화의 방향은 그의 여행 행적을 뒤쫓도록 비밀경찰 오흐라나(the Okhrana)를 보낸 크로포트킨의 조국 러시아로 향했다. 그는 짜르 니꼴라이 2세를 "아주 바보 같고 무책임한 청년"이라 부르며 러시아 대학들에서의 시위에 관해 얘기했다. 그러나 미국의 노선을 본받아 러시아에 연방주의 정부를 세우려 했던 그는 러시아가 입헌개혁의 길로 들어설 것이라고 확신했다.[72]

아나키스트들을 대표하는 엠마 골드만과 지난번 크로포트킨의 여행에 많은 도움을 줬던 로버트 엘스킨 엘리는 크로포트킨의 [뉴욕]강연 일정을 빡빡하게 잡아놓았다.[73] 겨우 한 주 동안 크로포트킨은 보스턴에서처럼 러시아 문학과 아나키즘에 관해 여섯 번 강연했다. 3월 30일 그는 가장 먼저 엘리 교수가 의장을 맡고 있는 중산층 조직 <정치경제학 연구를 위한 교육연맹>(the Educational League for the Study of Political Economy) 앞에서 강연했다. 그런데 골드만은 엘리를 낮게 평가했다. "그는 매우 소심한 사람으로 아나키스트들과의 관계가 <정치경제학 연구를 위한 교육연맹>의 후원자라는 자신의 지위를 손상시킬지 모른다고 항상 두려워하는 것처럼 보였다"는 게 그녀의 가차없는 평가였다. "나는 공작이라는 점이

---

71. *Freedom*, 1901년 7월호.

72. Baldwin이 편집한 *Kropotkin's Revolutionary Pamphlets*, p. 26 ; *New York Times*, 1901년 3월 30일자.

73. Emma Goldman, *Living My Life*, p. 287 ; Hippolyte Havel, "Emma Goldman," in Emma Goldman, *Anarchism and Other Essays*(New York, 1910), pp. 29~30. 엠마 골드만을 도왔던 사람 중에는 오스트리아 아나키스트인 루돌프 그로스만(Rudolf Grossmann)이 있었고 그는 나중에 "삐에르 라무스(Pierre Ramus)"로 알려졌다. 1924년 1월 3일 그로스만이 요셉 이쉴(Joseph Ishill)에게 보낸 편지, Ishill Papers, Harvard University.

엘리가 가장 중요하게 생각하는 크로포트킨의 특징이라고 느꼈다. 영국인은 [실제로] 왕족을 가졌기에 그들을 사랑했지만 몇몇 미국인들은 왕족을 가지고 싶기 때문에 그들을 사랑했다. 크로포트킨이 혁명에 가담하면서 자신의 작위를 포기했다는 점은 그들에게 문제되지 않았다."[74]

여하튼 강연은 대성공이었다. 크로포트킨은 열광적인 환영을 받았고 버클리 강당을 가득 채울 만큼 청중을 불러 모았다. 『뉴욕 타임즈』에 따르면, "모든 좌석이 찼고 여분의 의자를 가져왔지만 극장의 위층과 아래층 뒤편에는 사람들이 서 있었다." 크로포트킨의 강연 주제는 "투르게네프와 톨스토이"였다. 『뉴욕 타임즈』는 "그가 한 시간 반 동안 쉽고 유쾌하게 연설했지만 때때로 목소리가 들리지 않을 만큼 떨어져 있던 사람들이 이해하기 어려운 악센트를 썼다"고 얘기했다. 참석했던 한 아나키스트는 그런 어려움을 겪지 않았다. "나이 든 스승이 자신의 동포에 대해 얘기하는 걸 듣는 건 결코 잊을 수 없는 큰 기쁨이었다. 특히 대중이 톨스토이를 환영했던 방식, 즉 등을 툭툭 치며 격려하고 애정과 형제의 사랑이 담긴 말투로 말을 거는 방식에 관해 얘기했을 때 그랬다."[75]

다음날인 일요일 오후 크로포트킨은 아나키스트 동지들이 시의 가장 큰 강당 중 하나인 그랜드센트럴 팰리스에 마련한 대중집회에서 연설했다. 해리 캘리는 3년 반 전 <쿠퍼동맹>에서의 연설을 제외하면 이번 집회가 뉴욕에서 열린 다른 어떤 집회보다 크고 성공적인 아나키스트 집회였다고 말했다. 입장료가 25센트로 비쌌지만 모든 마을에서 사람들이 찾아왔고 4천 명을 수용하는 강당은 "문 앞까지 꽉 찼다." 아나키스트 책장수인 막스 마이젤(Max Maisel)은 현관에 판매대를 마련하고 리버테리안

---

74. Emma Goldman, *Living My Life*, p. 361.

75. I. Ulman, "Kropotkin in New York," *Discontent*, 1901년 4월 24일자 ; *New York Times*, 1901년 3월 31일자.

교육의 개척자인 알렉시스 페름(Alexis C. Ferm)의 도움으로 그의 책을 전시했다.[76]

사회자는 잘 알려진 기독교 사회주의자 조지 헤론(George D. Herron) 박사였고 그는 4년 전 런던경제학교(the London School of Economics)에서 학생신분으로 크로포트킨을 만났었다. "그는 사회학적으로든 종교적으로든 당시 내가 정세를 바라보던 방식에 결코 찬성하지 않았다"고 헤론은 회상했다. "하지만 그는 항상 아주 친절하고 합리적으로 충고하고 주장했기 때문에 나는 [런던]경제학교의 학부를 구성했던 페이비언주의 정치경제학교수들보다 그가 훨씬 더 좋은 선생님이라고 생각했다." 당시 헤론은 이런 큰 집회에서 의장석에 앉는 게 영예라고 느꼈다. 그는 많은 집회에서 사회를 봤지만 연설재[크로포트킨]가 "인간의 자유를 위한 운동에서 한 명의 주인공과 같기" 때문에 지금 이 순간을 자신의 삶에서 가장 행복한 순간으로 항상 기억하겠다고 청중에게 말했다. 헤론은 자신이 크로포트킨의 글들을 "진정한 성경"으로 여겼고 "이 시대를 지배하는 사회적 어둠에 불을 밝혔기 때문에 그에게 많은 빚을 졌다"고 덧붙였다.[77]

크로포트킨은 보스턴의 페인 홀 강연 때의 주제인 "아나키즘: 그 철학과 이상"에 관해 연설했다. 『뉴욕 타임즈』의 기자는 또 한번 그의 말을 이해하는 데 어려움을 겪은 반면에("그는 너무 빨리 말하고 거의 이해할 수 없는 사투리를 쓴다"), 아나키스트들은 그 연설을 유창함과 명쾌함의 모델이라 칭송했다. 어떤 사람은 "동지들, 이거야말로 진정한 영광이다! 나 스스로 많은 집회에 가봤다고 자부한다 … 하지만 내 평생 그렇게 감동적인 환영회를 결코 보지 못했기에 그를 사회주의 운동의 위대한 인물

---

76. *Freedom* 1901년 7월호; Ulman, "Kropotkin in New York"; 1951년 5월 23일 알렉시스 페름이 사샤 호르비치에게 보낸 편지, Modern School Collection, Rutgers University.

77. Geroge D. Herron, "Kropotkin as a Scientist," *Mother Earth*, 1912년 12월호; Ulman, "Kropotkin in New York."

이라 얘기하는 건 너무나 당연하다."[78]

다음 며칠간 크로포트킨은 추가로 많은 강연을 했다. 어느 날 저녁 그는 "좋은 뜻과 나쁜 뜻 모두로 유명한 타머니 홀(Tammany Hall)"에서 러시아 사람들에게 러시아어로 강연했다.[79] 그리고 그는 "미래의 노동(Work As It Should Be)"이라는 주제로 시의 많은 단과대학들에서 강연했다. 이런 집회에서 비용을 제외하고도 약 750달러가 더 거둬졌고, 크로포트킨이 그 돈을 런던『프리덤』과 파리의『레땅누보』, 지금은 시카고에 위치한『프리소사이어티』로 전했다고 얘기된다.

강연 중간에 크로포트킨은 많은 방문객들을 맞이했고 그 자신도 오랜 친구들과 새롭게 알게 된 사람들을 방문했다. 도착한 지 하루 이틀이 지난 뒤 그는 지난번 여행 때 방문했던 요한 모스트를 만났다. 크로포트킨이 골드가의『프라이하이트』사무실로 모스트를 찾아 떠났지만, 몇 가지 오해 때문에 [서로 엇갈려서] 이 만남은 제랄드 호텔에서 이루어졌다. 마침내 모스트가 호텔에서 크로포트킨을 붙잡자 그들은 매우 따뜻하게 포옹했고 차를 마시며 주로 유럽과 미국의 아나키스트 운동에 관해 한 시간가량 대화했다.[80]

또 다른 특별한 일로 이상하게 얽혔지만 로버트 엘리는 크로포트킨을 데리고 미국내전 동안 남부의 대통령이었던 제퍼슨 데이비스(Jefferson Davis)의 미망인을 찾아갔다. 크로포트킨과 만나는 동안 데이비스 부인은 엘리를 찾아 부커 워싱턴(Booker T. Washington)이 응접실로 왔다는 말을 들었고 그녀도 그를 만나고 싶어했다. 따라서 로저 발드윈이 전하듯이 이 나라에서 결코 만날 수 없을 것 같던 두 사람을 크로포트킨이 의도하지

---

78. Ulman, "Kropotkin in New York" ; *New York Times*, 1901년 4월 1일자.

79. *Freedom*, 1901년 7월호.

80. Johann Most, "Eine Stunde mit Peter Kropotkin," *Freiheit*, 1901년 4월 13일자. 그리고 Rudolf Rocker, *Johann Most ; Das Leben eines Rebellen*(Berlin, 1924), pp. 396~99를 보라.

않게 맺어준 결과가 되었다. 그리고 아나키스트 공작과 흑인 교육자, 노예제를 주장한 대통령의 미망인이 "점잖게 마주앉아 마치 일상적인 일인 듯 함께 이야기를 나눴다."[81]

강연과 방문을 제외하면 크로포트킨은 아나키스트들과 자유주의자 친구들을 개인적으로 만나는 데 대부분의 시간을 썼다. 예를 들어, 그랜드 센트럴 팰리스 집회 이후 소규모의 아나키스트 모임들—엠마 골드만도 그 중 한 명이다—이 "우리의 소중한 스승"과 함께 식사를 했다.[82] 다음 날인 4월 1일 저녁 크로포트킨을 위해 원기 회복과 여흥, 토론을 목적으로 하는 대규모 환영회가 노동회관(the Labor Lyceum)에서 열렸다. 거의 한밤중까지 머물면서 잡담을 나누던 크로포트킨은 숭배에 가까운 따뜻하고 존경 어린 환영을 받았다. "진실한 선의로 달아오른 그의 밝고 친절한 얼굴과 지적인 이마, 그리고 그 모든 특징 중에서 —수많은 세월을 아주 열정적으로 살아온 사람에게— 가장 두드러진 온화하고 부드러운 눈을 보는 것 자체가 하나의 영감이었고 이야깃거리"였다고 환영회에 참석했던 한 아나키스트는 썼다. "남자와 여자들이 부드러움으로 가득한 눈과 격렬하게 고동치는 심장을 가진 그를 거침없이 포옹한 건 놀라운 일이 아니다." 그들의 호의에 매우 감동했지만 크로포트킨은 제자들의 그런 추종을 말리려 했다. 따라서 미국의 주요한 유대인 아나키스트 신문인 『프라이에 아르베터 슈티메』가 그의 사진들을 모아서 출판하려는 계획을 세웠을 때 크로포트킨은 그 계획을 중지시켰고 "하나의 우상"으로 만들어지는 걸 거부한다고 편집장에게 말했다.[83]

---

81. Baldwin가 편집한 *Kropotkin's Revolutionary Pamphlets*, pp. 26~27 ; Woodcock and Avakumović, *The Anarchist Prince*, p. 285. 크로포트킨의 딸은 부커 워싱턴(Booker T. Washington)에게 자서전을 쓰라고 권유한 사람이 크로포트킨이라고 말했다. 1965년 3월 10일 뉴욕에서 Alexandra Kropotkin과의 인터뷰.
82. Emma Goldman, *Living My Life*, p. 287.

그런 모임은 4월 6일 토요일 저녁 로우어이스트사이드의 헨리가에서 준비된 작은 만찬을 끝으로 마무리됐다. 그날 오후 <사회주의 노동당>의 기관지 『위클리 피플』(the Weekly People)은 크로포트킨의 그랜드센트럴 팰리스 집회에 관해 넝소적인 기사를 실었다. 자본가들보다 아나키스트들을 더 혐오했던 편집장 다니엘 드 레옹(Daniel De Leon)이 쓴 기사는 크로포트킨을 비교적 공정하게 다뤘던 일반 신문의 기사보다 더 심한 적개심을 드러냈다. 드 레옹은 공격적인 경멸감을 품고 자신이 "다른 사람에게 후한 헤론", "가난한 늙은이 존 스윈튼", "매정하고 초라한 여우얼굴과 반짝이는 안경을 쓴" 엠마 골드만이라고 이름붙인 사람들을 "공작의 수행원들"이라며 조롱했다. 드 레옹은 크로포트킨이 "이미 낡아버린 지식에서 중요한 것만을 모은 정신구조"를 가졌다고 썼다. "그의 영어는 아주 형편없다. 그는 사상이나 정보에 관해 전혀 새로울 게 없는, 노동자 계급과 자본가 계급 외에도 이 세상의 모든 것에 관해 항상 똑같이 길고 지루하며 일관되지 않은 아나키스트적인 만담을 한다."[84]

인자한 성인이라는 평판을 받았던 크로포트킨이지만 분노와 도덕적 격분을 터뜨릴 수밖에 없었다. 그 순간에 그의 얼굴은 경직되었고 눈은 분노로 불탔으며 안색이 붉어지고 타는 듯했다. 그런 상황은 헨리가의 만찬에서 유명한 유대인 극작가인 제이콥 고르딘(Jacob Gordin)이 드 레옹의 기사를 우연히 언급하면서 벌어졌다. 크로포트킨은 몸을 떨기 시작했고 매우 격렬한 떨림으로 테이블이 흔들렸으며(옆에 앉은 야노브스키는 떨림을 느낄 수 있었다) [참석자들은] "그런 쓰레기" 때문에 만찬을 망치지 않도록 고르딘을 만류했다.[85]

---

83. S. Yanovsky, "Kropotkin kakim ia ego znal," G. P. Maximoff가 편집한 *P. A. Kropotkin i ego uchenie : Internatsional'nyi sbornik posviashchennyi desiatoi godovshchine smerti P. A. Kropotkina*(Chicago, 1931), p. 216.

84. "A 'Real Revolutionist'," *Weekly People*, 1901년 4월 6일자.

감정적, 신체적으로 크로포트킨의 빡빡한 일정은 그의 허약한 체질에 상당한 무리를 주었다. 흥분과 끝없는 연설, 환영회들로 탈진한 그는 유행성 감기로 쓰러졌고 한 주 넘게 침대신세를 졌다. 하지만 4월 중순이 되면서 그는 더 많은 강연들이 준비된 ―주로 시카고에서 준비되었다― 중부로 떠날 만큼 충분히 회복됐다.

시카고로 가는 길에 크로포트킨은 러시아 출신 아나키스트이자 카네기 철강회사의 헨리 클레이 프릭을 살해하려고 한 혐의로 22년 간의 감옥생활을 하고 있던 알렉산드르 베르크만을 방문하기 위해 특별히 피츠버그에 들렀다. 그 자신도 감옥에서 5년을 보냈기에 크로포트킨은 1892년에 베르크만을 옹호하는 행동을 하기도 했고 그에게 특별한 연민을 느꼈다. 크로포트킨은 "베르크만이 대중들 사이에 아나키즘을 퍼뜨리는 데 잡지나 신문을 읽는 것보다 더 많은 기여를 했다. … 그는 우리의 시카고 순교자들이 미국 아나키스트 운동의 마지막 모히칸[최후의 전사]이 아님을 보여줬다."[86] 3년 뒤 골드만이 영국에 있는 크로포트킨을 방문했을 때 그는 베르크만에 대해 물었다. 골드만은 "그가 베르크만의 재판에 대해 알고 있었고 사샤[베르크만의 애칭]에게 깊은 호의와 관심을 보이면서 그의 재판과 그 모든 과정을 알고 있었다"고 말했다. 그리고 1897년 뉴욕을 방문했을 때 크로포트킨은 5번가의 자기 집을 방문해 달라는 앤드류 카네기 (Andrew Carnegie)의 초대를 거절했다. "당신의 권력과 영향력 때문에 나의 동지 알렉산드르 베르크만은 펜실바니아주가 최고 7년 형으로 정한 행동에 대해 22년 형을 받았습니다. 나는 22년 형을 선고하도록 도운 사람의 초대를 받아들일 수 없습니다."[87]

---

85. Yanovsky, "Kropotkin kakim ia ego znal," p. 216. Woodcock과 Avakumović의 *The Anarchist Prince*, p. 278을 보면, 크로포트킨이 요한 모스트의 *Freiheit*를 찾으면서 드 레옹의 사무실에 우연히 들렀을 때 두 사람은 실제로 만나 즐겁고 활기찬 대화를 나눴다고 한다.
86. *Die Autonomie*, 1892년 9월 24일자. *Solidarity* 1892년 10월 8일자와 비교하라.

크로포트킨이 피츠버그에 도착했을 때 베르크만은 탈옥시도가 실패한 뒤 독방에 감금되어있었다. 그래서 크로포트킨은 그를 만날 허가를 받지 못했다. 며칠 뒤 베르크만은 봉투의 자기 이름 밑에 "정치범"이라고 쓴 편지 한 장을 크로포트킨에게서 받았다. 교도소장은 화를 냈다. "우리 자유로운 나라에는 정치범이 없어"라고 그는 봉투를 찢으며 베르크만에게 소리쳤다. "하지만 당신은 정치적인 공무원이오"라고 베르크만은 응수했다. "우리는 그 문제를 실컷 논의했어. 그리고 나는 봉투를 요구했지. 교도소장은 내게 사과하라고 요구하더군. 물론 나는 거부했고 지하감옥에서 3일을 보내야 했어"라고 베르크만은 한 친구에게 말했다.[88]

베르크만을 만나려는 시도가 좌절되자 크로포트킨은 중부의 중요한 목적지인 시카고로 계속 갔다. 시카고에서 두 정거장 떨어진 잉글우드에서 그는 아베 이사크와 메리 이사크, 그를 환영하며 "시카고의 열광하는 군중들이 그를 둘러싸기 전에" 얘기하고 싶었다는, 『프리소사이어티』를 발행하던 그들의 아들 아베 이사크 쥬니어(Abe Isaak, Jr.)를 만났다. 그리고 한 명의 기자와 신문 삽화가도 기다리고 있었지만 "크로포트킨이 동지들을 맞이하는 동안 신문기자는 다음에 방문해달라는 말로 정중하게 거절당했다. 아나키스트 운동과 동지들은 항상 그의 최우선 관심사였다."[89]

시카고에 도착하자 크로포트킨은 자신의 사회적, 윤리적 가르침에 영향을 받은 톨스토이의 제자 제인 아담스(Jane Addams)의 안내를 받았다. 아담스는 자신의 유명한 사회복지관인 홀 하우스(Hull House)로 크로포

---

87. Emma Goldman, *Living My Life*, p. 169. ; Maximoff가 편집한 P. A. *Kropotkin i ero uchenie*, p. 226. 또 다른 버전은 Baldwin이 편집한 *Kropotkin's Revolutionary Pamphlets*, pp. 25~26.

88. 1902년 8월 18일 알렉산드르 베르크만이 칼 놀드(Carl Nold)에게 보낸 편지, *Prison Memoirs of an Anarchist*(New York, 1912), p. 442. 엠마 골드만이 이 사건을 언급한 *Mother Earth Bulletin*, 1918년 2월호와 비교하라.

89. 1974년 9월 24일 뉴욕에서 (이사크 부부의 손녀인) Grace Umrath와의 인터뷰 ; Abe Isaak Jr., "Kropotkin in Chicago," *Free Society*, 1901년 5월 5일자.

트킨을 안내했고 그는 일주일의 방문기간 동안 그곳에 머물렀다. 엠마 골드만은 그 방문 때문에 각 방들이 러시아 민속예술로 장식되었고 아담스와 직원들이 러시아 농민복장을 입었다고 말했다. 많은 러시아 손님 중에서 ─그곳에는 러시아 손님들이 많이 들렀다─ 아담스는 크로포트킨을 "가장 유명한 사람"으로 여겼다.[90] 당시 홀 하우스에 살던 앨리스 해밀턴(Alice Hamilton) 박사에 따르면, 크로포트킨을 보기 위해 복지관으로 모여드는 러시아 망명객들처럼 "우리 모두 그를 사랑하게 되었다. 아주 쇠약했든 아니든, 심지어 지저분하든 아니든 방문객이 오면 크로포트킨 공작은 그를 반갑게 맞이하며 두 볼에 키스할 것이다."[91]

홀 하우스에서의 첫날 밤 크로포트킨은 아베 이사크 쥬니어가 "아나키스트에 관한 일반적인 오해와 비교할 때 아주 공정하다"고 얘기했던 『시카고 프레스』의 기자와 만나는 데 동의했다. 기자가 떠난 뒤 크로포트킨은 [운동의] 선배인 아베 이사크와 유럽 아나키스트 운동의 상황에 관해 개인적으로 얘기를 나눴다. 특히 스페인과 이탈리아, 프랑스의 노동조합 내에서 리버테리안 사상이 성장하는 걸 반기는 한편, 크로포트킨은 미국의 노동조합운동에도 많은 관심을 보였고 "아나키스트들이 그들과 결합해 선동해야 한다고 강조했다."[92]

4월 17일 크로포트킨은 시카고에서의 다섯 차례의 강연 중 첫 번째 강

---

90. Emma Goldman, *Living My Life*, pp. 375~76 ; Jane Addams, *Twenty Years at Hull House*(New York, 1910), p. 402. 1932년 말 에드먼드 윌슨(Edmund Wilson)은 다각형 방에서 "홀 하우스의 수호신과 영웅들" 사이에서 크로포트킨의 초상화를 발견했다. Wilson, *The American Earthquake*(Garden City, N.Y., 1958), p. 449.

91. Alice Hamilton, *Exploring the Dangerous Trades*(Boston, 1943), p. 86. 해밀턴 박사는 산업 유해물질에 관해 손꼽히는 전문가였다.

92. *Free Society*, 1901년 5월 5일자. 크로포트킨은 1904년 발행이 중단될 때까지 *Free Society*의 열독자였고 헌정사를 적은 자기 책의 복사본들을 보내 아베 이사크와 관계를 유지했다. 그는 특히 1901년부터 *Free Society*에 연재되었고 다음해 책의 형태로 출판되었던 제임스(C. L. James)의 "프랑스 혁명의 역사"에 감명을 받았다.

연을 홀 하우스에서 했다. <공예미술협회>(the Arts and Crafts Society)에서 연설하면서 그는 『들판과 공장, 작업장』이라는 (제인 아담스가 말했듯이) "뛰어난 책"의 요약본을 증정했는데 예술의 형태로서 노동의 가치를 강조하면서도 책을 통한 교육[이론적인 교육]을 보완해줄 실천적 가르침의 중요성을 간과하지 않았다. 4월 18일과 19일에는 <20세기 클럽>(the Twentieth Century Club)에게 "중세도시들"에 관해, <고등학교 교사들의 모임>(the High School Teachers' Club)에게 "상호부조의 법칙과 적자생존"에 관해 연설했다. 이 두 강연 모두 곧 출간될 책인 『상호부조론』에 의거했다.

4월 20일 토요일 오후, 크토포트킨은 한 무리의 시카고 아나키스트들을 데리고 발트하임(Waldheim) 묘지를 방문해 헤이마켓 순교자인 파슨즈와 스파이스, 링, 피셔, 엥겔의 무덤에 헌화했다. 크로포트킨은 그들이 체포된 1886년부터 아나키스트 운동의 선두에 서서 싸웠다. 같은 날 아침 포터 팔머(Potter Palmer) 부인이 이끄는 한 무리의 사교계 여성들이 그를 점심식사에 초대했다. 시카고에서 "가장 부유하고 '근면한' 사업가"의 아내인 팔머 부인은 홀 하우스의 재정후원자였다. "오실 거죠, 공작님, 그렇지 않나요?"라며 그녀는 간청했다. "미안합니다. 부인, 하지만 저는 동지들과 선약이 있습니다"라고 크로포트킨은 양해를 구했다. "오, 안돼요, 공작님, 당신은 우리와 함께 해야만 해요!", 팔머 부인은 고집했다. 크로포트킨은 대답했다. "마담, 당신은 공작을 손에 넣을지 모르나 나는 나의 동지들과 함께 할 겁니다"[93]라고 대답했다.

하지만 크로포트킨은 보스턴이나 뉴욕보다 훨씬 더 많은 관심을 보이

---

93. James W. Linn, *Jane Addams : A Biography*(New York, 1935), p. 197 ; Emma Goldman *Living My Life*, p. 361. Fernand Planche와 Jean Delphy의 *Kropotkine*(Paris, 1948), p. 108은 헤이마켓 처형 기념일인 11월 11일로 사건을 잘못 기록했다.

던 시카고 상류사회를 피할 수 없었다. 유명한 가문의 러시아 귀족이자 국제적인 명성을 얻은 과학자였기에 미국 상류사회는 끊임없이 그에게 추파를 던졌다. 한때는 아나키스트 동지들을 만나기를 기대하면서 사회 단체의 초대를 받아들였는데, 엠마 골드만의 친구인 이뽈리트 하벨은 그곳에서 "사인해 달라고 조르는 천박한 부르주아 여성"들을 발견했을 뿐이었다고 적었다. "이 아이러니란! 인민에게 다가서기 위해 러시아 황실에서의 지위를 기꺼이 포기한 사람이 시카고의 돼지 같은 지배계급에게 환대를 받다니!"94

그래도 그곳에는 크로포트킨이 기꺼이 만나고 싶어했음직한 몇몇 유명한 시카고 시민들이, 특히 1893년 헤이마켓 아나키스트들을 사면시켰던 전(前)일리노이 주지사 존 피터 알트겔트(John Peter Altgeld)도 있었다. 그 모임은 시카고 시민사회 복지관(the Chicago Commons settlement house)의 창설자이자 특별한 경우에만 참석하곤 했던 그레함 테일러(Graham Taylor)가 준비했다. 대화의 초점은 교육장관의 암살로 학생 시위와 정부의 억압이 정점에 달한 러시아로 맞춰졌다. 테일러는 자신이 "아주 폭력적인 행위만이 러시아 인민들을 억압에서 해방시킬 수 있느냐고 질문했을 때" 크로포트킨이 "독재적인 관료주의자들이 대지의 표면에서 날려 사라져야만 폭력이 없어질 수 있다"고 대답했다고 회상했다. 알트겔트는 자기로서는 "그런 결론들을 정당화하는 데 있어 미국은 예외라고 주장했다."95

발트하임 묘지에 참배한 뒤 4월 20일 밤 크로포트킨은 시카고 대학의 학생들과 교수들을 만났고 "과학과 사회문제"에 관해 연설했으며 짜르가 러시아 학생들을 다루는 방식에 항의하는 운동을 벌이기 시작했다. 러시아 정부에 대항하는 미국인의 여론을 불러일으키기 위해 크로포트킨은,

---

94. Hippolyte Havel, "Kropotkin the Revolutionist," *Mother Earth*, 1912년 12월호.
95. Graham Taylor, *Pioneering on Social Frontiers*(Chicago, 1930), p. 317.

그 시위의 원인이 정부의 억압적인 정책들과 더 많은 해방을 획득하려는 모든 노력들을 무자비하게 진압하는 전체적으로 반동적인 환경에 있다는 내용의 원고를 두 개의 주요한 정기간행물, 『아웃룩』(*The Outlook*)과 『노스 아메리칸 리뷰』(*The North American Review*)에 실었다.[96] 크로포트킨은 최근 자신이 캠브리지에 머무는 동안 벌어진, 식당 식단의 "단조로움"에 항의하는 하버드 학생들의 시위를 언급했다. 그는 "맥킨리 대통령이 하버드 학생들을 … 필리핀으로 보내라고 명령했다면 미국인들은 뭐라고 말하겠는가?"라고 물었다. "이 나라에서는 분명 분노가 치솟을 것이다. 러시아에서 벌어진 일은 바로 그런 거다." 러시아가 독재에서 벗어나야 한다고 주장하면서 한때 크로포트킨은 분권과 연방주의 노선에 바탕을 둔 의회체계를 요구했다. 그는 니꼴라이 2세가 "곧 온 나라의 염원에 부응하는 조치를 취해야만 한다는 걸 깨닫게 될 것이다. 지난 두 달 동안 얻은 교훈을 그가 제대로 이해했길 기대하자"고 썼다.[97]

『노스 아메리칸 리뷰』에 보낸 기사는 그 이름 자체가 반동을 의미했던 러시아 정교회의 의장이자 짜르의 주된 조언자였던 콘스탄틴 포베도노스체프(Konstantin Pobedonostsev)의 반박을 받았다. 크로포트킨을 "무질서와 사회주의의 직업적인 사도"라고 부르면서 포베도노스체프는 러시아의 정치체제와 교육체계를 옹호했다. 그는 크로포트킨이 "러시아를 알지 못하고 자신의 모국을 이해할 능력도 없다. 왜냐하면 러시아 인민의 영혼은 그가 결코 열 수 없도록 봉인된 책이기 때문"이라고 선언했다. 그리고 설사 독재정치가 시대에 뒤떨어졌다는 점을 인정한다 해도 "크로포트킨이 주장하는 개혁안에서 정부의 개선책을 찾는 것은 신이 허락하지 않는다"

---

96. *Free Society*, 1901년 5월 5일 ; P. Kropotkin, "Russia and the Student Riots," *The Outlook*, 1901년 4월 6일자, pp. 760~64 ; Kropotkin, "The Present Crisis in Russia," *The North American Review*, 1901년 5월호, pp. 711~23.

97. P. Kropotkin, "The Present Crisis in Russia," pp. 717, 723.

고 말했다.98

크로포트킨은 헌법을 쟁취하려는 러시아 자유주의자들의 노력을 칭송하는 시리즈의 마지막 시리즈 기사에서 [포베도노스체프에게] 답했다. 그는 자신의 반(反)국가주의 관점을 포기하지 않았다. "내가 곧 도래할 헌법에 관해 얘기한다 해도 그게 만병통치약이라 보는 건 아니다"라고 그는 썼다. "나의 개인적인 이상은 그걸[헌법] 넘어선다. 그러나 우리가 그걸 좋아하든 좋아하지 않든 헌법의 시대는 도래하고 있다. 황제의 서명을 보호막으로 삼아 제국의 기본적인 법률들을 [실천하지 않고] 단순히 포고만 함으로써 상황을 바꾸려는 장관들의 터무니없는 실수와, 그들의 권리 독점이 더 잦아진다는 사실 때문에라도 헌법의 도래를 피하기 어렵다."99

4월 21일 일요일 크로포트킨은 지역 아나키스트 단체들의 도움으로 시카고의 가장 큰 집회에서 연설했다. 입장권을 25센트에 팔았는데도 3천 명 이상의 사람들이 "아나키즘: 그 철학과 이상"을 제시하는 그의 말을 듣기 위해 센트럴 뮤직홀을 가득 메웠다. 진짜 공작을 본다는 기대로 모인 사교계 사람들만이 아니라 모든 아나키스트들—하벨, 이사크 부부, 그들의 동지들—이 모여들었다. 이사크 부부의 딸 메리와 친구 소니아 에델슈타트(Sonia Edelstadt)—유대인 아나키스트 시인의 조카딸—, 데이비드 에델슈타트(David Edelstadt)는 모든 좌석 위에 『프리 소사이어티』 복사본을 한 부씩 놓았다. 사회자는 나중에 제인 아담스처럼 톨스토이주의자가 된 유명한 법률가 클라랜스 다로우(Clarence Darrow)였다. 그는 크로포트킨을 다음과 같이 소개했다. "러시아에서 그들은 자신들의 선지자를 추방했습니다. 이 나라에서 우리는 선지자들을 목매달았습니다." 이 말은 집

---

98. Konstantin Pobedonostsev, "Russia and Popular Education," *North American Review*, 1901년 9월호, pp. 349~54.

99. P. Kropotkin, "Russian Schools and the Holy Synod." 같은 잡지, 1902년 4월, pp. 518~27. 그리고 James W. Hulse, *Revolutionists in London*(Oxford, 1970), pp. 169~70을 보라.

회에서 소동이 벌어졌던 헤이마켓 사건을 가리켰다.[100]

4월 22일 크로포트킨은 일리노이 대학에서 "사회주의의 근대적인 발전 (The Modern Development of Socialism)"이라는 주제로 강연하기 위해 어바나(Urbana)로 가는 기차를 탔다. 그의 연설은 따뜻한 환영을 받았고, 학생신문은 그 연설에서 "아나키스트와 아나키즘이라는 주제를 둘러싼 잘못된 인상의 아지랑이를 제거했다는 점에서 특별한 가치"를 발견했다. 다음날 그는 매디슨의 위스콘신 대학으로 갔고 "투르게네프와 톨스토이"에 관해 강연—이 강연도 "모든 점에서 성공"이라고 기록되었다—을 했다.[101] 4월 24일 그는 <공예미술연맹>(the Industrial Art League)이 준비한 고별 연회에 참석하기 위해 시카고로 돌아왔다. 미국방문이 자신의 삶에서 가장 즐거운 기억 중 하나로 남을 것이라 얘기하면서 그는 에머슨과 쏘로우, 휘트먼의 땅이 사회주의운동과 아나키스트 운동에서 주도적인 역할을 하게 되리라는 희망을 드러냈다. 그가 떠난 후 시카고의 주요 일간지 중 하나인 『시카고 크로니클』(The Chicago Chronicle)은 그의 방문이 미친 영향에 관한 심포지엄을 열었다. 오직 한 명의 참석자(Lucy Parsons, 루씨 파슨스)만이 아나키스트였지만 거의 모든 사람들은 크로포트킨의 영향이 건설적이고 바람직하다는 점에 동의했다.[102]

1897년 캐나다를 가로지르면서 했던 것처럼 크로포트킨은 미국 농업에 관한 자료를 모으면서 인디애나와 오하이오를 가로질러서 동부로 돌아왔다. 그는 자신을 만나려고 토론토에서 내려 온 친구 마버와 버팔로에서 이틀을 묵었다.[103] 그 뒤 5월초 그는 영국으로 돌아가기 위해 뉴욕으

---

100. 1974년 12월 9일 소니아 에델슈타트 킨이 폴 애브리치에게 보낸 편지, Avrich Collection, Library of Congress ; Hutchins Hapgood, *The Spirit of the Ghetto*(New York, 1902), p. 149. 그리고 1901년 4월 27일자 *Lucifer*와 1901년 4월 27일자 *Freiheit*를 보라.

101. Woodcock and Avakumović, *The Anarchist Prince*, pp. 286~87.

102. *Free Society*, 1901년 5월 5일자~19일자.

로 갔다.

모든 정황을 볼 때 크로포트킨의 두 번째 미국 여행은 첫 번째보다 더 성공적이었다. 제인 아담스에 따르면, 그는 "나라 전역에서 엄청난 관심과 존경을 받았다." 아베 이사크 쥬니어가 얘기했듯이, 그는 아나키스트 선전에 "살아있는 동력"을 제공했고, 그 자신은 "모든 지식인의 명예와 존경을, 모든 동지들의 사랑과 우정"을 얻었다. 비슷한 맥락에서 해리 켈리는 크로포트킨의 방문을 "도착한 날부터 떠나는 날까지 끊임없이 대중의 열렬한 환영을 받은 개선행렬"이라 불렀다. 크로포트킨은 시카고와 매디슨 등 서부 끝까지 여행하며 여러 교육·문화 집단들을 비롯해 6개의 대학에서 연설했다. "이 모든 선전 외에도 크로포트킨은 수많은 민중들을 만났고 개인적으로 토론했다. 기사들이 씌어졌고 인터뷰가 성사되었으며 이런 기사들과 인터뷰들은 미국에 체류하는 두 달 동안 한 사람이 했던 노력에 대해 공정한 생각을 전달할 것이다"라고 켈리는 얘기했다.[104]

하지만 여행은 손해도 입혔다. 첫 번째 방문과 대조적으로 크로포트킨의 건강은 [여행에서] 좋지 않은 영향을 받았다. 앞에서 봤듯이 그는 뉴욕에서 감기에 걸렸고 약해진 몸으로 영국으로 돌아갔었다. 1901년 11월 그는 심각한 심장마비로 고통을 받았는데, 스위스 아나키스트 잠 기욤에게 말한 바에 따르면 "거의 죽을 뻔했다." 그는 빡빡하고 피곤했던 강연스케줄 때문이라며 [병의 원인을] 상당 부분 "미국 여행" 탓으로 돌렸다.[105]

아마도 건강상의 이유가 [미국으로] 다시 여행하는 걸 단념시키고 나중에 다시 방문하는 걸 불가능하게 만든 유일한 원인은 아니었을 것이다. 크로포트킨이 떠나고 4개월 뒤, 1901년 9월 자신을 아나키스트라 선언한

---

103. Mavor, *My Windows*, 2권, p. 93.

104. Addams, *Twenty Years At Hull House*, p. 402 ; *Free Society* 1901년 5월 5일자 ; *Freedom* 1901년 7월호

105. 1901년 12월 12일 크로포트킨이 기욤에게 보낸 편지, *Probuzhdenie*, 1931년 2월호

레옹 촐고츠(Leon Czolgosz)가 맥킨리 대통령을 암살했다. [그러자] 이내 촐고츠를 내세워서 크로포트킨과 골드만이 꾸민 아나키스트의 음모라는 소문이 떠돌았다. 홀 하우스는 크로포트킨이 방문하는 동안 "비밀스러운 임살모임"의 소굴이었다는 의심을 받았다. 이 이야기는 순전히 거짓말이었지만 크로포트킨은 매우 동요했다. 그런 동요의 주된 이유는, 감옥에 갇힌 채 제인 아담스가 개입할 때까지 변호사도 선임하지 못했던 하벨과 이사크 부부를 포함해 시카고 동료들이 겪을 억압 때문이었고 홀 하우스가 팔머 부인의 후원을 잃게 될 것이기 때문이었다.106

1903년 미국 의회가 아나키스트의 입국을 금지하는 법을 통과시켰기 때문에 크로포트킨은 미국을 다시 방문할 수 없었다. 다시 한번 크로포트킨은 골드만에게 편지를 써서 "민중이 그 저주받은 사회와 싸우기 위해 자신들의 해방을 이용하자마자" 부르주아 사회가 "위선적인 해방을 포기하고 그것을 갈기갈기 찢었다"고 얘기했다.107 그런데 반(反)아나키스트 법안을 격렬하게 증오했지만 그 법안이 미국을 향한 크로포트킨의 호의를 없애지는 못했다. 1902년 그는 막스 네틀라우에게 "이것이 나의 소신"이라고 썼다. 즉 "유럽에서 임의로 선택한 백 명의 사람 중에서도 당신은 미국에서처럼 사람이 다니지 않은 길로 떠날 준비가 된 열성적인 사람들을 많이 발견하지는 못할 겁니다. 높게 평가받든 낮게 평가받든 달러는 어느 곳에서나 가치있게 받아들여집니다. 영국에서 파운드를 높이 평가하고 숭배한다면 미국에서는 절대 그렇지 않아요. 그런 곳이 미국입니다. 오리건주에 있는 보잘 것 없는 농촌도 독일의 가장 작은 마을(*hamlet*)보다 더 훌륭합니다."108

---

106. Hamilton, *Exploring the Dangerous Trades*, p. 86 ; Linn, *Jane Addams*, p. 219.

107. Richard Drinnon, *Rebel in Paradise*(Chicago, 1961), p. 94에서 재인용. 1903년 12월 16일 크로포트킨이 골드만에게 보낸 편지, Tamiment Library, New York University와 비교하라.

108. Derry Novak이 편집한 "Une Lettre inédite de Pierre Kropotkine à Max Nettlau,"

크로포트킨은 다시 신세계로 돌아가지 못했지만 그곳에 계속 영향을 미쳤다. 그의 책이 하나씩 미국판으로 출판되었고 그의 기사들이 아나키스트 신문에 실리고 또 실려서 미국에서 가장 널리 읽히는 아나키스트 필자로 만들었다. 그의 초상화가 아나키스트 클럽과 학교에 걸렸고 많은 아나키스트 모임들과 조직들이 그의 이름을 빌렸다. 여기서는 뉴저지주 스텔턴 정착지의 크로포트킨 도서관, 러시아 이민노동자들로 구성된 뉴욕의 크로포트킨 모임, 로스앤젤레스의 〈노동자단〉(the Workmen's Circle)의 크로포트킨 분파, 이 세 가지만 예로 들겠다.

1912년 12월 [그의] 칠순 잔치가 카네기 홀에서 열려 크로포트킨에게 존경을 표현했다. 『프라이에 아르베터 슈티메』와 『마더 어쓰』(*Mother Earth*, 어머니 대지, 엠마 골드만이 발행하던 잡지)가 후원한 이 잔치는 영어, 프랑스어, 스페인어, 체코어, 이디시어 연설과 함께 음악행사와 연극적인 낭독이 특징적이었다. 보스턴과 시카고, 토론토 등 크로포트킨이 북아메리카를 여행하면서 방문했던 곳 모두에서 비슷한 모임들이 열렸다. 같은 이유로 『마더 어쓰』, 『크로나카 사베르시바』(*Cronaca Sovversiva*, 파괴적인 보고), 『골로스 뜨루다』같은 아나키스트 잡지들은 [그와] 가깝게 지내던 친구들의 헌사와 함께 크로포트킨의 삶과 사상을 특집으로 다뤘고 유대인 아나키스트들은 크로포트킨을 포함해 아나키스트와 사회주의자의 고전을 출판하기 위해 크로포트킨 학회를 조직했다. 이런 우정어린 모습들에 감동한 크로포트킨은 다음과 같은 편지를 『마더 어쓰』에 보냈다. "내가 이런 공감의 표현들에 얼마나 깊이 감동했는지를, 한 정파 내의 단순한 연대감보다 훨씬 더 깊은 감정으로 결합되어 우리를 아나키스트

International Review of Social History 9(1964), pp. 268~85. 영어 번역본은 M. A. Miller가 편집한 P. A. Kropotkin, *Selected Writing on Anarchism and Revolution*(Cambridge, Mass., 1970), pp. 303~304. 강조는 원문.

로 머물게 하는 '어떤 친밀한 것'을 느꼈다는 점을 새삼스레 말하거나 쓸 필요는 없으리라 믿습니다. 그리고 나는 우리가 얼마나 가치있는 존재인지, 그리고 평등과 자유라는 새로운 토대 위에 사회를 재구성하기 위해 우리가 얼마나 조화롭게 행동할 수 있을지를 역사가 증명하라고 요청할 때, 우애의 감정이 힘을 발휘할 날이 오리라 확신합니다."[109]

1921년 러시아에서 죽을 때까지 크로포트킨은 미국인 동지들을 깊은 애정으로 대했다. 1920년 엠마 골드만이 자신을 방문하자 잊지 않고 미국에 있는 친구들의 안부를 물었으며 해리 켈리에게는 "특별한 호의"를 보였다.[110] 크로포트킨이 죽자 뉴욕에서 로스앤젤레스까지 여러 도시들에서 추도모임이 열렸다. 1923년 뉴저지의 재능 있는 아나키스트 인쇄업자 요셉 이쉴(Joseph Ishill)은 골드만과 베르크만, 볼테린느 드 클레이르, 루돌프 로커, 사울 야노브스키, 그리고 다른 아나키스트 필자들의 헌사를 모아 크로포트킨을 기리는 아름다운 전집을 만들었다.[111] 동시에 켈리의 주도로 미국의 아나키스트들은 그의 글과 언행을 보관하기 위해 모스크바에 세워질 크로포트킨 박물관을 지원하기 위한 기금을 모았다. 크로포트킨 사망 10주년인 1931년 그레고리 막시모프가 편집한 기념전집이 시카고에서 출판되었고 디트로이트의 『프로부제니에』(*Probuzhdenie*, 각성)는 막스 네틀라우가 편집한 크로포트킨 서한집을 특집으로 다뤘다. 역시 10주년을 기념해 시카고의 <자유사회모임>(the Free Society Group)은 여러 연설가 중에서 야노브스키, 클라랭스 다로우과 함께 크로포트킨을 기념하기 위한 대중집회를 조직했다.[112] 더구나 1942년 크로포트킨 탄생 100

---

109. *Mother Earth*, 1913년 1월호. 그리고 Emma Goldman, *Living My Life*, p. 510을 보라.

110. 1920년 11월 4일 엠마 골드만이 스텔라 발렌타인(Stella Ballantine)에게 보낸 편지, Lillian D. Wald Papers, Columbia University.

111. Ishill이 편집한 *Peter Kropotkin*.

112. Maximoff가 편집한 *P. A. Kropotkin i ego uchenie*; *Probuzhdenie*, 1931년 2월호; *The Road*

주년을 기념해 〈노동자단〉의 크로포트킨 분파는 로스앤젤레스에서 기념식을 열었고, 로커출판위원회(the Rocker Publications Committee)는 당시 살아있던 크로포트킨 동료들의 찬사와 회상을 가제본해 책으로 출판하는 걸 도왔다.113

글과 함께 인격적인 모범으로서 크로포트킨은 아나키스트든 아나키스트가 아니든 미국인의 생활에서 꽤 유명한 부류의 인물들에게 영향을 주었다. 베르크만은 그를 "내 스승이자 영감을 주는 사람"이라 칭했고 크로포트킨의 에세이를 모아서 편집했던 시민적 리버테리안(civil libertarian) 로저 발드윈은 그의 사회철학이 "내 사유에 지울 수 없는 흔적을 남겼다"고 적었다.114 감옥에 수감 중이던 바르톨로메오 반체티는 크로포트킨의 상호부조 개념이 미래의 리버테리안 사회의 토대가 되길 빌었다.115 비슷한 맥락에서 추문기사를 써온 언론인 스톤(I. F. Stone)은 "경찰이나 억압이 없는 자율적인 사회에 관한 그의 비전"이 "가장 고귀한 이상"으로 자리 잡았다고 했고116, 루이스 멈포드, 윌 듀란트(Will Durant), 애쉴리 몽테규(Ashley Montagu), 폴 굿맨과 같은 학자와 저술가들도 크로포트킨의 가르침에 빚을 졌다고 얘기했다.

1960년대의 사회적 혼란은 크로포트킨과 그의 교리에 대한 관심을 부활시켰다. 그의 주요 저작들이 다시 출판되었고 새로운 전기와 저작들의

---

to Freedom, 1931년 3월호.

113. *Centennial Expression.* 1942년 12월에 출간된 *Fraye Arbeter Shtime*의 백주년 논쟁(issue)과 비교하라.

114. Alexander Berkman, "Looking Backward and Forward," *Mother Earth,* 1912년 12월호; *Centennial Expressions,* p. 36.

115. Marion Denman Frankfurter와 Gardner Jackson이 편집한 *The Letters of Sacco and Vanzetti*(New York, 1928), p. 108. 그리고 반체티(pp. 176, 275)는 프랑스 혁명사와 아나키즘에 관해 크로포트킨이 『브리태니커 백과사전』에 쓴 글을 칭송했다.

116. *I. F. Stone's Bi-Weekly,* 1971년 12월호; Harold Hayes와의 인터뷰, 채널 13, New York, 1975년 2월 3일.

선집(選集)이 발행되었다. 1967년 한 신좌파 아나키스트 모임은 미네소타 주 덜루스(Duluth)에 크로포트킨 하우스를 세웠다. 1974년 런던과 온타리오의 학생들로 구성된 한 아나키스트 모임은 자신들을 크로포트킨의 친구들이라 불렀다. 1975년 인디애나주 에반스빌(Evansville)에서는 『이퀄리티』(*Equality*, 평등)라고 이름을 붙인 잡지와 함께 <크로포트킨회>가 출범했다. 이 글을 쓰는 지금도 크로포트킨과 그의 저작에 대한 관심은 수그러들 조짐을 보이지 않는다. 그의 탁월한 도덕과 자유로운 사회에 대한 전망은 점점 더 순응적으로 되어가는 세상에서 내몰리는 사람들, 특히 학생들에게 계속 호소력을 가졌다. 자연성과 자발성에 대한 크로포트킨의 강조, 빈약한 이데올로기적 독단에 대한 비판, 관료주의와 표준화에 대한 불신, 자발적인 협력과 상호부조에 대한 믿음은 새로운 이상주의 세대에게 영향을 미치고 있다.

6

폭풍의 새[*]
아나똘리 젤레즈니아코프

1918년 1월 5일 밤 "근위병은 지쳤다"라는 말을 외치면서 아나똘리 그리고리예비치 젤레즈니아코프(Anartoli Grigorievich Zhelezniakov)라는 이름의 한 젊은 아나키스트 수병은 <제헌의회>(the Constituent Assembly)를 해산하고 러시아 혁명사에 자신을 새겨 넣었다.

1917년 2월 짜르 정권이 붕괴했을 때, 크로포트킨과 바쿠닌의 제자였던 젤레즈니아코프는 수도 페트로그라드[지금의 뻬쩨르부르그]와 가까운 발틱함대의 사령부 크론슈타트에 정박한 기뢰부설함에서 복무 중이었다. 2월 혁명 후 아나키스트와 다른 투사들은 1905년 혁명 동안 모스크바 총독을 맡았던 두르노보(P. P. Durnovo)의 별장을 점거했고 그곳을 혁명적인 꼬뮨으로, 독서와 토론을 위한 방과 아이들을 위한 놀이터로 사용되는 정원이 딸린 "휴식처"로 바꿨다. 하지만 적대적인 생각을 품은 사람들에

---

* [옮긴이 주] '폭풍의 새'(Stormy Petrel)는 러시아 작가 고리끼의 시구이다.

게 두르노보의 별장은 수하노프(N. N. Sukhanov)가 러시아 혁명에 관한 자신의 노트에 기록했듯이 "사악한 힘이 모인 일종의 브로켄(Brocken)이자 악마의 연회가 열리고 난교와 음모, 어둡고 불길하며 분명 피비린내 나는 행동을 벌이는" 네 가지 부정의 소굴이 되었다.[1] 하지만 다수의 아나키스트 점거자들이 중간계급의 신문인쇄소를 점유하려 했던 1917년 6월 5일까지 빌라는 아무런 방해도 받지 않았다. 그 뒤[신문인쇄소 습격 뒤] 수도에서 열리고 있던 제1차 <소비에트평의회>(the First Congress of Soviets)는 불법침입자들이 "자신을 아나키스트라 부르는 범법자들"이라며 비난했고[2] 6월 7일 임시정부의 법무장관 페레베르제프(P. N. Pereverzev)는 아나키스트들에게 즉시 집을 비우라고 명령했다.

다음날 정부의 공격에 맞서 별장에 바리케이드를 쌓은 동료 혁명가들을 보호하기 위해 50명의 수병들—젤레즈니아코프를 포함해—이 크론슈타트를 떠났다. 다음 2주 동안 아나키스트들은 임시정부와 <페트로그라드 소비에트> 모두를 무시하면서 빌라 내에 참호를 파고 떠나지 않았다. 하지만 그 중 몇몇이 근처의 감옥을 습격해서 죄수들을 풀어주자 페레베르제프 장관은 별장을 급습하라고 명령했고 그 와중에 한 아나키스트 노동자가 죽었고 네 발의 폭탄을 압수당한 젤레즈니아코프도 포로로 잡혀 프레오브라젠스키(Preobrazhensky) 연대의 막사에 갇혔다.

약식 재판을 한 뒤 정부는 그에게 14년의 중노동형을 선고했고 그의 석방을 위해 발틱 수병들이 브낸 모든 탄원을 무시했다. 7월 내내 수도에서 시위가 벌어졌고 한 무리의 수병들이 페레베르제프를 개인적으로 만나기 위해 타우리제 궁(Tauride Palace)으로 갔다. 그가 자리에 없는 것을

---

1. Joel Carmichael이 번역하고 편집한 N. N. Sukhanov, *The Russian Revolution, 1917*(New York. 1955), p. 306.
2. *Izvestiia Petrogradskogo Soveta*, 1917년 6월 9일자

안 수병들은 <사회혁명당>의 지도자이자 6개월 뒤 <제헌의회>의 의장이 되어 젤레즈니아코프에게 해산명령을 받을 농무장관 빅토르 체르노프(Victor Chernov)를 붙잡았다. 그리고 린치를 당하고 있던 체르노프를 구하라고 즉석에서 연설했던 유일한 사람은 크론슈타트 수병들을 "혁명의 자부심이자 영예"라고 칭송했던 트로츠키였다.[3]

불과 몇 주 뒤, 젤레즈니아코프는 한 아나키스트 간행물이 "공화주의자의 감옥"이라고 이름붙인 감옥에서 탈출했고[4] 혁명활동을 다시 시작했다. 이 극적인 시기 동안 그는 알렉산드르 베르크만에 대한 캘리포니아 송환위협—캘리포니아 당국은 1916년 7월 22일 임전태세를 위한 퍼레이드 폭탄투척사건에서 무니(Mooney)에게 사용한 것과 동일한 거짓증거를 가지고 베르크만을 연루시키려고 했다—과 샌프란시스코의 톰 무니에게 내려진 사형선고에 항의하는 크론슈타트 수병들의 대중시위를 미국 대사관 앞에서 조직했다.[5]

1917년 10월 젤레즈니아코프는 임시정부를 타도하면서 볼셰비키에게 성심성의껏 협력했다. 기뢰부설함의 일반승무원 전원이 1917년 10월 25일에 열린 제2차 <소비에트평의회>에 그를 대표로 선출했지만 그는 그날 저녁 임시정부의 사망을 선고하게 되는 겨울궁전(the Winter Palace) 습격에서 수병 파견대를 이끄느라 바빴다.[6] 10월 혁명 후 젤레즈니아코프는 타우리제 궁을 지키는 수비대장—한 목격자의 설명에 따르면 "어깨를 가로질러 탄띠를 요염하게 걸치고 벨트에는 수류탄을 눈에 띄게 매달고

---

3. Sukhanov, *The Russian Revolution*, p. 446.

4. *Golos Anarkhii*(Saratov), 1917년 9월 21일자.

5. *Bulletin of the Relief Fund of the International Working Men's Association for Anarchists and Anarcho-Syndicalists Imprisoned or Exiled in Russia*(edited by Alexander Berkman), 1927년 3월.

6. I. E. Amurskii, *Matros Zhelezniakov*(Moscow, 1968), pp. 121~27 ; Norman Saul, *Sailors in Revolt : The Russian Baltic Fleet in 1917*(Lawrence, Kans., 1978), pp. 176, 188~89.

있던"7 – 으로 임명되었다. 그리고 그는 (볼셰비키의 명령에 따라) <제헌의회>를 제압하는 역사적인 사명을 수행해서 단 하루 만에 의회의 수명을 끝장냈다. 이 모든 게 그의 능력이었다.

아나키스트가 이 역할을 맡았던 건 적절해 보인다. 아나키스트들은 모든 정부의 반대자로서 짜르주의자와 프롤레타리아 독재를 거부했던 것만큼 열렬하게 대의민주주의도 대체로 거부했기 때문이다. 프루동이 말했듯이 보통선거권은 반(反)혁명이고 의회는 기만과 타협의 소굴이며 중·상류계급이 노동자와 농민을 지배하기 위한 수단이었다. 소수의 예외(그중 한 명이 크로포트킨)가 있지만 아나키스트들은 자신들이 다른 혁명집단의 "의회물신주의(parliamentary fetishism)"라고 부르던 입장을 비난했고 처음부터 공개적으로 <제헌의회>를 비판했다.

그 뒤 내전 시기 동안 젤레즈니아코프는 적군에서 소형함대의 사령관으로, 나중에는 무장열차의 사령관으로 싸웠다. 그는 아트만 카레딘(Ataman Kaledin)이 이끄는 코사크 부대와 크라스노프(Krasnov) 장군과 제니킨(Denikin) 장군에 맞서는 중요한 전투에 참전했다. 트로츠키가 고위직 짜르 관리들을 몰아내고 사병들의 자치체계[소비에트]를 없애면서 적군을 재편했을 때, 예전의 낡은 군대식으로 돌아가려는 어떠한 시도도 거부하려 했던 다른 많은 혁명가들처럼 젤레즈니아코프도 적극적으로 저항했다. 이 때문에 모스크바의 아나키스트 <검은 근위대>(Black Guards)와 우크라이나의 네스토르 마흐노를 범법자로 선언했던 것처럼, 볼셰비키는 그가 범법자라고 선언했다.

하지만 젤레즈니아코프는 몰래 모스크바로 돌아가 <소비에트 집행위원회> 의장 스베르드로프(Sverdlov)와 이 사안에 관해 논의했고, 그는 분

---

7. I. N. Steinberg, John Keep, *The Russian Revolution : A Study in Mass Mobility*(New York, 1976), p. 329에서 인용.

명 오해가 있을 것이라고 젤레즈니아코프를 안심시키며 군대의 고위직을 제의했다. 젤레즈니아코프는 거절하며 오데싸로 떠났고 그곳에서 다시 백군과 싸우기 시작했다. 그런데 다음해인 1919년 볼셰비키들은 그가 너무 유능한 전사였기에 그렇게 쉽게 보내지 못하고 다시 같이 싸우자고 제안했다. 이때 젤레즈니아코프는 그 제안을 받아들였고 자신의 목에 4십만 루블의 현상금을 걸었던 제니킨 장군에 맞서는 무장열차 전투부대의 사령관으로 임명되었다.8 젤레즈니아코프는 에카쩨리노슬라브(Ekaterinoslav) 근처에서 제니킨측 대포유탄을 맞고 사망한 1919년 7월 26일까지 약간의 부상도 입지 않고 용맹스럽게 싸웠다. 그는 24살이었다.

[한때] 젤레즈니아코프를 범법자와 반역자로 선언했지만 소비에트 정부는 그를 당시의 영웅 중 한 명으로 기꺼이 받아들였다. 그의 시신은 모스크바로 옮겨졌고 찬양연설과 화려한 행렬 속에서 화장되었다. 볼셰비키가 10월 혁명과 내전에서 그의 역할을 기리면서 세운 젤레즈니아코프의 동상은 오늘날까지도 크론슈타트시에 있다. 소비에트 작가들은 그의 영예를 시와 노래로 기렸고 지금도 암송되고 불리지만("잡초가 무성한 대지 밑에 빨치산 수병 젤레즈니아코프가 누워 있네")9 젤레즈니아코프가 아나키스트였다는 힌트는 어디에도 없다. 오히려 공산주의자들은 그를 자신 중 한 명[공산주의자]이라 선언했고 아나키즘과 그의 관계를 언급하길 꺼렸으며 그를 단지 "혁명가", "영웅", "민중을 위한 순교자"라 불렀다. 사실 소비에트 자료들은 그가 볼셰비키 정파에 가입했다고 말하지만 그건 사실이 아니다. 10월 혁명에 참여하고 적군에서 싸웠지만 젤레즈니아코프는 끝까지 아나키스트로 남아있었다. 그가 동지인 볼린에게 말했듯이 "내게 어떤 일이 벌어진다 해도, 그들이 내게 무슨 말을 한다 해

---

8. Volin과 여러 사람들이 편집한 *Goneniia na anarkhizm v Sovetskoi Rossii*(Berlin, 1922), p. 53.
9. "Lezhit pod kurganom, zarosshim bur'ianom, matros Zhelezniak, partizan"(Mikhail Golodnoi)

도, 내가 아나키스트라는 점을, 내가 아나키스트로 싸우고 있음을, 내 운명이 어찌 되든 내가 아나키스트로 죽을 것임을 잘 알 걸세."[10]

혁명적인 열정을 가졌지만 젤레즈니아코프에게는 온화한 면도 있었다. 성급하고 전투적이며 충동적인 한편 그는 교양있고 이상적이며 심지어 미적이었다. 두르노보 별장 이후 임시정부에게 감금당했던 1917년 여름에 그는 뛰어난 시를 썼지만 그 중 겨우 하나만이 전해진다. [이 시는] 1923년 최초로 『끄라스니 플로트』(*Krasnyi Flot*, 붉은 함대)라는 잡지에 실렸고 소비에트 연간문학선집(選集)인 『시의 날』(*Den' poezii*) 1970년판에 다시 수록되었다. 이 시는 운율감 없는 나의 직역으로는 거의 표현할 수 없을 만큼 감동적인 시이다.

　매야, 매야
　이제 나를 비웃지 마라
　비록 감옥에 갇힌 내 운명을 보고 있지만.
　나는 하늘에서건 대지 위에서건 너보다 더 높이,
　너나 독수리보다 더 높이 날았다.

　난 네가 모르는 많은 천사들도 보았지,
　나는 많은 위대한 비밀들을 알고 있어
　나는 가끔 별들과도 얘기했고,
　빛나는 태양만큼 높이 날았지.

　하지만 빠르게 하루가 가고 다음날이 오면,
　나는 반란의 불꽃으로 타올랐어.

---

10. Volin이 수정하고 편집한 *The Unknown Revolution, 1917~1921*(Detroit and Chicago, 1974), p. 238. 강조는 원문

자유의 적들이 나를 몰아냈지만,
바람과 천둥이 나의 형제들이었지.

하지만 일찍이 스텝의 어두운 밤 속에서
운명적인 폭풍을 맞으며 난 약해졌어
그리고 그 이후 운명의 사슬에 묶여 여기 도둑처럼 앉아있지,
신념없는, 사로잡힌 노예처럼.

매야, 매야, 네가 날려 할 때
무한과 거대한 공간으로 갈 때
구름에게 안부를 전하는 걸 잊지 말아 다오,
사슬을 완전히 끊을 거라고 말해 다오,
감옥에서의 내 삶은 해 뜨기 전 졸음일 뿐이라고,
단지 소름끼치는 백일몽일 뿐이라고

7

네스토르 마흐노
사람과 신화

아나키스트 빨치산 지도자 네스토르 이바노비치 마흐노(Nesto Ivanovich Makhno)는 러시아 혁명과 러시아 내전에서 가장 다채롭고 영웅적인 인물이었다. 우크라이나에서 그의 운동은 아나키스트가 오랜 기간 동안 넓은 영토를 통제했던 사례로, 역사에서 몇 안 되는 사례 중 하나로 기억된다. 1년 이상 그는 스텝[초원지대]에서 트로츠키나 제니킨보다 더 많은 권력을 가졌다. 타고난 근대 지도자였던 그는 약탈과 전리품을 찾아 초원을 누비던 수많은 비정규군 무리들은 말할 것도 없고 백군과 적군, 오스트리아 침입자들, 우크라이나 민족주의자들에 맞서 많은 전선에서 동시에 싸웠다. 빅토르 세르주(Victor Serge)에 따르면, 그는 "비교할 사람이 없는 재능 있는 전략가"였고 그의 농민군대는 "조직과 전투에서 진정 엄청난 능력"을 가졌다. 엠마 골드만은 그를 가리켜 "[러시아] 남부에서의 혁명

을 눈에 띄게 만든 가장 독창적이고 중요한 인물"이라고 말했다.[1]

마흐노는 1889년 10월 27일에 드네프르 강(Dnieper river)과 아조프 (Azov) 해 사이에 위치한 에카쩨리노슬라브 지방에 위치한 굴랴이-뽈리 에(Gulyai-Polye)의 우크라이나 정착지에서 가난한 농민의 아들로 태어났 다. 아버지가 다섯 명의 어린 자식들을 어머니에게 남겨두고 죽었을 때 그는 겨우 한 살이었다. 일곱 살이 되자 마흐노는 지역 소작인의 소와 양 을 돌보는 일을 했다. 나중에 그는 농장 노동자로, 주물공장의 노동자로 일했다. 1906년 열일곱 살의 마흐노는 굴랴이-뽈리에의 한 아나키스트 모 임에 가입했다. 2년이 흐른 뒤 그는 지역경찰관의 생명을 노린 테러리스 트 공격에 가담했다가 재판에 회부되었다. 그는 교수형을 선고받았지만 나이가 어린 덕분에 모스크바의 부튀르키 감옥에서의 무기징역으로 감형 되었다. 마흐노는 수감생활의 규율을 받아들일 수 없는 순종적이지 않은 죄수임을 입증했고 수감된 9년 동안 자주 족쇄를 차거나 독방에 감금되 었다. 하지만 한동안 마흐노는 표트르 아르쉬노프(Peter Arshinov)라는 나 이 많고 경험이 풍부한 아나키스트와 같은 방을 썼고, 그는 마흐노에게 리버테리안 교리를 가르치며 바쿠닌과 크로포트킨의 신념을 그에게 전해 주었다

1917년 2월 혁명 이후 감옥에서 풀려난 마흐노는 고향마을로 돌아갔고 공동체에서 주도적인 역할을 맡았다. 그는 농장노동자들을 위한 조합을 조 직하도록 도왔고 조합의 회장으로도 일했다. 오래지 않아 그는 〈목수와 철 강노동자들의 지역조합〉의 의장이자 〈노동자·농민 대의원회〉(Workers' and Peasants' Deputies)의 굴랴이-뽈리에 소비에트 의장으로 선출되었다. 1917년 8월 소비에트 의장으로서 마흐노는 한 떼의 무장 농민들을 모집

---

1. Victor Serge, *Memoirs of a Revolutionary, 1901~1941* (London, 1963), p. 121 ; Emma Goldman, *My Disillusionment in Russia* (London, 1925), p. 166.

해 이웃의 귀족 소유지를 몰수하고 그 땅을 농민에게 분배하기 시작했다. 이 시기부터 마을사람들은 그를 새로운 스텐카 라찐 또는 에밀리앙 푸가 쵸프로 여기기 시작했고 토지와 자유라는 자신들의 오랜 꿈을 실현하기 시작했다.

하지만 소비에트 정부가 브레스트-리토프스크 조약에 서명하고 독일·오스트리아의 대부대가 우크라이나로 진군하기 시작한 1918년 봄 마흐노의 활동들은 중단되었다. 마흐노는 독일 "제국주의"와의 타협에 분노한 동료 아나키스트들과 힘을 합쳤지만 그의 농민부대들은 약해져서 효과적인 저항을 하지 못했다. 어쩔 수 없이 몸을 숨겨야 하자 그는 볼가 강으로 갔고 그 후 북쪽으로 올라가 1918년 6월 모스크바에 도착했다.

모스크바에 짧게 머무는 동안 마흐노는 자신의 자서전에서 묘사한 감동적인 만남, 즉 자신의 우상인 표트르 크로포트킨과 설레이는 만남을 가졌다. 그리고 그는 크레믈린에서 볼세비키에 대한 우크라이나 농민의 태도와 남부의 군사적 상황, 혁명에 대한 볼세비키와 아나키스트의 개념 차이를 떠보려는 레닌의 환대를 받았다. "대부분의 아나키스트들은 현재를 이해하지 않으면서 미래에 대해 생각하고 쓰죠"라고 레닌은 단언했다. "그게 공산주의자와 그들을 구분하는 점이요." 아나키스트들에게 "사심이 없다"해도 그들의 "공허한 광신주의"가 정신을 흐려서 현재와 미래를 같이 보게 한다고 레닌은 얘기했다. "하지만 나는 터져 나오는 시대적 부조리에 대한 당신의 태도가 현실적이라고 생각하오, 동지. 만약 아나키스트-꼬뮨주의자들의 단지 3분의 1만이라도 당신과 비슷하다면 우리 공산주의자들은 분명하고 잘 알려진 조건들을 따르는 생산자들의 자유로운 조직을 만들기 위해 아나키스트들과 협력할 준비가 되어있소"라고 레닌은 마흐노에게 말했다. 마흐노는 아나키스트들이 이상적인 공상가가 아니라 현실적인 활동가라고 반박했다. 무엇보다도 그는 레닌에게 우크라-

이나에서 볼셰비키주의자보다 아나키스트와 사회혁명당원이 민족주의자들과 기득권계급들을 격퇴했음을 상기시켰다. 레닌은 "아마도 내가 착각했나 보오"라고 대답하며 마흐노가 남부로 돌아가는 것을 도와주겠다고 제의했다.[2]

1918년 7월 마흐노가 굴랴이-뽈리에로 돌아왔을 때 그 지역은 오스트리아 부대와 그들의 우크라이나 앞잡이인 헤트만 스코로파드스키(Hetman Skoropadsky)의 민병대가 장악하고 있었다. 아나키스트 깃발 아래 빨치산 부대를 조직하면서 마흐노는 오스트리아군과 민병대, 귀족들의 영지들에 대한 일련의 기습을 시작했다. 뛰어난 기동성과 교묘한 속임수가 마흐노의 중요한 전술적인 장기였다. 말을 타거나 기관총이 장착된 농민의 가벼운 짐마차(tachanki)를 타고 이동하면서 그의 부하들은 드네프르 강과 아조프 해 사이의 초원지대를 빠르게 가로지르며 이동했고 그렇게 이동하며 작은 군대[규모]로 결집해서 적에게 공포를 불러일으켰다.

이미 존재하던 독립적인 게릴라 집단들도 마흐노의 명령을 받아들여 검은 깃발 아래 다시 뭉쳤다. 마을 사람들이 음식과 건강한 말을 제공해서 마흐노주의자들은 어렵지 않게 하룻밤 사이에 40, 50마일을 이동했다. 그들은 거의 예상치 못했던 곳에서 갑자기 나타나 상류계급과 수비병들을 공격했고 왔을 때처럼 빠르게 사라졌다. 그들은 빼앗은 군복을 입고 [적의] 계획을 알기 위해 적의 행렬 속으로 잠입하거나 사정거리에서 사격을 개시했다. 때로는 헤트만의 수비병으로 변장한 마흐노와 그의 부하들이 지주의 무도회장에 들어가, 축제가 절정에 이르렀을 때 하객들을 공격했다. 궁지에 몰리면 마흐노주의자들은 무기를 파묻고 각자 자신들의 마을로 돌아가 무기 저장소에서 새로 무기를 파낼 신호를 기다리며 밭에서 일했고 예상치 않은 지역에서 다시 봉기했다. 아이작 바벨(Isaac Babel)

---

2. N. Makhno, *Pod Udarami kontr-revoliutsii(aprel'-iiun' 1918 g.)* (Paris, 1936), p. 93.

의 『붉은 기병 이야기』(*Red Cavalry Tales*)에서 마흐노는 "자연처럼 변화 무쌍한 존재였다. 전투대형으로 배치된 건초마차가 마을로 다가오다 지역의 집행위원회 본부에 가까이가면 갑자기 집중포화를 퍼부으며 행렬을 뭉쳤다. 머리 위에 아나키의 검은 깃발을 펄럭이던 작은 성직재[마흐노]는 부르주아지와 프롤레타리아트를 위해 일하던 지역당국에게 포도주와 음악을 준비하라고 명령했다. 짐마차들의 군대는 예상치 못한 기동전 능력을 지녔다"[3]라고 묘사했다.

명랑하고 민첩하며 건장한 마흐노는 강철같은 의지와 유머감각을 겸비하고 지략이 뛰어난 지도자였고, 부하들은 변함없는 충성을 바쳤다. 디브리브키(Dibrivki) 마을에서 훨씬 우세한 오스트리아 군대를 격파한 뒤, 1918년 9월 부하들은 그에게 바뜨꼬(*bat'ko*), 자신들의 "작은 아버지"라는 애정 어린 별명을 붙였다. 두 달 뒤 제1차 세계대전의 종결로 오스트리아와 독일 군대는 러시아 영토에서 철수했다. 마흐노는 용케도 그들의 무기와 장비 일부를 빼앗았다. 다음으로 그는 우크라이나 민족주의 지도자 페틀리우라(Petliura)의 부하들에게 보복했다. 12월 말 그는 에카쩨리노슬라브에서 페틀리우라의 수비대를 몰아내는 데 성공했다. 옷 속에 무기를 감춘 그의 부대들은 일반여객열차를 타고 중앙철도역으로 가서 갑자기 민족주의자들을 덮쳤고 그들을 도시에서 몰아냈다. 하지만 다음날 적이 지원병들을 보충해 다시 나타나자 마흐노는 드네프르 강을 건너 도망쳤고 굴랴이-뽈리에의 기지로 돌아와야 했다. 그 후에 다시 한번 적군이 페틀리우라주의자들을 몰아냈다.

1919년 1월부터 5월까지 굴랴이-뽈리에 지방은 실질적으로 [외부의] 정치적인 압력에서 자유로웠다. 오스트리아, 헤트만주의자들, 페틀리우라

---

3. Isaac Babel, "Discourse on the Tachanka," *The Collected Stories*(Cleveland, 1960), pp. 83~86. 내가 번역을 약간 고쳤다.

주의자들이 모두 밀려났고 적군이나 백군도 그 공백을 채울 만큼 충분히 강하지 못했다. 마흐노는 이 소강상태를 이용해 리버테리안 노선에 따라 사회를 재구성하려고 시도했다. 1월, 2월, 그리고 4월에 마흐노주의자들은 경제적, 군사적 사안을 논의하고 마을을 재건하는 임무를 수행할 <농민과 노동자, 반란자들의 지역회의>(Regional Congresses of Peasants, Workers, and Insurgents)들을 연달아 개최했다.

<지역회의>를 압박하던 문제는 지역을 자신들의 통제 하에 두려는 사람들로부터 지역을 방어하는 일이었다. 1919년 2월 12일에 열린 제2차 회의는 소집명령이 떨어지면 모든 건장한 남성들에게 복무할 것을 요구하는, 실제로 노골적인 징병과 다를 바 없는 "자발적인 동원(voluntary mobilization)령"을 통과시켰다. 그리고 대표들은 정기적으로 회의의 결정들을 집행할 농민과 노동자, 반란자들의 <지역군사 혁명위원회>(Regional Military Revolutionary Council)를 선출했다. 이 새로운 위원회는 도시와 농촌에서 "자유로운" 소비에트, 즉 정당 구성원들을 배제한 소비에트 선거를 추천했다. 마흐노가 이런 기구들을 만든 목적은 정치적인 권위를 없애는 것이었지만, <군사 혁명위원회>는 지역회의와 지역 소비에트들을 연결하는 역할을 맡았고 실제로 굴랴이-뽈리에를 둘러싼 주변 지역에서 느슨한 형태의 정부를 구성했다.

마흐노주의자 부대의 이름인 <우크라이나 반란군>(the Insurgent Army)도 <군사 혁명위원회>처럼 이론적으로는 <지역회의>의 통제를 받았다. 하지만 실제적으로 마흐노와 그의 참모들이 권위를 가지고 있었다. 조직화의 기미를 보이는 어떠한 것도 피하려고 노력했지만 마흐노는 핵심참모들을 지명했고(나머지는 부하들 스스로 선출했다) 자포로지에 지방 근처의 코사크 군대에서 전통적으로 내려오던 엄격한 군대규율을 부대에 적용했다. 하지만 반란군은 자신의 민중적 성격을 결코 잃지 않았다. 모

든 장교들은 농민이었고 극히 일부만 공장이나 상점의 노동자였다. 상류층이나 중간층 출신의 사령관, 심지어 급진적인 지식인 출신의 사령관을 기대하는 건 헛된 망상이었다.

한동안 볼셰비키와 마흐노의 관계는 우호적이었고 소비에트 신문은 그를 "용맹한 빨치산"이자 혁명 지도자로 칭송했다. 우호적인 관계는 마흐노와 공산주의자들이 제니킨 장군의 의용군[백군]에 맞서는 합동군사작전을 위한 협정을 체결한 1919년 3월에 최고조에 달했다. 협정에 따르면 <우크라이나 반란군>은 적군의 부대가 되어 볼셰비키 최고사령부의 명령에 복종하지만 그 이름과 검은 깃발, 자신들의 내부서열과 구조를 그대로 유지했다.

하지만 그런 가시적인 행동이 두 집단 사이의 근원적인 적대감을 가릴 순 없었다. 공산주의자들은 반란군의 자율적인 상태나 반란군이 적군의 농민 지원병에게 매력적으로 비치는 걸 달가워하지 않았다. 반대로 마흐노주의자들은 언젠가 적군이 자신들의 운동을 복종시키려 할 것이라고 우려했다. 마찰이 심해지자 소비에트 신문들은 마흐노주의자들에 대한 찬양을 중단하고 그들을 "산적들"로 공격하기 시작했다. 1914년 4월 제3차 <농민과 노동자, 반란자의 지역회의>는 소비에트 정부의 금지령에 도전하며 소집되었다. 5월 마흐노를 암살하기 위해 파견된 두 명의 <체까>(Cheka)[4]요원이 체포되어 처형되었다. 결국 협정이 깨진 건 마흐노주의자들이 6월 15일로 예정된 제4차 <지역회의>를 소집하면서 적군 병사들에게도 대표를 보내라고 초청했기 때문이었다. 볼셰비키군의 총사령관인 트로츠키는 매우 화를 냈다. 6월 4일 그는 회의를 금지했고 마흐노를 범법자로 선언했다. 공산주의 군대[적군]가 굴랴이-뽈리에를 눈 깜짝할 사이에 공격하기 시작했고 마흐노주의자들이 세운 농업 꼬뮨들을 해체했

---

4. [옮긴이 주] <체까>는 1917년부터 22년까지 유지된 소비에트 정권의 비밀경찰조직이다

다. 며칠 뒤 제니킨의 군대가 도착했고 지역 소비에트마저 폐지함으로써 그 작업을 완수했다.

제니킨이 모스크바로 진군하자 공산주의자와 마흐노주의자 모두가 동요했고 그 해 여름 불안정한 동맹이 서둘러 다시 맺어졌다. 8월과 9월 동안 마흐노의 게릴라들은 우크라이나 서부국경까지 적에게 밀려났다. 하지만 9월 26일 마흐노는 우만(Uman) 근처의 페레고노브카(Peregonovka) 마을에서 반격에 성공해 백군의 보급로를 차단하고 그 배후를 공황과 무질서에 빠뜨렸다. 이 반격으로 최초의 심각한 패배를 당한 제니킨은 수도로의 진군을 멈추지 않을 수 없었다. 그 해 말 적군의 역습은 제니킨을 흑해의 연안으로 후퇴하게 만들었다.

1919년 말 마흐노는 자신의 부대를 폴란드 전선으로 이동시키라는 적군 사령부의 지시를 받았다. 그 명령은 반란군을 본거지와 멀리 떨어뜨려 놓고 볼셰비키가 그 빈자리에 지배력를 확립하려고 계획된 것이 분명했다. 마흐노는 이동을 거부했다. 그는 트로츠키가 제니킨의 부대를 적군으로 대체하고 쫓겨난 지주들의 자리를 정치 인민위원들(commissars)로 채우길 원한다고 말했다. 러시아에서 아나키즘을 "강철빗자루(iron broom)"로 쓸어버리겠다고 맹세하면서[5] 트로츠키는 다시 한번 마흐노주의자들을 범법자로 선언하는 것으로 응수했다. 그 후 양측 모두에게 막대한 손실을 안겨준 격렬한 싸움이 여덟 달 동안 이어졌다. 지독한 유행성 발진티푸스는 희생자 수를 더 늘렸다. 수적으로 불리한 마흐노의 빨치산들은 정면대결을 피하면서 2년 이상 이어진 내전으로 단련된 게릴라 전술에 의존했다.

1920년 10월 남부에서 제니킨의 후계자인 바론 브란겔(Baron Wrangel)

---

5. P. A. Arshinov, *History of the Makhnovist Movement(1918~1921)* (Detroit and Chicago, 1974), p. 121 ; Volin, *The Unknown Revolution, 1917~1921*(Detroit and Chicago, 1974), pp. 307~308.

이 크리미아 북쪽을 강타하며 대규모 공격을 개시하자 전투는 중단되었다. 다시 한번 적군은 마흐노의 지원을 받았고 그 보답으로 공산주의자들은 러시아 감옥에 갇힌 모든 아나키스트들을 사면하는 데 동의하면서 아나키스트들이 소비에트 정부를 타도하자고 선동하지만 않는다면 선전의 자유를 보장하겠다고 약속했다.

하지만 약 한 달 뒤 적군이 내전에서 승리를 확신하기에 충분할 만큼 전과를 올리자 소비에트 지도자들은 마흐노와의 협정서를 폐기했다. 군사 파트너로서의 이용가치가 다했을 뿐 아니라 작은 아버지[마흐노]가 아나키즘의 영혼이 되기에 충분했고, 농민봉기의 위험이 볼셰비키 정권을 늘 괴롭혔기 때문이다. 1920년 11월 25일 적군은 크리미아에서 브란겔에게 막 승리를 거둔 마흐노의 지휘관들을 붙잡아 총살했다. 다음날 트로츠키는 마흐노의 참모들이 체포되어 투옥되거나 즉석에서 총살되는 동안 굴랴이-뽈리에의 마흐노 본거지를 공격하라고 명령했다. 하지만 한때 수만 명에 이르렀던 병력 중 살아남은 사람들과 함께 작은 아버지는 가까스로 추적자들의 손에서 벗어났다. 1년 가까이 우크라이나를 헤맨 끝에 피로가 쌓이고 부상을 치료받지 못해 고통을 받던 게릴라 지도자는 드니에스테르 강을 건너 루마니아로 갔고 결국 파리 망명길에 올랐다.

마흐노의 다채로운 개성과 화려하고 극적인 경력을 고려하면 그가 한창 꽃피고 있던 문학의 주제였다는 점은 그리 놀랍지 않다. 하지만 최근까지 몇 가지 예외가 있긴 하지만 마흐노주의 운동에 대한 설명은 사실과 허구의 혼합으로, 대로는 적대적이고 악의적인 비난으로, 언론의 선정성이나 무비판으로 뒤섞여 성인전에 가까울 정도로 마흐노를 낭만화했다. 아마도 마흐노 형의 인물이 가진 매력과 논쟁적인 면이 그렇게 다루게 했다는 점은 분명하다. [그러나] 문제의 상당부분은 불완전한 기초자료 따문이다. 마흐노 운동에 관한 기사와 성명서 대부분은 내전의 혼란 속에 사라지거나 파괴되었기 때문에 손에 넣기 어렵다. 더구나 서구의 전문가들은 소비에트 문서보관소의 관련기록들을 이용할 수 없었다. 마흐노의 동료인 볼린이 보관하던 문서들(파리에 있는 그의 아들이 가지고 있는)이 중요한 사료들을 포함하고 있지만, 내가 알고 있는 한, 학자들은 그 자료를 이용하지 않았다. 이러저러한 한계들이 많이 있다고는 하지만 자료들은 중요한 것이며 모두 다 다루어져야 한다.

어떤 자료들을 포함시켜야 할까? 우선, 우리는 1929년에서 37년 사이에 세 권의 전집으로 출간된—마지막 두 권은 볼린이 서문을 쓰고 주를 달았다—, 1918년 12월까지를 다룬 마흐노의 자서전을 가지고 있다.[6] 그리고 이탈리아 아나키스트 유고 페델리(Ugo Fedeli)가 1920년대 모스크바와 베를린, [그가] 마흐노와 개인적으로 친분을 쌓았던 파리를 방문하면서 입수한 11개의 마흐노주의 선언서들이 있다. 이런 선언서들은 원래 러시아어로 발표되었고 표트르 아르쉬노프의 마흐노주의 운동사의 영어판에도 수록되어있다.[7] 나중에 다시 말하겠지만 더 많은 문서자료들은 유대인 연구를 위해 뉴욕에 설립된 이보(YIVO) 연구소의 체리코베르 문서소장코너(Tcherikower Collection)에서 찾을 수 있다. 또 항상 악의적이고 제한된 가치를 지니긴 하지만 소비에트 학술잡지에 실린 논문들처럼 소비에트 역사서와 문서보관소들도 유용한 정보를 가지고 있다. 이런 자료 외

---

6. 1977년에 한 권으로 다시 출간된 N. Makhno, *Russkaia revoliutsiia na Ukraine(ot marta 1917 g. po aprel' 1918 g.)* ; *Pod udarami kontr-revoliutsii(aprel'-iiun' 1918 g.)* ; *Ukrainskaia revoliutsiia (iiul'-dekabr' 1918 g.)*. 1권은 프랑스어, 독일어, 스페인어, 이탈리아어로 번역되었다.

7. "Proclamations of the Machno Movement, 1920," *International Review of Social History, 1968, 2 부; Arshinov, History of the Makhnovist Movement*, pp. 265~84. 페델리 자신도 *Della insurrezione dei contadini in Ucraina alla rivolta di Cronstadt*(Milan, 1950)이라는 마흐노의 반란(Makhnovshchina)에 관해 짧지만 유용한 연구서를 썼다.

에도 프랑스와 다른 나라에 사는 마흐노의 살아남은 동지들 손에는 더 많은 문서와 사진자료들이 남아있다. 그리고 서구의 도서관들에도 마흐노주의 신문들에 관한 파일들이 흩어져 있고 반란군에 참여한 사람들과의 인터뷰, 망명 중인 마흐노를 알던 사람들과의 인터뷰들, 아르쉬노프와 볼린처럼 직접 현장을 목격한 역사가들의 책과 데이비드 풋맨(David Footman), 마이클 파리즈(Michael Palij)와 다른 여러 사람들의 2차 자료도 있다.

그렇지만 이용 가능한 모든 자료에 기초해서 마흐노를 포괄적으로 연구한 건 지금까지 없다. 그 결과 많은 질문들이 [아직까지] 남아있다. 그를 험담하는 사람들이 주장하는 것처럼 마흐노는 군대의 독재자였나? 소비에트 저술가들이 묘사하듯이 산적이거나 반(反)혁명가였나? 에릭 홉스봄(Eric Hobsbawm)의 말처럼 "원초적인 반란자(primitive rebel)"였나?8 그는 구제불능의 주정뱅이였나? 반(反)지식인주의자였나? 반(反)유대주의자였나? 유대인을 학살했나? 백군으로부터 혁명을 구하려 했던 그의 군사적인 노력은 [승리에] 얼마만큼 결정적이었나? 중앙집권적인 직업군대 앞에서 패배한 건 단순히 장비와 전술 때문이었나? 우크라이나의 촌락과 마을에서 지방자치를 확립하려 했던 그의 시도는 얼마만큼 성공했나? 우리는 그에 관해 정말 무엇을 알고 있나? 얼마만큼이 신화와 환상이고 얼마만큼이 확실한 사실일까?

이런 질문들에 답하려면 마흐노의 아나키즘이라는 근본적인 물음을 파악해야만 한다. 엠마 골드만에 따르면, 마흐노의 목적은 러시아 전체를 위한 하나의 모델이 되도록 남부에서 리버테리안 사회를 세우는 것이었다. 흥미롭게도 일찍이 트로츠키는 이 목적을 위해 자신과 레닌이 마흐노

---

8. Eric Hobsbawm, *Primitive Rebels*(New York, 1959), pp. 183~86, 한국어판 : 에릭 홉스봄, 『원초적 반란』, 진철승 옮김, 온누리, 1984.

에게 작은 영토를 떼어주려는 생각을 장난삼아 했다고 언급했다.9 하지만 이 계획은 우크라이나에서 아나키스트 게릴라와 볼세비키 군대 사이에 전투가 시작되면서 폐기되었다.

그렇다면 마흐노는 실제로 한 명의 아나키스트였을까, 아니면 코사크 연방주의와 조잡한 민주주의를 전망으로 삼아 라찐과 푸가쵸프로 되돌아 가려 했던 남부 국경의 또 다른 단순한 "원초적인" 반란자일까? 해답은 둘 다이다. 17세기와 18세기의 코사크-농민반란들은 평등주의적이고 반 (反)국가주의 성격을 강하게 품었으며 반란에 참여한 사람들이 귀족과 관 료제를 철저하게 공격했고 인민의 자유를 짓밟는 사악한 전제주의라는 이유로 국가를 혐오했기 때문에 여기에는 어떤 모순도 없다. 마흐노의 아 나키즘은 대체적으로 이런 정서나 농민의 열정과 양립할 수 있었다. 농민 은 땅을 원했고 땅을 가진 뒤엔 귀족과 관료, 세금징수원, 징병관, 모든 외부 권위의 대행자들에게서 방해받고 싶어하지 않았다. 이들은 혁명정 신을 반영하는, 자유롭고 즐거운 노래를 부르며 일하는 ─마흐노의 표현 처럼─ "힘들지만 자유로운 노동자들(free toilers)"의 사회로 바꾸려 했 다.10

이런 의미에서 마흐노는 농민 아나키즘의 화신 그 자체였고 농촌의 소 중한 희망과 감정들에 가장 가까이 접근했던 빨치산 지도자였다. 조지 우 드콕(George Woodcock)의 묘사처럼 그는 아나키즘이 깊고 끈질기게 뿌리 를 내렸던 다른 농민사회와 장인 사회에서도 ─특히 스페인과 이탈리아 에서─ 유명한 인물인 "아나키스트 로빈후드"였다(그리고 멕시코에서도 그는 에밀리아노 자파타Emiliano Zapata와 리카르도 플로레스 마공Ricardo Flores Magón같은 사람과 닮았다).11 자신의 지지자들에게 마흐노는 가난

---

9. L. Trotsky, *Stalinism and Bolshevism*(New York, 1937), pp. 22~23.
10. Paul Avirich가 편집한 *The Anarchist in the Russian Revolution*(Ithach, 1973), p. 132.

한 사람들을 압제자들로부터 구하고 그들에게 땅과 자유를 선사하려 한 근대적인 라찐 또는 푸가쵸프였다. 과거처럼 그의 운동은 남부의 국경지대에서 일어났고 부자와 권력자들에게 대항했다. 알렉산드르 베르크만이 썼듯이, 마흐노는 "천민들의 복수천사였고 지금은 푸가쵸프가 죽음의 순간에 등장을 예언했던 위대한 해방자로 존경받고 있다."[12]

선배들의 예를 따라 마흐노는 지주의 토지를 몰수하고 관리들을 쫓아냈으며 초원지대에 코사크 형태의 "공화국"을 건설하기 시작했고, 추종자들은 그를 자신들의 좋은 아버지로 숭배했다. 그는 브란겔과 제니킨의 "황금견장"에 맞서 봉기하고 자유로운 소비에트와 꼬뮨들을 위해 싸우자고 농민들에게 요청했다. 동시에 그는 라찐과 푸가쵸프가 "귀족과 관리들"을 반대했듯이 "공산주의자와 인민위원들"을 반대했다. 볼셰비키들로서는 17세기 이후 모스크바개[짜르 체제개] 반항하는 게릴라들을 헐뜯었던 말인 산적(brigand)이라는 말로 [똑같이] 그를 비난해야 했다. 더구나 라찐과 푸가쵸프에게 생겼던 것과 똑같은 전설이 마흐노에게도 생겼다. 마흐노의 부인이 엠마 골드만에게 말했듯이, "이 나라의 민중들 사이에는 마흐노가 습관적으로 모든 돌격을 항상 몸소 이끌지만 전투 중에 한 번도 상처를 입은 적이 없기 때문에 그가 천하무적이라는 신념이 퍼지고 있다."[13]

하지만 중요한 차이가 있다. 라찐과 푸가쵸프와 달리, 그리고 우크라이나에 있던 같은 시대의 "족장들"과도 달리 마흐노는 아나키즘이라는 특정한 이데올로기에서 동기를 얻었다. 일생 동안 그는 권력에 대항하는 자신의 징표로 아나키스트라는 칭호를 자랑스럽게 썼다. 1906년 초반에 그

---

11. George Woodcock, *Anarchism*(Cleveland, 1962), p. 419.

12. Alexander Berkman, *The Bolshevik Myth(Diary 1920~1922)* (New York, 1925), p. 191.

13. Emma Goldman, *My Disillusionment in Russia*, pp. 148~49. 라찐과 푸가쵸프처럼 아직도 소련에서는 마흐노에 관한 노래를 부른다.

가 굴라이-뽈리에의 아나키스트 모임에 가입했다는 건 이미 언급했다. 마흐노는 감옥에서 아르쉬노프에게 가르침을 받아 아나키즘을 이해할 수 있게 되었고, 볼린과 아론 바론, 그리고 내전 당시 자신의 운동에 참여한 다른 아나키스트 지식인들과의 접촉을 통해 더 깊이 이해할 수 있었다. 여러 선배 이론가 중에서 그에게 영감을 준 중요한 원천은 이미 언급했듯이 1918년의 긴 방랑길에서 만난 크로포트킨이었지만, 그는 바쿠닌에게도 "위대한"과 "지칠 줄 모르는"이라는 수식어를 붙이며 그에 대한 깊은 존경을 드러냈고 마흐노 진영에서 발간한 일련의 전단들은 종종 바쿠닌주의 냄새를 풍기기도 했다.

그런데 마흐노의 아나키즘은 말뿐인 선전으로 제한되지 않았고 특히 중요하게도 새로운 지지자들을 [계속] 얻었다. 마흐노는 전투에 전념하는 동안에도 자신의 아나키스트 이론을 실천에 옮기려 했던 활동가였다. 마을에 들어가서 그가 제일 먼저 한 행동은 ─감옥문을 열어젖힌 뒤─ 자신이 새로운 정치지배양식을 도입하려 한다는 인상을 없애는 것이었다. 그는 주민들이 적합하다고 여기는 삶을 이제 자유롭게 스스로 조직해야 하고 반란군이 "그들에게 무엇을 요구하거나 하라고 명령하지" 않을 것임을 알렸다. 정치적인 권위를 행사하려는 조직들을 [가만히] 놔두지 않으면서 마흐노는 연설과 언론, 집회의 자유를 선언했고, 자연히 볼셰비키 혁명위원회들을 해체하며 그 구성원들에게 "정직한 일에 종사하라고" 충고했다.14

마흐노의 목적은 모든 형태의 지배를 전복하고 경제적, 사회적 자치를 장려하는 것이었다. 1919년 그의 선언서 중 하나는 "모든 생활영역에서 스스로 올바르다고 생각하는 한, 특정한 방식으로 자신을 조직하고 상호 이해에 도달하는 건 노동자와 농민의 몫이다"라고 말했다. 그의 능동적인

---

14. Volin, *The Unknown Revolution*, p. 631.

지원으로 에카쩨리노슬라브 지방에서 아나키스트 꼬뮨들이 조직되었고, 각 꼬뮨들은 백 명에서 3백 명의 구성원을 가진 약 12개의 대가족으로 구성되었다. 마흐노의 활동 본거지였던 굴랴이-뽈리에의 바로 주변에는 그런 꼬뮨들이 네 개 있었고 다른 많은 꼬뮨들이 주변 지역에도 만들어졌다(마흐노 자신도 시간이 허락할 때마다 굴랴이-뽈리에 꼬뮨 중 한 곳에서 노동했다).

각 꼬뮨들은 구성원들이 노동력을 더 고용하지 않고 경작할 수 있을 만큼 땅을 분배받았다. 땅만이 아니라 농기구와 가축도 <농민과 노동자, 반란자들의 지역회의>의 결정에 따라 할당되었고 그 구성원들의 총회가 꼬뮨을 관리했다. 땅은 공동으로 소유되었고 부엌과 식당 또한 공동 소유였지만 따로 요리하거나 부엌에서 음식을 가져와 자신들의 숙소에서 먹길 원하는 구성원들은 그렇게 하도록 허용되었다. 실제로 아주 소수의 구성원들만이 자신을 아나키스트로 생각했지만 농민들은 완전한 평등("능력에 따라 각자에게서, 필요에 따라 각자에게로from each according to his ability, to each according to his need")이라는 원리에 따라 꼬뮨을 운영했고 상호부조라는 크로포트킨의 원리를 자신들의 근본적인 교리로 받아들였다. 포크로프스코예(Pokrovskoye) 촌락 근처의 첫 번째 꼬뮨에 아나키스트가 아니라 맑스주의자이자 당시 독일 혁명에서 순교했던 로자 룩셈부르크(Rosa Luxemburg)의 이름을 붙인 건[로자 룩셈부르크 꼬뮨] 흥미로운 사실로 마흐노가 혁명이론과 실천을 교조적으로 바라보지 않았다는 점을 드러낸다.

리버테리안 노선을 따라 사회를 재구성하려고 노력하면서 마흐노는 기회가 될 때마다 노동자의 자주관리실험을 권장했다. 예를 들어, 알렉산드로브스크(Aleksandrovsk)의 철도노동자들이 너무 오랫동안 주급(週給)을 받지 못했다고 불평하자 그는 철도를 통제하고 그들의 서비스를 공정한 가격으로 계산해서 돈을 사용자에게 청구하라고 충고했다. 역사가들의 더 엄밀한 조사가 필요하겠지만 그런 계획들은 제한적인 성공을 거뒀다. 자신들의 개인적인 일을 관리하는 데 익숙한 독립 생산자들인 농촌의 농민이나 장인들과 달리 공장 노동자나 광부들은 복잡한 산업 메커니즘의 상호의존적인 부품들로 움직이고 기술 전문가들의 감독 없이는 실수하기 때문에, 그 계획은 소수의 노동자들을 넘어서 더 확대되지 못했다. 더구나 농민들과 장인들은 자신들의 노동생산품을 물물교환할 수 있지만 노동자들은 생존하려면 임금에 의존해야 했다. 더구나 마흐노는 그전의 세력들―우크라이나 민족주의자들, 백군, 볼셰비키를 막론하고―이 발행한 화폐를 인정함으로써 혼란을 가중시켰다. 그는 도시경제의 복잡성을 결코 이해하지 못했고 그걸 이해하려 하지도 않았다. 어쨌든 그는 계획경제를 실시할 시간이 거의 없었다. 그는 영원히 움직여야 했다. 볼린이 묘사했듯이 그의 군대는 "짐마차 위의 공화국(republic on *tachanki*)"이었고 "적극적으로 활동하지 못하는 불안정한 상황"에 있었다.[15]

1936년에서 39년까지 스페인에서 그랬듯이, 1918년에서 20년까지 우크라이나에서도 리버테리안 실험은 내전과 경제혼란, 정치적·군사적 억압이 한창인 조건들에서 진행되었다. 따라서 이 실험은 지속될 수 없었다. 그러나 그건 노력이 부족하거나 아나키즘에 대한 헌신이 부족해서가 아니었다. 마흐노의 모든 전투에서는 아나키의 고전적인 상징인 거대한 검은 깃발이 군대의 선두에 걸렸고 "자유냐 죽음이냐", "농민에게 토지를, 노동자에게 공장을"이라는 슬로건들이 그 깃발을 수놓았다. 볼린, 아르쉬노프, 바론이 일했던 문화·교육위원회는 아나키스트 잡지들을 편집했고 아나키스트 소책자들을 발간했으며 부대에서 아나키즘을 교육했다. 이런 활동과 함께 위원회는 아나키스트 극장을 설립하고 스페인의 프란시스코

---

15. 같은 책, p. 633.

페레(Francisco Ferrer)의 근대학교(Escuela Moderna)를 모델로 삼아 아나키스트 학교를 세우려고 계획했다.

어쨌든 한 가지 점에서 마흐노는 리버테리안 원리들과 의미있는 일치를 보였다. 부대의 지도자로서 그가 병력을 보충하기 위해 징병이라는 방식을 쓸 수밖에 없었다는 점은 이미 얘기했다. 그리고 그는 즉결처분을 포함해 때때로 엄격한 방식의 부대 규율을 강요한 것으로 알려졌다. 몇몇 사람이 주장하듯이, 그의 폭력적인 성향은 술주정으로 더 심해졌다. 볼린은 술 마시고 흥청거리는 마흐노의 성향을 강조했고 빅토르 세르주는 그를 "알콜 중독자이자 허세부리며 난폭하고 이상주의적"이라 묘사했다.[16] 적대적인 연구자들은 그를 중국의 군벌과 비교하며 그의 부대가 말로만 리버테리안이었다고 주장했다. 하지만 이건 진실한 묘사가 아니다. 군사적으로 고려해야 할 점들이 마흐노의 아나키스트적인 교리들과 어쩔 수 없이 충돌했겠지만 그의 부대는 조직과 사회적 구성 모두에서 그 시대의 다른 어떤 전투부대보다도 더 민중적이었다.

누구의 말을 들어도 마흐노는 뛰어난 능력과 용기를 가진 군사 지도자였다. 1930년대 스페인 아나키스트들의 몇 가지 성공사례들을 제외하면, 부대를 조직하고 효율적이고 장기적인 전투를 수행하는 그의 능력은 아나키즘의 역사에서 독보적이었다. 그는 남부의 독립된 군사공동체이자 정부의 간섭에 분노했던 코사크 전통을 상당 부분 물려받았다. 매복과 기습이라는 그의 게릴라 전술은 과거 [라찐과 푸가쵸프의] 러시아 반란으로의 회귀이자 나중에 중국, 쿠바, 베트남에서 사용될 전투방식들을 예고했다. 그런데 백군으로부터 혁명을 구하려 했던 그의 노력은 얼마만큼 결정적이었던가? 볼린은 단호하게 "1919년 가을 제니킨주의자들의 반혁명을 무찌른 영예는 전적으로 마흐노주의자들의 반란군에게 속한다"라고 주장

---

16. Serge, *Memoirs of a Revolutionary*, p. 161.

했다. 데이비드 풋맨은 조금 더 겸손하게 "페레고노브카가 남부의 내전에서 결정적인 전장 중 하나였다는 주장은 어느 정도 타당하다"고 썼다.[17] 어쨌든 이 전투의 중요성은 논쟁의 여지가 없다.

간단히 말해 마흐노는 조건이 허락하는 한 자신이 권유한 것을 실천하는 철저한 아나키스트였다. 실제로 농민이던 마흐노는 이론가나 빈말을 하는 사람, 웅변가가 아니었고 추상적인 체계와 사회를 이론화하길 거부하고 활동을 사랑하는 사람이었다. 1918년 모스크바에 갔을 때 그는 볼셰비키들만이 아니라 아나키스트들 사이에도 [퍼진] "이론상의 혁명(paper revolution)"의 기운으로 혼란스러웠다.[18] 말에 매료되어 자신의 이상을 위해 싸울 의지가 부족했던, 실천이 아닌 이론형 인간이던 아나키스트 지식인들 대부분이 주로 그를 공격했다. 그럼에도 마흐노는 지식과 이상주의 때문에 그들을 존중했고 나중에 자신의 농민 부하들에게 아나키스트 교리의 근본원리들을 가르쳐 달라고 도움을 청했다.

마흐노의 반(反)지식인주의 성향은 그와 비슷하게 독학한 우크라이나의 노동자이자 그의 교사인 아르쉬노프의 탓이기도 하다. 하지만 아르쉬노프는 한술 더 떴다. 자신의 『마흐노주의 운동사』(*History of Makhnovist Movement*)에서 아르쉬노프는 볼셰비키가 새로운 지식인 지배계급—바쿠닌이 최초로 주창했던 (맑스와 그의 동료들에 관해 얘기한) 이론이고 마차이스키(Machajski)가 발전시켰으며 러시아 혁명 중에 막시모프와 다른 아나키스트 저술가들이 다시 얘기했던—이라고 비판했다. 그리고 그는 아나키스트 지식인들에게도 불만을 드러내며, 좀처럼 행동하지 않을 뿐 아니라 역사적으로 매우 중요한 의미를 가지는 사건 "중에도 잠만 자고" 권위주

---

17. Volin, *The Unknown Revolution*, p. 625 ; David Footman, *Civil War in Russia*(London, 1961), p. 276.
18. Makhno, *Pod udarami kontr-revoliutsii*, p. 93.

의자들과의 전투를 포기한 아나키스트 지식인들이 이론가에 불과하다고 얘기했다.[19] 이런 입장은 1926년에 마흐노가 승인했던『조직강령』(*Organizational Platform*), 즉 아무 일도 하지 않는 지식인들을 심하게 비판하고 효율적인 조직과 행동을 요구했던 강령을 더 잘 설명해준다.[20]

나중에 전기 작가들의 조심스러운 연구에 맡겨야 하겠지만 마흐노가 혐의를 썼던 반(反)유대주의라는 곤란한 문제도 끄집어내보자. 마흐노가 유대인을 괴롭혔으며 그들을 거부하고 학살했다는 혐의들은 모든 방향에서, 즉 좌파와 우파, 중도파에서 제기되었다. 하지만 예외없이 그들은 풍문과 소문, 의도적인 욕설에 의존했고 문서자료를 제공하거나 증명하지 않았다.[21] 특히 소비에트 선전기구는 마흐노를 산적과 학살자로 비방하려고 노력했다. 그러나 유명한 유대인 역사가이자 우크라이나의 반(反)유대주의 권위자인 엘리아스 체리코베르는 꼼꼼하게 조사한 뒤 마흐노주의자들이 저질렀던 많은 반유대인 행동이 내전 당시 다른 전투부대가 저지른 행동―적군도 예외가 아니다―에 비하면 "대수롭지 않다"고 결론을 내렸다.[22]

이 점을 증명하기 위해 나는 뉴욕의 이보(YIVO) 도서관에 위치한 체리코베르 문서소장코너에서 내전 당시 우크라이나에서의 반유대인 학살을 촬영한 수백 장의 사진을 검토했다. 대부분의 사진들이 저니킨과 페틀리우라, 그리고리예프(Grigoriev), 다른 자칭 "[카자흐의] 두목"들의 지지자들이 저질렀던 행의들을 상세히 담고 있었고, 오직 한 장에만 마흐노주

---

19. Arshinov, *History of the Makhnovist Movement*, p. 242.

20. *Organizatsionnaia platforma vseobshchego souiza anarkhistov*(Paris, 1926).

21. 마흐노 자신은 "정치스파이와 협잡꾼들"이 퍼뜨린 "사악한 소문"이라며 이런 혐의를 부인했다. *The Road to Freedom*, 1927년 11월호. 그리고 Alexander Berkman, "Some Bolshevik Lies about the Russian Anarchists," *Freedom*, 1922년 4월호를 보라.

22. Volin, *The Unknown Revolution*, pp. 698~700. 그리고 *Man!*, 1934년 9~10월호를 보라.

의지들의 소행이라는 꼬리표가 붙어있었다. 그리고 그 한 장에도 그의 부하라고 알아볼 만한 사람들이 보이지 않았고 마흐노가 습격을 명령했거나 그런 사진 속의 무리가 실제로 그의 반란군과 관련되어있다는 어떠한 표시도 없었다.

오히려 마흐노가 자신의 지지자들 사이에서 반유대인 성향들을 막으려고 안간힘을 썼다는 증거는 있다. 더구나 상당히 많은 수의 유대인들이 마흐노주의 운동에 참여했다. 볼린과 바론처럼 몇몇 [유대인]지식인들이 문화교육위원회에서 일했고 성명서를 썼으며 잡지를 편집했을 뿐 아니라, 대다수의 유대인들은 보병과 포병, 특별파견대의 일원으로, 우크라이나인과 러시아인, 다른 인종의 농민, 노동자들과 나란히 일반 빨치산 부대와 반란군의 대열에서 싸웠다.

마흐노는 개인적으로 어떤 종류의 차별도 비난했고 반유대인 행동을 신속하고 가혹하게 처벌했다. 한 부대 지휘관은 한 유대인 마을을 습격한 뒤 즉석에서 총살되었고 한 병사도 "유대인을 때려 죽여라, 러시아를 구원하라!"는 상투적인 반유대인 구호가 써진 포스터를 내걸었다는 이유로 같은 운명을 맞이했다. 마흐노는 유대인 학살을 이유로 그리고리예프 두목을 비난했고 그를 총살했다. 만일 마흐노가 그에게 고발된 죄를 저질렀다면, 분명 그의 진영에 있던 유대인 아나키스트들이 그의 운동을 무너뜨리고 저항의 목소리를 높였을 것이다. 이건 알렉산드르 베르크만과 엠마 골드만, 당시 러시아에 있던 다른 사람들에게도, 1920년대 동안 파리에 있던 졸렘 슈바르츠바르트(Sholem Schwartzbard), 볼린, 센야 플레신(Senya Fleshin), 몰리 슈타이머(Mollie Steimer)에게도 진실이다. 마흐노를 반유대주의자로 비판하기는커녕 그들은 모든 방면[좌/우파, 중도파]에서 주장되던 비방 캠페인에 맞서 마흐노를 옹호했다.

결국 마흐노의 여생은 그가 역사가들에게 받았던 것보다 더 많은 대우를 받아야 했다. 지금까지 많은 작가 중에서 말콤 멘지즈(Malcolm Menzies)와 알렉산드르 스키트다(Alexandre Skirda)가 이 시기를 가장 만족스럽게 설명했다.[23] 하지만 이들도 드니에스테르 강을 가로지른 마흐노의 탈출과 루마니아에서의 억류생활, 다시 시작된 수감생활과 (베르크만과 유럽의 다른 동지들이 도운) 마지막 탈출이라는 완전하고 극적인 이야기[24], 파리의 최종피신처ー이곳에서 그는 안타이오스(Antaeus)가 힘을 보충하던 대지로부터 떼어놓을 때까지[죽을 때까지] 여생을 어둠과 가난, 질병 속에 살았다ー를 다루지 못했다. 베르크만에 따르면, 파리에서도 마흐노는 자신의 땅[우크라이나]으로 돌아가기를 꿈꿨고 "해방과 사회정의를 위한 투쟁을 다시 시작하려 했다."[25] 그는 항상 대도시의 "해악"을 싫어했고 자신이 태어난 [농촌의] 자연환경을 그리워했다. 그런 그가 술이 제공하는 메마른 안식을 쉴새없이 소비하고 자동차 공장에서 일하며 외국의 거대한 수도에서 자신의 삶을 다감해야 했다는 건 얼마나 모순적인가.

하지만 그는 아나키즘에 대한 열정을 한 번도 잃어버리지 않았고 자신의 삶을 바쳤던 운동을 포기하지도 않았다. 그는 아나키스트 집회ー다른 여러 집회 중에서도 종종 <유대인 독학자 클럽>(the Jewish Autodidact Club)ー에 참석했고 예전 동지인 아르쉬노프의 『조직강령』을 옹호했으며, 우크라이나에서의 모험담을 들려주며 언젠가 너희들의 투쟁 시기가 오면 도움을 주겠다고 전 세계에서 온 아나키스트들ー중국 학생들과 스페인에서 온 두루티(Durruti)와 아스카소(Ascaso)의 모임을 포함해ー과 어울렸

---

23. Malcolm Menzies, *Makhno : Une épopée*(Paris, 1972), pp. 213~52 ; Alexandre Skirda, *Nestor Makhno : Le cosaque de l'anarchie*(Paris, 1982).

24. 1924년 8월 25일 베르크만이 벤 카페스(Ben Capes)에게 보낸 편지, Berkman Archive, International Institute of Social History ; 1925년 5월 2일 베르크만이 미나 로벤손(Minna Lowensohn)에게 보낸 편지, Lowensohn Papers, Avrich Collection, Library of Congress.

25. Michael Palij, *The Anarchism of Nestor Makhno, 1918~1921*(Seattle, 1976), p. 243에서 재인용.

다. 죽음이 이 기회를 가로막았지만 반란군의 퇴역군인 중 많은 수가 실제로 1936년 두루티의 부대에서 싸우기 위해 [스페인으로] 갔다는 점은 흥미롭다.[26] 따라서 마흐노가 폐결핵을 심하게 앓고 있을 때 스페인의 동지들이 재정적으로 도움을 줬어야 했다는 지적은 얼마나 적절한가.

말콤 멘지즈는 마흐노의 마지막 순간을 감동적으로 그렸다.[27] 1934년 7월 44세의 마흐노는 파리의 한 병원에서 죽음의 문턱에 걸쳐 있었다. 열이 오르면서 그는 의식이 가물가물해졌고 마지막 꿈을, 그가 사랑했던 조국에 대한 꿈을, 눈 덮인 넓은 초원을, 담청색 하늘에서 밝게 빛나는 태양을 꿈꿨다. 네스토르 이바노비치는 멀리서 기다리던 말을 탄 한 무리의 동지들에게로 자신의 말을 타고 천천히 다가갔고, 그들은 그가 오는 걸 환영하며 경례했다. 시간이 흘러 계절이 바뀌고 봄이 오자 —제르미날![28]— [그는] 희망의 부활, 푸른 풍경과 신선한 대지의 냄새, 졸졸 소리내며 흐르는 시냇물, 한순간의, 잠깐 동안의 자유에 도달했다. 그리고 그 후 영원한 침묵. 마흐노의 시신은 화장되었고 재는 1871년에 학살된 파리꼬뮨 전사들이 집단으로 매장된 곳에서 멀지 않은 페르라셰즈(Père-La-chaise) 공동묘지의 [납골당]에 안치되었다.

---

26. Abel Paz, *Durruti : Le peuple en armes*(Paris, 1972), pp. 117~20 ; L. Mercier Vega, *L'Increvable anarchisme*(Paris, 1970), p. 4.

27. Menzies, *Makhno*, pp. 251~52.

28 [옮긴이 주] '제르미날(Germinal)'은 새싹을 뜻하는 말이자 에밀 졸라의 유명한 소설 『제르미날』의 제목이기도 하다.

8

V. M. 아이헨바움(볼린)
사람과 그의 책

    자신의 동지였던 마흐노처럼 볼린도 러시아 아나키스트 운동에서 가장 유명한 인물 중 한 명이었다. 그는 추방당하고 난 뒤의 운동만이 아니라 1905년 혁명과 1917년 혁명에도 능동적으로 참여했다. 1905년 〈사회혁명당〉 당원이던 그는 〈상트페테르부르크 소비에트〉의 설립자 중 한 명이었고 1917년 혁명 시기에는 중요한 아나코-노동조합주의 잡지 『골로스 뜨루다』를 편집했다. 내전 시기 동안 그는 우크라이나에서 〈나바트연맹〉(the Nabat Confederation, 경종연맹)의 창설을 도왔고 『나바트』라는 신문을 편집했으며 마흐노가 이끌던 빨치산 운동에서 중요한 역할을 했다.

    하지만 마흐노와 달리 볼린은 원래 지식인이었고 실천보다 말의 전도사였다. 재능 있는 작가이자 연설가였던 그는 "통합 아나키즘(united anarchism)"의 이론가였고 러시아 혁명에서 아나키스트가 고무시킨 역사를 가장 감동적으로 기록했다 —이 기록은 많은 언어로 번역되고 있다—.

볼린은 다재다능한 사람으로서 연설가이자 편집자, 역사가이자 언론인, 교육자이자 시인이었다. [그러나] 체포와 탈출, 수많은 죽음과의 투쟁 등 그의 삶은 고통으로 가득 찼다. 볼셰비키 독재를 탁월하게 비판하던 사람 중 한 사람이었기에 소비에트 비밀경찰은 그를 두 번이나 감금했고 트로츠키는 그를 처형하라고 명령했는데, 그 와중에 그는 정말 간신히 살아남았다. 투옥과 망명생활 중에도 그는 선전과 활동 모두에서 헌신적인 혁명가였고 정신의 용기와 육체의 용기, 두 가지를 모두 지녔다. 빅토르 세르주의 묘사처럼 그는 "충만한 진실성과 엄밀한 사고방식, 넘치는 재능, 투쟁을 통한 끝없는 젊음과 즐거움"을 누렸다.[1] "자유"를 의미하는 러시아어 볼리아(volia)를 끌어다 쓴 그의 가명은 삶을 바쳤던 이상을 잘 일깨워준다.

볼린이라는 필명으로 활동했던 프세볼로드 미하일로비치 아이헨바움(Vsevolod Mikhailovich Eikhenbaum)은 1882년 8월 11일 남중앙 러시아의 흑토지대 보로네즈(Voronezh) 근처에 살던, 러시아에 귀화한 유대인 지식인의 교양있는 가정에서 태어났다. 그의 아버지쪽 할아버지인 야코프 아이헨바움(Yakov Eikhenbaum)은 수학자이자 시인이었고[2] 그의 부모는 모두 의사였다. 안락한 조건에서 생활하면서 그들은 두 명의 아들을 교육시키기 위해 서양 교사를 고용했다. 따라서 볼린과 그의 어린 동생은 모국어인 러시아어만큼 프랑스어와 독일어도 유창하게 말하고 쓸 수 있을 정도로 배웠다. 동생인 보리스 아이헨바움(Boris Eikhenbaum, 1886~1959)은 러시아에서 가장 뛰어난 문학비평가 중 한 명이었고 형식주의 학파(the Formalist school)의 주창자이자 톨스토이와 다른 작가들에 대한 권위

---

1. Victor Serge, "In Memory : Boris[sic] Voline," *Politics*, 1946년 2월호
2. 한 권위있는 소식통에 따르면, 1840년에 야코프 아이헨바움은 한 체스 게임에 관해 이디시어로 쓴 격찬을 받았던 시를 출판했다. Harold Schefski, "Eikhenbaum, Boris Mikhailovich," *The Modern Encyclopedia of Russian and Soviet Literature*, 총 4권 중 4권, p. 110.

자였다.

볼린 자신도 비슷한 길을 걸을 수 있었다. 그는 보로네즈의 김나지움(gymnasium)에 다녔고 상트페테르부르크 대학의 법학부에 등록했다. 하지만 그곳에서 그는 혁명사상에 빠져들었다. 그리고 1904년 부모에게 고통을 주면서까지 그는 <사회혁명당>에 가입하기 위해 학업을 포기했고 3년 전인 19살적부터 가끔씩 접촉하던 도시의 노동자들을 하루 종일 선동하고 다녔다.

볼린은 자신의 이상주의적 성향의 모든 힘을 새로운 운동에 쏟아 부었다. 그는 과외로 생계비를 버는 한편 노동자학습모임을 조직했고 도서관을 열었으며 독서 프로그램도 준비했다.3 1905년 1월 9일 그는 짜르 군대의 발포로 수백 명이 눈 위에 쓰러졌던, 겨울궁전 앞에서 벌어진 대규모 시위행진에 참여했다. 이 사건이 1905년 혁명의 시작을 나타냈던 그 유명한 "피의 일요일"이다. 그리고 그는 최초로 <상트페테르부르크 소비에트>를 구성하는 데 참여했고 (그때까지도 <사회혁명당> 소속으로) 1905년 10월 25일 크론슈타트 봉기에도 관여했기 때문에 표트르-파블로프스키 요새에 짧은 기간 동안 갇혀야 했다. 오래지 않아 석방되긴 했지만 그는 혁명에 뒤따른 반동의 시기에 수사의 표적이 되었다. 그는 1907년 오크라나에서 체포되어 감옥에 갇혔으며 시베리아 유배형을 선고받았지만 프랑스로 탈출하는 데 성공했다.4

---

3. M. S. [Mollie Steimer], "Life of a Russian Anarchist," *Freedom*, 1945년 11월 17일자. 볼린의 삶과 경력에 대해서는 Abe Bluestein이 편집한 *Fighters for Anarchism : Mollie Steimer and Senya Fleshin*(New York, 1983)에 있는 Mollie Steimer, "A Memorial Tribute to Vsevolod Eikhnbaum Voline," pp. 70~79를 보라 ; G. P. Maximoff, "Vsevolod Mikahilovich Eikhenbaum (Volin)," *Delo Truda-Probuzhdenie* 1946년 1월호 ; 그리고 Volin, *The Unknown Revolution, 1917~1921*(Detroit and Chicago, 1974)에서 Rudolf Rocker의 서문, pp. 9~15.
4. 1907년 상트페테르부르크 감옥에서 쓴 "Vision"이라는 시를 보라. Marcus Graham이 편집한 *An Anthology of Revolutionary Poetry*(New York, 1929), pp. 336~37.

서구로의 탈출은 그의 정치적·지적인 발전에서 새로운 장을 열었다. 파리에서 그는 (나중에 네 권의 『아나키스트 사전』(*Encyclopédie Anarchiste*)을 발행하기 위해 협력했던) 세바스티앙 포르(Sébastien Faure), <자유 꼬뮨주의자들의 조합>(Bratstvo Vol'nykh Obshchinnikov)이라는 작은 리버테리안 모임을 통솔하던 아폴론 카렐린(Apollon Karelin)을 포함해 프랑스와 러시아의 여러 아나키스트들을 알게 되었다. 1911년 볼린은 <사회혁명당>을 떠나 카렐린의 모임에 가입함으로써 아나키즘으로 전향했고 여생을 모두 [아나키스트 운동에] 바쳤다.

확고한 반(反)군국주의자인 볼린은 1913년에 <전쟁반대 국제 행동위원회>(the Committee for International Action Against War)에 적극적으로 참여했다. 1914년 8월 제1차 세계대전이 터졌을 때 볼린이 반군국주의 선전을 강화하자 이를 못마땅하게 여긴 프랑스 정부는 1915년 교전 기간 동안 그를 구금하기로 결정했다. 하지만 친구들의 경고를 받은 볼린은 보르도(Bordeaux)라는 항구도시로 달아났고 아내와 아이를 남겨둔 채 미국행 화물선의 조타수로 취업해 프랑스를 떠났다.

1916년 초 뉴욕에 도착한 볼린은 조직원이 거의 만 명에 달했던 아나코-노동조합주의 조직 <미국과 캐나다의 러시아 노동자 연맹>에 가입했다. 유능한 작가이자 연설가였던 그는 주간지 『골로스 뜨루다』에서 일하며 미국과 캐나다의 수많은 클럽과 집회에서 토론하고 연설했다. 예를 들어 1916년 12월 그는 디트로이트, 피츠버그, 클리브랜드, 시카고를 순회하기 시작했고 노동조합주의와 총파업, 세계대전, 프랑스의 노동운동 같은 주제들로 연설했다.[5] 하지만 [러시아] 2월 혁명의 시작과 함께 볼린은 기회가 생기는 대로 러시아로 돌아가리라 마음먹었다. 1917년 5월 <아나키스트 적십자>의 도움으로 태평양을 건너 러시아로 출발한 볼린과 『골

---

5. *Delo Truda-Probuzhdenie*, 1963년 7월호.

로스 뜨루다』 성원들은 그 해 7월 페트로그라드에 도착했다. 다음 한 달 동안 그들은 페트로그라드의 노동자들 사이에 혁명적 노동조합주의의 복음을 전하던 <아나코-노동조합주의 선전동맹>의 기관지『골로스 뜨루다』를 다시 발행하기 시작했다.

볼린은 이제 혁명 시기의 주도적인 아나키스트 지식인 중 한 명으로 떠올랐다. 대중집회와 공장, 클럽회관에서 그는 대중적인 연설가였고 자본주의와 개량주의적 노동조합주의를 대체할 노동자의 생산통제[자주관리]를 요구했다. 중간 정도의 키에 허약한 체격이었지만 회색 턱수염 탓에 조숙해 보였고 날카롭고 검은 눈동자를 지녔던 그의 잘생기고 지적인 얼굴은 외모로 강한 인상을 남겼다. 그리고 설득력있는 논증과 단호한 제스쳐, 재치, 때때로 인상적이고 위트 있는 답변으로 —빅토르 세르주는 볼린에게서 과거 프랑스의 반란자 블랑키를 떠올렸다— 그는 청중들을 사로잡았다. 두 번째 호를 내면서 볼린은『골로스 뜨루다』의 편집장을 맡게 되었다(창간호의 편집장이던 막심 라예프스키(Maksim Raevsky)는 아직도 밝혀지지 않은 이유로 갑작스럽게 운동을 그만 뒀다). 볼린의 유능한 지도를 받으며『골로스 뜨루다』는 약 2만 5천 명의 독자를 확보한, 러시아 혁명에서 가장 영향력있는 아나코-노동조합주의 잡지가 되었다. 볼린의 기사—거의 모든 이슈를 다룬—를 추려서 만든 선집『혁명과 아나키즘』(*Revolution and Anarchism*)이 1919년에 책으로 출판되기도 했다.[6]

그 사이에 볼린은 갓 구성된 볼셰비키 정부와 갈등하기 시작했다. 1917년 말 그는『골로스 뜨루다』에 "일단 권력이 강화되고 합법화되자, 중앙집권적이고 권위주의적인 통솔력을 믿는 국가사회주의자들인 볼셰비키들은 위로부터 국가와 민중의 삶을 관리하기 시작했다"고 썼다. 계속해서 그는 소비에트가 단순히 "중앙정부의 도구"로 전락하고 "철권으로 모든

---

6. Volin, *Revoliutsiia i anarkhizm*(Kharkov, 1919).

반대세력을 몰아내는 권위주의적인 국가정치기구"가 러시아에 출현할 것이라고 예측했다. "'모든 권력을 소비에트로'는 '모든 권력을 정당지도자들에게로'가 될 것이다."[7]

1918년 3월 볼린은 러시아가 독일에게 인구와 경작지의 4분의 1이상, 제철산업과 철강산업의 4분의 3이상을 양도했던 브레스트-리토프스크조약을 강하게 비판했다. 레닌은 비록 그 조약이 혹독하다해도 볼셰비키의 권력을 강화시키기 위해 절대적으로 필요한 숨쉴 틈을 준다고 주장했다. 하지만 아나키스트들에게 그 조약은 반동의 세력에게 조건부로 항복하는 굴욕이자 전 세계 혁명에 대한 배신이었다. 볼린은 이 조약을 "부끄러운" 짓이라 비난했고 독일에 대항하는 "가열찬 빨치산 전투"를 요구했다.[8] 얼마 뒤 그는 『골로스 뜨루다』의 편집장을 사퇴하고 10년 이상 보지 못했던 자신의 가족들을 만나기 위해 우크라이나로 갔다.

1918년 보브로프(Bobrov)에서 여름을 보내던 볼린은 지역 소비에트의 교육분과에서 일하며 도서관과 민중극장을 포함해 성인교육 프로그램을 만드는 걸 도왔다. 그 해 가을, 카르코프(Kharkov)로 이동해 그는 <나바트연맹>을 인도하는 정신이자 같은 이름의 잡지 편집장을 맡게 되었다. 그리고 그는 1918년 11월 쿠르스크(Kursk)에서 소집된 첫 총회에서 꼬뮨주의자와 조합주의자들만이 아니라 개인주의자들까지도, 즉 아나키스트 사상의 모든 정파들이 받아들일 수 있을 만한 원리선언의 초안을 잡으려고 시도하면서 핵심적인 역할을 맡았다.[9]

『골로스 뜨루다』를 떠난 뒤 볼린은 [아나키즘] 운동의 모든 파벌들이

---

7. Daniel Cohn-Bendit와 Gabriel Cohn-Bendit, *Obsolete Communism : The Left-Wing Alternative* (New York, 1968), pp. 218~19에서 재인용.

8. 같은 책, p. 127.

9. *Pervaia konferentsiia anarkhistskikh organizatsii Ukrainy "Nabat" : Deklaratsiia i rezoliutsii* (Buenos Aires, 1922).

단일하고 통합되면서도 유연한 조직―미래의 리버테리안 사회를 위한 일종의 모델―의 틀 내에 상호존중과 협력의 정신을 지니고 함께 일할 것을 권장하는 이론, 그가 "통합 아나키즘(edinyi anarkhizm)"이라 부르던 더 보편적인 이론으로 아나코-노동조합주의를 발전시켰다. 이전에 알던 동지 중 많은 사람들―특히 그레고리 막시모프와 마르크 므라츠니―은 "통합 아나키즘"을 동의할 수 없는 막연하고 쓸모없는 이론으로 여겼다. 므라츠니는 볼린을 "말 잘하는 연설가이자 아주 똑똑한 사람"이라고 생각했지만 "확실히 그의 생각이 얕다고" 평가했다. "그는 쉽게 얘기하고 쓰지만 항상 껍데기일 뿐 실질적인 내용이 없다."10

볼린은 자신의 구상을 서둘렀다. 그는 카르코프의 본부와 끼예프, 오데싸, 다른 남부의 대도시들에 지부를 세운 조직이자 아나키즘의 모든 다양성을 포용하면서도 각 개인과 집단에게 자율성을 보장했던 단일조직 <나바트연맹>을 통해 통합 아나키즘을 구현하려 했다. 『나바트』의 발행과 별도로 <나바트연맹>은 소책자와 선언서들만이 아니라 많은 지역신문들을 발간했고 <무신론자연맹>(a Union of Atheists) 외에도 활동적인 청년조직들을 두고 있었다. <나바트연맹>은 볼셰비키와 백군 모두를 대체하는 사회모델을 제시했기에 그들은 당연히 <연맹>을 억압하려 들었다.11

1919년 여름 볼셰비키가 아나키스트들을 더욱더 심하게 박해하고 신문과 집회들을 금지하기 시작하자 볼린은 굴랴이-뽈리에로 가서 <나바트연맹>이 이데올로기적 지침을 제공했던 마흐노의 반란군에 자원했다. 표트르 아르쉬노프, 아론 바론과 함께 볼린은 문화·교육위원회에서 일하

---

10. 1974년 2월 15일 뉴욕에서 Mark E. Clevans(Mratchny)와의 인터뷰. 엠마 골드만이 볼린을 "매우 세련된 사람이며 재능있는 작가이자 연설가"로 간주했다는 점은 얘기할 만한 사실이다. Emma Goldman, *My Disillusionment in Russia*(London, 1925), p. 240.

11. Paul Avrich, *The Russian Anarchists*(Princeton, 1967), pp. 205~208. 그리고 Anthony D'Agostino, *Marxism and the Russian Anarchists*(San Francisco, 1977), pp. 195~220.

면서 신문을 편집했고 성명서와 선언서의 초안을 잡거나 집회와 회의를 조직하기도 했다. 볼린은 <군사 혁명위원회>에서 여섯 달 동안 일한 걸 제외하면 여름과 가을 동안 교육분과를 이끌었다(<보브로프 소비에트>에서 그랬듯이). 다음해 볼세비키들은 그에게 우크라이나 교육인민위원 직을 제안했는데, 그의 스승인 크로포트킨이 1917년 임시정부의 교육장관이 되어달라는 케렌스키의 제안을 거부했던 것처럼 그도 [그 제안을] 단호하게 거부했다.[12]

1919년 12월 <군사 혁명위원회>는 페틀리우라가 지역에 퍼뜨리는 우크라이나 민족주의 선전에 대항하기 위해 볼린을 크리보이 로그(Krivoi Rog)로 파견했다. 하지만 가는 도중에 그는 발진티푸스에 걸려 한 농촌에서 쉬어야 했는데, 그곳 농민들은 그의 건강을 회복시키려고 애를 많이 썼다. 1920년 1월 14일 여전히 병석에 누워있던 그는 <적군 14사단>(the Fourteenth Red Army)에게 체포되어 <체까>로 넘겨졌다. 『나바트』를 끊임없이 비판하던 트로츠키는 그에게 사형을 선고했다. 하지만 당시 모스크바에 있던 미국의 아나키스트들―베르크만을 포함해―은 볼린을 모스크바로 이송하기 위한 탄원서를 여기저기서 받아 공산당의 비서인 니꼴라이 크레찐스키(Nicholas Krestinsky)에게 제출했다. 크레찐스키는 볼린이 상트페테르부르크 대학의 동급생임을 알고 있었지만 반혁명주의자로 몰아세우면서 탄원을 거부했다. 하지만 아나키스트들과 그 동조자들(그 중에는 빅토르 세르주도 있었다)의 압력 때문에 그는 끝내 양보하지 않을 수 없었고 볼린을 모스크바의 부튀르키 감옥으로 이송하라고 명령했다.[13]

이송은 1920년 3월에 이루어졌다. 7개월 뒤 적군과 마흐노의 <우크라

---

12. Avrich, *The Russian Anarchists*, p. 136.
13. Emma Goldman, *Living My Life*(New York, 1931), pp. 786~87 ; G. P. Maximoff, *The Guillotine at Work*(Chicago, 1940), p. 121.

이나 반란군>이 맺은 협정 덕분에 볼린은 석방되었다. 발진티푸스에서 회복되자 그는 『나바트』를 다시 발행하기 위해 카르코프로 돌아가려 했는데, 그전에 모스크바 북부의 드미트로프(Dmitrov)라는 마을로 가서 크로포트킨을 만났다. 다시 우크라이나로 돌아온 그는 1920년 연말에 모든 러시아 아나키스트들의 회의를 소집하려고 준비하기 시작했다. 하지만 11월 말 트로츠키는 마흐노와의 협정을 폐기하고 굴라이-뽈리에를 공격하라고 명령했고 그동안 <체까>는 회의를 위해 카르코프로 도인 <나바트 연맹>의 조직원들을 검거했다. 바론과 다른 사람들처럼 볼린은 모스크바로 이송되었고 다시 한번 부튀르키에 갇혔다. 그곳에서 그는 솔제니친(Solzhenitsyn)이 소비에트 감옥에 관해 쓴 글에서 언급되는 레포르토보(Lefortovo)와 타간카(Taganka)로 다시 이감되었다.

볼린은 1년 이상 갇혀 있었다. 1921년 7월 <노동조합 적색 인터내셔널>(the Red International of Trade Unions, 일명 프로핀테른, the Profintern)이 모스크바에서 만들어졌을 때 엠마 골드만, 알렉산드르 베르크만, 알렉산드르 샤피로(Alexander Schapiro)는 <체까>의 대장인 레닌과 드레진스키(Dzerzhinsky)에게 항의하자며 많은 외국인 대표들—아나키스트들에 대한 박해와 크론슈타트 진압으로 혼란에 빠졌던—을 설득했다. 그때 <프로핀테른> 총회에 파견된 젊은 대표인 프랑스 아나키스트 가스통 르발(Gaston Leval)이 감옥에 갇힌 볼린을 방문해도 좋다는 허가를 받았고, 완벽하게 프랑스어를 구사했던 볼린은 그에게 한 시간 넘게 우크라이나에서의 긴 방랑에 대해 맘껏 얘기했다.14 그 직후에 볼린과 막시모프, 다른 아나키스트들은 자신들의 감금을 [세상에] 극적으로 호소하기 위해 11일간의 단식투쟁을 시작했다. 마침내 레닌은 러시아에서 영원히 추방한다는 조건으로 석방에 동의했그 1922년 1월 그들은 베를린으로 떠났다.

---

14. Daniel Guérin이 편집한 *Ni dieu, ni maître*(Paris, 1970), 총 4권 중 4권. p. 113.

볼린은 자신의 조국으로 결코 돌아가지 못했다. 베를린에서 루돌프 로 커와 다른 유명한 독일 아나키스트들이 그와 가족의 정착을 도왔다. 거우 40살에 볼린은 머리가 세고 턱수염도 반백으로 변해 더 나이 들어 보였지 만 그의 활기차고 민첩한 행동 덕에 이런 인상은 금세 지워졌다. 글을 쓰 고 싶을 때면 개인 연구실에 틀어박혀야 했던 로커는 볼린의 집중력을 부 러워했다. 로커는 볼린이 그와 아내, 다섯 아이들이 먹고 자고 일상적인 생활을 하는 작은 다락방에서도 계속 글을 쓸 수 있었다고 회상했다.[15]

볼린은 거의 2년 동안 베를린에 머물렀다. 베를린에서 그는 같은 시기 에 발간된 막시모프의 아나코-노동조합주의적인 잡지 『라보치 뿌찌』 (*Rabochii Put'*, 노동자의 길)와 대립되는 "통합 아나키즘"의 기관지 『아 나르키셰스키 베스트니끄』(*Anarkhicheskii Vestnik*, 아나키스트 신문)를 일 곱 차례 발간했다. 그리고 베르크만과 함께 볼린은 투옥되거나 추방된 동 지들을 돕는 구원활동에도 뛰어들었다. 1922년 그는 얇지만 중요한 책인 『소비에트 러시아에서 아나키스트들에 대한 억압』(*Goneniia na anarkhizm v Sovetskoi Rossii*)을 편집했다. 이 책은 러시아어만이 아니라 프랑스어와 독일어로도 출간되었고 아나키스트들에 대한 볼셰비키의 억압을 외부세 계에 알린 최초의 문서자료였다. 그리고 그는 마흐노주의 운동을 다룬 아 르쉬노프의 역사책에 매우 유익한 서문을 썼고 이 책의 독일어 번역을 도 왔다.[16]

1924년 볼린은 세바스티앙 포르로부터 파리로 와서 자신이 준비 중인 아나키스트 사전을 함께 만들자는 제안을 받았다.[17] 포르는 볼린의 박식함 과 뛰어난 어학능력, 아나키스트 역사와 이론에 대한 탁월한 지식을 이용

---

15. Volin의 *The Unknown Revolution*에 있는 Rocker의 서문, p. 14.
16. P. A. Arshinov, *Istoriia makhnovskogo dvizheniia(1918~1921 gg.)* (Berlin, 1923).
17. S. Faure가 편집한 *Encyclopédie Anarchiste* 4권 전집(Paris, 1934).

하려 했다. 그 제안을 받아들여 파리로 간 볼린은 사전에 중요한 글을 많이 썼고 그 중 일부는 다양한 언어로 번역되어 여러 권의 팸플릿으로도 발간되었다. 더구나 이후 6년 동안 그는 파리의 『르 리베라테르』(*Le Libertaire*, 해방)와 『라 레뷰 아나르키스메』(*La Revue Anarchiste*, 아나키스트 잡지), 베를린의 『인터나치오날레』(*Die Internationale*, 인터내셔널), 미국의 『맨!』, 『젤로 뜨루다』, 『프라이에 아르베터 슈티메』를 포함해 여러 아나키스트 잡지에 글을 쓰기도 했다. 그리고 그는 1921년에 사망한 크로포트킨에게 바치는 한 권의 시집을 냈고[18] 러시아 혁명사에 관한 불후의 명작을 쓰기 시작했다.[19]

하지만 볼린은 추방된 러시아 아나키스트들을 괴롭혔던 파벌싸움에서 자유롭지 않았다. 1926년 『조직강령』이 정책과 행동을 통제하는 중앙집행위원회를 갖춘 <아나키스트 총동맹>을 요구하며 물의를 빚자 볼린은 과거의 동지 아르쉬노프, 마흐노와의 관계를 끊었다.[20] 논쟁이 벌어지자 볼린은 각기 다른 나라에서 온 알렉산드르 베르크만, 엠마 골드만, 세바스티앙 포르, 에리코 말라테스타, 루돌프 로커 등 다른 아나키스트들의 편을 들었다. 한 무리의 친구들과 함께 그는 1927년 아르쉬노프에게 냉정한 답변을 보내, 중앙집행위원회에 호소하는 『조직강령』이 지역의 주도권(local initiative)이라는 아나키즘의 기본원리와 충돌하며 강령을 만든 사람의 "당 정신"(아트쉬노프는 1906년 아나키스트 운동에 참여하기 전에 볼세비키였다)을 드러낸다고 주장했다.[21]

---

18. V. Eikhenbaum, *Stikhotvoreniia*(Paris, 1927).

19. 볼린은 1917년의 목격자이자 참가자로서 혁명을 분석하기 시작했다. 그의 관점은 우선 *Golos Truda*에 실리기 시작했고 1920년대 초 *Anarkhicheskii Vestnik*와 *La Revue Anarchiste*에 나중에는 "La Révolution russe"같은 에세이들로 다듬어졌다. S. Faure가 편집한 *La véritable révolution sociale*(Paris, 1935). pp. 105~227 ; 그리고 Volin, *La Révolution en marche*(Nîmes 1938).

20. *Organizatsionnaia platforma vseobshchego soiuza anarkhistov*(Paris, 1926).

볼린은 1930년 아르쉬노프가 소련으로 돌아가 당에 다시 가입하자 ─
몇 년 뒤 스탈린이 숙청했지만─ 자신이 옳았다고 느꼈다. 아르쉬노프가
떠나자 갈리나 마흐노(Galina Makhno)는 폐결핵 때문에 심하게 앓고 있
는 남편을 찾아달라며 볼린을 설득했다. 1934년 마흐노가 죽기 전날, 오
랜 친구들이 두 사람의 화해를 주선했고, 볼린은 마흐노의 자서전 2, 3권
에 서문과 주석을 직접 달며 사후 출간 준비에 들어갔다.[22]

1920년대 말과 30년대 동안 볼린은 소비에트 독재정권을 계속 비판하
면서 볼셰비즘을 "붉은 파시즘"이라 규정하고 스탈린을 무솔리니와 히틀
러에 비유했다.[23] 파리에 있던 자신의 작은 아파트에서 그는 다양한 민족
출신의 젊은 동지들─그 중에는 마리 루이즈 베르네리(Marie Louise
Berneri)도 있었다─을 모아서 비공식적으로 아나키즘을 가르쳤다. 그러
면서도 자신의 가족을 부양하기 위해 그는 여러 직업을 전전했고 그 중에
서도 신문을 스크랩하는 일을 하며 모스크바 예술극장의 부탁을 받아 유
진 오닐(Eugene O'Neill)의 『라자로스 웃다』(*Lazarus Laughed*)를 알렉산
드르 베르크만과 함께 러시아어로 번역하기도 했다.[24]

1936년 스페인 내전이 발발하자 볼린은, 자신들이 파리에서 발행하던
프랑스 잡지 『에스파뉴 앙띠-파시스트』(*L'Espagne Anti-Fasciste*, 스페인
반파시스트전선)를 편집해 달라는 [스페인의] <전국 노동연합>(the Con-

---

21. *Otvet neskol'kikh russkikh anarkhistov na Organizatsionnuiu platformu*(Paris, 1927).
22. N. Makhno, *Pod udarami kontr-revoliutsii*(*aprel'-iiun'1918 g.*)과 *Ukrainskaia revoliutsiia
(iiul'-dekabr'1918g.)* (Paris, 1936~1937). 그리고 마흐노에 대한 볼린의 동정적인 사망기사
인 "Der shtenkik-farfolgter," *Fraye Arbeter Shtime*, 1934년 10월 12일자를 보라.
23. Volin, *Le fascisme rouge*(Brussels, 1934).
24. 1985년 1월 16일 플로리다주 북마이애미 비치에서 볼린의 수업을 들었고 파리에서 망명생
활을 한 이탈리아 아나키스트 Ernesto Bonomini와의 인터뷰 ; 1927년 4월 11일 알렉산드르
베르크만이 미카엘 콘 신문(Michael A. Cohn Papers)에 보낸 편지, YIVO Institute for Jewish
Research, New York.

federación Nacional del Trabajo, CNT)의 요청을 받아들였다. 하지만 <전국
노동연합>이 인민전선(the popular front)을 승인하고 왕당파 정부를 지지
하자 그는 곧 그 일을 그만뒀다. 이때부터 그의 삶은 쉽지 않았고 항상
빈곤의 경계선상에 놓였으며[25] 잇따른 불운―부인의 죽음―과 그 뒤의
신경쇠약으로 고통을 겪으면서 볼린은 최악의 상태에 빠졌다. 1938년 유
명한 리버테리안 작가이자 <인쇄 협동조합>의 관리인이던 친구 앙드레
프루도모(André Prudhommeaux)가 자신을 부르자 볼린은 잠시 파리를 떠
나 님(Nîmes)으로 갔다. 볼린은 프루도모의 주간지 『떼르 리브르』(*Terre
Libre*, 자유로운 대지)의 편집국에 자리를 얻었는데, 그동안에도 러시아
혁명에 관한 연구를 계속했다. 제2차 세계대전이 터졌던 1940년 그는 마
르세이유에서 이 연구를 끝냈다.

어떤 식으로 평가하든 볼린의 책 『알려지지 않은 혁명』(*The Unknown
Revolution*)은 러시아 혁명을 다룬 가장 중요한 아나키스트 역사책이다.
우리가 봤듯이 이 책은 자신이 서술하는 상황들에 스스로 적극적으로 참
여했던 사람에 의해 씌어졌다. 크로포트킨의 프랑스 혁명사처럼 이 책은
볼셰비키들의 정치권력 강탈과 구별되는 민중의 사회혁명, 즉 볼린이 "알
려지지 않은 혁명"이라 부른 사건을 다뤘다. 볼린의 책이 나오기 전에는
이 주제가 거의 다뤄지지 않았다. 볼린이 얘기하듯이 러시아 혁명은 케렌
스키와 레닌, 사회민주주의자, 사회혁명당, 심지어 아나키스트들에 대한
이야기보다 훨씬 더 풍부한 얘깃거리를 담고 있었다. 러시아 혁명은 대중
의 불만과 그들의 본질적이고 자연적인, 비정치적인 창조성의 폭발이었

---

25. 엠마 골드만이 독일인 동지에게 보낸 한 편지에서 볼린은 "거의 빈민"처럼 묘사되었다.
  1937년 7월 27일 골드만이 아우구스틴 소우치(Augustin Souchy)에게 보낸 편지, David Porter
  가 편집한 *Vision on Fire : Emma Goldman on the Spanish Revolution*(New Paltz, N.Y., 1983),
  p. 43에 있다.

고 반세기 전에 바쿠닌이 예언했던 진정한 사회혁명이었다.

크로포트킨과 장 조레스(Jean Jaurè)가 프랑스에 관해 썼듯이, 위대한 민중운동, "대중의 반란"으로서의 러시아 혁명은 볼린이 "아래로부터의" 역사를 쓰길 원했다. 조레스는 1789년에 "마침내 무대에 올라선 사람들은 거대한 전체대중"이라고 쓴 바 있다.[26] 그런 주장은 온 나라가 모든 생활영역에서의 거대한 봉기를 경험하고 평범한 남성과 여성이 그 속에서 핵심적인 역할을 했던 1917년과 21년 사이의 러시아에도 그대로 적용된다. [그리고] 비슷한 상황이 1936년과 39년 사이의 스페인에서도 나타났다. 정말 러시아와 스페인은 하나의 정당이나 집단이 아니라 대다수 인민 스스로의 노력이 이끈 분권적이고 자발적이며 평등주의적인 20세기의 가장 위대한 리버테리안 혁명을 경험했다.

볼린의 해석에 따르면, 이 "알려지지 않은 혁명"의 가장 놀라운 점은 권력의 분권과 분산, 자율적인 꼬뮌들의 자발적인 구성, 도시와 시골에서 노동자 자주관리의 출현에 있다. 게다가 모든 근대 혁명들에서는 지역위원회들의 조직—공장위원회, 주거위원회, 교육·문화위원회, 보병과 수병위원회, 농민위원회—이 곧바로 직접행동을 시작하는 걸 목격할 수 있다. 러시아에서도 볼셰비키들이 새로운 관료주의적 국가의 고무도장[승인장치]이라는 중앙집권적인 권력의 도구로 만들 때까지, 소비에트는 민중적인 직접민주주의의 기관이었다.

이게 볼린의 핵심 명제였다. 그는 지역의 주도권과 자치에 바탕을 둔 자유로운 사회의 막을 올리려 했던 노동자와 농민, 지식인들의 노력들을 아주 상세하게 증명했다. 새로운 소비에트 독재정권에 맞선 리버테리안의 저항, 무엇보다도 크론슈타트와 우크라이나에서의 저항이 많이 다루어졌다. 볼린은 마흐노 운동에 매우 공감하며 설명했지만 마흐노의 심각

---

26. Arthur Lehing, *From Buonarroti to Bakunin*(Leiden, 1970), p. 15에서 재인용.

한 알콜중독이나 마흐노의 주위를 둘러싼 군사고문단으로 간주되던 집단의 형성처럼 그 운동의 부정적인 측면들도 얼버무리지 않았다(이미 얘기했지만 볼린은 『조직강령』 때문에 마흐노와 결별했고 결국 적대감은 완전히 사라지지 않았다).

하지만 이 책에 결점이 없는 건 아니다. 러시아 혁명운동보다 역사적으로 앞선 사례들을 얘기하면서 볼린은 17세기와 18세기의 대규모 농민반란과 코사크 반란이 일시적일 뿐이었다고 언급하며 그들의 강한 반(反)국가주의 성향을 설명하지 않았다. "원초적인" 성격을 띠긴 했지만 라찐과 푸가쵸프의 봉기는 분권적이고 평등한 사회를 향한 반(反)권위주의 운동이었다. 더구나 아주 묘한 일이지만 러시아 아나키스트들이 최초로 중요한 역할을 수행했고 눈여겨봐야 할 하나의 세력으로 떠올랐던 게 1905년인데도, 볼린은 1905년 혁명을 다룬 장에서 아나키스트들을 제외시켰다(이 시기에 볼린이 〈사회혁명당〉 당원이었고 1911년까지 아나키즘으로 전향하지 않았다는 점은 기억할 만한 가치가 있다).

게다가 1917년의 사회혁명에 대한 볼린의 설명에는 부연설명이 필요하다. 크론슈타트와 우크라이나를 제외한 지역에서의 노동자와 농민운동에 대해서는 거의 얘기가 없다. 그리고 이 책은 비교적 작은 집단이지만 호소력있던 개인주의적 아나키스트들을 무시했을 뿐 아니라 아나키스트 운동과 혁명운동에서 여성의 역할도 무시했다. 분명히 여성들은 식료품 무상배급라인과 파업의 피켓라인, 파업과 시위, 바리케이드와 게릴라 부대에서 활동했고 병사들과 남성·여성 동료들을 자기편으로 끌어들였으며 자유학교와 탁아소를 세우면서 존엄과 평등을 위한 종합적인 추진력을, 즉 볼린이 그토록 깊은 관심을 가졌던 "알려지지 않은 혁명"의 대부분을 만들어냈다.

한마디 더 덧붙인다면 이 책은 문체가 뛰어나지 않다는 단점이 있다.

조지 우드콕이 얘기했듯이, 볼린은 "문학적인 의미에서 뛰어난 작가가 아니었다." 오히려 그는 장황하게 얘기하려 했기에 그의 역사[서술은] 간결함이라는 장점을 가졌어야 했다.[27] 이런 결점들을 갖지만『알려지지 않은 혁명』은 감동적인 책이다. 이 책은 러시아 혁명에서 무시되었던 측면들에 관한 역사를 발굴해냈다. 아르쉬노프의 마흐노 운동사와 막시모프의 볼세비키 억압사처럼 몇 가지 예외가 있긴 하지만 이와 같은 책은 찾아보기 어렵다.[28]

앞서 얘기했듯이 볼린은 마르세이유에 살던 1940년에『알려지지 않은 혁명』을 끝냈다. 그 해 빅토르 세르주가 만나러 왔을 때, 그는 작은 영화관의 사무실에서 일하고 있었고 실제로는 아무런 밥벌이도 없었다. 나치가 침공하고 비시 정부가 들어선 뒤 그의 처지는 점점 더 위험해졌다. 그는 은신처를 찾아 다녔고 극단적인 빈곤과 끊임없는 체포의 공포 속에 살았다. 하지만 그는 대서양을 건너 도피하길 거부했다. 그는 유럽에서 터질 사건들에 참여하길 원했고 세르주가 말했듯이 그는 "낭만적인 낙관주의"를 고이 간직했다.[29] 1941년 볼린의 동지인 몰리 슈타이머와 센야 플레신이 마르세이유에서 그를 만나 자신들과 함께 멕시코로 가자고 간청했지만 소용이 없었다. 볼린은 청년들을 만나고 "전쟁이 끝났을 때 혁명을 준비하기" 위해 프랑스에 남기를 원했다.[30]

---

27. George Woodcock, "The Anarchists in Russia," *Freedom*, 1954년 5월 8일자.

28. 원래는 볼린이 죽은 지 2년 뒤인 1947년 파리에서 볼린의 친구들이 *La Révolution inconnue*(1917~1921)라는 프랑스어판으로 출판했다. 그 후에 스페인어, 이탈리아어, 독일어, 일본어, 한국어로 번역되었다. *The Unknown Revolution*(1917~1921)의 불완전한 영어본은 1954~1955년에 두 권으로 출판되었고 삭제된 부분을 복구한 7백 쪽이 넘는 두꺼운 책인 완전한 판형은 1974년에 출판되었다.

29. *Politics*, 1946년 2월호.

30. 1974년 12월 9일 몰리 슈타이머가 폴 애브리치에게 보낸 편지, Avrich Collection, Library of Congress.

아나키스트이자 유태인이었기에 정부의 추적을 받았지만 볼린은 어떻게 해서든 아슬아슬하게 그들의 마수를 벗어났다. 마침내 전쟁이 끝나고 파리로 돌아왔지만 결국 그는 병원에 입원했다. 폐결핵에 걸려 살 날이 얼마 남지 않았기 때문이었다. 그는 1945년 9월 18일에 죽었다. 그의 시신은 화장되어 11년 전 같은 병으로 사망했던, 페르라셰즈 공동묘지에 있는 네스토르 마흐노의 납골당 근처에 안치되었다. 따라서 옛날의 동지들이 죽음을 통해 다시 결합했고 파리꼬뮨의 순교자들 곁을 지키고 있는 셈이다.

미하일 바쿠닌 (1814~1876)

「윤리학」을 집필 중인 크로포트킨

표트르 크로포트킨 (1842~1921)

세르게이 네차예프 (1847~1882)

조제프 프루동 (1809~1865)

벤자민 터커 (1854~1939)

네스토르 마흐노 (1889~1934)

우크라이나 반란군 (1919)

크론슈타트 꼬뮨 (1921년 3월 1일~18일)

볼린 (1882~1945)

몰리 슈타이머 (1897~1980)

센야 플레신 (1894~1981)

알렉산드르 베르크만 (1870~1936)

엠마 골드만 (1869~1940)

엠마 골드만(왼쪽)과 알렉산드르 베르크만(오른쪽)

시카고 헤이마켓 추모비

시카고 헤이마켓 순교자들

바르톨로메오 반체티 (1888~1927, 왼쪽)와 리콜라 사코 (1891~1927, 오른쪽)

사코와 반체티를 지지하는 보스턴 시위대 (1925)

류기 갈레아니 (1861~1931)

프란시스코 페레 (1859~1909)

볼테린느 드 클레이르 (1886~1921)

요한 모스트 (1846~1906)

리카르도 플로레스 마공 (1874~1922, 왼쪽)

구스타프 란다우어 (1870~1919)

에리코 말라테스타 (1853~1932)

루돌프 로커 (1873~1958)

존 플레밍 (1863?~1950, 병을 든 사람)

2부

미국

9장 프루동과 미국 10장 벤자민 터커와 그의 딸

11장 C. W. 모브레이 : 미국의 영국인 아나키스트

12장 사코와 반체티 : 이탈리아 아나키스트의 배경

13장 미국의 유대인 아나키즘 14장 알렉산드르 베르크만 : 스케치

15장 감옥에 갇힌 리카르도 플로레스 마공 16장 몰리 슈타이머 : 한 아나키스트의 삶

9

프루동과 미국

위대한 프랑스 아나키스트이자 사회사상가인 피에르 조제프 프루동(Pierre-Joseph Proudhon)이 미국에 미친 영향은 거의 다뤄지지 않은 주제이다. 1840년대와 50년대 사이에 계속해서 책과 논문들을 발표하며 발전시켰던 화폐와 신용, 노동과 자본, 개인의 주권과 자발적인 협동조합에 관한 프루동의 사상들은 프랑스 국경을 넘어 퍼졌고 러시아 인민주의와 스페인 연방주의, 전 세계의 각기 다른 사회운동들에 깊은 흔적을 남겼다.

프루동의 사상은 일반적으로 짐작되는 것보다 훨씬 더 많은 영향을 미국에 미쳤고 사람들 사이에 널리 알려져 있었다. 미국내전이 시작되기 전에도 프루동의 사상은 1848년 혁명으로 추방당한 프랑스인과 독일인들 사이에, 특히 클로드 페레티에(Calude Pelletier), 프레데릭 튀페르(Frédéric Tufferd), 조셉 데쟈크(Joseph Déjacque), 빌헬름 바이틀링(Wilhelm Weitling) 사이에 널리 알려졌다. 그리고 대부분이 뉴잉글랜드 출신인 미국의 푸리에주의자들의 모임—찰스 다나(Charles A. Dana), 파크 고드윈(Parke Godwin),

앨버트 브리스베인(Albert Brisbane)을 포함해-도 [추방자들처럼] 프루동의 사상에 똑같이 열광했다. 브리스베인은 1848년 파리 감옥에 갇혀 있던 프루동을 실제로 방문했고 그의 이론에 관해 "정해진 시간에" 얘기를 나눴다. 그는 나중에 "지금의 사회적 상황에도 다양한 형태로 실제 적용할 수 있는 원리들에 관해 프루동과 자신의 생각이 완전히 일치했다"고 썼다.[1]

그러나 미국의 대중들에게 가장 먼저 프루동의 사상을 선보인 것으로 인정되는 사람은 유명한 뉴잉글랜드 가문의 귀공자 다나(Dana)였다. 다나는 1819년 뉴햄프셔에서 태어났다. 1842년 하버드 대학을 다니면서 그는 초월론자(transcendentalist)와 푸리에주의자의 공동체로 유명한 브루크(Brook) 농장에 참여했고, 그곳에서 조지 리플리(George Ripley), 씨오도어 파커(Theodore Parker), 마가렛 풀러(Margeret Fuller) 같은 유명인들과 사귀었으며 다양한 주제로 강연하고 성가대로 활동하며 『다이얼』(*The Dial*)과 『하빙어』(*The Harbinger*, 선구자)에 글을 썼다.

1847년 다나는 브루크 농장을 떠나 호레이스 그릴리(Horace Greeley)의 뉴욕 『트리뷴』(*Tribune*)에서 직원으로 일했다. 1848년 그는 혁명이 한창 진행 중이던 유럽으로 장기간의 여행을 떠났다. 그는 파리에서 프루동이 〈국민의회〉(the National Assembly)에서 연설하는 걸 들었을 때 처음 그의 사상을 접했다. 다나는 프루동이 "무신론자이자 미친놈, 부자를 노략질하려 하는 공산주의자, 부도덕과 무질서, 어리석음의 살아있는 화신"이라는 대서양 양편[유럽과 미국] 신문들의 묘사와 다르다는 걸 알았다. 오히려 "항상 대담하고 때론 불손"했지만 프루동은 정의라는 대의에 헌신한 사람이었고 "자유를 사랑하고 위선을 증오하는" 명망가였으며 "정직

---

1. Eunice M. Schuster, *Native American Anarchism : A Study of Left-Wing American Individualism* (Northampton, Mass., 1932), pp. 127~28.

함과 도덕적인 용기만이 아니라 뛰어난 독창성과 활기찬 정신"을 가지고 있었다.[2]

1849년 깊은 감명을 받고 뉴욕으로 돌아간 다나는 공동은행(mutual bank) ―프루동은 인민은행(People's Bank)이라 불렀던― 계획에서 원가로 제공되는 신용대출(credit)에 초점을 맞춤으로써 생산을 자극하고 빈곤과 실업을 없애며 모두를 위한 사회적, 경제적 정의를 달성하려 했던 프루동에 대한 시리즈 기사를 『트리뷴』에 실었다. 1849년 후반기에 다나는 브루크 농장의 동료였던 윌리엄 헨리 채닝(William Henry Channing)이 편집하던 뉴욕의 주간지 『스피리트 오브 에이지』(*The Spirit of the Age*, 시대정신)에 싣기 위해 기사들을 수정했다. 거의 반세기가 지난 뒤 벤자민 터커는 그 기사들을 『프루동과 그의 "인민은행"』(*Proudhon and His "Bank of the People"*)이라는 팸플릿으로 다시 발행했다.

[하지만] 다나는 1849년 이후부터 프루동에게 계속 관심을 쏟지 못했다. 『트리뷴』의 편집주간으로 임명되면서 ―1862년까지 맡았다― 그는 가장 두드러진 [이슈였던] 노예해방 같은 다양한 사회·정치적 사건들에 깊숙이 개입했다. 미국내전이 극에 달했던 1863년 아브라함 링컨은 그를 전쟁서기관보로 임명했고, 그는 아퍼매톡스(Appomattox)에서 리 장군이 항복할 때까지 그 직책을 맡았다. [전쟁이 끝난 뒤] 뉴욕으로 돌아온 다나는 일간지 『썬』(*Sun*)의 창간을 도왔고 곧 편집장이 되었다. 시원시원한 문체와 해박한 지식, 정치적인 연줄을 가졌던 그는 다음 세대까지 미국 언론계에서 강력한 인물로 남았다. 그는 78세의 나이로 1897년에 죽었다.

그동안 푸리에주의자라기보다 아나키스트에 가까운 또 다른 미국 작가 모임이 프루동주의의 복음을 적극적으로 전파하고 있었다. 다나가 프루동

---

2. Charles A. Dana, *Proudhon and His "Band of the People"*(New York, 1896), pp. 2~5, 15~18.

에 관한 기사를 실었던 1849년 초 매사추세츠주의 윌리엄 그린(William B. Greene)도 비슷한 시리즈를 썼고, 1950년『공동은행』이라는 제목의 팸플 릿을 발행했다. 당시 30살이었던(다나와 같은 나이) 그린은 그 시대의 가 장 화려한 미국 개혁가 중 한 명이었다. 뛰어난 풍채와 타고난 위엄을 지 녔던 그는 1819년 보스턴의 우체국장이자 매사추세츠에서 손꼽히던 민주 주의 신문인 보스턴『스테이츠맨』(*Statesman*, 정치인)의 창립자인 나타니 엘 그린(Nathaniel Greene)의 아들로 해버힐(Haverhill)이라는 마을에서 태 어났다. 호리호리하고 꼿꼿하며 키가 6피트를 넘었던 그린은 미육군 사관 학교에 들어갔고 세미놀족(the Seminoles) 인디언과의 플로리다 전투에 참 여했으며 하버드 신학부에서 공부하기 위해 갑자기 군을 떠났다. 이 시기 에 그린을 우연히 간났던 트마스 웬트워스 히긴슨(Thomas Wentworth Higginson)은 그를 "내가 지금까지 만난 사람 중에서 가장 잘 생기고 풍채 가 뛰어났던 사람"으로 여겼고, 군대에 있을 당시 "거의 반항적일 만큼 자기주장이 강한" 태도와 새까만 머리칼, "검고 투시하듯 상대방을 꿰뚫 어보던 눈"을 떠올렸다.3

1845년 학업을 끝내고 그린은 매사추세츠주 웨스트브룩필드에 있는 유일교(the Unitarian) 교회의 목사로 일했다. 하지만 그의 관심은 점점 사 회경제적인 문제들로 옮겨갔다. 1850년 프루동의 영향을 받으면서 그는 공동은행에 관한 팸플릿을 발행했고 벤자민 터커는 이 팸플릿을 "지금까 지 이 나라에서 재정에 관해 발행된 것 중에서 가장 중요한 작품"이라고 적었다.4

『공동은행』을 출판하면서 그린은 프루동의 손꼽히는 미국인 제자로서

---

3. *Liberty*, 1892년 1월 16일자.
4. 같은 신문, 1906년 2월. 재정과 관련된 그린의 생각은 James J. Martin, *Men against the State : The Expositors of Individualist Anarchism in America, 1827~1908*, rev. ed.(Colorado Springs, 1970), pp. 125~38을 보라.

다나의 뒤를 이었다. 그는 프루동의 사상을 적극적으로 확산시켰을 뿐 아니라 1850년과 51년 프루동의 노선에 바탕을 둔 공동은행법안을 매사추세츠주 주의회에 청원했다(헛된 시도였지만). 하지만 그린은 한 가지 중요한 점에서 프루동과 달랐다. 스승과 달리 그는 여성권리운동을 옹호했고 1853년 매사추세츠주 헌법제정회의(the Massachusetts Constitutional Convention)에서 그 주제로 연설했다.[5] 그 해 말 그린은 파리로 갔고 그의 상호주의자 신념을 신뢰하던 프루동과 개인적으로 사귀었다.[6]

그린은 미국내전이 터져 돌아와야 했던 1861년까지 프랑스에 머물렀다. 앤드류 주지사(바쿠닌이 보스턴에 머물 때 만났던)를 위해 일하면서 그린은 워싱턴 근처에 주둔하던 <제14 매사추세츠 보병연대>—나중에 <제1 매사추세츠 포병대>가 된—의 대령이 되었고 위협적인 [남부]연맹군의 공격에 맞서 워싱턴을 방어하는 임무를 맡았다. 이때쯤 그린의 머리칼과 턱수염은 회색으로 변했지만 여전히 "예리하고 검은 눈이 사람의 머리 속을 꿰뚫었"다고 부하들은 회상했다. 빨리 말하고 행동하며 다른 사람의 느리거나 서투른 움직임을 경멸했지만 그는 "자기 병사들에게 친절하고 인내심이 강하며 관대하고 아버지와 같은 사람"이었다.[7]

그린은 1년 약간 넘게 연방군의 장교로 일했다. 1862년 10월 그는 앤드류 주지사와 언쟁을 벌인 뒤 장교직을 그만뒀고 그때부터 경제와 사회의 개혁에 에너지를 쏟아 부었다. 보스턴으로 돌아온 뒤 그는 조슈아 워

---

5. 20년 뒤 자신도 회원이던 <국제 노동자 협회>에 대해 얘기하면서 그린은 이렇게 말했다. "<국제 노동자 협회>의 명칭은 L'Association Internationale des Travailleurs이다. travailleurs라는 말을 일하는 남성(working-men)으로 번역한다면 잘못이다. 성을 구별하지 않는 '임금노동자(toilers)'로 번역하는 것이 옳다. 일하는 여성(Working-women)도 '임금노동자' 또는 노동하는 인민이다." William B. Greene, *Socialistic, Communistic, Mutualistic, and Financial Fragments*(Boston, 1875), p. 239.

6. 프루동에 대한 그린의 묘사는 *The Word*, 1874년 1월호를 보라.

7. *Liberty*, 1892년 12월 24일자.

렌, 에즈라 헤이우드, 라이샌더 스푸너, 스티븐 펄 앤드류스와 함께 언론의 자유, 제한조건이 없는 신용대출, 여성의 평등, 노동조건의 개선이라는 대의를 위해 싸우던 미국 개인주의적 아나키스트 운동의 최전선에 모습을 드러냈다. 1869년 그는 <매사추세츠 노동연맹>(the Massachusetts Labor Union)의 의장이 되었고 에즈라 헤이우드와 함께 <뉴잉글랜드 노동개혁동맹>(the New England Labor Reform League)의 공동설립자가 되었다. 그린의 노력에 보답하기 위해 <뉴잉글랜드 노동개혁동맹>은 프루동주의 사상을 보급했고, 헤이우드와 그린이 초안을 잡았던 [조직의] 강령에서 "계급법률과 거짓된 관습을 없애고 투기적인 독점이 건전한 기업을 속여서 빼앗지 못하게 하며 정의와 상호성의 바탕 위에 정부를 재구성"한다는 문구를 그린에게 바쳤다.[8]

1873년에 그린은 <동맹>—워렌, 앤드류스와 벤자민 터커도 구성원이었다—의 부의장으로 일했고 동시에 보스턴에서 <국제 노동자 협회>의 불어권 분과에도 참여했다. 다른 사람의 시선을 끌었던 그린은 참여한 모든 집단에서 주목을 받았고 때때로 보스턴의 유명한 쇼(Shaw) 가문 출신의 아내 안나(Anna)와 함께 다녔다. 그린의 살결이 검었다면 안나는 그만큼 흰 살결을 가졌고 그린만큼 키가 컸으며 빼어난 외모도 비슷했다.[9] 1865년 프루동이 죽은 뒤에도 여전히 그에게 헌신했던 그린은 "국가"에 관한 에세이나 프루동이 자신을 아나키스트라 선언하며 일하지 않고 얻은 소유를 "도둑질"이라고 비난했던 『소유란 무엇인가?』의 발췌문을 포함해 프루동의 많은 글들을 번역했다. 두 번역물은 1870년대 초반 헤이우드의 잡지 『워드』에 실렸다.[10] 더구나 1873년 그린은 헤이우드, 터커와

---

8. Martin Blatt가 편집한 *The Collected Works of Ezra H. Heywood*(Weston, Mass., 1985), p. 65.
9. *Liberty*, 1892년 1월 16일자.
10. *The Word*, 1872년 8월호, 1874년 1월호. 그린은 헤이우드에게 "당신은 우리의 다정한 친구인 조슈아 워렌이 프루동과 본질적으로 같은 것을 검토하고 있다는 사실을 이해할 겁니다"

함께 매사추세츠주 주의회에 공동은행법안을 다시 청원했다. 1850년대와
비슷하게 노력했지만 똑같이 성공하지 못했다. 생전에 그린의 가장 중요
한 관심사는 재정개혁과 노동개혁이었다. 그는 1878년에 영국에서 생을
마감했는데, 그의 말년은 딸 베씨(Bessie)의 죽음—배가 난파되어 죽었다—
으로 고통스러웠다.

그린이 죽었을 때쯤, 벤자민 터커가 그를 대신해 주도적으로 프루동의
교리를 전파하는 미국인의 자리에 앉았다. 2장에서 언급했듯이, 뉴베드포
드(New Bedford) 고래상인의 아들인 터커는 1872년 보스턴의 <뉴잉글랜
드 노동개혁동맹> 집회에 참여했을 때 매사추세츠 공과대학(MIT)의 학
생이었다. 그는 그곳에서 아나키스트들을 처음 만났다. 나중에 터커는
<동맹>의 의장이자 검은색 벨벳 코트를 입은 "매우 잘생긴" 그린이 "탁
월한 사회자"였다고 회상했다. 문건을 전시하던 홀의 한 테이블에서 터커
는 헤이우드의 많은 팸플릿들과 『워드』의 복사본, 그린의 『공동은행』과
워렌의 『참된 문명』(*True Civilization*)을 구입했다. 개회식을 마친 뒤 헤
이우드는 젊은 터커에게 다가가 그를 그린과 워렌에게 소개했다. 터커는
깊은 감동을 받았다. 나중에 그는 이 집회가 자신의 경력에서 "가장 중요
한 계기"였다고 회상했다. 터커의 친구인 펄 존슨(Pearl Johnson)이 얘기
했듯이 "그의 삶에서 가장 멋진 날 중 하루"였다.[11]

   "프루동을 몰랐지만 나는 항상 프루동주의자였다"고 인정했듯이, 터커

라고 썼다. 하지만 워렌은 프랑스 혁명이나 중앙집권적이고 억압적인 자코뱅 전통에 참여했
던 프루동과의 어떠한 관계도 부인했다. 같은 잡지, 1874년 3월호

11. "The Life of Benjamin R. Tucker, Described by Himself in the Principality of Monaco at the
Age of 74", 초고, pp. 69, 85~87, Tucker Papers, New York Public Library ; 1935년 10월 11일
터커가 어윙 바스케트(Ewing C. Baskette)에게 보낸 편지, Baskette Collection, University of
Illinois ; 1938년 12월 4일 펄 존슨 터커(Pearl Johnson Tucker)가 조셉 이쉴에게 보낸 편지,
Ishill Collection, Harvard University.

가 처음 프루동의 이론을 배운 건 그린을 통해서였다. "나는 재정원리를 공부하면서 다른 어떤 출판물보다도 그린 대령의 『공동은행』의 도움을 가장 많이 받았다. 그 글은 지금까지의 화폐를 가장 간결하고 만족스럽게 설명해준 날카롭고 명쾌한 논문이었다"고 그는 얘기했다. 그린을 알아갈수록 터커는 그와의 교제를 더 즐기게 되었다. 오래지 않아 스승[그린]에 대한 그의 존경은 "두한대로 늘어났다." 터커는 "그린 대령과 그의 부인이 나타날 예정이라면, 단지 방으로 들어가는 그들을 볼 뿐이라 해도" 그곳에 가는 것이 가치있는 일이라고 여겼다. "위엄과 평정심, 상냥한 매너, 친절함, 그리고 이 모든 게 균형을 잘 이룬 위엄 있고 멋진 인류의 두 표본[그린과 안내]이다."[12]

그린이라는 모범에게서 자극을 받아 터커는 1874년 외국을 여행하면서 프루동의 저작에 푹 빠졌고 프루동주의자로 전향해서 미국으로 돌아왔다. 그린의 제안으로 1876년 터커는 『소유란 무엇인가?』를 4백 쪽이 넘는 한 권의 책으로 완역했다[그린은 이 책을 발췌해서 번역했다]. 그 다음으로 1877년과 78년 터커는 프루동의 『경제적 모순의 체계』(*The System of Economical Contradictions*) 중 일부를 자신의 잡지 『래디컬 리뷰』(*the Radical Review*, 급진평론)에 시리즈로 연재했고 "맬더스주의자"에 대한 프루동의 에세이를 보스턴 『인덱스』(*Index*, 지표)에 실었다. 더구나 1879년 그는 뉴욕의 『아이리쉬 월드』(*the Irish World*, 아일렌드인의 세계)에 실렸던 프루동과 프랑스 경제학자 바스티아(Bastiat)의 이윤에 관한 논쟁을 번역했다.

1881년 주목할 만한 신문인 『리버티』를 발행하기 시작하면서도 그는

---

12. *Liberty*, 1889년 1월 5일자; 1942년 5월 27일 펄 존슨 터커가 아그네스 잉글리스(Agnes Inglis)에게 보낸 편지, Labadie Collection, University of Michigan. 1930년대 어느 날 터커가 바스게트에게 보낸 편지, Baskette Collection에서 "그린은 내가 지금까지 알아온 사람 중에서 가장 뛰어난 사람이다 그가 개인적으로 친분을 맺었던 거인 프루동을 내가 올바로 인식한 건 그의 덕분이다"라는 구절과 비교하라.

프루동주의자로서의 사명을 계속했다. 터커 자신도 얘기했듯이, 『리버티』
는 "대체로 프루동의 가르침들의 직접적인 결과로 만들어졌고 주로 그
가르침들을 강조하고 전파하기 위해 움직인다."[13] "자유는 질서의 딸이
아니라 어머니"라는 프루동의 말을 따와 신문의 발행인 난을 장식했을 뿐
아니라, 칼럼들도 프루동에 대한 기사와 그의 저작들(『갈릴레오』(*Galileo*)
라는 제목의 예전에 공개되지 않은 희곡을 포함해서)을 더 많이 번역해서
채웠고, 프루동을 "지금까지 존재한 정치철학자와 경제학자 중에서 가장
심오한 사람"이라고 선언하며 초상화를 함께 실었다. 『리버티』의 지원을
받아 1887년 말경에 보스턴에서 아나키스트와 아나키스트가 아닌 사람들
이 모두 참여하는 〈프루동 토론클럽〉이 만들어졌다는 점도 덧붙여질 수
있다.[14]

터커는 프루동의 전 저작을 영어로 번역해서 출판하겠다는 야심을 품
었다. 이건 그의 능력을 넘어선 일이었다. 하지만 터커의 동료들이 스승
[프루동]의 글들을 많이 번역했다. 그 중에서 가장 주목할 만한 번역은
1923년 세인트루이스의 존 비벌리 로빈슨(John Beverley Robinson)이 출판
했던 『19세기 혁명의 일반이념』(*The General Idea of the Revolution in the
Nineteenth Century*)이다. 터커는 프루동의 이 위대한 작품이 특히 국가를
열정적으로 비판했다고 여겼다. "지배당한다는 건 그럴 권리나 지혜, 미
덕도 없는 인간의 손아귀에 붙들려서 검사를 받고 감시되며 지도를 받고
법에 내몰리며 번호 매겨지고 등록되며 사상을 주입 당하고 설교를 들으
며 통제되고 평가되며 가격 매겨지고 검열 받으며 명령받는다는 거다. 지
배당한다는 건 모든 활동과 업무에서 주목받고 기록되며 등록되고 세금

---

13. *Liberty*, 1882년 1월 7일자.
14. 같은 신문, 1883년 5월 13일자, 1888년 1월 14일자. 박식한 아나키스트 작가에 따르면, 프
    루동의 해설가로서 터커는 "아마도 역부족이었다." W. C. Owen, "Tucker and Proudhon,"
    Freedom, 1926년 4~5월호.

내며 도장을 받고 측정되며 숫자 매겨지고 평가되며 허가되고 공인되며 훈계를 받고 금지되며 수정되고 징계되며 처벌된다는 거다. 이건 공익이라는 구실로, 일반이익이라는 명목으로 기부를 받고 훈련을 받으며 약탈되고 착취당하며 독점되고 강탈되며 강제되고 속임을 당하며 도둑질을 당하는 거다. 그때 조금이라도 저항하거나 불평을 내뱉으면 억압받고 벌금을 물으며 멸시받고 괴롭힘을 당하며 추적을 당하고 학대받으며 곤봉으로 맞고 무장해제를 당하며 억제되고 감금되며 재판을 받고 유죄판결을 받으며 총살되고 추방되며 희생되고 팔리며 배신당한다. 그리고 모든 대중에게 조롱받고 업신여겨지며 학대받고 망신당한다. 이게 정부다. 이게 그들의 정의이고 도덕이다."15

건축가이면서 프루동의 경제사상에 바탕을 두고 한 권의 팸플릿16을 쓴 로빈슨도 "인민은행"에 관한 프루동의 에세이를 번역해서 『사회문제에 관한 프루동의 해결책』(*Proudhon's Solution of the Social Problem*)이라는 선집—콜로라도주의 덴버에서 온 터커주의자(Tuckerite) 헨리 코헨(Henry Cohen)이 편집해서 1927년에 출판한—에 실었다. 게다가 코헨의 이 선집은 그린의 『공동은행』과 다나의 『프루동과 그의 "인민은행"』을 다시 수

---

15. P. J. Proudhon, *The General Idea of the Revolution in the Nineteenth Century*(London, 1923), p. 294. 하지만 터커는 번역을 망설였다. 1927년 6월 22일 터커가 오웬(W. C. Owen)에게 보낸 편지, Ishill Collection을 보라. 그리고 1953년 3월 28일 터커가 바스케트에게 보낸 편지, Baskette Collection. [이게 인간의 수동화를 묘사했던 프루동의 유명한 피동사 목록이다. 쉬한은 이 목록을 현대에 맞게 다음과 같이 업그레이드했다. "비디오테이프에 기록되고, 캠코더에 녹화되고, 감시당하고, 감독당하고, 문서화되고, 분류되고, 항목별로 나눠지고, 암호가 부여되고, 사진 찍히고, 인가되고, 디지털화되고, 바코드가 찍히고, 범주화되고, 국가 커리큘럼으로 만들어지고, 할인 카드화되고, 사은품을 받는 보너스 카드화되고, 체계화한 시스템의 일부가 되고, 유전자 기록이 보관되고, 폐쇄회로 화면에 잡히고, 접근통제 카드화되고 신분증명 카드화되고, 데이터 베이스에 저장되고, 인구조사 꼬리표가 붙고, 측정되고, 평가되고, 차례로 나열되고, 스캐닝되고, 돌려지고, 감정되고, 위계를 부여받고, 대상화되고"(숀 쉬한, 『우리 시대의 아나키즘』, 조준상 옮김, 필맥, 2003, 64쪽). – 옮긴이]

16. J. B. Robinson, *Economics of Liberty*(Minneapolis, 1916).

록했고, 다른 가치있는 자료들—터커의 제자 중 한 명인 클라렌스 리 슈바르츠(Clarence Lee Swartz)가 이전에 나온 『경제적 모순의 체계』에서 번역되지 않은 구절들을 영어로 번역한 것도 포함해—도 수록했다. 슈바르츠는 자신의 책 『상호주의란 무엇인가?』(*What is Mutualism?*)가 프루동과 그린에게 많은 도움을 받았다고 인정했다.[17] 그리고 사형을 기다리면서 바르톨로메오 반체티가 옥중에서 번역한 프루동의 『전쟁과 평화』(*War and Peace*, 이 프랑스 아나키스트를 존경했던 톨스토이는 자신의 유명한 소설에서 이 제목을 빌려왔다)도 언급할 만하다.[18]

마지막으로 한 가지 점을 더 애기해야겠다. 1896년 다나의 『프루동과 그의 "인민은행"』에 서문과 풀이하는 각주, 풀어쓴 부제("정화正貨(Specie Currency)의 사악함, 자유롭고 상호적인 은행체계가 자본의 이해관계를 폐지할 수 있고 폐지해야 함을 증명했던 위대한 프랑스 아나키스트를 옹호하는 글")를 달아 팸플릿 형태로 처음 발행한 사람이 터커임을 우리는 앞에서 봤다. 이 유용한 팸플릿을 만든 터커의 목적은 두 가지였다. 첫째, 터커는 자기 자신도 설명을 인용할 만큼 이 책이 "공동은행에 관한 진정 지적이고 설득력이 있으며 감동적인 해설서"이기 때문에 다시 발행할 가치가 있다고 봤다. 하지만 그의 두 번째 목적은 "사악한 위선자"인 다나의 정체를 폭로하는 거였다.[19] 왜냐하면 과거에 급진주의자였다는 사실이 오래 전에 잊혀진 다나가 당시 터커의 [공격]목표이던 윌리엄 예닝스 브라이언(William Jennings Bryan)—은화를 자유로이 주조하자고 했던(free-silver) 1896년 선거의 대통령 후보—의 보수적인 이해관계를 충실히 옹호

---

17. C. L. Swartz, *What is Mutualism?*(New York, 1927), p. 51.
18. Marion Denman Frankfurter와 Gardner Jackson이 편집한 *The Letters of Sacco and Vanzetti* (New York, 1928), pp. 155, 288. 초고는 보스턴 공공도서관의 the Felicani Collection에 보존되어있다.
19. *Liberty*, 1896년 8월 22일자.

했기 때문이다. 따라서 헨리 코헨에 따르면, 터커는 다나의 팸플릿 복사본을 모든 도시의 신문편집자들에게 보냈고, 다나를 전국적인 놀림감으로 만들었다.[20]

하지만 터커의 운도 다했다. 코헨이 표현했듯이, 1870년대부터 터커는 "미국개혁운동에서 비교할 대상이 없을 만큼의 능력과 헌신"으로 프루동의 저술들을 번역해서 그의 사상을 퍼뜨렸고 프루동을 계속 떠받들었다.[21] 더구나 한 세대 동안 그는 집산주의자(collectivist)와 국가주의자의 침략에 맞서 자유라는 대의를 지켰다. 하지만 세기가 바뀌면서 개인주의적 아나키즘의 전성기는 끝났다. 1908년 책과 신문을 보관하던 창고가 화재로 사라지자 터커는 유럽으로 떠나 다시 [미국으로] 돌아오지 않았다.

그 시기부터 터커는 상호주의자 사상을 보급하는 역할도 포기했다. 아나키스트라는 꼬리표를 계속 달았지만 그는 설사 자유롭게 은행을 세운다 해도 그것이 자본주의의 독점을 무너뜨리거나 국가의 권위를 약화시키는 데 더 이상 유효하지 않다고 믿게 되었다. 시간이 지날수록 터커는 점점 더 비관적이 되었다. 1930년 그는 "메커니즘(Mechanism)이라는 괴물이 인류를 집어삼키고 있다"고 적었다.[22] 그 이후 그는 사회사상가로서의 명성을 잃었다. 모나코에서의 은둔생활은 사실상 끝을 의미했다. 소수의 사람들만이 그나 그의 작품을 알아봤고 1939년 그의 죽음도 거의 주목을 받지 못하고 지나갔다. 그는 87살까지 살았고 당시 그가 두려워하며 예측했던 세계대전은 서서히 모습을 드러내고 있었다.

---

20. Cohen, *Proudhon's Solution of the Social Problem*(New York, 1927), p. 3.
21. 같은 책, p. ix.
22. 1930년 7월 22일 터커가 C. L. Swartz에게 보낸 편지, Joseph Ishill이 편집한 두 권으로 된 *Free Vistas : An Anthology of Life and Letters*(Berkeley Heights, N. J., 1933~1937)에서 2권, pp. 300~301.

10

벤자민 터커와 그의 딸

벤자민 터커라는 이름은 이미 앞에서 충분히 설명했다. 미국의 개인주의적 아나키즘을 대표하는 중요한 인물인 터커는 호기심이 강한 독자들에게 프루동과 바쿠닌, 슈티르너, 다른 아나키스트들 또는 아나키스트에 가까운 사람들의 사상을 전달하는 데 도움이 되었다. 조셉 이쉴이 올바른 판단을 내렸듯이 그의 가장 중요한 성과물은 영어권에서 최고의 아나키스트 정기간행물인 『리버티』의 발행이었다. 고전이 된 『한 아나키스트의 옥중자서전』(*Prison Memoirs of an Anarchist*)을 쓴 알렉산드르 베르크만과 달리, 터커는 위대한 책을 쓰지 못해 울적했다. 엠마 골드만이나 요한 모스트와 비교할 때 그는 연설가로도 명성을 얻지 못했다(하지만 그는 그럴 기회가 생겼을 때 청중 앞에서 "결코 불안해하지 않았다"고 고백하며 장황하게 변명했다).[1]

------

1. *Liberty*, 1897년 1월호

하지만 터커는 (빅토르 위고, 체르니쉐프스키, 톨스토이는 말할 것도 없고) 프루동과 바쿠닌의 글을 번역한 뛰어난 번역가였고, 이런 번역만이 아나키스트의 전당에 그의 자리를 마련해준다. 그렇지만 번역 이상으로 터커는 일급 편집자이자 작가였고 미국 급진주의가 낳은 뛰어난 언론인 중 한 명이었다. 그는 『리버티』에 특별한 자부심을 가졌다. 특히 『리버티』 는 터커 자신도 포함되는 훌륭한 기고자 모임을 꾸렸고, 꼼꼼하게 디자인 되고 편집되었다. 1881년의 첫 발행은 아나키스트 운동사에서 이정표가 되었고 『리버티』는 영어가 통용되는 곳 어디서나 독자들을 확보했다. 더 구나 출판인으로서 터커는 아나키즘에 관한 책과 팸플릿들을 꾸준히 펴 냈고 거의 30년 동안 그 주제를 다뤘다. 그를 존경하던 한 사람이 얘기했 듯이, 그렇게 활동하면서 터커는 "프루동이라는 예외가 있을지 모르나 살 아있는 또는 이미 죽은 다른 어떤 사람들보다도 해방을 이루기 위해 더욱 더 실천적으로 활동"했다.[2]

이 말은 1935년에 씌어진 (로렌스 라바디(Laurance Labadie)의) 말이다. 그 당시 터커는 사실상 잊혀졌지만 멘켄(H. L. Mencken)은 "그가 살아생 전 가졌던 것보다 훨씬 더 많은 명성"을 가질 만한 인물이었다고 말했다.[3] 그리고 오늘날까지도 그가 기억된다고 가정한다면, 그 명성은 베르크만 의 헨리 클레이 프릭 습격과 비교할 만한 물의를 일으킨 실행 때문이 아니 라 터커가 쓰고 발행했던 글—거의 모두가 그의 신문 『리버티』에 실린— 덕분일 것이다. 그의 삶은 존경을 받았지만 극적인 요소가 부족했다. 흥 분과 인생의 명암, 불안감에 있어 그는 바쿠닌이나 크로포트킨, 말라테스 타와 비교될 수 없고 두루티나 반체티, 마흐노와도 비교되지 못한다. 분

---

2. 1935년 5월 7일 로렌스 라바디가 조셉 이쉴에게 보낸 편지, Ishill Collection, Harvard University.
3. 1935년 5월 18일 멘켄이 조셉 이쉴에게 보낸 편지, Joseph Ishill이 편집한 *The Oriole Press : A Bibliography*(Berkeley Heights, N. J., 1953), p. 332.

명 사건들은 있었다. 처음에 터커는 빅토리아 우드헐에게 매료되어[터커는 그녀와 사귀었다] 아나키즘에 거부반응을 보였고 단지 몇 가지 점 때문에 요한 모스트와 논쟁을 벌였다. 그래도 이런 사건들은 계속된 흐름에서 단지 잔물결[사소한 소통]에 지나지 않았다. 터커는 활동가라기보다 이론가였다. 그는 자신의 사상을 세우고 책과 잡지를 발행하면서, 그리고 무엇보다도 『리버티』를 발행하면서 대부분의 시간을 보냈다. 그러다 보니 역사가들은 그의 개인적인 삶을 무시하고 터커의 역할을 출판인으로만 설명한다. 터커라는 한 인간에 대해서는 거의 얘기되지 않았다.

하지만 우리는 유용한 자료들을 검토하면서 터커의 사람됨—대부분이 상당히 흥미로운—에 관해 많은 점들을 알 수 있었다. 신체적인 겉모습을 보자면 그는 잘 생겼고 키가 5.9피트였으며 165파운드의 몸무게, 날카로운 검은 눈, 암갈색 머리칼, 말쑥하게 다듬은 턱수염과 콧수염을 길렀다(나중에 턱수염을 밀었지만 콧수염은 죽을 때까지 길렀다). 항상 흠잡을 곳 없이 옷을 차려입었던 그는 와이셔츠 차림으로 모습을 드러내는 일이 거의 없었고 어떤 경우에도 약식으로 차려입지 않았다.

단정한 몸가짐과 비슷하게 터커는 평생 동안 꼼꼼한 정신상태와 매너를 보였다. 삶을 마감할 때까지도 그는 어느 정도 초연하고 폐쇄적이었다. 그는 인종적인 편견과 계급적인 편견 같은 속물근성을 가지지 않았고 뉴잉글랜드 상류사회의 일원으로서 항상 귀족적인 면모를 보였다. 그는 많은 동료집단들을 만들었지만 쉽게 친구를 사귀지 않았고, 그의 내밀한 면까지 아는 사람은 드물었다. 『리버티』의 조지 슘(George Schumm)과 윌리엄 바일리(William Bailie), 그리고 가깝게 지내던 몇몇 다른 친구들도 편지에서 그를 항상 "터커 씨"라 불렀다.

이런 성격들은 터커의 글에도 많이 반영되었다. 그는 단련과 성실함, 뛰어난 품격이라는 가치를 중시했다. 그는 아주 집중해서 꼼꼼하게 일했고 세부적인 부분에도 관심을 기울였다. 그의 날카로운 지성과 명료한 문체, 엄격한 원칙은 널리 알려져 있었다. 그는 날카로운 분석력과 문학적인 숙련이라는 진정한 재능을 가졌을 뿐 아니라 생각하고 그것을 표현하는 방식에서도 아주 진지했다. 그리고 그는 한 가지 실수에도 철저했다(한 동료는 터커의 가장 큰 결점을 "모순되는 것에 대한 두려움"에서 찾았다).[4]

미국내전이 벌어지기 전의 매사추세츠주에서 제2차 세계대전이 발발하기 직전의 리비에라(Riviera)로 이어지는 삶의 궤적에서 터커의 사상과 문체가 거의 변하지 않았다는 건 주목할 만한 점이다. 말하고자 하는 바를 그는 직설적이고 확신을 가지며 능숙하게 말했다. 그러나 그는 그 솔직함을 좀처럼 재치 있게 조절하지 못했다. 털을 곤두세우고 달려드는 공격적인 논객으로서 그는 비판에 민감했고 자신의 진가가 그런 역할에 있다고 믿었다. 자신의 생각이 올바르다고 확신하면 그는 반대하는 사람들에게 한 치도 양보하지 않았다. 종종 『리버티』에 기고하던 윌리엄 로이드(J. William Lloyd)는 자신의 글에서 터커가 "극단적이고 오만할 정도로 확신에 찬, 위협적이고 위압적인 독단주의자이고 남을 꼼짝 못하게 하는 자신의 '기준'에만 충실한 사람이며 차이나 모순, 부정을 견디지 못했다. 신랄한 풍자와 통렬한 경멸, 때때로 사실상 거의 모욕에 가까웠던 독설이 비판하거나 반대하려는 사람에게로 쏟아졌다"고 얘기했다.[5]

동료인 펄 존슨이 그에 관해 말했듯이 터커는 "시종일관 항상 논쟁을 즐기는 사람이었고 거기에 자신의 힘을 쏟았다."[6] 그는 반대하는 사람들을 계속 바로잡으려 했고 그들을 갱생시키고 논리적인 잘못을 고치려 했

---

4. Henry Appleton, *The Truth Seeker*, 1887년 4월 2일자.
5. Joseph Ishill이 두 권으로 편집한 *Free Vistas : An Anthology of Life and Letters*(Berkeley Heights, N. J., 1933~1937), 2권, p. 281.
6. 1938년 12월 26일 조셉 이쉴이 펄 존슨 터커에게 보낸 편지, Ishill Collection.

다. 두려움에 떠는 손가락으로 친구와 적 모두가 『리버티』의 새로운 이슈 하나하나를 받아들여야만 했고, 슈바르츠(C. L. Swartz)가 묘사했듯이 그 들은 "지지하는 사람들의 즐거움이자 반대하는 사람들의 절망이던 날카 롭고 분명한 문체"를 두려워했다.[7] 심지어 가장 가까운 동료들도 그의 공 격을 피하지 못했다(로빈슨(J. B. Robinson)은 "너는 어떻게 친구를 비난 하는가!"라며 항의했다).[8] 터커는 자기보다 42살이 많은 스티븐 펄 앤드 류스가 프루동의 관점을 왜곡했다는 이유로 날카롭게 꾸짖었다. 앤드류 스의 답변은 화해의 모범을 보여줬다. "당신은 내가 프루동을 잘못 해석 했다고 얘기했습니다. 만일 내가 어떤 점에서 잘못 전했다고 믿는다면 당 신이 나를 비난하는 건 정당할 겁니다. 왜냐하면 내가 프루동을 오해했기 때문이니까요. 물론 내 연구가 촉박했기 때문에 그건 전적으로 가능한 일 입니다. 하지만 당신은 어떤 점들이 오해인지 내게 말하지 않았습니다. 만약 당신이 그 점을 말해준다면, 그 후에 나도 당신에게 동의한다면, 나 는 진실과 일치하도록 기꺼이 수정하고 심지어 수정을 진정으로 바랄 겁 니다. 우리 두 사람이 원하는 건 진실입니다."[9]

하지만 터커는 전혀 화해를 생각하지 않았다. 한 친구가 그의 성격을 묘사했듯이 "화려한 논리의 고드름[냉담한 논리]"[10]을 가지고서 터커는 논쟁을 즐겼고 사소한 일을 따지는 것과 무익한 논쟁에 지나치게 많은 에 너지를 소모했다. 볼테린느 드 클레이는 그가 "차가운 공정함으로 무장하 고서 적과 친구 모두에게 가늘고 단단한 화살을" 퍼부었고[상처를 주고]

---

7. C. L. Swartz가 편집한 *Foreword to Individual Liberty : Selections from the Writings of Benjamin R. Tucker*(New York, 1926), p. v.

8. *Liberty*, 1896년 6월 27일자.

9. 1876년 5월 7일 앤드류스가 터커에게 보낸 편지, Tucker Papers.

10. 1898년 7월 31일 윌리엄 고닥(William W. Gordak)이 조지 슘에게 보낸 편지, Labadie Collection, University of Michigan.

"빠르게 치고 예리하게 잘랐으며 배신자를 못 박을 준비가 되어있었다"
고 말했다. 리지 홈즈(Lizzie M. Holmes)는 터커의 견해가 "불관용과 가혹
함, 독설"의 정신으로 물들었다고 불평했다. 그녀는 해방을 사랑하는 사
람이 왜 그런 호전적인 기질을 보이는가라고 물었다.[11] 오웬(W. C.
Owen)이 설명하듯이 터커는 자신의 목표에서 눈을 떼지 않고 곧장 그것
을 향해 나아갔으며 대중적인 찬사나 금전적인 이득을 전혀 고려하지 않
는 "차가운 열정가" 중 한 사람이었다. 터커는 이 점을 부인할 수 없었다.
"내가 '차가운 열정가'라고 불린 건 이번이 처음"이라고 그는 오웬에게
편지를 썼다. "하지만 나는 그 표현이 정확하다고 인정해. 사실 나는 내
냉담함을 어느 정도 자랑스럽게 여기지."[12]

터커가 쓴 글 대부분에 야박함과 차가운 영혼이 스며들어있음은 부정
하기 어렵다. 엠마 골드만이 얘기하듯이, 그는 "강력한 펜"을 휘둘렀지만
그 펜은 "관대함"을 가지지 못했고, 골드만이 만나던 꼬뮨주의 아나키스
트들에 대한 터커의 태도는 "무례한 원한으로 가득 차 있었다[터커는 개
인주의적 아나키스트로 다른 정파의 아나키스트들을 비판했다]." 두 사람
이 같이 리비에라에 살던 1930년에도 골드만은 "아니, 나는 터커를 한 번
도 만나지 않았다"고 적었다. "나는 그를 만나기 위해 길모퉁이를 돌지
않았다. 그는 나이를 먹기 전부터 이미 늙어버린 구식 사람이고 다른 사
회 학파에 대한 태도도 편협했다."[13] 두 사람이 서로 반감을 가졌다는 점
을 언급해야겠다. 터커는 골드만에 대해 이렇게 말했다. "우리 두 사람 사
이에는 잃어버릴 사랑이 전혀 없어. 그녀의 자질 중 어떤 점은 정말 뛰어

---

11. Voltairine de Cleyre, *Selected Works*(New York, 1914), pp. 115~16 ; *Liberty*, 1890년 7월 26일자
12. *Freedom*, 1927년 6월호 ; 1927년 6월 22일 터커가 오웬에게 보낸 편지, Ishill Collection.
13. Emma Goldman, *Living My Life*(New York, 1931), pp. 232. 1930년 골드만이 아그네스 잉글
    리스에게 보낸 편지, Labadie Collection.

나지만 그녀가 그렇게 잘못 쓰는 게 정말 유감이야. 어느 날 나는 다른 사람을 통해 그녀가 나를 만나려고 리비에라로 돌아온다는 얘길 들었어!! (어디로 숨어야 할까? 그것이 문제로다. '오 광활한 황야의 오두막으로')"14

글을 통해서만 그를 알던 사람들에게 터커는 오만하고 악의적이며 잔인한 인간처럼 보일 수 있었다. 윌리엄 로이드의 말처럼, 『리버티』의 주장을 읽을 수 없던 사람은 그가 "대부분의 시간을 분노하는 데 쓰는 호전적인 사람"이라는 인상을 받지 못했다. 하지만 이런 얘기들은 사실에 더 가까이 다가설 수 없다. 신문에서는 신랄했지만 사적인 교제에서 터커는 늘 성실했다. 이 점이 그를 처음 만난 『리버티』의 독자들을 놀라게 했다. 로이드는 "직접 보면 이 호랑이는 비둘기"라고 얘기했다. 앨버트 차밴스 (Albert Chavannes)는 그가 "적의 숨통을 끊거나 배를 침몰시키는 악당이지만 가장 온화한 매너를 가졌다"고 봤다. 슈바르츠(C. L. Swartz)에게 그는 "가장 상냥하고 우아한 신사이자 가장 따뜻한 친구"였다.15

그렇다면 그가 다른 많은 사람들에게 준 차갑고 냉담한 인상을 어떻게 설명해야 할까? 그의 형수인 베써 존슨(Bertha F. Johnson) 박사에 따르면, 이런 인상은 단지 터커의 수줍음 때문이었다.16 그리고 이 수줍음은 자주 짓던 "약간 신경질적인" 웃음과 함께 터커가 대중 연설가로 적합하지 않았던 이유를 설명해줄지 모른다.17 터커 자신은 라바디에게 보낸 편지에서 "저는 성인들만큼 아이들과 관계를 맺는 것에도 수줍어합니다. 내가 수줍음을 많이 탄다는 얘기입니다."18 더구나 수줍어했을 뿐 아니라 어릴

---

14. 1934년 10월 27일 터커가 조셉 이쉴에게 보낸 편지, Ishill Collection.
15. Ishill이 편집한 *Free VIstas*, 2권, pp. 280~81, 298. "우리가 '좋은 친구'라 부르는 사람은 아니었지만 가장 유쾌한 사람 중 한 명"이었다는 조지 슘의 주장과 비교하라. Schumm, "Benj. R. Tucker : A Brief Sketch of His Life and Work," *The Freethinkers' Magazine*, 1893년 7월호
16. 1936년 2월 12일 베써 존슨이 아그네스 잉글리스에게 쓴 편지, Labadie Collection.
17. Ishill이 편집한 *Free Vistas*, 2권, p. 280에 있는 J. William Lloyd의 말.
18. 1888년 8월 12일 터커가 조셉 라바디(Joseph A. Labadie)에게 보낸 편지, Labadie Collection.

적 유년시절부터 쭉 육체적인 배짱도 부족했다. 말년에 그는 한 사촌에게 이렇게 편지를 썼다. "소년시절에 내가 모험하는 걸 싫어했고 근육을 쓰는 모든 스포츠에 아주 소극적이며 화가 조금만 나도 엉엉 울던 아기였다는 점을 네게 일깨울 필요는 아마 없잖아. 나는 여전히 똑같은 겁쟁이이고 당시에 그걸 부끄러워했듯이 지금도 부끄러워해."[19]

수줍음이 많았지만 터커의 성격에는 밝은 면도 있었다. 빅토르 야로스가 묘사했듯이 그는 금욕주의자와 거리가 멀었다.[20] 그는 연극과 콘서트를 즐겼다. 그는 좋은 음식을 알았고 즐겼다. 1936년 그는 이렇게 썼다. "나는 항상 쾌락주의자였고 지불할 수 있는 한, 때로는 지불할 수 없을 정도로 미식가였다."[21] 소심하긴 했지만 터커는 자신이 아주 사랑하는 반려자이자 "고전적인 얼굴"을 한 젊고 아름다운 여성인 펄 존슨을 만나기 전까지 많은 연애—예를 들어, 빅토리아 우드헐과 사라 홈즈(Sarah E. Holmes)—를 했다.[22]

뉴욕시에 있는 터커의 유니크 책방에서 일하도록—문을 닫기 전 2년 동안(1906년에서 1908년까지)— 펄 존슨을 소개한 사람은 그의 오랜 친구 조지 슘이었다. 존슨은 터커보다 25살 어렸고, 터커는 매사추세츠주에서 어린시절을 보낼 때 그녀 어머니의 가족과 친분이 있었다. 죽기 2년 전 터커는 자신들을 맺어준 슘에게 감사했다. "내가 살아오면서 만난 가장 큰 행운이라는 건 의심할 바 없어. 시간이 지날수록 더 많이 깨닫게 돼. 우리는 미래에 대해 거의 아무것도 알지 못해. 놀라운 일이지! 무심코

---

19. 1925년 3월 15일 터커가 찰스 알미(Charles Almy)에게 보낸 편지, Tucker Papers.

20. Victor S. Yarros, "Philosophical Anarchism : Its Rise, Decline, and Eclipse," *American Journal of Sociology 41* (1936년 1월), p. 471. 1880년대와 90년대 초반 동안 야로스는 *Liberty*의 부편집자였고 가장 많은 글을 쓰는 기고가 중 한 명이었다.

21. 1936년 4월 11일 터커가 *American Journal of Sociology*의 편집장에게 보낸 편지, Tucker Papers.

22. J. William Lloyd가 한 묘사이다. Ishill이 편집한 *Free Vistas*, 2권, pp. 282~83.

말 한마디를 뱉고 한 아이가 태어났어. 내 모든 진심을 담아 너에게 감사해."[23]

터커의 창고를 날려버리고 30년 출판인생을 끝낸 화재가 있은 지 10달 뒤인 1908년 11월 오리올 터커(Oriole Tucker)가 태어났다. 터커는 54살이었고 그의 출판인생은 끝났다. 오리올이 태어나고 6주일 뒤 가족은 유럽으로 떠났다. 터커는 다시 미국으로 돌아오지 않았다. 오리올은 1939년 아버지가 돌아가실 때까지 프랑스와 모나코에서 자랐다. 그녀는 터커의 외동딸이었고 터커는 그녀를 위해 매우 헌신했다.[24] 총명하고 귀여운 그녀는 프랑스어와 영어를 유창하게 말했고 뛰어난 피아니스트가 되었다. 15살이 될 때까지 그녀는 학교에 다니지 않았다. 엄마는 볼티모어의 캘버트스쿨(the Calvert School)이 보내주는 교과서로 집에서 그녀를 가르쳤다. 결국 그녀가 학교에 들어갔을 때도 오리올은 뛰어난 성적을 받았다. 집에서 그녀는 부모의 리버테리안 원리에 따라 자랐다. 터커는 그녀가 "급히 필요할 때를 제외하면 아빠가 거의 들어오지 않는, 거의 그녀의 성과 같은" 방을 가졌다고 말했다. "나는 에머슨의 네 가지 방침을 즐겨 인용했지. '교회가 사회의 가치일 때, 주의회 의사당이 화목한 가정일 때, 그 다음 완벽한 국가가 도래하면, 공화주의자들은 집에 있는다.' 이건 말년에 가정에서의 아나키즘(*The Anarchist at home*)을 실현하려는 노력이었고 그런 내 노력이 완전히 헛되지 않은 것처럼 보였어."[25]

1973년 1월 21일 나는 터커에 대해, 특히 그의 삶에서 인간적인 면에

---

23. 1937년 6월 28일 터커가 조지 슘에게 보낸 편지.

24. 아나키스트 교육자인 알렉시스 펌(Alexis Ferm)은 "아이와 관련된 모든 것"에 터커의 "순수한 즐거움이 있었고, 당신과 펄의 관계는 우리가 겪은 그 어느 남성과 여성의 관계보다도 존엄하다"고 썼다. 1908년 12월 18일 펌이 터커에게 보낸 편지, Tucker Papers.

25. 1925년 3월 15일 터커가 앨미(Almy)에게 보낸 편지, Tucker Papers. 슈바르츠(C. L. Swartz)는 터커에 대해 "자신의 철학과 욕망에 따라 삶을 살아가는 데 있어 그보다 더 일치하는 사람을 알지 못한다"고 적었다. Ishill이 편집한 *Free Vistas*, 2권, p. 300.

관해 오리올 터커를 인터뷰하려는 목적으로 뉴욕주 오시닝(Ossining)에 있는 집을 방문해 그녀를 만났다. 그녀는 프랑스 요리사인 장 리셰(Jean Riché)와 결혼했고 몇 마일 떨어진 돕스 페리 중학교(the Dobbs Ferry Middle School)에서 프랑스어를 가르쳤다. 그녀의 집은 1939년 랄프 보소디(Ralph Borsodi)가 세웠고 오래 가지 못했던 리빙코뮤니티 스쿨(School of Living community)이 있던 체전의 스틸워터 정착지에 있었다. 길 맞은편엔 터커의 오랜 동료인 조지 슘과 엠마 슘(Emma Schumm)의 딸 베아트리체 슘 페츠(Beatrice Schumm Fetz)가 살고 있었고 언덕 아래편엔 오네이다 공동체(the Oneida community)를 세운 유명한 존 험프리 노예스(John Humphrey Noyes)의 손녀인 마가렛 노예스 골드스미스(Margaret Noyes Goldsmith)의 집이 있었다.

오리올은 비범해 보이는 눈과 어려 보이는 외모, 생생한 기억력, 특히 부모와 관련된 내용을 생생하게 기억하는 아름다운 여성이었다. 나는 연구를 더 발전시켜서 돌아오려 했고 그녀와 다시 터커에 대해 얘기하길 기대했다. 하지만 1974년 6월 그녀는 65세의 나이로 갑자기 죽었다. 따라서 우리의 대화는 끝을 맺지 못했다. 하지만 우리가 만나는 동안 그녀가 내게 한 얘기는 아주 흥미로웠다. 그녀의 얘기는 다음과 같다.

오리올 터커

나는 아빠의 친구이자 같은 리버테리안인 풋트(E. B. Foote) 박사의 손에서 분만되었고 1908년 11월 9일 뉴욕시에서 태어났다. 너 이름은 윌리엄 로이드의 딸인 오리올 로이드(Oriole Lloyd)의 이름을 따랐다. 내 부도님은 헤이마켓 사형집행 추모일인 11월 11일에 내가 태어나기를 원했다고 한다. 1908년 1월 피해가 막심했던 화제가 있은 뒤 아빠는 프랑스로 떠나기로 결정했다 그는 다시 한번 모든 걸 새로 시작하길 원치 않았다 그 외에도 그는 프랑스를 사랑했고 항상 프랑스에서 죽고 싶다고 얘기했다. 1908년 여름 아빠와 엄마는 파리로 갔고 생 제르맹(Saint-Germain) 근처의 르 베지에(Le Vésinet) 교외에 집을 빌렸다. 그들은 나를 미국에서 낳기 위해 돌아왔다(엄마는 특별한 탄생을 기대했고 가족 곁에 있길 원했다). 하지만 태어난 지 겨우 6주가 지난 크리스마스에 나는 프랑스에 있었다. 그리고 그곳에서 살았다. 내가 3살 6개월이 되자 엄마와 나는 외가 식구들을 만나기 위해 몇 달 동안 미국으로 왔다. 전쟁 이후 우리 는 가족 전체가 함께 미국으로 간 적이 없다. 1936년 나는 혼자서 미국에 3달 동안 들렀다. 미국은 내게 달처럼 멀리 있는 곳이었다. 미국은 내게 요정의 나라였다. 엄마는 미국에 대해 계속 얘기하고 흥미를 주려 했지만, 들었던 모든 이름들이 내겐 신화에서 튀어나온 사람들처럼 들렸다.

엄마―펄 존슨―는 유명한 유심론자이자 진보적인 성향의 장관 모지즈 헐(Moses Hull)의 네 딸 중 한 명인 플로렌스 헐(Florence Hull)과 호리스 존슨(Horace Johnson)이라는 뉴잉글랜드 부부의 딸이었다. 펄은 뉴욕의 썬라이즈 클럽(the Sunrise Club)으로 갔고 비 슘(Bea Schumm)을 알게 됐다. 내가 태어나기 몇 년 전 아빠의 책방에서 엄마가 일할 것을 제안한 사람은 조지 슘이었다. 엄마의 여자형제 중 한 명은 베써 존슨 박사였다. 『리버티』의 판매원이던 프레드 슐더(Fred Schulder)는 아운티 베써(Aunty Bertha)의 남자친구였다. 애들린 챔프니(Adeline Champney), 호리스 챔프니(Horace Champney)와 함께 그의 아들은 몇 년 전 전쟁을 반대하기 위해 배를 타고 베트남으로 간 퀘이커교도였다.

돌아가시면서 할머니(아빠의 엄마)는 아빠에게 상당한 유산을 남겼다. 아빠는 그 돈을 연금에 넣고 그 뒤 매년 1,650달러의 안정적인 소득을 얻었다. 뉴욕에서 그는 사치스러운 건 아니지만 두 개의 방이 있는 호텔에서 즐겁게 살았다. 아빠가 프랑스에 가기로 결정한 또 다른 이유는 자신과 가족이 그 소득으로 더 잘 살 수 있었기 때문이었다. 덧붙이자면 내 부모님은 법적으로 결혼하지 않았다. 하지만 그들은 내가 본 부부 중 가장 일부일처제적인 부부였고 죽을 때까지 서로에게 전적으로 헌신했다. 아주 이상하지만 그들은 각기 다른 방을 써야 한다고 믿었고, 그럴만한 소득이 있다면 심지어 각기 다른 집에 살면서 원할 때만 모여야 한다고 믿었다. 다행히 그들은 그럴 경제적 여유가 없었다! 나는 밤이면 집으로 돌아와야 한다는 내 남편의 생각을 항상 좋아하고 그를 만나기 위해 계획을 짜거나 날짜를 잡지 않는다!

르 베지에에 살던 처음 6년 동안 우리는 상당히 많이 여행했다. 전쟁이 터지고 난 뒤 겨울 동안 우리는 헨리 불(Henry Bool)과 함께 영국에 머물렀고[26] 프랑스로 돌아와서는 니스(Nice)의 아파트로 이사했다. 우리는 그곳에서 11년 동안 살았다. 하지만 프랑스가 세금을 마구 올려서 우리는 모나코로 이사해야 했고 멋진 집을 빌려 13년 동안 살았다. 아빠는 1939년에 돌아가셨다.

전쟁 동안 아빠는 시종일관 독일을 반대했다. 독일정부와 독일 군국주의, 독일식 통제를 그는 열정적으로 증오했다. 그리고 프랑스를 사랑했다. 프랑스는 가치가 있는 유일한 대상―프랑스 음식, 프랑스 와인, 프랑스 신문과 책 등―이었다. 그는 그곳에 묻히길 원했다. 그는 미국으로 돌아가지 않았고 돌아가고 싶어 하지도 않았다. 아빠는 프랑스어를 유창하게 말하지 못했지만 쉽게 읽었다. 그는 외모가 많이 닮았던 클레망소(Clemenceau)를 아주 존경했다.

전쟁 후 아빠는 말썽(trouble)을 두려워했다. 한 명의 외국인으로서 그

---

26. 영국에서 태어난 불(Bool)은 뉴욕주의 이타카에 사는 가구상인이었고 터커의 출판사업을 지원했다. 그는 섬셋주의 몽트규트의 소년시절을 보냈던 집으로 돌아갔고 1922년에 그곳에서 죽었다.

는 방해받는 걸 두려워했다. 그는 혼자 있고 싶어했다. 프랑스 남부에 살고 있던 엠마 골드만이나 알렉산드르 베르크만과는 아무런 접촉도 없었다. 아빠는 그들 모두를 싫어했다. 엄마는 뉴욕에서 엠마 골드만과 친구였고 한때 니스의 거리에서 그들을 봤지만 그들에게 다가가지 않기로 결심했다. 예전에 존 헨리 맥케이(John Henry Mackay)27가 찾아오곤 했고 조지 버나드 쇼가 다과회를 위해 한 번 들렀다. 열여덟 살이 되자 나는 헨리 코헨의 여자형제에게 프랑스어를 가르쳤다. 니스에 살던 프린스 홉킨스(Pryns Hopkins)28가 들리기 위해 멀리서 왔고, 톨스토이의 조카들도 몇 명 왔지만 아빠의 오랜 친구들은 거의 오지 않았다.

프랑스에서 우리 가족은 모두 아나키스트적인 삶을 살았다. 경찰 없이 세상을 살아갈 수 있는 방법 같은 질문을 내가 할 때면 아빠는 그걸 책에서 찾아보라고, 『한 권의 책 대신에』(*Instead of a Book*)에서 찾아보라고 말하곤 했다.29 반대로 엄마는 자세하게 설명하곤 했다. 그녀는 타고난 교사이자 심리학자였다. 하지만 아빠는 타고난 비교육자였다. 그는 젊은이들에게 연설할 수 없었다. 엄마는 항상 현명한 답을 내게 주었다. 아빠는 모든 걸 잘 해결했고 항상 반박할 수 없는 주장을 했으며 —그와 얘기하면 매우 낙담하게 된다— 항상 옳아 보였다. 그게 내 흥미를 잃게 했다. 아빠는 인간의 감정과 약함을 전혀 고려하지 않았다. 단지 규칙을 지키면 되고 결과야 어찌되든 상관없었다. 엄마 역시 아빠가 사람의 심리를 이해

---

27. 개인주의적 아나키스트로서 스코틀랜드와 독일 피가 섞인 아나키스트 맥케이는 *Liberty*의 기고자 중 한 명이었고 1933년에 죽을 때까지 터커와 친구였다. 1891년 터커는 맥케이의 유명한 소설 *Die Anarchisten*을 영어로 번역해서 출판했다.

28. 리버테리안 사회주의자인 홉킨스는 1912년에서 18년까지 캘리포니아주 산타 바바라의 실험학교에 다녔다. 1926년에 그는 몇 년 동안 파리 근처의 또 다른 학교를 계속 다니기 시작했고 1920년대 말~30년대 초에 모나코에 있던 터커를 방문했다.

29. 터커의 유일한 책인 *Instead of a Book : By a Man Too Busy to Write One*(New York, 1893)은 사실 *Liberty*에 실린 그의 글을 모은 것이다.

하지 못한다고 말했다. 그는 내게 많은 애정과 관심을 줬지만 우리는 아무것도 토론할 수 없었다.[30]

덧붙이자면 아빠는 계약을 믿었다. 우리는 집 여기저기에 계약상의 합의를 적어뒀다. 열여덟 살이 되었을 때 아빠는 내가 피아노 강습으로 버는 돈의 일부를 지불해야 한다는 진짜 계약서를 썼다. 이건 냉정하고 계산적으로 보였지만 모든 걸 분명하고 간단하게 만들었다. 그는 결코 노크 없이 내 방에 들어오지 않았고 심지어 내가 어린 꼬마였을 때도 그랬다. 그는 많은 방식에서 구식이었다. 그는 파리에서 두세 번 정도 전차를 탔다. 하지만 그는 승객들이 부랑자라며 겁을 냈다. 아빠는 그들이 위험하다고 생각했다. 그 결과 나 역시 전차 타는 걸 싫어했고 오랫동안 타지 않았다.

1920년대 동안 빅토르 야로스가 가끔 아나키즘에 관해 기사를 써서 과거에 자신의 전부였던 아나키즘과의 관계를 사실상 전면 부인했다. 이것이 아빠를 노하게 만들었다. 그는 야로스에게 편지를 썼고 신랄한 논쟁을 벌였다. 비슷한 시기에 사코-반체티 사건이 터졌다. 이 사건은 미국에 대한 나의 좋은 감정을 최초로 날려 버렸다. 아빠는 개최된 재판을 우스개꺼리로 악담하는 편지를 한 미국 신문에 썼다. 아빠가 죽기 몇 년 전 스페인 시민전쟁이 터졌다. 아빠는 분명하게 프랑코에 반대했지만 흥분하는 것처럼 보이진 않았다. 역시 그는 다가오는 세계대전을 많이 걱정했다.

---

30. 오웬(W. C. Owen)에 따르면, 터커는 "항상 삶에서 물러났"고 그의 작업은 "철학자들이 태고적 때 쓰던 훌륭하지만 지나친 추상화의 냄새가 났다." 1913년 12월 5일 오웬이 라바디(Joseph A. Labadie)에게 보낸 편지, Labadie Collection. 비슷한 맥락에서 조지 버나드 쇼는 다음과 같이 관찰했다. "터커는 아주 품위있는 친구이다. 하지만 대부분의 지식인들처럼 그는 당신이나 나 이상으로 자신도 이해하지 못하는 삶의 법칙들에 복종하기 만드는 세계의 조건들을 규정하길 고집한다." 1904년 4월 6일 쇼가 제임스 기본스(James Gibbons)에게 보낸 편지, Dan H. Laurence가 편집한 Shaw의 *Collected Letters, 1898~1910*(New York, 1972), pp. 415~16.

그는 우리가 안전한 덴마크로 도망가야 한다고 생각했다! 우리는 뮌헨의
불량배를 두려워했다. 모든 게 갈수록 나빠졌다. 우리는 어떻게 해야 좋
을지 몰랐다. 집을 버리고 미국으로 가서 베써 이모 집에서 살까? 당신도
알다시피 그때 아빠가 돌아가신 건 정말 축복이었다. 바로 다음날 우리는
그의 책과 논문을 포장했다. 1939년 10월 5일 우리는 뉴욕으로 갔다. 엄
마는 베써 이모의 농장으로 갔고 나는 극도로 비참해진 고립주의자
(isolationist) 조지 맥도날드(George Macdonald)[31]의 집에서 살았다. 1940
년 엄마와 나는 암스테르담가의 한 아파트를 빌렸다. 1948년에 엄마는 그
곳에서 돌아가셨다. 그동안 나는 결혼했다. 내 첫 딸이 여섯 달인가 여덟
달인가 되었을 때 엄마가 죽었다. 우리는 1948년에 이곳으로 왔다. 큰 딸
매리앤(Marianne)은 할아버지처럼 지적이지만 모든 사람에 대한 연민과
이해력을 지녔다. 이제 그녀는 25살이고 볼티모어에서 사회복지학 석사
과정을 다니고 있다. 그녀의 동생은 23살로 토론토에서 무용을 전공한다.

　공산주의에 대한 아빠의 태도는 종교에 대한 태도처럼 아주 조금도 바
뀌지 않았다. 죽기 몇 달 전 아빠는 프랑스인 가정부를 불러서 "내가 죽
음에 임박해서도 생각을 바꾸지 않았다고 증언할 사람을 원한다"고 말했
다. "나는 신을 믿지 않는다." 나는 아빠의 사상에 관심이 있고 심지어 동
정적이다. 그러나 나는 결코 아나키스트가 아니다. 나는 아나키즘이 실현
되리라고 생각하지 않는다. 아빠 역시 마지막 순간까지 그렇게 생각했다.
아빠는 세상에 대해 아주 비관적이었고 정치적인 전망도 그랬다. 그러나
아빠는 자신에게 낙관적이었고 항상 명랑하고 즐거워했다. 아빠는 결코
가만히 앉아 생각하지 못했지만 자신의 풍경과 책을 보며 만족해했다. 아
빠는 일요학교(Sunday School)에서 찬가를 불렀지만 — 만세반석(*the Rock of*

---

31. 맥도날드는 예전에 터커주의자였고 뛰어난 자유사상 간행물인 *The Truth Seeker*의 편집장
　　을 오랫동안 맡았다.

Ages, 萬歲磐石)과 그런 종류의 노래들— 장단을 맞추지는 못했다. 아빠는 냉정한 사람으로 평가받는다. 하지만 아빠가 엄마를 얼마나 사랑했는데! 그리고 아빠는 고귀한 걸 보면 쉽게 흐느꼈다.

11

C. W. 모브레이
미국의 영국인 아나키스트

　이민 온 사람들과 방문객들이 미국 아나키즘의 형성에서 중요한 역할을 했다는 건 이미 얘기했다. 우리가 봤듯이 러시아인 중에서 바쿠닌은 1861년 미국으로 탈출했고 크로포트킨은 1897년과 1901년에 강연을 했으며, 1880년대에 도착한 엠마 골드만과 알렉산드르 베르크만은 1919년에 추방될 때까지 미국에 체류했다. 다른 나라에서 이민 온 사람들의 이름들은 거의 알려져 있지 않다. 독일에서는 요한 모스트와 루돌프 로커, 오토 링케(Otto Rinke), 요세프 포이케르트(Josef Peukert), 로베르트 라이첼(Robert Reitzel), 막스 바인스키(Max Bainski)가 왔고 헤이마켓의 순교자들인 루이스 링(Louis Lingg), 아우구스트 스파이스, 게오르기 엥겔(George Engel), 아돌프 피셔(Adolph Fischer)도 이민을 왔다. 이탈리아에서는 뤼기 갈레아니(Luigi Galleani)와 에리코 말라테스타, 피에트로 고리(Pietro Gori), 사베리오 메를리노(Saverio Merlino), 카를로 트레스카(Carlo Tresca), 아르만도 보르기(Armando Borghi), 니콜라 사코(Nicola Sacco)와 바르톨로메오 반체티가 왔다. 프랑스에서는 죠셉 데쟈크(Joseph Déjacque)와 앙셀므 벨가리그(Anselme Bellegarrigue), 엘리 르클뤼, 클레망 뒤발(Clément Duval), 쥘 스카세리오(Jules Scarceriaux)가 왔다. 일본에서는 덴지로 고토쿠(Denjiro Kotoku)가, 인도에서는 할 다얄(Har Dayal)과 아카랴(M.P.T. Acharya)가, 오스트리아에서는 루돌프 그로스만(Rudolph Grossmann, "피에르 라무스Pierre Ramus")이, 스페인에서는 페드로 에스테베(Pedro Esteve)가, 멕시코에서는 리카르도 플로레스 마공(Ricardo Flores Magón)과 엔리케 플로레스 마공(Enrique Flores Magón)이, 루마니아에서는 요셉 이쉴(Joseph Ishill)과 마커스 그라함(Marcus Graham)이 왔다.

그렇다면 영국에서는 누가 왔나? 영국에서 온 사람들의 수도 많았다. 그중에는 혁명가들과 평화주의자, 공산주의자와 노동조합주의자, 개인주의자와 상호주의자, 한 정파에서 다른 정파로 옮긴 사람들도 있었다. 그러나 그 이름들이 너무 알려지지 않았기에 그들은 거의 하나의 집단으로 얘기되지 않는다. 더구나 이민 온 다른 사람들과 달리 영국인들은 언어적인 장벽에 부딪치지 않았고 미국인 아나키스트들과 쉽게 어울렸기에 하나의 민족으로 부각되지도 않았다. 따라서 영국인들은 한 명씩 얘기할 때만 그 중요성이 분명해진다. 우리는 1880년대의 시카고 아나키스트들[아나코-노동조합주의자들을 대표했던] 중에서 인민헌장운동(Chartist)에 참여했고 예전에 랭카셔의 감리교 전도사였던 사무엘 필덴(Samuel Fielden)과 함께 <미국인 모임>(the American Group)의 간사였던 윌리엄 홈즈(William Holmes), 그의 동료이자 앨버트 파슨즈가 발행하던 『알람』의 부편집자였던 리지 홈즈, 반세기 동안 미국에서 의술을 펼쳤던(『알람』에 "만성 질병과 진공방식(the Vacuum Method)을 통한 치료"를 광고했던) 제임스 테일러(James D. Taylor) 박사를 찾을 수 있다. 그 외에도 널리 바포된 두 개의 팸플릿에서 헤이마킷 아나키스트들을 옹호했던 시카고 검사 매튜 트럼벌

(Mattew M. Trumbull) 장군도 미국으로 이민오기 전에 인민헌장운동에 참여했다.

쫴 많은 영국 이민자들이 윌리엄 모리스의 <사회주의자동맹>에서 급진적인 도제교육(apprenticeship)을 받았다. 예를 들어, 로스앤젤레스의 토마스 벨(Thomas H. Bell)은 에딘버그 지부의 일원이었고, 벨파스트 출신으로 벤자민 터커의 동료이자 조슈아 워렌의 전기 작가였던 윌리엄 바일리는 맨체스터 지부에서 일하며 모리스와 크로포트킨, 다른 유명한 연설가들의 강연을 조직했다. 1892년 홈스테드(Homestead) 파업에서 (알렉산드르 베르크만과 함께) 두드러졌던 독일인 아나키스트 막스 메츠코프(Max Metzkow)는 런던 지부의 일원이었다. 그리고 윌리엄 홈즈는 <사회주의자동맹>의 주간지 『커먼웰』(*The Commonweal*, 공익)에 "시카고 편지"를 기고했다. 1890년대 초반 존 켄워씨(John C. Kenworthy)―나중에 유명한 영국 톨스토이주의자가 되었다―가 같은 영국인인 윌리엄 오웬, 미국인 건축가 존 에델만―1897년 크로포트킨이 [미국을] 방문하는 동안 숙소를 제공했던 사람이자 『솔리데리티』의 편집자―과 함께 뉴욕에서 <사회주의자동맹>을 만들었다는 점도 덧붙여야겠다(1900년 에델만이 이른 나이에 죽자 그의 아내 레이첼 크리몬트(Rachelle Krimont)는 영국으로 가 화이트웨이 정착지(Whiteway colony)에 살면서 두 아이를 길렀다).

영국 출신 아나키스트들은 벤자민 터커의 『리버티』에 기고하는 사람 중에서 두드러졌다. 윌리엄 바일리를 제외하고도 미국에서 제일가는 슈티르너주의자였던 제임스 월커(James L. Walker)―1845년 맨체스터에서 태어났다―가 있고, 뉴욕주 이타카에서 가구를 팔며 터커의 출판사업을 재정적으로 지원했던 헨리 불, 미국으로 이민오기 전에 브리스톨의 사회주의자였던 페미니스트 시인 미리엄 다니엘(Miriam Daniell)과 헬레나 본(Helena Born)이 있다. 그리고 시인 윌리엄 휘틱(William A. Whittick)과

요크셔 출신으로 필라델피아에서 시계를 만들던 윌리엄 핸슨(William Hanson), 뛰어난 금융개혁가였던 알프레드 웨스트럽(Alfred B. Westrup), 그리고 시카고에서 아나키스트 도제수업을 받은 뒤 보스턴에서 터커의 모임에 참여했던 아키발드 심슨(Archibald H. Simpson)이 있다(심슨과 웨스트럽, 불, 그리고 오웬은 결국 영국으로 돌아가서 여생을 보냈다).

영국인들은 모스트와 바쿠닌, 크로포트킨을 따르는 사회혁명가 중에도 많았다. 그 중 필라델피아에서 볼테린느 드 클레이르의 동지였던 요크셔의 제화공 조지 브라운(George Brown), 1890년대 말 맨체스터와 리드에서 『프리꼬뮨』(The Free Commune, 자유로운 꼬뮨)을 발행했고 1902년 패터슨 파업을 선동했던 윌리엄 맥퀸(William MacQueen), 캘리포니아의 플로레스 마공 운동에서 오웬과 함께 일했던 더블린 출신의 의사 존 크리게(John Creaghe), 이 장에서 그 경력을 따라갈 모브레이(C. W. Mowbray)를 언급하는 걸로 충분할 듯하다.

대부분이 동북부의 주들에 정착했지만 영국출신 아나키스트들은 전국으로 흩어져 뉴욕과 필라델피아, 보스턴만이 아니라 로스앤젤레스와 시카고에 살았다. 이들은 얼스터와 웨일즈, 스코틀랜드와 요크셔, 리버풀과 런던에서도 왔고 대륙에서 추방된 자들(러시아인들, 유대인들, 독일인들, 이탈리아인들, 스페인인들)도 미국으로 가기 위해 영국을 경유했다는 점은 말할 필요도 없다. 더구나 크리게 박사 외에도 이 중에는 이중첩자임이 들통 났던 뉴욕 <페레 센터>(Ferrer Center)의 데이비드 설리반(David Sullivan)이나, 콘 린치(Con Lynch)와 쾌인(T. P. Quinn), 거드루드 켈리(Gertrude B. Kelly) 박사와 그녀의 동생 존 켈리(John F. Kelly, 터커의 『리버티』와 결별하고 『알람』에 글을 썼다), 유진 오닐의 친구 테리 카를린(Terry Carlin), 전투적인 사회주의자 패트릭 퀸랜(Patrick Quinlan), 전투적인 노동조합주의자 제이 폭스(Jay Fox), (나중에 공산주의 지도자가 된)

윌리엄 포스터(William Z. Foster), 조셉 캐럴(Joseph O'Carroll)같은 아일랜드 사람들도 있었다.[1]

20세기 동안 많은 영국인들이 아나키스트 학교와 스텔턴(Stelton), 뉴저지, 모히칸 호수(Lake Mohegan), 뉴욕의 정착지에 결합했다. 그 중에는 제임스 딕(James Dick)과 넬리 딕(Nellie Dick), (제1차 세계대전 동안 런던에서 『보이스 오브 레이버』(*The Voice of Labour*, 노동자의 목소리)를 편집했던) 프레드 던(Fred Dunn), (존 에델만과 레이첼 에델만의 딸 소냐(Sonia)와 동료였던) 해리 클레먼츠(Harry Clements), 윌리엄 스티븐스(William Stevens), 왓킨 배니스터(Watkin Bannister), (가수이자 사회활동가였던 존 바에즈(Joan Baez)의 할아버지이고 엄마와 이모가 스텔턴의 학교를 다녔던) 윌리엄 브릿지(William Bridge)가 있다. 그리고 미국인이지만 근대학교운동(the Modern School movement)[2]에서 또 다른 핵심인물이던 레오나드 애보트(Leonard Abbott)는 영국에서 태어나고 자랐고(그는

---

1. Paul Avrich, *The Modern School Movement : Anarchism and Education in the United States* (Princeton, 1980), p. 213.
2. [옮긴이 주] 페레의 근대학교는 다음과 같은 선언문을 발표했다. "모던 스쿨의 사명은 학교에 다니는 소년 소녀들이 진실하며, 정의롭고, 그리고 편견에서 해방될 수 있도록 가르치는 데 있다. 이 목적을 위하여 낡은 교조적 가르침을 자연과학을 통한 합리적 방법으로 대체할 것이다. 우리는 아동들의 자연적 능력을 자극하고 발달시키며 지도하여 충분한 개인적 가치를 지닌 쓸모 있는 사회 구성원이 되게 함으로써 전체 공동체의 발전에 헌신하게 할 것이다. 우리는 "권리 없는 의무 없고, 의무 없는 권리 없다"는 정당한 원리에 입각하여, 건전한 사회적 의무를 다하는 젊은이들을 양성할 것이다. 외국 공학교육의 훌륭한 성과들을 받아들여 ―모던 스쿨의 위대한 목적을 실현하기 위해― 성 또는 계급차별이 없는 5세 이상 양성 아동들의 완전한 형제적 단일공동체를 형성할 것이다. 이를 위하여, 모던 스쿨은 일요일 아침마다 전 역사에 걸친 인류의 고통과 과학, 예술, 그리고 진보를 위한 투쟁에서 두각을 나타냈던 사람들에 대해서 공부할 것이다. 학부모들도 이 수업에 출석할 것이다. 또한 학생들의 건강한 성장을 위해 학교건물과 그 부속건물을 위생적으로 관리할 뿐 아니라, 학교에 입학하는 아동들에게 정기적인 건강검진을 실시할 것이다. 그 결과는 부모들에게 통보할 것이다. 또한 전염병의 확산을 방지하기 위하여 정기적인 조치를 취할 것이다", 박홍규·프란시스코 페레, 『꽃으로도 아이를 때리지 말라』, 이훈도 옮김, 우물이 있는 집, 2002, 159~160쪽.

유핑햄Uppingham 학교에 다녔다) 크로포트킨과 윌리엄 모리스, 에드워드 카펜터(Edward Carpenter)를 통해 성장했다.

그림을 마무리하려면 몇 명의 이름을 더 추가해야 한다. 1886년 런던 『프리덤』의 설립자인 샬롯 윌슨(Charlotte Wilson)은 아나키스트 운동과 거리를 두긴 했지만 미국에서 여생을 보냈다.[3] <자유모임>(Freedom Group)의 존 터너(John Turner)는 맥킨리 대통령의 암살 뒤 제정된 반(反)아나키스트 법률에 따라 추방된 최초의 인물로 1896년과 1903~1904년 동안 미국에서 오랜 순회강연을 두 번 했다. 위스콘신의 뛰어난 아나키스트 작가 제임스(C. L. James)의 아버지는 유명한 영국 소설가였고, 조수아 워렌의 젊은 영국인 제자였던 역사가 제임스 커돈(G. P. R. James. A. C. Cuddon)은 1858년 롱아일랜드의 모던타임즈 정착지를 방문했다(그 구성원 중엔 영국 출신의 실증주의자 헨리 에드거(Henry Edger)가 있었다). 그리고 리지 터너 벨(Lizzie Turner Bell)과 (아내이자 토마스 벨(Thomas H. Bell)의 누이인) 제씨 벨 웨스트워터(Jessie Bell Westwater), 샌 프란시스코의 알프레드 킹혼-존스(Alfred Kinghorn-Jones), 로스앤젤레스의 쿠퍼(C. B. Cooper), 뉴욕의 <자유로의 길 모임>(the Road to Freedom Group)의 아키 터너(Archie Turner)와 토마스 라이트(Thomas Wright), 그리고 이뽈리트 하벨과 함께 『소셜 워』(*The Social War*, 사회전쟁)를 편집했고 제1차 세계대전 전날 밤 영국에서 추방된 밀리우스(E. F. Mylius)가 있다.

20세기가 오기 전에는 미국으로 가는 비용이 쌌고 제한도 거의 없어서 많은 영국 아나키스트들이 잠깐씩 미국을 방문할 수 있었고 그 중에는 이미 얘기한 사람들 외에도 샘 메인워링(Sam Mainwaring), 톰 캔트웰(Tom

---

3. Hermia Oliver, *The International Anarchist Movement in Late Victorian London*(London, 1983), p. 162 ; Nicolas Walter가 쓰고 Charlotte M. Wilson이 서론을 쓴 *Three Essays on Anarchism* (Sanday, Orkney, 1979).

Cantwell), 알프레드 마쉬(Alfred Marsh)가 있었다. 물론 서로가 대양을 가로질러 여행했고 많은 미국 아나키스트들도 이 시기에 영국을 방문했다. 루시 파슨즈는 1888년에, 엠마 골드만은 1895년과 99년에, 해리 켈리는 1895년과 98년에(1904년까지『프리덤』사무실에서 일했다), 볼테린느 드 클레이르는 1897년과 1903년에, 릴리안 하먼(Lillian Harman)은 1898년에 (<합법화동맹>(the Legitimation League)의 의장직을 맡기 위해), 벤자민 터커는 1889년에 방문해 해머스미스(Hammersmith)에서 윌리엄 모리스를 만나 벨포트 박스(Belfort Bax)와 조지 버나드 쇼, 메이 모리스(May Morris)와 <사회주의자동맹>의 간사였던 그녀의 남편 스페어링(H. H. Sparling)과 함께 식사를 했다. 그 결과 강렬한 개성들이 서로 교환되었고 대서양 반대편의 특징을 아나키스트 운동에 풍부하게 제공했던 상호교접 (cross-fertilization)이 이루어졌다.

찰스 윌프레드 모브레이(Charles Wilfred Mowbray)는 1894년 여름 미국에 도착했다. 런던 슬럼가 출신의 독학한 재단사이자 어릴 적에 군인으로 복무했던 모브레이는 거구이고 운동선수처럼 보이는 30대 후반의 남자로 검은 머리칼과 빛나는 눈, 영국에서 청중을 매우 흥분시켰던 열정적인 웅변실력을 갖춘 사람이었다. 그리고 그는 윌리엄 모리스의 친구였고 10년 전에 만들어진 <사회주의자동맹>의 적극적인 구성원이었다. 1885년 9월 20일 그는 라임하우스의 도브가와 버뎃가―런던 경찰이 개입하기 전까지 오랫동안 야외집회장소로 이용되어온―의 "공공통행로를 가로막았다"는 죄목으로 거칠게 다뤄지며 체포되었다. 모리스가 자신의 아내에게 털어 놓았듯이 "정말 갈 때까지 가는" 모브레이는 사건을 다루던 치안판사에게 거의 구금을 당할 뻔한 소동을 일으켰지만 다음날 아침 법정에서 풀려 났다.[4]

이 사건은 여러 가지 쟁점 중에서 실업에 항의하는 시위와 헤이마켓 시위를 포함해 언론의 자유를 위한 오랜 싸움의 시작을 알렸다. 요한 모스트류의 전투적인 선동가였던 모브레이는 그 싸움에서 핵심인물이 되었다. 1886년 6월 14일 그는 트라팔가 광장에서 열린 언론의 자유 집회에서 다시 체포되었고 20실링의 벌금을 물었다. 겁이 없던 모브레이는 자신이 간사로 일하던 〈사회주의자동맹〉 노리치 지부에서 많은 사람들이 참여했던, 실업에 항의하는 집회를 계속 조직했다. 1886년 10월 그는 "사회주의가 도깨비불처럼 번지고 있다"고 모리스에게 보고했다.[5]

1887년 1월 14일 모브레이와 프레드릭 핸더슨(Frederick Henderson)이라는 한 청년 동지는 폭도들이 은행 한 곳과 많은 상점들에 피해를 입혔다고 정부당국이 주장했던, 노리치 시장에서의 집회 이후에 체포되었다. 폭동을 선동하고 "공공의 평화를 어지럽혔다"는 선고를 받고 모브레이는 9개월, 핸더슨은 4개월의 실형을 선고받았다. 그러나 그들의 노력은 부질없지 않았다. 재판을 가까이에서 지켜본 모리스는 자신의 일기에 이렇게 적었다. "불쌍한 빈민들의 처지에 관해 노동자들 사이에서 많은 동요가 있었다." 〈사회주의자동맹〉은 판결에 항의하기 위해 노리치 시장에서 대중집회를 조직했고 한 위원회는 "모브레이가 감옥에 있는 동안 그의 아내와 아이들을 돌보겠다고" 약속했다.[6]

출감하자마자 모브레이는 〈사회주의자동맹〉을 위한 선전을 다시 시작했고 크로포트킨, 말라테스타, 루이즈 미셸(Louise Michel), 사울 야노브

---

4. 1885년 9월 22일 윌리엄 모리스가 제인 모리스에게 보낸 편지, *The Letters of William Morris to His Family and Friends*(London, 1950), p. 239 ; May Morris, *William Morris : Artist, Writer, Socialist*(Oxford, 1936), 총 2권 중 2권, pp. 223~25.

5. 1886년 10월 4일 모브레이가 윌리엄 모리스에게 쓴 편지, Socialist League Archive, International Institute of Social History, Amsterdam.

6. J. W. Mackail, *The Life of William Morris*(London, 1899), 총 2권 중 2권, pp. 170~71. 그리고 C. W. Mowbray, "Prison Life in England," *The Commonweal*, 1887년 11월 12일 ff.

스키—야노브스키는 화이트샤펠(Whitechapel)의 유대인 아나키스트 신문 『아르베터 프라인트』(*Der Arbeter Fraynd*, 자유로운 노동자)를 편집하기 위해 뉴욕에서 런던으로 왔다—와 함께 매년 열리던 파리꼬뮨 기념식과 헤이마켓 추모식에 참여했다. 1888년 11월 모브레이는 헤이마켓 집회를 주최하기 위해 노리치로 돌아왔고, 영국을 순회강연 중이던 루시 파슨즈는 그 집회에서 남편[앨버트 파슨즈]의 애창곡 "애니 라우리(Annie Laurie)"와 윌리엄 모리스가 지은 "지배자는 없다(No Master)"를 부른 뒤 "미국에서의 노동운동"에 관해 연설했다.[7]

굴복하지 않는 선동가였던 모브레이는 "전보다 더 극단적이 되어" 출감했다. 그는 자본주의 체제를 파괴하기 위해 폭약과 실행에 의한 선전을 쓸 필요가 있다고 확신했다. 1889년 런던부두 파업 이후 그는 도시의 빈민가를 불태우고 빈민들을 웨스트엔드저택(West End mansion)에서 살게 해야 한다고 부르짖었다. 1890년 11월 그는 "만일 19세기 문명이 손을 뻗으면 닿을 곳에 권력을 위치시켰다는 점을 그들이[빈민들이] 안다면, 나는 소수의 굳게 결심한 사람들—결심했다는 말은 공격할 준비가 되어있거나 그 과정에서 죽을 준비가 되어있는 사람을 의미한다—이 지배세력을 쓸어버릴 수 있다고 확신한다"고 썼다. 1891년 런던에서 헤이마켓 집회가 열리기 전에도 모브레이는 "오늘밤 우리는 박애와 사랑의 교리에 관해 많이 듣겠지만 증오와 복수의 교리도 그만큼 필요하고 올바르다"고 선언했다.[8]

모브레이의 극단적인 선언은 몇몇 사람들이 그를 경찰의 스파이, 적어도 경찰의 앞잡이라고 결론내리도록—증거도 없이—이끌었다. 다섯 달

---

7. *The Commonweal*, 1888년 11월 24일자.

8. 같은 잡지, 1890년 11월 28일자, 1891년 11월 21일자 ; John Quail, *The Slow Burning Fuse*(London, 1978), p. 92.

뒤인 1892년 4월 그는 한 아나키스트 모임이 러시아 짜르를 폭탄으로 살해하려는 음모를 꾸몄다고 고발당한 소위 왈셜(Walsall) 사건으로 다시 경찰에 끌려갔다. <사회주의자동맹>의 기관지인 『커먼웰』과 모브레이와 관련된 한 신문은 ―사건을 조사했던 내무장관과 경찰관리들, 그리고 음모를 선동한 사람이 경찰의 스파이였는데도 네 명의 피고에게 10년 형을 선고한 판사를 가리켜― 「이런 사람들은 살 가치가 있나?」(Are These Men Fit to Live?)[9]라는 제목의 기사를 실었다. 모브레이는 체포되어 살해를 선동했다는 죄를 뒤집어썼다. 4월 19일 모브레이가 갇혀있는 동안 프랑스 파리꼬뮨 전사의 딸인 그의 아내는 35세의 나이로 탈진해서 죽었다. 모리스는 모브레이가 장례식에 참석할 수 있도록 5백 파운드의 보석금을 냈고, 이 장례식은 루이즈 미셸과 말라테스타도 참여했던 아나키스트 시위를 위한 기회를 제공했다. 그 직후 『커먼웰』의 동료인 데이비드 니콜(David J. Nicoll)은 18개월의 징역형을 받았지만 모브레이는 재판을 받고 석방되었다.

1892년 11월 11일 모브레이는 런던에서 열린 헤이마켓 추모집회에서 다시 한번 크로포트킨과 말라테스타, 야노브스키, 루이즈 미셸과 함께 연설했다. 다음해 여름 모브레이는 그들만의 "반(counter, 反)대의원대회"를 열려 했던 구스타프 란다우어(Gustav Landauer)와 다른 아나키스트 대표들처럼 <제2 인터내셔널>의 취리히 대회에서 배제를 당했다.[10] 1년 뒤 <사회주의자동맹>은 해산되고 『커먼웰』이 발행금지를 당하자 모브레이는 순회강연을 위해 미국에 도착했다.

1894년 여름과 가을 동안 모브레이는 뉴욕과 패터슨, 이민과 노동자 계급 주민이 많이 살던 동부의 다른 도시들에서 강연을 했다. 바쿠닌과

---

9. *The Commonweal*, 1892년 4월 9일자.
10. F. S. Merlino, "The Zurich Congress," *Solidarity*, 1893년 8월 26일자.

모스트처럼 그는 사회의 모든 몰락한 사람들의 혁명적인 행동을 요청하면서 "일종의 낡고 병든 은혜"를 바라는 노동조합주의를 비판했다. "우리는 실업자-범죄자, 떠돌이, 임시직 노동자들, 간단히 말해 우리 모두에게 고통을 주는 계급독재라는 잔인한 체제의 희생자들-의 고통들에 무관심한 노동자들의 잔인함을 비난해야만 한다"고 선언했다. 패터슨의 한 프랑스어 아나키스트 신문에 따르면, 모브레이의 청중들은 한 시간 반 동안 "주장에 주장을 거듭하는 그의 열정적이고 진실한 목소리의 매력"에 사로잡혔다. 영국인 동료가 말하듯이 모브레이는 "지금까지 대중연설을 했던 노동자 계급 출신 연설가 중에서 가장 탁월한 사람"이었다.[11]

헤이마켓 처형 7주년 추모일인 1894년 11월 11일 모브레이는 뉴욕의 탈리아(Thalia)극장과 클라랜던(Clarendon)홀의 추모집회에서 연설했고 호버켄(Hoboken), 패터슨, 뉴어크의 비슷한 집회에서도 연설했다. 그 뒤에도 모브레이는 피츠버그와 볼티모어에서 연설한 후 <자유와 자유로운 수비대>(the Freiheit and Freie Wacht groups)와 <자유주의 여성동맹>(the Ladies' Liberal League)에게 연설하기 위해 12월 말 필라델피아로 갔다. 그 때까지 모브레이는 자신의 여행이 "아주 무모한 희망을 넘어서는 성공"이라고 적었다. 하지만 12월 28일 그는 방해를 받았다. 볼테린느 드 클레이르가 묘사했듯이, "가장 뛰어난 두뇌와 그보다 더 큰 가슴을 가진 명랑한 동지"가 <자유주의 여성동맹>에게 강연을 끝낸 뒤 아나키스트 모임을 만들길 희망하는 사람들의 이름을 기록하고 있을 때, 형사들이 그를 체포하며 펜실바니아주 주정부에 맞서 폭동과 소동을 선동했다는 죄를 뒤집어씌웠다.[12]

---

11. C. W. Mowbray, "Strikes, Organized Labor and the Militia," *Solidarity*, 1895년 2월 1일자 ; *L'Ami des Ouvriers*, 1894년 9월호 ; Oliver, *The International Anarchist Movement*, p. 55. 그리고 *El Esclavo*, 1894년 9월 9일자를 보라.

12. "A Letter from Comrade Mowbray," *Solidarity*, 1895년 1월 1일자 ; Voltairine de Cleyre, *The*

<자유주의 여성동맹>을 대표해 모브레이를 환영했던 드 클레이르는 즉시 변호인단을 조직했다. 그녀의 노력 덕택에 모브레이는 빨리 풀려나 보스턴으로 떠날 수 있었고 1895년 초 그곳에서 재단사 일을 하며 정착했다. 요한 모스트를 존경했지만 모브레이는 독일 아나키스트 운동에서 모스트의 주요한 라이벌이자 런던에 있는 <아우토노미 클럽>(Autonomie Club)에서 만났던 요세프 포이케르트와도 좋은 관계를 유지했다. 포이케르트는 당시 시카고에 살고 있었고 그의 도움으로 모브레이는 1895년 4월 영국에서 자기 가족을 데려왔다.[13]

모브레이가 동북브 전역의 독일인과 보헤미안, 미국인 모임들에서 연설하며 선전활동을 다시 시작하기까지는 오래 걸리지 않았다. 1895년 여름 그는 세인트루이스와 시카고 같은 동쪽 끝 도시들까지 가는 순회강연을 시작했다. 하지만 여전히 헤이마켓을 생생하게 기억하던 시카고 경찰은 누구도 시카고에서 "아나키라는 헛소리"를 떠들어대지 못한다고 결정했다. 따라서 경찰은 모브레이가 "성조기가 아니라 영광스런 승리의 붉은 깃발 아래에서 벙커힐 전투를 벌였다"며 좋아했던 연설을 방해했다. 거의 폭동이 일어날 뻔 했지만 때마침 악장이 "그곳의 모든 사람들을 사로잡아 한 목소리로 위대한 합창을 할 때까지 라마르세예즈"를 연주해서 재앙을 막았다.[14]

그 이후 모브레이는 동부 연안에, 그리고 특히 보스턴에 선전을 집중했다. 그가 전향시켰던 그곳의 인물 중에서 가장 뛰어난 사람은 미주리주에

Past and Present of the Ladies' Liberal League(Philadelphia, 1895), p. 6과 "Mowbray's Arrest," *Solidarity*, 1895년 1월 15일자 : *L'Ami des Ouvriers*, 1895년 1월호.

13. 1895년 3월 5일 모브레이가 요세프 포이케르트에게 쓴 편지, Peukert Archive, International Institute of Social History ; 1895년 4월 28일 모브레이가 막스 메츠코프(Max Metzkow)에게 보낸 편지.

14. *Solidarity*, 1895년 4월 1일자 ; *The Firebrand*, 1895년 8월 18일자 ; *The Rebel*, 1895년 10월 20일자 ; 1895년 11월 11일 모브레이가 요세프 포이케르트에게 보낸 편지, Peukert Archive

서 온 24살의 화가 해리 켈리로, 그는 요셉 코헨(Joseph Cohen), 레오나드 애보트와 함께 근대학교운동에서 핵심인물이 되었고 두 차례의 세계대전 동안 뉴저지의 스텔턴 정착지, 뉴욕의 모히칸 정착지를 세웠다. 켈리는 모브레이가 노동자 계급에게 아나키스트 이론을 설명하는 "값을 헤아릴 수 없는 기여"를 했던 "자석처럼 사람의 마음을 끌어당기는 연설가"라고 봤다. 그러나 엠마 골드만에게는 모브레이의 강연이 활활 타오르는 수사를 쓰긴 했지만 지적인 내용이 없어 보였다.[15]

어쨌든, 켈리는 모브레이가 공들여 만든 보스턴의 아나키스트-꼬뮨주의자 모임의 간사직을 얼마 뒤 맡았다. 더구나 켈리와 모브레이는 각각 <인쇄공 협동조합연맹>(the Union Cooperative Society of Printers)과 <숙련 재단사 협동조합연맹>(the Union Cooperative Society of Journeymen Tailors)의 간사로 일했고, 두 사람 다 <보스턴 중앙노동연맹>(the Central Labor Union of Boston)에 가입해 그 조직에 아나키스트의 향기를 불어넣었다. 1895년 봄 모브레이의 권유로 켈리는 존 터너-<자유모임>의 적극적인 구성원이자 몇 년 전 그가 조직했던 <점원연맹>(the Shop Assistants' Union)의 간사장-에게 보내는 소개장을 가지고 런던을 여행했다. 켈리는 3개월 넘게 영국에 머물렀고 크로포트킨과 말라테스타, 다른 유명한 인물들을 만났으며, 그는 영국과 미국의 아나키스트-꼬뮨주의자 운동의 중요한 연계고리가 되었다.

보스턴으로 돌아오자 켈리는 1886년부터 크로포트킨과 샬롯 윌슨(Charlotte Wilson), 다른 동지들이 발행했던 런던『프리덤』의 미국판이자 아나키스트-꼬뮨주의 학파의 사상을 발전시키기 위한 잡지를 발행하려고 노력했다. 이를 위해 재봉사가 만든 정장을 경품으로 내걸고 복권을

---

15. Harry Kelly, "Roll Back the Years," 출판되지 않은 자서전, 4장, p. 2, Avrich Collection, Library of Congress ; Emma Goldman, *Living My Life*(New York, 1931), p. 178.

팔아 70달러를 모았다. 이제 제법 유명해진 켈리와 모브레이는 보스턴의
노동조합들에서도 복권을 팔았고 모은 기금 중 일부로 정장을 만들기 위
한 재료를 샀다. 또 다른 아나키스트 재봉사 제임스 롭(James Robb)도 경
품으로 쓰일 정장을 바느질하면서 자신의 기술로 기여했다.

이런 노력들로 1895년 9월 20일 『레블』(*The Rebel*, 반란, "아나키스트
꼬뮌주의를 헌신적으로 설명했던 월간지")이 창간됐다. 보스턴에서 모자
를 만들던 헨리 코취(Henry A. Koch), 유대계 러시아 화가 베르만(N. H.
Berman)과 함께 모브레이와 켈리, 롭이 편집과 인쇄를 맡았던 『레블』은
자신들의 경제이론을 고집하던 미국인 아나키스트들의 기사와 함께 크로
포트킨과 루이즈 미셀의 기사도 특집으로 다뤘다. 공동소유(communal
property)를 지지하지는 않았지만 볼테린느 드 클레이르도 주요한 기고자
가 되어 시카고 순교자들과 <자유주의 여성동맹>, 필라델피아의 시내전
철 파업에 관한 글을 썼다.

동시에 모브레이는 보스턴과 동부의 다른 도시들에서 강연을 계속했
다. 1896년 모브레이와 모스트는 파리꼬뮌 25주년 기념식의 연설자에 이
름을 올렸고, 켈리와 함께 모브레이는 "두 번 발행하고 사라졌던" 『매치』
(*The Match*, 호적수)라는 잡지를 발간했다.[16] 하지만 몇 년 뒤 그는 뉴욕
으로 이사갔고 그곳에서 다시 호버켄―살롱을 열고 심각한 알코올중독자
가 되었던―으로 이사갔다. 쥰 터너처럼 모브레이도 맥킨리 대통령이 암
살된 뒤 추방되었다. 런던으로 돌아온 그는 아나키스트 모임의 연합체이
던 <직접행동주의자 산별노조>(the Industrial Union of Direct Actionists)에
참여했고 과거에도 종종 그랬듯이 말라테스타, 크로포트킨과 나란히 집
회에서 연설했다. 하지만 오래지 않아 모브레이는 아나키즘을 포기하고
관세개혁 연설가가 되었다. 1910년 12월 그는 자신이 머물던 요크셔주 브

---

16. Harry Kelly, "An Anarchist in the Making," *Mother Earth*, 1913년 4월호

리들링턴(Bridlington)의 한 호텔에서 심장마비로 죽었다.[17]

17. *The Star*(London), 1910년 12월 14일자. 해리 켈리에 따르면, 모브레이는 죽을 때까지 술을 마셨다.

12

사코와 반체티
이탈리아 아나키스트의 배경

　미국 역사에서 가장 논쟁적인 에피소드 중 하나를 유발했던 니콜라 사코와 바르톨로메오 반체티가 체포된 지 거의 70년이 흘렀다. 1920년 4월 15일 매사추세츠주 사우스 브레인트리(South Braintree)의 한 신발공장이 털리면서 경리와 경비병이 총에 맞아 죽었다. 3주 뒤 이탈리아에서 이민을 왔고 아나키스트였던 제화공 사코와 생선상인 반체티가 범죄에 가담했다는 죄를 뒤집어썼다. 다음해 그들은 재판에 회부되었다.

　빨갱이 사냥 시기에 진행된 재판은 피고인들에게 매우 적대적인 분위기에서 진행되었다. 지방검사 프레드릭 카츠만(Frederick G. Katzmann)은 증인들을 코치해 가며 괴롭혔고 변호사가 제시하는 무죄를 입증할 증거들을 보류시켰으며 심지어 실제로 증거를 조작했던 아주 파렴치한 기소를 했다. 능숙하고 잔인하게 반대심문을 하던 검사는 피고인들에 대한 심한 편견을 심어서 배심원들의 감정에 영향을 미쳤다. 즉 사코와 반체티는 무장했고 외국인이며 무신론자이고 아나키스트였다. 이 편견이 모든 판단을 흐리게 했다. 사건의 재판장인 웹스터 타이어(Webster Thayer)도 자신의 편견을 드러냈다. 재판과 뒤를 이은 항소기간 동안 그는 법정 밖에서 피고인들에 대한 증오로 가득 찬 주장을 했다("당신은 예전 같으면 내가 그 아나키스트 새끼들을 어떻게 처리했을지 알겠소? 나는 일시적으로 그들을 억류할 것이오").[1] [배심원이] 죄에 대한 평결을 내렸을 때, 많은 사람들은 사코와 반체티가 범죄를 입증할 확실한 증거도 없이 외국인이고 급진적인 신념을 가졌기 때문에 유죄판결을 받았다고 믿었다.

재판이 끝나자마자 법적으로 항소해서 판결을 연기시켰을 때, 구체적인 근거를 가진 많은 증거들은 사람을 잘못 체포했음을 밝혔다. 중요한 기소증언이 철회되었고 새로운 증거는 피고인들에게 유리하게 드러났다. 피고측의 젊은 변호인 허버트 엘만(Herbert Ehrmann)은 신발 제조업자들이 선적한 화물을 전문적으로 훔치던 프로비던스 지방의 모렐리 갱단(the Morelli gang)의 짓이라는 강력한 논거를 만들었다.[2]

하지만 정부당국은 피고인들에게 아주 확고한 반감을 품었기에 반대의견을 듣지 않았다. 이 때문에 늘어나던 많은 수의 방청객들―대부분이 아나키즘을 싫어하고 어떤 종류의 급진적인 선전에도 공감하지 않던 방청객들―도 피고인들이 공정한 재판을 받지 못했다고 결론을 내렸다. 피고인들에 대한 재판장의 편견과 결정적이지 않은 증거들에 대한 그들의 확신, 자신들의 목숨이 어떻게 될지 모르는 상황에서 피고인들이 보여준 존엄한 행동들, 이런 점은 재판을 다시 받게 하려고 애쓰던 지지자들을 매혹시켰다. 11시에 앨번 풀러(Alvan T. Fuller) 주지사는 사건을 다시 조사

1. *The Sacco-Vanzetti Case : Transcript for the Record of the Trial of Nicola Sacco and Bartolomeo Vanzetti in the Courts of Massachusetts and Subsequent Proceedings, 1920~7*(New York, 1928~1929), 총 6권 중 5권, p. 5065(지금부터는 *The Sacco-Vanzetti Case*로 인용한다).
2. Herbert B. Ehrmann, *The Untried Case : The Sacco-Vanzetti Case and the Morelli Gang*(New York, 1933).

하라고 지시했고, 하버드 대학의 학장인 로랜스 로웰(A. Lawrence Lowell)을 돕도록 그가 이끄는 자문위원회를 지명했다. 잘 알려진 로웰 위원회(the Lowell Committee)는 피고인들을 비하해서 "공무원의 품위를 크게 손상시킨" 타이어 재판장의 혐의를 밝혀냈지만[3] 재판이 공정하게 이루어졌다고 결론을 내렸다.

결말을 향해 치달으면서 이 사건은 전 세계의 남성과 여성이 열정적으로 개입하는 국제적인 규모로 커졌다. 아나똘 프랑스(Anatole France)는 마지막 공개 발언에서 사코와 반체티를 구해달라고 미국정부에 탄원했다. "당신들의 영예와 당신 아이들의 영예, 아직 태어나지 않은 세대의 영예를 위해 그들을 구해주시오."[4] 하지만 소용이 없었다. 1927년 8월 23일 전 세계의 반대와 호소를 무시하고 미국정부는 두 사람을 전기의자에 앉혀 사형시켰다. 그 뒤 수백만 경이 그들의 무죄를 확신했고 더 많은 사람들은 유죄든 무죄든 그들이 공정한 재판을 받지 못했다고 확신했다.

60년이 지났기에 사코-반체티 사건에 관해 알려질 만한 사실들이 이미 모두 드러났고 모든 추측이 끝났으며 모든 단서가 피할 수 없는 죽음으로 그들을 몰고 갔다고[그들의 유죄를 입증한다고] 생각할지 모르겠다. 하지만 그런 생각은 부당하다. 사건을 다루는 책들이 끊임없이 나오고 있지만 윌리엄 살로몬(A. William Salomone)이 얘기했듯이 "가장 어두운 숲", 아직까지 알려지지 않고 연구되지 않은 넓은 영역이 남아있기 때문이다.[5] 예를 들어, 피고인들이 생각하고 활동해온 사회적, 정치적, 지적 세계의 아나키스트적 차원에 관한 더욱더 심층적인 이해는 그들의 유죄를 입증하려던 정부당국의 결의만이 아니라 체포되던 날 밤 사코와 반체티의 행

---

3. *The Sacco-Vanzetti Case*, 5권 p. 5378.

4. *The Nation*, 1921년 11월 23일자.

5. *Sacco-Vanzetti : Developments and Reconsiderations — 1979*(Boston, 1982), p. 4.

동을 잘 설명할 수 있다.

사실상 아나키즘은 사코와 반체티의 가장 강한 열정이었고 그들의 삶을 이끄는 지침이었으며 일상적인 이해관계와 활동의 초점이었다. 많은 저술가들이 그랬듯이 이 점을 무시하는 건, 사건을 이해하는 데 아주 중요한 그들의 동기와 열정을 하나도 이해하지 못하게 한다. 반체티는 "닉(Nick)과 나, 두 사람 모두 급진주의자 중의 급진주의자 — 모든 광신도와 착취자(exploitater, 원문대로 — 저자) 협잡꾼, 사기꾼, 억압자들에게 엄청난 공포의 대상인 검은 고양이 — 인 아나키스트"라고 선언했다. "나는 지금도 아나키스트-꼬뮨주의자이고 마지막 순간까지 (내가 실수했다고 깨닫지 않는 한) 아나키스트-꼬뮨주의자일 것이다. 왜냐하면 나는 꼬뮨주의가 가장 인간적인 사회계약형태라고 믿고 인간이 해방을 위해 일어설 때만 고귀하고 완전해진다는 점을 알기 때문이다"라고 그는 단언했다.[6]

이런 종류의 진술들은 반체티만이 아니라 사코에게서 더 많이 인용할 수 있다. 이 사람들이 그토록 변함없이 헌신했던 운동의 속성은 무엇일까? 이탈리아 아나키스트들은 누구일까? 그들은 어디서 왔을까? 그들은 무엇을 원했고 무엇을 얻었을까?

미국 최초의 이탈리아 아나키스트 모임들은 대규모로 이민을 온 1880년대 동안 만들어졌다. 대부분의 이민 온 사람들은 농민과 장인출신이었고 아나키스트들도 예외가 아니다. 최초의 모임은 1885년 미국에서 이탈리아 아나키즘의 활동중심지가 된 뉴욕시에서 구성되었고 <카를로 카피에로 아나키스트 혁명가 모임>(the Gruppo Anarchico Rivoluzionario Carlo Cafiero)이라고 불렸다. 카피에로는 19세기 말 이탈리아에서 가장 유명한 아나키스트 중 한 사람이었고 크로포트킨은 그를 "가장 고귀하고 순수한

---

6. Marion Denman Frankfurter와 Gardner Jackson이 편집한 *The Letters of Sacco and Vanzetti*(New York, 1928), p. 274 ; Bartolomeo Vanzetti, *The Story of a Proletarian Life*(Boston, 1923), p. 20.

유형의 이상주의자"로 묘사했다.[7] 2년 뒤 같은 이름의 또 다른 모임이 미국 중서부에서 이탈리아 아나키즘의 진원지였던 시카고에서 만들어졌다. 미국에서 이탈리아 아나키스트들이 발행한 최초의 신문은 1888년에 등장했다. 『라나르치코』(L'Anarchico, 아나키스트)라고 불린 이 신문은 뉴욕에서 <카피에로 모임>이 발행했다.

이민자의 수가 늘어나면서 운동은 뉴욕에서 빠르게 퍼졌다. 처음에는 새로 이민 온 사람들이 정착하려 했던 동부 연안의 거대한 항구도시로 집중되었다. 따라서 1890년대 초반부터 우리는 뉴욕 외에도 보스턴과 필라델피아같은 곳에서 이탈리아 아나키스트 모임들을 발견할 수 있다. 운동은 시카고만이 아니라 피츠버그, 클리버랜드, 디트로이트에서 모습을 드러냈던 모임들과 함께 동부에서 서부로 차츰차츰 스며들었다. 마침내 1890년대 중반이 되면 아나키스트 모임들이 태평양 연안에서도 만들어졌고 1894년에는 샌프란시스코에서 최초로 만들어졌다.

이런 모임들의 구성을 자극했던 요인 중 하나는 1886, 87년의 헤이마켓 사건이다. 이 사건은 종종 시카고에서의 폭발사고, 즉 많은 경찰관들이 죽거나 부상을 당했고, 네 명의 아나키스트를 교수형시키고 다섯 번째 아나키스트를 감방에서 자살하게 만든 사건, 미국에서 아나키스트 운동의 몰락을 촉진했던 사건이라고 얘기된다. 하지만 정확히 말해 그 반대가 진실이다. 헤이마켓 처형은 이민자와 미국 토박이들 모두에서 아나키즘의 성장을 자극했고, 1887년 이후 이탈리아 아나키스트 모임의 수가 빠르게 늘어났다.

또 다른 중요한 자극요인은 유명한 아나키스트 작가와 연설가들이 잇달아 이탈리아에서 건너왔다는 점이다. 1890년대가 시작되면서 사실상 유명한 이탈리아 아나키스트들 모두가 신대륙을 방문했다. 몇 명은 겨우

---

7. Peter Kropotkin, *Memoirs of a Revolutionist* (Boston, 1899), p. 394.

3, 4주 동안 머물렀지만 다른 사람들은 몇 년 동안 체류했고, 뤼기 갈레아 니와 카를로 트레스카 같은 소수의 사람들은 더 길게 머물렀다. 미국으로 건너온 첫 번째로 중요한 인물은 아마도 이탈리아 아나키스트 중에서 가 장 지적이던 프란세스코 사베리오 메를리노(Francesco Saverio Merlino)로, 그는 운동의 초기단계인 1892년에 뉴욕으로 왔다. 런던에서 오랫동안 살 았기 때문에 메를리노는 다른 이탈리아 아나키스트 지도자들이나 대부분 의 평범한 이탈리아인들과 달리 영어에 능했다. 그 결과 그는 미국에서 최초의 이탈리아 아나키스트 신문 중 하나인 『일 그리도 데글리 오프레 시』(*Il Grido degli Oppressi*, 억압받는 자의 외침)와 함께 영어를 습득한 이 탈리아인들만이 아니라 미국 본토인을 겨냥한 영어판 『솔리데리티』를 만 들 수 있었다. 이런 신문들을 발행하는 활동 외에도 메를리노는 미국을 돌며, 특히 시카고에서 몇 달을 보내며 순회강연을 했다. 글과 말 모두에 서 그의 선전은 아나키즘에 강한 힘을 줬고 1893년 그가 유럽으로 돌아 간 건 [아나키즘] 운동에 있어 불행이었다.[8]

그러나 메를리노는 계속 이어진 감동적인 연설가 행렬에서 첫 번째 사 람일 뿐이다. 1895년 피에트로 고리가 다음으로 뉴욕에 도착했고 운동에 더 강한 영향을 주었다. 고리는 미국에서 1년을 보냈다. 메를리노처럼 그 는 법학을 공부했고 갈레아니도 그랬다(이미 얘기했듯이 일반인들은 사 실상 모두 노동자였다). 중간계급이나 중상류층 가문 출신의 이 지도자들 은 바쿠닌과 크로포트킨처럼 인민에게 빚을 졌음을 인정하고 그들에게 반란의 복음을 가르쳤다는 점에서, 양심의 가책을 느끼던 귀족들인 러시 아 인민주의자들과 비슷했다. 그들처럼 부유한 가정에서 태어났고 대학 을 나왔으며 변호사라는 직업을 가졌던 고리 역시 빈민과 운명을 같이 했 다. 자석처럼 사람의 마음을 끌어당기는 연설가였던 그는 극작가이자 시

---

8. Max Nettlau, *Saverio Merlino*(Montevideo, 1948).

인이었고, 그의 작품들은 널리 읽히며 미국과 유럽의 급진적인 집회들에서 공연되었다.

미국에 머물면서 고리는 한 해에 2백 개에서 4백 개 사이의 −[자료마다] 계산이 각양각색이다− 집회를 열었다.[9] 그는 자신의 기타를 들고 노래를 불렀고 그 때문에 아나키즘에 관한 강연을 듣기 위해 모인 대중을 사로잡았다. 이런 방식으로 그는 많은 사람들을 전향시켰고 수많은 아나키스트 모임을 출범시켰다. 고리는 보스턴과 샌프란시스코 사이의 이 마을 저 마을을 떠돌아다니며 어느 정도 종교적인 욕구[아나키즘의 금욕주의적인 성격]도 충족시켰던 아나키즘이라는 복음을 설교했기에 기독교의 전도사와 닮았었다. 비극적이게도 이런 운동 때문에 고리는 유럽으로 돌아간 뒤 병에 걸려 1911년 44세의 나이로 죽었고, 아나키즘은 사람들에게 가장 사랑 받던 사도 한 명을 잃었다.

메를리노와 고리의 뒤를 이어, 이탈리아 아나키스트 방문객 중에서 비록 조금 덜 유명하다해도 가장 분명한 입장을 가진 사람 중 한 명인 쥬세페 샹카빌라(Giuseppe Ciancabilla)가 미국에 왔다. 로마에서 태어난[10] 샹카빌라는 1898년 미국에 도착했고 동부에서 이탈리아 아나키즘의 중요한 거점이던 뉴저지주 패터슨에 정착했다. 곧 샹카빌라는 1895년 고리가 창간을 도왔던 신문이자 미국에서 이탈리아 아나키즘의 주도적인 기관지로 자리 잡은 『라 퀘스티옹 소시살』(*La Questione Sociale*, 사회문제)의 편집자가 되었다. 그 뒤에 샹카빌라는 서부로 가서 일리노이주 스프링밸리의 광부들 속에 정착했다. 1901년 맥킨리 대통령 암살 이후 아나키스트 모임들이 경찰탄압의 표적이 되자 샹카빌라는 스프링밸리에서 쫓겨났고 그 이

---

9. Carlo Molaschi, *Pietro Gori*(Milan, 1959), p. 15에서는 3백 개의 집회를 연 인물로 그린다.
10. 고리는 메시나(Messina) 출신이고, 메를리노는 나폴리, 갈레아니는 피에몬테, 트레스카는 아브루지(Abruzzi) 출신이었다.

후 시카고에서도 그랬다. 잇달아 내몰리고 체포되며 학대받고 쫓겨 다니던 샹카빌라는 1895년 고리가 강연을 했던 샌프란시스코에서 마침내 그 방랑을 끝냈다. 그는 그곳에서 『라 프로테스타 우마나』(*La Protesta Umana*, 인간의 항의)라 불리던 잡지를 편집하다 1904년 갑자기 병에 걸렸고, 미국의 가장 뛰어난 이탈리아 아나키스트 중 한 명이던 그는 34세의 나이로 삶을 마감했다.[11]

이제 우리는 모든 이탈리아 아나키스트 지도자 ─아나키스트들은 기껏해야 스승이나 길잡이만 인정하기 때문에 "지도자"라는 말은 인용부호를 달아야 한다─ 중 가장 유명한 에리코 말라테스타를 다룰 테지만, 그는 미국에서 몇 달 밖에 머물지 않았기 때문에 짧게 다루려 한다. 1899년에 도착한 그는 『라 퀘스티옹 소시알』의 편집장을 맡았다. 그리고 그는 동부 전역의 많은 집회에서 이탈리아어만이 아니라 스페인어로도 연설했다. 그의 강연 중 하나인 뉴저지주 웨스트 호버켄 강연에서 경쟁하던 파벌의 하수인 또는 어떤 사적인 원한을 품은 도메니코 파자글리아(Domenico Pazzaglia)─그의 동기는 아직도 분명하지 않다─가 말라테스타를 권총으로 쐈고 다리에 부상을 입혔다. 심하게 다쳤지만 말라테스타는 가해자를 고발하자는 요구를 거부했다(흥미롭게도 파자글리아를 제압했던 사람은 1900년에 이탈리아로 가 몬자(Monza)에서 움베르토(Umberto) 왕을 암살했던 다름 아닌 패터슨에서 온 아나키스트 게타노 브레스키(Gaetano Bresci)였다). 미국을 떠나 런던으로 가기 전에 말라테스타는 쿠바에 잠시 머물렀다. 몇 년 뒤 그는 이탈리아로 돌아갔고 무솔리니가 등장할 때까지 아나키스트 활동을 계속했다. 말라테스타는 로마에서 가택연금을 당하던 중 1932년에 죽었다.[12]

---

11. Ugo Fedeli, *Giuseppe Ciancabilla*(Imola, 1965).
12. 말라테스타의 미국 체류에 관해서는 Max Nettlau, *Errico Malatesta : Vita e pensieri*(New

우리는 20세기 초반 20년 동안 미국에서 주도적인 이탈리아 아나키스트였던 뤼기 갈레아니에 관해 다소 길게 얘기해야 한다. 그 시대의 위대한 급진주의 연설가 중 한 명인 갈레아니는 자신의 지지자들 -사코와 반체티를 포함해- 사이에 널리 운동을 일으켰다. 그리고 그는 최초의 이탈리아계 미국인 정기간행물인 『크로나카 사베르시바』를 편집했고 미국정부가 억압할 때까지 15년 동안 발행했다.

이미 갈레아니는 세상에서 잊혀졌다. 오늘날 그는 소수의 학술모임이나 개인적으로 알고 지내던 동료나 제자들 몇몇을 제외하면 -이 사람들마저도 빠르게 줄어들고 있다- 사실상 미국에서 알려지지 않았다. 그에게는 영어로 된 자서전이 헌정되지 않았고, 대부분의 일반적인 아나키즘 역사서나 미국 아나키즘에 대한 윌리엄 라이케르트(William Reichert)의 폭넓은 연구에서도 그렇게 많이 언급되지 않는다.[13] 더구나 갈레아니의 글들은 1982년 그의 신조에서 핵심만을 뽑아 『아나키즘의 종말?』(*The End of Anarchism?*)로 출판될 때까지 번역되지도 않았다.[14] 이 책은 아나키즘 문헌에서 보이는 두드러진 문화적 격차를 메우도록 해줘 영어권 독자들에게 유용하고 [아나키즘] 운동의 중요한 인물로 갈레아니의 역사적 지위를 적절히 회복시켰다.

갈레아니는 1861년 8월 12일 토리노(Turin)시에서 멀지 않은 베르첼리(Vercelli)의 피에몬트 마을에서 태어났다. 중산층을 부모로 뒀던 그는 10대 후반에 아나키즘과 가까워졌고 토리노 대학에서 법학을 공부하면서

York, n.d.), pp. 255~56을 보라. ; Armando Borghi, *Errico Malatesta*(Milan, 1947), pp. 135~39 ; 그리고 Luigi Fabbri, *Malatesta*(Buenos Aires, 1945), pp. 113~15.

13. William O. Reichert, *Partisans of Freedom : A Study in American Anarchism*(Bowling Green, Ohio, 1976).

14. Luigi Galleani가 쓰고 Max Sartin과 Robert D'Attilio가 번역한 *The End of Anarchism?*(Sanday, Orkney, 1982).

자타가 공인하는 투사가 되었으며 남은 인생 동안 자본주의와 정부에 대한 증오심으로 꺼지지 않는 불꽃처럼 타올랐다. 갈레아니는 불만을 품기 시작하던 법에 따르길 거부하며 자신의 재능과 에너지를 급진적인 선전에 썼다. 고발하겠다는 위협을 받고 갈레아니는 프랑스로 도피했지만 곧 메이데이 시위에 참여했다는 이유로 추방되었다. 스위스로 옮겨가서 갈레아니는 추방된 프랑스 아나키스트 엘리제 르클뤼를 찾아갔고 중앙아메리카의 통계자료를 수집해서 『새로운 세계지도』(Nouvelle géographie universelle)의 발행 준비를 도왔다. 그리고 헤이마켓 순교자들에게 경의를 표하는 행사를 준비하던 제네바 대학의 학생들을 도왔고 그 때문에 위험한 선동가로 몰려 추방당했다. 그는 다시 이탈리아로 돌아갔고 선전활동을 계속하며 경찰과 마찰을 빚었다. 그는 음모를 꾸몄다는 죄를 뒤집어쓰고 체포되어 5년 이상을 감옥에서 보냈으며 1900년 시칠리아 연안의 판테레리아(Pantelleria) 섬에서 탈출하기 전에 추방되었다[즉 그가 탈출하기 전에 추방결정이 먼저 내려졌다].[15]

40살이 되던 해 갈레아니는 북아메리카에 도착하면서 긴 방랑을 시작했다. 르클뤼와 다른 동지들의 도움을 받아 그는 일단 이집트로 갔고, 그곳에서 그는 이탈리아 추방자들의 정착지에서 거의 1년을 보냈다. 본국으로 송환하겠다는 위협을 받자 갈레아니는 런던으로 갔고 곧 그곳에서 미국으로 가는 배를 탔다. 그리고 맥킨리가 암살된 지 거의 한 달이 지난 1901년 10월 미국에 도착했다. 패터슨에 정착하면서 갈레아니는 당시 미국의 주도적인 이탈리아 아나키스트 잡지 『라 퀘스티옹 소시알』의 편집

---

15. Galleani의 경력을 설명하기 위해 나는 Ugo Fedeli, *Luigi Galleani : Quarant'anni di lotte rivoluzionarie(1891~1931)* (Cesena, 1956) ; "Luigi Galleani : Note biografiche," *L'Adunata dei Refrattari*, 1931년 12월 19일자 ; "Luigi Galleani non è più," *L'Emancipazione*, 1931년 12월 15일자 ; 그리고 "Luigi Galleani : 12 agosto 1861~4 1931년 11월," *Studi Sociali*(Montevideo), 1932년 1월 10일자.

장을 맡았다. 그가 이 직책을 맡자마자 1902년 6월 패터슨의 비단공장 노동자들이 파업을 일으켰다. 갈레아니는 맥킨리 암살에 뒤따른 반(反)급진주의 히스테리에 용감히 맞섰고 아나키즘에 모든 에너지를 쏟아 부었다. 감동적이고 불을 뿜는 듯한 열변으로 그는 노동자들에게 총파업을 일으켜 자본가의 억압에서 자유로워지자고 호소했다. 프랑스에서 온 방문객인 폴 기오(Paul Ghio)도 그 연설회에 참석했다. 나중에 그는 "뤼기 갈레아니보다 더 호소력있는 연설가를 보지 못했다"고 적었다. "그는 경이로울 정도로 말을 다루는 재능을 지녔고 생각을 정확하고 분명하게 전달하는 능력―대중연설에서 드문―도 가졌다. 그의 목소리는 열정으로 타올랐고, 시선이 살아있고 날카로웠으며, 몸짓은 아주 힘차고 흠잡을 데 없이 탁월했다."16

파업 중에 노동자와 경찰이 충돌하자 경찰은 총을 쐈고 갈레아니는 얼굴에 부상을 입었다. 반란을 선동했다는 고발을 당하자 그는 가까스로 캐나다로 탈출했다. 얼마 후 부상에서 회복된 그는 비밀리에 다시 국경을 넘었고 자신을 깊이 존경하던 아나키스트 동지들 사이에서 가명을 쓰며 버몬트주의 발레(Barre)에 은신했다.

뉴잉글랜드에서 일찌감치 만들어진 모임 중 하나인 발레의 아나키스트 모임은 1894년에 만들어졌다. 이 모임의 구성원들은 사실상 미국에 뿌리를 내린 카라라(Carrara)에서 온 석공들로 이탈리아에서와 같은 직업과 관습, 신념을 가졌다. 이런 헌신적인 반란자들 사이에서 갈레아니는 1903년 6월 6일 자신의 선동적인 교리를 전달하는 장이자 아나키스트 운동사에서 가장 중요하고 훌륭하게 편집된 잡지 중 하나인 『크로나카 사베르시바』를 창간했다. 그리고 이 잡지의 영향력은 미국이라는 공간적 제약을 넘어 유럽과 북아프리카에서 남아메리카와 오스트레일리아까지 이탈리

---

16. Paul Ghio, *L'Anarchisme aux Etats-Unis*(Paris, 1903), p. 140.

아 급진주의자들이 모여 있는 곳이라면 어디에서나 느낄 수 있었다. 하지만 뉴욕의 『일 프롤레타리오』(*Il Proletario*, 노동자 계급)의 사회주의 편집자 세라티(G. M. Seratti)와 논쟁을 주고받았던 1906년, 세라티는 갈레아니가 있는 곳을 폭로했고(영국인 작가 웰즈(H. G. Wells)에게도 비난이 쏟아졌다)[17] 갈레아니는 수감되었다. 뉴저지로 송환된 그는 1902년 패터슨 파업에서의 역할 때문에 1907년 4월 패터슨에서 재판에 회부되었다. 하지만 이 재판에서 배심원들의 의견이 엇갈렸고(일곱 명은 유죄 판결, 다섯 명은 무죄 석방) 갈레아니는 풀려났다.

갈레아니는 발레로 돌아가 다시 선전활동을 시작했다. 40대 말에 그는 지적인 힘의 최고점에 도달했다. 그 뒤 몇 년 간 그의 불을 뿜는 듯한 열변과 뛰어난 글은 이탈리아계 미국인 아나키스트 운동의 지도자 반열에 그를 당당히 올려놓았다. 갈레아니는 청중을 사로잡는 떨리는 음성과 낭랑하게 퍼지는 경쾌한 목소리를 가졌다. 그는 쉽고 강력하며 자연스럽게 말했고 그의 당당한 태도는 지지자들―그 중엔 사코와 반체티도 포함된다―이 운동에서 일종의 원로로 자신을 숭배하게 했으며 다른 누구보다도 많은 전향자들을 만들었다. 갈레아니는 여러 대륙의 수만, 아마도 수십만의 독자들에게 전달되던 수백 개의 기사와 에세이, 작은 책자들을 쓴 유능한 작가였다. 하지만 그는 책을 한 권도 쓰지 않았다. 『적을 마주보며』(*Faccia a faccia col nemico*), 『이해와 단일성』(*Aneliti e singulti*), 『인물과 인물』(*Figure e figuri*)처럼 그의 서명이 있는 전집들은 예전에 『크로나카 사베르시바』에 실린 단편들을 모은 것이다. 이런 점에서 그는 고드윈이나 프루동, 크로포트킨보다 모스트와 말라테스타, 터커(『한 권의 책 대신에 : 너무 바빠 한 권의 책을 쓰지 못한 한 사람』의 저자)를 닮았다.

갈레아니가 한 권의 책으로 쓴 것에 가장 가까운 『아나키즘의 종말?』

---

17. *Freedom*, 1907년 6월호.

도 처음에는 기사 시리즈로 시작했다. 패터슨에서 무죄로 석방되고 얼마 뒤인 1907년 6월 토리노의 일간지 『라 스탐파』(*La Stampa*, 스탐파)는 당시 아나키즘을 철회하고 사회즈의 운동에 결합한 사베리오 메를리노와의 인터뷰를 실었다. 「아나키즘의 종말」이라는 제목을 단 메를리노의 인터뷰는 아나키즘이, 내부의 논쟁으로 분열되고 일급 이론가들이 사라졌으며 곧 사라질 운명인, 시대에 뒤떨어진 교리라고 말했다. 갈레아니는 몹시 화가 났다. 그는 메를리노의 인터뷰 제목에 물음표를 붙여 『크로나카 사베르시바』에서 「아나키즘의 종말?」이라고 물었다. 사실 그 반대가 진실이었다. 정치적, 경제적 중앙집중화가 계속되던 시대에 아나키즘은 다른 어느 때보다도 더 적절했다. 소멸하기는커녕 "아나키즘은 살아있고 발전하며 앞으로 나아가고 있다."[18]

이 책은 메를리노에 대한 갈레아니의 대응이었고 1907년 8월에서 1908년 1월까지 『크로나카 사베르시바』에 시리즈로 연재한 기사를 다듬은 것이다. 슈티르너주의의 반항정신과 크로포트킨의 상호부조 원리를 결합해서 갈레아니는 사회주의와 개혁주의에 맞서 꼬뮌주의 아나키즘을 활발하게 옹호하기 시작했고, 점점 표준화되고 동질화되는 세계에서 자발성과 다양성, 자치와 독립성, 자기결정과 직접행동이라는 덕목들을 찬양했다. 열정적인 혁명가였던 그는 다이너마이트와 암살도 포함하는 폭력적인 수단들로 자본주의와 정부를 전복하자고 주장하는 전투적인 형태의 아나키즘을 설교했다. 그는 경제적이고 정치적인 억압의 제거 외엔 다른 어떠한 타협도 허용하지 않았다. 천년왕국에 대한 그의 갈망을 만족시킬 수 있는 건 부르주아 질서를 깨끗이 쓸어버리는 것 외에 없었다.

갈레아니는 메를리노에게 보내는 답변으로 열 개의 시리즈를 썼다. 그는 더 쓸 생각도 있었지만 운동을 위해 그날그날 필요한 작업—『크로나

---

18. Galleani, *The End of Anarchism?*, p. 5.

카 사베르시바』를 편집하고 집회를 조직하며 팸플릿들을 발행하고 전국 방방곳곳으로 순회강연을 시작하는 일―이 그 생각을 막았다. 1912년에 그는 발레에서 헌신적인 지지자들이 많이 살던 매사추세츠주의 린(Lynn)으로 『크로나카 사베르시바』를 이전했다. 1914년 제1차 세계대전이 터지자 갈레아니는 크로포트킨과 달리 자신이 쓸 수 있는 모든 힘과 말을 동원해 전쟁에 반대했고 『크로나카 사베르시바』에 "사회혁명을 위해 전쟁에, 평화에 반대하라!(Contro la guerra, contro la pace, per la rivoluzione sociale!)"는 구호를 자주 실으며 전쟁을 비난했다. 1917년 4월 미국의 참전으로 충돌을 빚던 갈레아니는 박해의 대상이 되었다. 그의 잡지는 폐간되었고 그 자신도 전쟁노력(war effort)을 막는다는 고발을 받고 체포되었다. 1919년 6월 24일 그는 아내와 다섯 명의 아이들을 남겨 둔 채 모국인 이탈리아로 추방되었다.

토리노로 돌아온 갈레아니는 『크로나카 사베르시바』를 다시 발행했다. 하지만 잡지는 미국에서처럼 이탈리아 정부의 탄압을 받았다. 1922년 무솔리니가 권력을 잡자 갈레아니는 체포되어 재판을 받았고 선동죄로 유죄판결을 받아 14개월의 징역형을 선고받았다. 감옥에서 풀려나자 그는 미국 내에서 자신의 제자들이 만들던 잡지 『라두나타 데이 레프라타리』(*L'Adunata dei Refrattari*, 반항자들)에서 메를리노에 맞섰던 오래된 논쟁으로 돌아가는 시리즈 기사를 끝냈다. 1925년 그의 제자들은 오래된 기사와 새로운 기사들을 묶어 전체 글을 작은 책자로 출판했다. 아나키즘에 대한 생각이 갈레아니와 완전히 달랐던 말라테스타도 꼬뮌주의-아나키스트의 신념을 "분명하고 침착하며 감동적으로" 설명했다고 이 책을 격찬했다.[19] 그러나 이 책의 출판은 무솔리니 정권이 갈레아니를 미워하게

---

19. *Pensiero e Volontà*, 1926년 6월 1일자, Vernon Richards가 편집한 *Errico Malatesta : His Life and Ideas*(London, 1965), p. 34에 있다. 그리고 Max Nettlau, "Luigi Galleani(1861~1931),"

만들었다. 1926년 11월에 다시 체포된 갈레아니는 1892년에 3개월을 보냈던 바로 그 감방에 갇혔고 그곳이 예전처럼 "더럽고 험하단" 걸 알았다.[20] 그 직후에 그는 시칠리아 연안에서 떨어진 리파리(Lipari) 섬으로 유배되었다. 그리고 나서 그는 그곳에서 메시나(Messina)로 이송되어 무솔리니를 모욕한 죄로 6개월의 징역형을 판결받았다.

1930년 2월 건강이 나빠지던 갈레아니는 이탈리아 본토로 돌아가도 좋다는 허락을 받았다. 카프리글리오라(Caprigliola)의 산악마을로 은퇴했지만 여전히 경찰이 옆에서 감시했고 심지어 그가 주변의 시골길을 혼자서 산책할 때도 따라다녔다. 1931년 11월 4일 매일 하는 산책에서 돌아오던 중 갈레아니는 쓰러져서 죽었다. 삶의 마지막 순간까지 그의 아나키즘은 꺼지지 않는 불꽃으로 타올랐다. 고통스런 삶을 살았지만 미래를 희망적으로 봤던 그는 반세기 동안 자신을 자극했던 이상에 항상 충실했다.

다른 어느 누구보다도 그는 미국의 이탈리아 아나키스트 운동에 더욱더 생명을 불어넣었다. 거의 도두가 육체노동자인 그의 제자들은 수천 명에 달했다. 그들은 뉴욕의 의루산업 노동자들과 건설 노동자들, 패터슨의 대규모 비단공장 노동자들을 포함했다. 우리는 발레에 있던 채석장 노동자와 린의 신발공장 노동자, 소브턴의 건설 노동자, 필라델피아와 탐파(Tampa)의 담배공장 노동자들 사이에서도 그의 제자들을 찾을 수 있다. 그의 제자들은 펜실타니아와 일리노이의 광부 중에도 많이 있었다. 시카고와 디트로이트, 샌프란시스코와 로스앤젤레스에서도 그의 제자들은 이발사와 재봉사부터 벽돌을 쌓는 직공과 기계공까지 다양한 직종에서 모습을 드러냈다.

그러나 모든 이탈리아 아나키스트들이 갈레아니의 제자였던 건 아니

Die Internationale, 1932년 1월호

20. Fedeli, *Luigi Galleani*, pp. 189~90 ; Nettlau, "Luigi Galleani."

다. 이데올로기적으로 이탈리아 아나키스트들은 아나키스트-꼬뮨주의자, 아나코-노동조합주의자, 아나키스트-개인주의자, 하이픈(-)이 없는 그야말로 평범한 아나키스트, 이 4가지 범주로 나눠졌다. 이 범주들은 서로 겹치기에 엄격하게 구분할 수는 없다. 갈레아니를 지지했던 사코와 반체티는 스스로를 아나키스트-꼬뮨주의자로 간주했고 국가와 함께 사적인 소유권도 거부했다. 카를로 트레스카가 가장 강한 영향력을 행사했던 아나코-노동조합주의자들은 일반적으로 노동조합운동—아나키스트-꼬뮨주의자들이 특권과 권위를 가진 두목이나 왕초의 출현을 경계하며 멀리했던—을 믿었다. 세 번째 집단인 개인주의적 아나키스트들은 아나키스트-꼬뮨주의자들의 꼬뮨적인 배치나 아나코-노동조합주의자들의 노동조직 모두를 의심했고 대신에 자율적인 개인의 행동을 믿었다. 이상하다기보다 흥미롭게 보이는 점은 [개인의 자율성을 주장하면서도 타인의 행동에 영향을 주는 잡지를 발행했다는 점에서] 개인주의자들이 20세기 초 샌프란시스코에서 『니힐』(*Nihil*, 허무)과 ("나는 생각한다, 고로 나는 존재한다"에서 항상 "나"를 강조하는) 『코기토, 에르고 숨』(*Cogito, Ergo Sum*)을 발행했고, 20년 뒤 뉴욕에서 『이레시아』(*Eresia*, 이단) 같은 이탈리아 아나키스트 정기간행물들을 발행했다는 점이다. 그들의 최고선지자는 19세기 독일 철학자 막스 슈티르너였고 그가 지은 『유일자와 그의 소유』(*The Ego and His Own*)는 그들의 성경이었다. 네 번째 집단은 거의 무시되기 때문에 언급할 만한 가치가 있는데, 이들은 자신에게 어떤 접두사나 접미사를 붙이길 거부하던 아나키스트들, 즉 꼬뮨주의 아나키스트나 노동조합주의적 아나키스트, 또는 개인주의적 아나키스트가 아닌 자신을 "형용사 없는 아나키스트들"이라 부르던 아나키스트들로 구성되었다. 그들이 가장 존경했던 인물은 여러 요소들을 폭넓게 받아들이며 독단적이지 않은 아나키즘 유파를 설교했던 말라테스타였다.

많은 이탈리아 아나키스트들, 특히 갈레아니 유파의 아나키스트들이
노동조합을 꺼리는 성향을 가졌다는 점은 주목할 만하다. 이 점 때문에
이탈리아 아나키스트들은 조직화된 미국 노동운동에서 주도적인 역할을
하지 못했고, 바로 이 점에서 러시아인과 달랐으며 특히 섬유노조에서,
무엇보다도 <여성 방직 노동자 국제연맹>(the International Ladies'
Garment Workers' Union)과 <미국 합성의류 노동자회>(the Amalgamated
Clothing Workers of America)에서 주도적인 역할을 하던 (다음 장에서 살
필 내용인) 유대인 아나키스트들과 달랐다. 이탈리아 아나키스트들이 이
런 노동조합에서 완전히 벗어난 건 아니지만, 그들은 조직의 관료와 두목,
임원을 가진, 위계적이고 권위주의적인 형태로 굳어질 수 있는 공식적인
조직들을 의심했기 때문에 중요한 역할을 하지 않았다. 반대로 러시아 아
나키스트들은 거의 만 명의 조직원을 자랑하던 <미국과 캐나다의 러시아
노동자 연맹>을 조직했다. 이런 유의 활동[노동조합활동]을 피하면서 이
탈리아인들은 파업이나 시위에 참여하는 데 만족했다. 나는 1902년의 패
터슨 파업을 언급했고 1912년의 로렌스(Lawrence) 파업, 1913년 패터슨에
서 또 다른 파업이 있었다는 점을 덧붙인다. 사코와 반체티 들 다 파업에
참여했고 사코는 1913년 호프달(Hopedale)의 파업에, 반체티는 1916년 플
리마우스(Plymouth)의 파업에 참여했다.[21]

모임을 조직하고 신문을 발행하며 더 나은 노동조건을 선동하면서 이
탈리아 아나키스트들은 자신들이 개탄하던 자본주의, 국가주의 사회와
완전히 다른 일종의 대안사회를 형성하고 있었다. 그들은 자신들만의 모
임, 자신들만의 신념과 문화를 가졌다. 그들은 자신들이 반대하고 혐오했
던 체제 속에서 그들만의 세계를 만들고 있었다. 천년왕국을 앉아서 기다

---

21. [옮긴이 주] 미국 노동운동사에 대해서는 리차드 O 보이어·하버트 M 모레이스, 『알려지
지 않은 미국노동운동이야기』, 이태섭 옮김, 책갈피, 1996을 참조하라

리지 않고 그들은 미국 자본주의의 틈 속에 일상적인 기반을 만들어 아나키스트의 삶을 살려고 했다. 사실상 그들은 자신들이 상상하던 아주 작은 요새, 자유의 조그만 거점을 만들어 그것을 퍼뜨리고 늘려 전국과 세계를 빨아들이려 했다. 공장이나 광산에서 열 시간 또는 열두 시간을 일한 뒤 그들은 집에 와 저녁을 먹고 아나키스트 클럽들로 가서 임시로 마련한 인쇄기들로 팸플릿과 정기간행물을 대량으로 만들었다. 사코-반체티 변호위원회의 회계인 알디노 펠리카니(Aldino Felicani)는 그런 아나키스트의 표본이다. 그리고 그가 폭넓게 수집한 문헌들은 이런 독학한 노동자들의 생산품[팸플릿과 정기간행물]에서 겨우 일부에 지나지 않지만 그들의 이상주의와 헌신을 증명한다. 1870년대와 1940년 사이에 미국에는 거의 5백 개에 달하는 아나키스트 신문들이 12개 또는 그 이상의 다양한 언어로 발행되었다. 이탈리아 신문들의 수―특별한 사건들만 다뤘던 『누메리 우니치』(*numeri unici*, 유일한 항목)를 포함해―도 거의 백여 개에 달했고, 놀라운 점은 평범한 노동자들이 주로 일요일과 저녁의 여가 시간을 이용해 신문을 만들었다는 사실이다. 그리고 이탈리아인들은 다른 어떤 이민 집단보다도 신문과 잡지들을 더 많이 발행했고 그 외에도 수없이 많은 대안 문학, 아나키즘 문학을 포함해 책과 팸플릿들이 홍수처럼 인쇄기에서 흘러나왔다.

출판사업 말고도 이탈리아 아나키스트들은 다양한 유형의 사회활동에 개입했다. 이들 노동자 계급 이민자들의 삶은 힘들었지만 행복과 웃음의 순간들도 많이 있었다. 이들은 오케스트라와 연극모임을 가졌고 피크닉과 소풍, 강연과 콘서트를 즐겼다. 이들의 일상은 전통적인 사회활동만이 아니라 근본적인 뒤틀림을 가졌다. 어떤 사람은 오래된 신문들을 넘기면서 뉴저지주의 클리프사이드(Cliffside) 공원에 있는 브레스키(Bresci) 여사―움베르토 왕을 암살한 사람의 미망인―의 식당에서 피크닉을 즐겼다

(나중에 경찰이 그녀를 마을 밖으로 몰아냈고 남편의 예전 동지들의 도움으로 결국 그녀는 두 딸과 함께 캘리포니아로 이사갔다). 피크닉은 단순히 먹고 마시며 춤추기 위해서만이 아니라 운동할 자금을 모으는 중요한 행사였다. 뉴욕과 뉴저지의 아나키스트들은 증기선을 빌려 허드슨 강을 타고 올라가며 소풍을 떠났고 비어마운트나 다른 시골지역에 도착할 때면 먹고 마시며 아코디언과 만돌린을 연주한 뒤 항상 기금을 모았다.[22]

강연회에 참석하는 것도 이탈리아 아나키스트들의 또 다른 대중활동이었고, 특히 그들은 다른 연설가들보다 갈레아니의 강연을 높이 평가했다. 강연회들은 홀과 아나키스트 클럽회관―예를 들어, 미국 전역에서 번창했던 수십 개의 클럽회관 중에서 보스턴 동부의 <아우또노모 그룹>(the Gruppo Autonomo), 피터슨의 <바르게 살기모임>(the Gruppo Diritto all' Esistenza), 또는 할렘 동부의 <사회를 연구하는 게타노 브레스키모임>(the Gruppo Gaetano Bresci, a Circolo di Studi Sociali)―을 빌려서 이루어졌다. 아나키스트 신문을 아무거나 펴면 당신은 클럽회원들이 매주 또는 매월 내는 기부―주로 25센트나 50센트―로 개최되는 강연회들의 일정을 보게 될 것이다. 그리고 피고인들의 편에서 7년 동안 투쟁을 벌였던 사코-반체티 변호인단을 유지시킨 것도 이런 기부들이었다.

그리고 이탈리아 아나키스트들은 급진적인 대항문화의 아주 흥미로운 요소로 자기들만의 연극모임들을 가졌다. 작은 마을과 대도시의 아마추어 연극모임들이 수백 개의 연극을 공연했고 그 연극 중에는 『오월의 첫날』(*The First of May*) 같은 피에트로 고리의 작품도 있었다. 자주 공연되

---

22. [옮긴이 주] 피크닉(picric)은 운동과 삶이 일상 속에서 적절히 결합된 사례로 보인다. 생각해 보라. 왕을 암살한 급진주의자의 식당에서 그 열정을 느끼며 밥을 먹고 미망인의 생계를 돕는다. 부족하지만 동지들과 함께 먹고 마시며 즐기고 나머지 돈으로 운동을 돕는다. 피크닉은 단순히 일상을 잠깐 벗어나는 소풍이 아니라 일상 속에 구멍을 만들고 체제를 균열시키며 활력을 찾는 대안적인 활동이었다.

었던 또 다른 연극은 『시카고의 순교자들』(*The Martyrs of Chicago*)이라 불렸고 헤이마켓 비극을 다뤘다. 1960년대까지 유지되던 뉴욕의 <피에트로 고리 연극회>는 [다른 원인이 아니라] 회원들의 사망과 고령 때문에 해체되었다.

아나키스트 학교들—종종 1909년 바르셀로나에서 처형된 스페인 교육자 프란시스코 페레(Francisco Ferrer)의 이름을 땄다—은 이런 대항문화의 또 다른 측면을 구성했다. 미국에는 근대학교(Modern school)라 불리던 이탈리아인과 비이탈리아인의 페레 학교가 있었고, 근대학교라는 명칭은 그들이 추구하는 바—종교적인 교조주의와 미신에 흠뻑 빠진 가톨릭 교구학교의 교육, 장군과 대통령, 정복과 전쟁을 숭상하고 찬양하는 공립학교의 교육과는 반대로 근대적이고 과학적인 시대에 맞는 교육—를 암시했다. 근대학교는 자유롭고 자발적인 분위기 속에서 교육받는 아이들이 생각하는 법과 자기 나름대로 사는 방식, 이웃들과 조화롭게 사는 방식만이 아니라 노동자 계급운동과 혁명에 관해 배우는 학교였다. 제1차 세계대전 시기에 이탈리아인들이 이끌던 그런 학교들은 패터슨과 필라델피아에 적어도 두 개 이상 세워졌다. 두 곳 모두 성인과 아이들이 함께 다니던 일요학교와 야간학교였다.

그리고 아나키스트들은 전통적인 종교휴일과 국경일을 자신들의 기념일과 기념의식으로 대체했다. 따라서 아나키스트들에게 중요한 휴일은 크리스마스나 부활절, 추수감사절이 아니라 3월 18일 파리꼬뮨 기념일이나 5월 1일 노동자 계급의 연대일, 11월 11일 헤이마켓 처형 추모일이었다. 매년 전국 곳곳에서 수백 개의 집회들이 이런 사건들을 기념하기 위해 열렸다. 엠마 골드만의 사례도 비슷한 맥락으로 읽힌다. 1899년 전국 순회강연 중이던 골드만이 일리노이주 스프링밸리에 왔을 때 이탈리아계 광부와 프랑스계 광부들은 세례명—종교적인 성인이 아니라 반란자와 민중영웅의 이름—을 받기 위해 자기 아이들을 그녀에게 데리고 갔고, 그리고 나서 여성해방과 "아이의 구속받지 않는 개발의 필요성"에 관한 그녀의 연설을 듣기 위해 기다렸다.[23]

그 후 이런 점들은 사코와 반체티가 신봉하는 운동의 특징이 되었다. 이들은 신문을 구독했고(구독비는 『크로나카 사베르시바』의 칼럼들에 기록되었다) 갈레아니의 강연—어떤 사람은 거의 종교적이라고 불릴 만큼—에 참석했다. 그들은 이 강연 내용을 퍼뜨렸고 운동의 문건을 배포했다. 그들은 콘서트와 피크닉을 자주 갔고 아나키스트 연극에도 참여했다. 그들은 시위들(체포되었을 때 사코는 반체티가 연설하기로 되어있던 항의집회의 삐라를 주머니에 넣고 있었다)에 참여했고 파업 중에 선전을 했다. 찰스타운의 감옥에서 반체티는 아나키스트 신문에 기사를 썼고 그 기사 중 몇 개는 『라두나타 데이 레프라타리』—50년 동안 발행되다 1971년 발행을 중단한 『크로나카 사베르시바』의 뒤를 이은 잡지—에 실렸다.

두 사람 모두 정부와 자본에 대항하기 위한 냉혹한 전쟁을 지지하던 사회투사였다는 점을 명심해야 한다. 그들은 지지자들이 종종 묘사했던 것처럼 결백한 공상가가 아니고 무장보복—반항적인 폭력과 다이너마이트, 암살을 포함해—을 설교했던 운동의 분파에 속했다. 그들은 그런 보복활동들이 국가의 가공할 폭력에 대한 대응이라 믿었다. 진짜 테러리스트와 살인마는 절망으로 내몰린 고립된 반란자가 아니라 모든 정부의 군사적 자원, 즉 군대, 민병대, 경찰, 총살대, 교수형집행인이다. 이게 바로 갈레아니와 사코, 반체티의 입장이었다. 그들은 반항하는 모든 실행에 찬사를 보냈고 억압당하는 사람들을 위해 목숨을 바친 영웅이자 순교자로 범인들을 찬양했다.

온화한 삶을 살았지만 고상한 이상을 품었던 사코와 반체티는 그런 활

---

23. *Free Society*, 1899년 9월 24일자.

동들에 직접 참여했을지 모른다(이 사실을 증명할 믿을만한 증거는 없지만).24 체포될 때 무장하고 있었다는 사실에 대한 변명들—사코는 공장에서 야간순찰자로 일했고 반체티는 물고기를 팔 때 돈을 지녔기에 [무장하고 있었다]—은 납득하기 어렵다. 그들이 보복행동을 믿고 국가에 순순히 복종하기를 거부하는 투사였기 때문에 총을 휴대했다는 설명이 [차라리] 더 그럴싸하다. 어쨌든 두 사람의 특징을 정의하던 "선한 제화공과 불쌍한 생선장수"라는 이미지는 바뀔 필요가 있다.25

마지막까지도 사코와 반체티는 아나키스트로, 심지어 감옥에서도 자신들의 활동을 계속했던 헌신적인 아나키스트로 남았다. 그들은 기사와 편지로, 법정에서의 연설로 자신의 신념을 선전했다. 그렇게 함으로써 그들은 해방의 쟁취가 무자비한 투쟁을 요구한다고 했던 말라테스타에게 동의했다. 말라테스타는 "우리가 오늘날이나 미래에, 또는 10세기 내에 아나키즘을 완성하지 못한다 한들" 그것이 어쨌단 말이냐, "하지만 우리는 오늘도 내일도, 그리고 항상 아나키즘을 향해 걸어간다"라고 적었다.26

---

24. Robert D'Attilio, "La Salute è in Voi : The Anarchist Dimension," in *Sacco-Vanzetti : Developments and Reconsiderations*, pp. 75~89.

25. 흥미롭게도 로버트 다틸리오(Robert D'Attilio)가 증명했듯이, 사형을 집행하기 전에 반체티에게 붙여진 이 표현은 사실 그를 감옥에서 인터뷰했던 기자가 만들었다. *Journal of American History* 69(1982년 12월호), pp. 793~96.

26. Errico Malatesta, *A Talk Between Two Workers*(Oakland, 1933), p. iii.

13

미국의 유대인 아나키즘

이제 우리는 미국 아나키스트 운동의 형성에서 가장 크고 적극적이던 민족단위 중 하나로 향한다. 아나키즘은 국제적인 운동이고 인류의 하나됨을 믿었지만, 프랑스 아나키스트, 스페인 아나키스트, 러시아 아나키스트, 폴란드 아나키스트, 일본 아나키스트, 중국 아나키스트, 브라질 아나키스트, 쿠바 아나키스트처럼 항상 민족집단들로 분리되었다. 마찬가지로 정치적 신념 외에도 언어와 전통으로 뭉쳤던 유대인 아나키스트들이 있다. 이 사실은 그리 놀랍지 않다. 아나키스트들은 표준화와 동질화에 맞서 다양성을 찬양하고 공동의 결속을 존중했던 만큼 사람들 사이의 문화적, 언어적, 역사적 차이들을 항상 존중했기 때문이다.[1]

짜르의 러시아에서 대규모 이민의 물결이 처음 밀려왔던 1880년대까

---

1. 한 헌신적인 인물이 얘기했듯이 아나키즘은 "민족성을 제거하지 않는다." 1972년 9월 28일 뉴욕주 브롱스에서 Israel Ostroff와의 인터뷰. 이 연구는 미국으로 범위를 제한했기에 동유럽과 다른 지역에서의 유대인 아나키즘 역사를 다루지 않는다.

지만 해도 유대인들은 미국 아나키스트 운동에서 중요한 역할을 하지 못했다. 그전까지 유대인 아나키스트들은 소수였고 뚜렷한 집단을 이루지 못했다. 오직 한 사람, 이시도어 슈타인(Isidore Stein)만이 1883년에 세워진 <국제 노동자 협회>의 뉴헤븐 조직의 간사가 되어 독일계 운동에서 활동했다. 그리고 몇 년 뒤 다른 유대인들이 [아나키스트] 운동의 영어권에서 두각을 드러냈다. 이 중에서 벤자민 터커의 신문『리버티』와 관계를 맺었던 빅토르 야로스와 헨리 코헨도 언급할 만한 가치가 있고 오리건주 포틀랜드의 "넝마주이 시인" 헤르만 아이히(Herman Eich), 샌디에고와 샌프란시스코의『비콘』(*The Beacon*, 봉화)을 편집했던 지기스문트 다니엘레비츠(Sigismund Danielewicz)도 있지만, 엠마 골드만과 알렉산드르 베르크만이 단연 두드러졌다.

하지만 이 장에서는 1886~87년 헤이마켓 사건의 직접적인 결과로 생겨난 아나키즘 운동에서 이디시어권으로 논의를 제한할 것이다. 미국언론에서 상세히 다뤄진 시카고 아나키스트들에 대한 재판은 아나키스트의 사람됨과 사상에 관한 많은 관심을 부추겼다. 공정하지 못한 재판진행과정과 야만적인 선고내용(일곱 명이 사형을, 한 명이 15년 형을 선고받았다), 피고의 인품과 몸가짐은 젊은 이상주의자들ㅡ유대인이든 아니든 모든 이들ㅡ의 상상력을 자극했고 많은 젊은이들이 아나키즘 운동으로 전향하게 했다.

헤이마켓 공판은 <자유개척단>(the Pioneers of Liberty, Pionire der Frayhayt)이라는 미국 최초의 유대인 아나키스트 모임을 만들도록 자극했다. 이 집단은 앨버트 파슨즈, 어거스트 스파이스와 다른 동료들이 판결을 받은 날인 1886년 10월 9일 뉴욕에서 만들어졌다. 모두 합쳐 겨우 열두 명이던 창설자들은 유대인 혁명사의 전문가들에게도 분명하지 않은 이름들(예를 들어서 팔츠블라트(Faltzblatt), 베른슈타인(Bernstein), 스트라쉰스키

(Strashunsky), 유델레티치(Yudelevich)라는 이름)을 가진 일반 노동자였다. 하지만 곧 아나키스트 운동사에서 가장 주목할 만한 집단 중 뛰어난 작가와 연설가 무리―사울 야노브스키, 로만 루이스(Roman Lewis), 히렐 솔로타로프, 모쉬 카츠(Moshe Katz), 메리슨(J. A. Maryson), 데이비드 에델슈타트―가 참여했다. 모두 20대 초반이나 중반―야노브스키와 카츠는 1864년에 태어났고 솔로타로프와 루이스는 1865년에, 에델슈타트와 메리슨은 1866년에 태어났다―인 이들은 비범한 문장력과 웅변술 외에도 <자유개척단>이 위치한 뉴욕의 유대인 거주지역인 로우어이스트사이드(the Lower East Side)의 이민자들에게 강한 인상을 남길 만큼 활력있고 역동적인 에너지를 유감없이 발휘했다.[2]

헤이마켓 아나키스트들도 그 성원이던 <국제 노동인민협회>(the International Working People's Association)에 가입한 <자유개척단>의 첫 과제는 시카고 동지들을 교수대에서 구해내기 위한 캠페인에 참여하는 거였다. 이 목적을 위해 그들은 집회를 열고 시위를 후원하며 항소기금을 모았다. 추가로 이들은 로우어이스트사이드에서 무도회를 열어 백 달러를 모았고 그 돈을 피고인들의 가족에게 보냈다.[3] 동시에 이들은 숫자가 빠르게 늘어나고 있던 유대인 이민자들 사이에 아나키즘을 선전하기 시작했다. 로우어이스트사이드 중심부 오카드(Orchard)가의 클럽에서 <개척단>은 열광하는 대중을 사로잡을 만한 강연회와 토론회를 매주 열었다. 그리고 네 명의 피고인들을 처형함으로써(1887년 11월 11일) 최고조에 달한 헤이마켓 사건의 정치 팸플릿을 포함해 이디시어로 인쇄물을 만들었다.[4]

---

2. 자서전에서 엠마 골드만은 이들을 "능력과 가능성을 가진 청년들"이라 불렀다. Emma Goldman, *Living My Life*(New York, 1951), p. 55.

3. Joseph Jaffa, "Di arbeter-baveging in Niu-York," *Varhayt*, 1889년 3월 1일자.

4. David Edelstadt의 시를 담아 Roman Lewis이 편집한 *Der gezetslekher mord in Shikago fun 11*

말과 글을 통해 선전하면서 <자유개척단>은 곧 이디시어를 말하는 주민들이 많이 살던 동부의 다른 도시들에도 자신들의 존재를 인식시켰다. <자유개척단>의 후원을 받는 노동자의 교육클럽들이 볼티모어, 보스턴, 프로비던스에 생겨나는 한편, 주로 아나키스트와 사회주의자들이 섞여 있던 또 다른 단체들이 만들어지기 시작했다. 이런 단체 중에서 가장 중요한 단체는, 미국으로 오기 전에 런던에서 생활했고 화이트샤펠의 유대인 모임의 이름을 빌린 아나키스트 노동자들이 1889년에 만든 필라델피아의 <자유기사단>(the Knights of Liberty, Riter der Frayhayt)이다. <개척단>의 선례를 쫓아 <기사단>은 매주 일요일 오후에 모였고 수백 명의 노동자들이 참석하는 일련의 아나키스트 포럼들을 시작했다. 뉴욕의 유명한 아나키스트들―솔로타로프와 루이스, 에델슈타트, 카츠―을 연사로 초청하는 한편, <기사단>은 이시도어 프레너(Isidore Prenner), 막스 슈탈러(Max Staller), 차임 바인버그(Chaim Weinberg)처럼 "강력하고 불을 뿜는 듯한 연설"을 했던 자기 단체의 웅변실력도 자랑했다.[5]

"자유개척단"과 "자유기사단"이라는 이름들은 자유를 위한 아나키스트들의 헌신을 가장 중요한 신념으로 강조했을 뿐 아니라, 막 시작되던 유대인 운동에 미친 요한 모스트와 그의 신문 『프라이하이트』의 영향을 나타내는 것이기도 했다. 모스트 자신은 유대인이 아니었지만 그는 런던 이스트엔드의 유대인들 사이에서 루돌프 로커와 비교할 만한 지위를 가졌고 미국의 유대인 이민자들에게는 아나키즘의 뛰어난 사도였다. 모스

November 1887(New York, 1889). 일곱 명의 피고 중에서 두 명의 사형선고는 종신형으로 바뀌었고 나머지 한 피고는 독방에서 자살했다. 헤이마켓 사건이 뉴욕의 유대인 급진주의자들에게 미친 영향에 대해서는 S. Yanovsky, *Ershte yorn fun yidishn frayaytlekhn sotsializm*(New York, 1948), p. 413.

5. Marcuse Graham, "Anarchists : Chaim Weinberg," *Man!* 1933년 4월호 ; Abraham Cahan, *The Education of Abraham Cahan*(Philadelphia, 1969), p. 413.

트의 불을 뿜는 듯한 연설과 신랄한 글, 혁명과 실행에 의한 선전에 대한 뜨거운 신념은 모리스 힐퀴트(Morris Hillquit)의 말처럼 유대인 투사들이 그를 자신들의 "제사장"으로 여길 만큼 많고 헌신적인 지지자들을 만들어냈다.6

유대인 아나키스트들은 모스트를 무시무시한 선전가이자 선동가로 봤다. 모스트는 자신이 쓰는 독일어를 제대로 이해하지 못하는 대부분의 유대인들을 그 혁명적인 열정만으로도 사로잡았다. 뉴욕 〈자유개척단〉의 단원이던 이즈라엘 코펠로프(Israel Kopeloff)가 얘기했듯이, 코스트의 신랄한 화술은 종종 그가 얘기했던 "폭탄과 다이너마이트의 충격"을 줬다. 그리고 그가 한마디만 명령을 하면 "청중들은 바리케이드를 쌓기 위해 돌격하고 혁명을 시작할" 듯이 보였다. 필라델피아의 차임 바인버그는 "모스트가 청중을 자극하는 능력을 가졌다고 얘기하는 건 아주 억제된 표현"이라며 "그는 도든 청중을, 친구만이 아니라 적까지도 흥분시켰고 거의 홀렸다"고 회상했다.7

모스트의 영향력 덕분에 유대인 아나키스트들은 [아나키스트] 운동의 독일분파와 긴밀한 연계를 맺었다. 모스트의 지원을 받던 엠마 골드만은 독일에서 최초의 아나키스트 연설을 했고, 1888년부터 〈자유개척단〉의 단원이던 알렉산드르 베르크만은 독일의 아나키스트 독자들을 위해 정보센터로 기능하던 『프라이하이트』의 식자공으로 일했다. 동시에 러시아 인민주의에 자극을 받은 많은 유대인 아나키스트들—그 중엔 골드만과 베르크만도 있었다—은 러시아 혁명문학을 열심히 읽었고 야노브스키와 코펠로프가 적극적으로 활동하던 뉴욕의 〈러시아 진보연맹〉(the Russian

---

6. Morris Hillquit, *Loose Leaves from a Busy Life*(New York, 1934), p. 5.

7. I. Kopeloff, *Amol in Amerike*(Warsaw, 1928), pp. 113~14 ; E. Tcherikower, *The Early Jewish Labor Movement in the United States*(New York, 1961), pp. 220~21.

Progressive Union)의 집회를 포함해 러시아인들의 급진적인 집회에 참여했다.[8]

　미국에서 적지 않은 수의 유대인 아나키스트들은 앞서 얘기했듯이 신세계[미국]로 가는 이민자들을 위한 중간거점이던 런던에서 급진적인 도제수업을 받았다.[9] 해를 거듭하면서 런던과 뉴욕 사이의 연계가 강해졌고 미국의 유대인 아나키스트들은 화이트샤펠 유대인 거주지역에서 발행되던 『아르베터 프라인트』(*Arbeter Fraynd*, 노동자의 친구)를 계속 읽고 지지했다. 그리고 영어가 가능한 사람들은 보스턴에서 발행되던 벤자민 터커의 『리버티』도 읽었고 뉴욕에서 발행되던 다이어 럼(Dyer Lum)의 『알람』도 읽었다. 하지만 그들은 자신들의 언어로 인쇄되어 그들의 욕구에 부응할 만한 저널이 필요하다고 느꼈다. 이 틈을 메우기 위해 1889년 1월 〈자유개척단〉은 뉴욕에서 『바르하이트』(*the Varhayt*, 진실)라는 주간지를 발행하기 시작했다.[10]

　『바르하이트』를 편집하기 위해 〈개척단〉은 『아르베터 프라인트』에 정기적으로 기고하던 [영국] 화이트샤펠의 요셉 자파(Joseph Jaffa)를 초청했다. 예전에 러시아에서 랍비 학생이었던 자파는 1886년 런던으로 오기 전에 파리에서 살았고 영어만이 아니라 프랑스어도 자유자재로 구사하며 그걸 이디시어로 번역했다. 그는 〈베르너 거리클럽〉(Berner Street Club)으로 불리던 〈국제 노동자 교육클럽〉의 간사로 일했고 운동에서 높게 평가되던 인물이었으며 학식과 언어적인 재능 때문에 존경을 인정받았다.[11]

---

8. L. Lipotkin[Lazarev], "Russkoe anarkhicheskoe dvizhenie v Severnoi Amerike," 초고, pp. 112~15, International Institute of Social History, Amsterdam.

9. Lloyd P. Gartner, *The Jewish Immigrant in England, 1870~1914*(Detroit, 1960), pp. 100~37을 보라. 그리고 William J. Fishman, *East End Jewish Radicals, 1878~1914*(London, 1975).

10. *The Alarm*, 1889년 1월 19일자.

11. H. Brugin, *Di geshikhte fun der yidisher arbeter bavegung in Amerike, Rusland un England* (New York, 1915), p. 49와 다음 쪽. ; Rudolf Rocker, *The London Years*(London, 1956), p. 125

초청을 받아들인 자파는 그 선택이 탁월했음을 스스로 증명했다. 경영자인 이시도어 루다쉐프스키(Isidore Rudashevsky), 모두가 지적이고 재능 있던 카츠, 솔로타로프, 메리슨, 루이스로 구성된 편집위원회의 도움을 받아 자파는 〈자유개척단〉이 자부심을 가질 수 있었던 잡지를 발행했다.

1889년 2월 15일에 세상에 나온 『바르하이트』는 미국에서 최초의 이디시어 아나키스트 정기간행물이었다. 『아르베터 프라인트』가 1885년에 창간되었다고는 하나 1392년에 아나키스트 입장을 분명하게 채택하기 전에는 부분적으로 아나키스트적인 반면 다른 면에서 사회주의적인 혼합된 정체성을 띠었기 때문에, 엄밀히 말하면 『바르하이트』는 사실 전 세계에서 최초였다. 따라서 『바르하이트』의 창간은 미국과 해외 도두의 유대인 운동사에서 중요한 이정표가 되었다. 더구나 내용면에서 『바르하이트』는 당시 아나키스트와 사회주의자들이 좋아하던 졸라의 소설 『제르미날』을 시리즈로 연재했을 뿐 아니라 요한 모스트와 표트르 크로포트킨의 기사, 데이비드 에델슈타트와 모리스 로젠펠트(Morris Rosenfeld)의 시, 맑스주의 경제학의 요약판을 갖춤으로써 새로 시작하는 신문치곤 매우 뛰어난 수준을 유지했다. (1889년 3월 15일에는) 전면을 파리꼬뮨에 할애해서 18주년 기념일을 축하했다. 편집자에게 보내는 편지, 정치와 노동 뉴스, 〈자유개척단〉을 이끄는 등불이던 야노브스키, 루이스, 솔로타로프, 카츠의 에세이들은 재미있게 읽을 만한 신문으로 만들어주었다.[12] 따라서 『바르하이트』가 모두 12호를 펴내며 단지 5개월 동안만 발행된 건 놀라운

; Tcherikower, *Early Jewish Labor Movement*, p. 226. 그리고 1887년 9월 19일 자파가 〈사회주의자동맹〉 위원회에 코낸 편지를 보라, Socialist League Archive, International Institute of Social History.

12. *the Varhayt*와 그 역사에 관해서는 Elias Schulman, "Di 'Varhayt'," jacob Shatsky가 편집한 *Zamlbukh lekoved dem tsvey hundert un utsiken yoyvl fun der yidisher prese, 1686~1936*(New York, 1937), pp. 197~211.

일이다. 기금의 부족이 신문발행을 중단한 중요한 원인이었다. 곧 간단하게 살펴보겠지만, 『바르하이트』는 역사상 가장 오래 지속된 아나키스트 간행물 중 하나이자 거의 87년 동안 발행된 『프라이에 아르베터 슈티메』로 계승되었다.

1886년부터 90년까지의 첫 번째 시기 동안 아나키즘은 미국의 유대인 급진주의자들 사이에서 아마도 가장 큰 운동이자 분명히 가장 역동적인 운동으로 등장했다. 주로 노동자이던 유대인 아나키스트들은 착취노동에 맞서는 최초의 파업에 참여했고 뉴욕 외투제조 노동자들과 무릎바지제조 노동자들의 노동조합 같은 최초의 유대인 노동조합들을 조직하는 걸 도왔다. 동시에 이들은 클럽과 협동조합, 상호부조모임을 조직하고 강연과 피크닉, 콘서트를 후원하며 파리꼬뮨 시작일(3월 18일)과 노동절, 헤이마켓 순교자들의 처형일(11월 11일)을 기념하면서, 로우어이스트사이드와 다른 도시의 유대인 거주지역에서의 사회·문화생활에서 중요한 역할을 했다. 이런 활동을 하면서 유대인 아나키스트들은 이탈리아 동지들의 것과 비슷하게 새로운 종류의 대안사회 또는 대항문화를 만들어가면서 전통적인 대중활동에 새로운 혁명적인 내용을 덧붙였다.

이 대항문화의 두드러진 특징은 전투적인 무신론과 종교를 반대하는 선전이었다. 유대인 아나키스트들에게 종교를 공격하는 건 정부와 자본을 공격하는 것과 분리될 수 없었다. 그들은 모든 국가가 대다수의 많은 사람들에게 권력을 휘두르는 소수 기득권의 도구인 것과 마찬가지로 모든 교회가 정치적·경제적으로만이 아니라 정신적으로도 인류를 복종시키는 국가의 동맹자라고 주장했다. 유대인이라는 강한 자각과 함께 유대인 문화의 비종교적인 측면에도 계속 애착을 가지는 한편, 아나키스트들은 전통적인 유대교를 공격적으로 거부했다. 그들은 무지와 미신에 맞서 이성과 과학을 찬양하면서 모든 종교의 뿌리를 공격했다. 1888년 이디시어로 번역된 요한 모스트의 『신의 해악』(*The God Pestilence*)은 유대교에 반대하는 선전에서 핵심적인 역할을 했다. 더구나 <자유개척단>은 1889 년부터 매해 종교에 반대하는 4쪽의 문건을 발행하며 유대인들의 휴일 중 가장 신성한 욤 키퍼(Yom Kippur)의 날을 반대했고, 유대인 예배식과 의식을 풍자하는 것에 중점을 둔 종교를 반대하는 소책자를 인쇄했다.[13] 벤자민 파이겐바움(Benjamin Feigenbaum)의 『새롭게 해석하는 하가다 유월절』(*Passover Hagadah According to a New Version*)처럼 이와 비슷한 유형의 또 다른 문헌들이 런던에서 수입되어 대량으로 배포되었다.

하지만 운동의 초기단계에서 종교를 반대하는 가장 극적인 무기는 욤 키퍼 무도회였다. 춤추고 흥겹게 마셔대며 무신론적인 연설을 길게 늘어놓는 특징을 가진 이 무도회는 유대인 속죄의 날을 노골적으로 놀렸고, 그럼으로써 다른 무엇보다도 정교 공동체의 신념을 더욱더 직접적으로 공격했기 때문에, 그들의 분노를 자아냈다. 1889년에 뉴욕에서 열린 첫 번째 욤 키퍼 무도회의 경우, 동부 13번가에 있던 클라렌던 홀의 소유주는 보수적인 유대인 사회의 압력을 받아 아나키스트들과의 계약을 파기하고 그들의 입장을 거부했다. 무도회는 4번가의 노동회관으로 옮겨졌고 요한 모스트, 사울 야노브스키, 로만 루이스가 먼저 연설한 뒤 노래와 춤, 러시아어와 독일어, 이디시어 시낭송이 이어졌다.[14]

이후에 욤 키퍼 무도회는 뉴욕과 다른 도시들에서 매년 개최되었다. 1890년 브룩클린에서 열린 무도회 티켓에는 다음과 같은 문구가 실렸다. "웅장한 욤 키퍼 무도회. 연극도 함. 해방이라는 랍비의 완전히 새로운 동의로 준비됨. 밤을 새며 맹세를 함(Kol Nidre). 유대인 우상이 만들어진

---

13. *Tfileh Zakeh*, nos. I-5, New York, 1889~1893. 에델슈타트, 솔로타로프, 메리슨도 기고했다.
14. Tcherikower, *Early Jewish Labor Movement*, pp. 259~60. 1888년 욤 키퍼의 날에 무도회를 여는 관습을 시작한 건 [영국 런던의] 화이트샤펠의 아나키스트들이었다.

지 6651년[5651년의 오자 – 저자], 거짓된 메시아가 탄생한 지 1890년 된 해 브룩클린, 밀틀(Myrtle)가 61~67, 브룩클린 노동회관. 모든 맹세는 욘 모스트(John Most, 요한 모스트 – 저자)가 제공할 예정. 음악과 춤, 간단한 식사, 악마에 맞서는 '라마르세예즈'와 다른 축가."[15] 같은 해 볼티모어에서는 「종교와 사회주의가 양립가능한가?」라는 문제를 놓고 아나키스트와 정교 연설가 간의 한 차례 토론이 예정되었다. 토론이 어떻게 진행되는지 듣기 위해 천 명의 청중이 모였다. 먼저 정교 연설가가 큰 소동 없이 자신의 입장을 제시했지만 아나키스트 미카엘 콘(Michael Cohn) 박사가 연설하기 위해 일어서자 청중이 점점 흥분했고 몇몇 사람은 "화형시켜라!"고 외치기도 했기 때문에 이런 혼란의 와중에 집회는 무산되고 말았다.[16]

하지만 아나키스트들은 단념하지 않았다. 1891년에는 욤 키퍼 무도회가 볼티모어, 뉴욕, 필라델피아, 프로비던스, 보스턴, 시카고, 세인트루이스에서 열렸다. 뉴욕에서 솔로타로프와 루이스는 주요한 연사였고 여느 때처럼 음악과 유흥, 간단한 식사도 준비되었다. 프로비던스와 보스턴에서 모쉬 카츠는 분명히 아무런 방해를 받지 않고 종교의 발전에 관해 강연–"모든 맹세 설교"라는 포스터가 붙은–을 했다. 하지만 필라델피아에서는 경찰이 건물을 급습해 이시도어 프레너와 아펠(I. Appel)이라는 두 관계자를 체포했고 폭동을 선동했다는 죄목으로 감금했다.[17]

결국 욤 키퍼 무도회는 종교적인 감수성을 모욕당한 신앙심 깊은 유대

---

15. *New York Sun*, 1980년 9월 24일자. 그리고 Tcherikower, *Early Jewish Labor Movement*, p. 261 ; 그리고 Moses Rischin, *The Promised City : New York's Jews, 1870~1914*(Cambridge, Mass., 1962), p. 155.

16. *Fraye Arbeter Shtime*, 1890년 10월 10일자 ; Tcherikower, *Early Jewish Labor Movement*, p. 264.

17. *Tfileh Zakeh*, 1891년 3호 ; *Fraye Arbeter Shtime*, 1891년 10월 16일, 23일, 30일자 ; Tcherikower, *Early Jewish Labor Movement*, pp. 265~65.

인만이 아니라 아나키스트들의 불경스러운 축제들이 신성한 전통을 몰상식하게 조롱하는 것이라 여긴 신앙이 그다지 깊지 않던 신도들까지도 아나키즘 운동과 멀어지게 만드는 역효과를 냈다. 그럼에도 아나키스트들의 영향력은 계속 늘어났다. 유대인 거주지역의 급진적인 청년들 대다수에게는, 완전한 해방이 즉시 가능하다는 흥분된 사상을 제시하는 전면적인 혁명의 사도들이 사회주의자나 다른 온건주의자들보다 더 반항적이고 특색 있어 보였다. 아나키스트들이 생각했듯이 자본주의 체제의 틀 내에서 의미있는 개선은 이루어질 수 없고, 필요하다면 폭력을 동반하는 직접 행동으로 자신들의 이익을 방어하지 않는 한 노동자들은 여전히 억압을 받았다. 아나키스트들은 계속해서 투표의 무용성과 기존 질서를 타도할 무장봉기의 필요성을 강조했다. 점진적인 개혁에 의존하는 건 ―아나키스트들의 표현에 따르면 개혁주의자들의 "횡설수설"[18]은― 조건부 항복과 같았다. 아나키스트들은 천년왕국을, 항상 기대하던 "이집트에서의 새로운 탈출"―모스트가 이름을 붙였듯이[19]―을 갈망했다. 천년왕국의 도래를 연기시키는 그 어떤 정책이나 행동도 적을 돕는 것이며 빈민의 노예화를 연장시키는 것이었다.

소수의 사람들은 그런 철학이 유대인 투사들의 상상력을 사로잡았다는 점에 놀랐다. 현재의 조건들을 완전히 거부하고 사회와 경제만이 아니라 종교에서도 보수적인 가치들을 공격하는 열정으로, 아나키즘은 새로운 토대 위에 건설되는 자유와 정의의 세계라는 젊은 이상주의자들의 욕망을 직접 드러냈다. 모리스 힐퀴트가 얘기했듯이 그 외에도 아나키즘은 "짜릿한 음모와 영웅주의, 자기희생의 행동으로 채워진 낭만적인 운동"이었다.[20] 아나키즘 자체는 점진주의 방식을 경멸하던 젊은 반란자들을 점

---

18. *Fraye Arbeter Shtime*, 1890년 8월 8일자
19. J. Most, "Der nayer yezsies mistraim," *Varhayt*, 1889년 2월 15일자.

점 더 매혹시켰다.

1890년이 되기 전까지 아나키스트들과 사회주의자들은 서로를 다소 우호적인 관점으로 대했다. 그들은 유대인 노동자들의 지지를 얻기 위해 경쟁했지만 그들 사이의 노선이 뚜렷하게 구분된 건 아니었다. 많은 사람들이 같은 조직에 가입했고(예를 들어, <통합 유대인 노동조합>(the United Hebrew Trades) 같은 조직) 토론을 통해 같은 입장을 추구하는 게 그때까지는 가능했다. 1888년 11월 아나키스트들과 사회주의자들은 헤이마켓 교수형 일주년을 맞이해 시카고 순교자들을 추모하는 연합집회를 후원했다. 하지만 그 이후 이들 사이의 틈은 점점 벌어졌다. 1889년과 90년 전술과 조직이라는 근본적인 문제를 놓고 아나키스트와 사회주의자의 주요한 대변인들 사이에 —사울 야노브스키 대(對) 루이스 밀러(Louis Miller), 히렐 솔로타로프 대 미하일 자메트킨(Michael Zametkin), 로만 루이스 대 아브라함 카헨(Abraham Cahan)— 공개토론이 벌어졌다.[21]

불화가 깊어졌지만 아나키스트들과 사회주의자들은 유대인 노동자들이 둘로 쪼개지는 걸 피하려 했기에 함께 협력하려고 노력했다. 회유하려는 의도에서 아나키스트들은 런던 『아르베터 프라인트』의 노선을 따라 각 파벌이 담당편집자를 두고 2대 정파가 제휴하는 주간지를 만들자고 제안했다. <자유개척단>과 <자유기사단>의 주도로 이 사안을 논의하기 위한 집회가 소집되었다. 오해가 있었지만 사회주의자들이 초청을 받아들여, 1889년 12월 25일 에섹스가(街) 시장의 홀에서 회의가 열렸는데,

---

20. Hillquit, *Loose Leaves*, p. 5.

21. 「정치적인 행동 대 실행에 의한 선전」, 「노동자들에게 여덟시간 노동을 선전하는 게 필요한가」 같은 문제들이었다. *Fraye Arbeter Shtime*, 1890년 10월 10일자 ; Melech Epstein, *Jewish Labor in U.S.A*(New York, 1969), 총 2권 중 1권, p. 199 ; J. A. Maryson, "der ershter period fun der anarkhistisher bavegung," A. Frumkin과 Chaim Feinman이 편집한 *Moyshe Katz Zamlbukh* (Philadelphia, 1925), p. 31 ; Kopelff, *Amol in Amerike*, pp. 230~31 ; Techerikower, *Early Jewish Labor Movement*, p. 224.

이 행사를 위해 이곳은 적기(赤旗)와 헤이마켓 순교자들의 초상화, "신도 없고 지배자도 없다!(Neither God Nor Master!)"라고 새긴 현수막으로 장식됐다.[22] 이 집회는 미국의 유대인 급진주의자들의 첫 번째 회의였고 47명의 대표들이 뉴욕과 볼티모어, 필라델피아, 보스턴, 시카고, 다른 도시들의 31개 조직-모임과 노동조합, 교육클럽들-을 대표했다. 양측 모두 자기 세력을 동원했고 결국 두 진영으로 나눠졌지만, 아나키스트인 루이스, 솔로타로프, 카츠, 사회주의자인 힐퀴트, 자메트킨, 밀러같은 인물들이 대표로 참석했다.[23]

시작부터 아무런 합의도 이루지 못할 것이라는 점은 분명했다. 연합신문을 찬성하는 아나키스트들은 노동자가 지적으로 어떤 한 사상을 선택했다 해도 그가 급진적인 사상들의 모든 흐름을 알아야 한다고 주장했다. 하지만 사회주의자들은 당파성이 없는 신문을 "어중간한 국수(pareveh lokshn, 즉 우유도, 고기도 아닌)"라고 낙인을 찍었는데, 이 말은 런던의 『아르베터 프라인트』를 조롱하던 표현이었다. 그들은 신문이 기본적인 사회, 정치, 경제적인 사안들에 관해 분명한 입장과 일관된 관점을 가져야 효과가 있다고 주장했다. 사회주의자들은 한 기사가 폭력을 거부하고 투표를 지지하는데 다른 기사가 테러리즘을 묵인하고 선거를 비난한다면 무슨 의미가 있냐고 물었다. 그런 잡지의 발행은 노동자들을 단결시키기는커녕 절망적인 혼란에 빠뜨린다는 것이었다.

6일 동안 격렬하게 논쟁한 뒤 사안은 투표에 붙여졌다. 아나키스트들

---

22. *Di Konventsion : An di yidishe arbeter fun Amerike*(New York, 1889) ; *New York Sun*, 1889년 12월 26일자. 그리고 Arbeter Fraynd 1890년 1월 24일자에 실린 코펠로프의 편지를 보라 ; A. Cahan, *Bleter fun mayn levn*(New York, 1926), 총 2권 중 2권, pp. 13~15 ; 그리고 B. Weinstein, *Fertsik yor in der yidisher arbeter-bavegung*(New York, 1924), p. 118.

23. 참석했던 또 다른 유명한 아나키스트 중에는 뉴욕의 막스 기르츠단스키(Max Girzdansky)와 볼티모어의 가르손(S. Garson), 필라델피아의 막스 슈탈러(Max Staller)와 차임 바인버그, 이시도어 프레너가 있었다.

은 21대 20이라는 근소한 차이로 패배했다. 그 뒤 아브라함 카헨은 "서로 비난하는 험악한 광경"이 벌어지는 가운데 집회가 끝났다고 회상했다.[24] 아나키즘과 사회주의 사이의 불화는 회복할 수 없게 되었다. 그 뒤 협력에 대한 어떠한 시도도 무용지물로 취급되었고 두 진영 간에는 전쟁 밖에 남지 않았다.

홀을 떠나자마자 사회주의자들은 자신들의 신문을 발행하기 위한 토론을 시작했다. 2개월 뒤 『아르베터-차이퉁』(the Arbeter-Tsaytung, 노동자의 신문)이라는 주간지가 발행되기 시작했다. 그것보다 빠르진 않았지만 아나키스트들도 자신들의 신문을 발행하기 위한 계획을 짰다. 1890년 1월 17일 〈자유개척단〉은 한 차례 회의를 소집했고, 사안을 논의하기 위해 〈자유기사단〉과 다른 모임의 대표들도 참석해서 여러 이름 중 『프라이에 아르베터 슈티메』라는 새로운 신문의 이름에 동의했다. 〈자유개척단〉을 대표해 모쉬 카츠와 민들린(H. Mindlin)은 런던에 있던 모리스 윈체프스키(Morris Winchevsky)에게 편지를 써 편집장으로 일해줄 것을 요청했다. 아나키스트이지만 사회주의자이기도 했던 윈체프스키는 즉시 거절했고 그 자리는 로만 루이스에게 넘어갔다.

신문을 발행하기 위한 자금을 모으기 위해 몇몇 뛰어난 아나키스트 연설가들─뉴욕의 루이스와 카츠, 필라델피아의 프레너와 바인버그─은 동부와 중서부로 길을 떠났다. 그동안 『모르겐스테른』(Der Morgenshtern, 샛별)이라는 신문이 한 주에 한 번 발행되었다. 1890년 1월 17일부터 6월 20일까지 발행된 이 신문은 아나키즘과 사회주의 사이에서 망설이던 젊은 의사 아바 브레슬라브스키(Abba Breslavsky) 박사가 편집했다. 발행인

---

24. Cahan, *Bleter*, 2권, p. 15 ; Epstein, *Jewish Labor*, 1권, p. 205. 그리고 Michael Cohn(1890년 1월 17일자), Louis Miller(1890년 2월 21일자), Roman Lewis(1890년 2월 28일자)가 *the Arbeter Fraynd*에 쓴 보도들을 보라.

은 아나키스트인 에프라임 런던(Ephraim London, 그의 아들이 나중에 런던의 사회주의자 하원의원이 된 메이어(Meyer)이다)으로 로우어이스트사이드에서 작은 인쇄소를 운영하고 있었다. 체르니쉐프스키의 『무엇을 할 것인가?』 시리즈만이 아니라 기사와 시를 풍부하게 싣는다고 자랑했지만 『모르겐스테른』은 단지 임시적인 계획에 지나지 않았다. 거의 2주 동안 발행을 중단한 뒤 가까스로 『프라이에 아르베터 슈미테』가 첫걸음을 내딛었다.

『프라이에 아르베터 슈티메』의 창립은 [아나키즘] 운동사에서 하나의 이정표가 되었다. 1890년 7월 4일 미국 독립기념일에 창간된 이 신문은 몇 번 중단되기도 했지만 거의 90년 동안 살아남았다. 1977년 12월 발행이 중단되었을 때도 전 세계에서 가장 오래 된 이디시어 신문이었고 카헨의 『데일리 포워드』(*Daily Forward*, 매일 전진)보다 7년이나 앞섰다. 『프라이에 아르베터 슈티메』는 미국의 유대인 노동운동에서 중요한 역할을 했다. 그리고 이 신문은 오랫동안 발행되면서 급진적인 유대인 언론사에서 뛰어난 작가와 시인들을 특집으로 다루며 뛰어난 문학적 수준을 유지했다.[25]

32개 유대인 노동자 협회를 대표한다고 주장하던 『프라이에 아르베터 슈티메』는 이스트브로드웨이 184가에서 매주 발행되었고 노동자 신문과 급진적인 의견을 가진 신문, 문학잡지 및 민중대학의 기능을 결합했다. 『프라이에 아르베터 슈티메』는 모스트와 크로포트킨의 기사를 실었고 투르게네프의 『이브에게』(*On the Eve*)를 번역해서 실었으며 자연과학과 사회과학의 소재들(맑스의 『자본론』을 포함해)을 대중화했고 에델슈타트와

---

25. *Fraye Arbeter Shtime*의 특징과 역사에 관해서는 H. Frank, "60 yor 'Fraye Arbeter Shtime," *Fraye Arbeter Shtime*, 1951년 2월 16일자 ; Shelby Shapiro, "Frie Arbeter Shtime," *Cienfuegos Press Anarchist Review*, no. 5(1981), p. 60 ; P. Constan[Ahrne Thorne], "Oldest Anarchist Journal Suspends Publication," *C.I.R.A. Bulletin*, no. 35(1978 여름), pp. 8~10을 보라.

로젠펠트, 요셉 보프쇼버(Joseph Bovshover)의 시를 실었는데, 그 시들은 착취노동의 비참함을 탄식하고 배고픔과 빈곤, 착취와 억압이 존재하지 않는, 계급도 없고 국가도 없는 천년왕국이라는 매혹적인 이미지를 묘사하는 것들이었다. 더구나 에델슈타트는 여전히 강한 영감을 주던 헤이마켓 아나키스트 순교자들에게 바치는 시를 시리즈로 연재하기도 했다. 교수형 직전에 파슨즈가 남긴 마지막 말―"민중의 소리를 들어라"―은 신문의 발행인 란을 장식했다.

초대 편집장인 로만 루이스 자신도 정기적으로 글을 썼고 그의 기사는 폭넓은 주제를 다루었다. 이디시어만이 아니라 러시아어에도 능통한 활동적인 청년이던 루이스는 신문을 위해 효과적으로 기금을 모았고 급진적인 집회의 대중연설가로 활동했다. 하지만 아직도 분명히 밝혀지지 않은 이유로 그는 겨우 6개월이 지난 뒤 편집장직을 그만뒀다. 1890년 말에 사임하면서 그는 외투제조 노동자들의 조합에 자리를 얻었고 나중에는 사회주의자로 전향했다. 게다가 그 뒤엔 정치에 뛰어들었고 민주당의 후보로 시카고에서 부(副)지방검사로 선출되기도 했다.[26]

영어로 선전을 할 만큼 아주 능통한 사람이자 <자유개척단>의 몇 안 되는 단원 중 ―알렉산드르 베르크만도 그 중 한 사람이었다― 한 명으로, 많은 글을 발표한 평론가이자 번역가인 메리슨(J. A. Maryson) 박사가 루이스를 대신해 편집장직을 맡았다. 짧은 공백 뒤에 메리슨의 후임을 맡은 사람은 그 직을 맡기 위해 신시내티(Cincinnati)에서 불려온 시인 데이비드 에델슈타트였다.[27] 최초의 유대인 "노동시인" 중 한 명인 에델슈타트

---

26. *Fraye Arbeter Shtime*, 1891년 1월 1일자, 1951년 2월 16일자 ; Epstein, *Jewish Laber*, 1권, p. 43. 루이스는 1918년 자살했다.

27. *Fraye Arbeter Shtime*의 초기 편집장들에 관해서는 1945년 4월 19일 요셉 코헨(Joseph J. Cohen)이 아그네스 잉글리스에게 보낸 편지를 보라, Labadie Collection, University of Michigan.

는 『바르하이트』에서 등단했고 『모르겐스테른』에 글을 쓰면서 유대인 노동자 계급의 음유시인이 되었다. 엠마 골드만은 그를 "위대한 시인이자 지금까지의 아나키스트 중에서 가장 뛰어난 유형의 한 사람"으로 여겼다.[28] 자신의 시에서 스스로를 묘사했듯이 "빈곤의 자식이자 투쟁의 공상가"로, 단추구멍을 만드는 일을 하던 에델슈타트는 자신의 시들에서 아주 강렬하게 연상되는 비참한 착취공장생활을 직접 경험했다. 이런 시들ㅡ"투쟁 속에서(In Kamf)", "경계하며(Vakht Oyf)", "자연과 인간(Natur un Mensh)"이 가장 유명한 시들이다ㅡ은 이디시어를 말하는 노동자들 사이에서 즉시 인기를 얻었다. 노동자들은 이 시들을 노래로 만들어 피크닉과 집회, 유대인 노동자들이 모이는 곳이면 어디서든지 불러댔다.

"탁월한 이상주의적 본성"[29]을 지녔던 에델슈타트는 『프라이에 아르베터 슈티메』의 초기단계에 특별한 흔적을 남겼다. 하지만 그의 경력은 갑자기 끝났다. 당시 착취공장의 다른 재봉사들 사이에 유행하던 결핵에 걸려서 1891년 10월 그는 편집장직을 그만두고 치료를 위해 덴버로 옮겨갔다. 그는 몇 달 동안 계속 시를 써서 신문에 보냈지만 병이 너무 많이 진행되어 결국 체력도 바닥났다. 1892년 10월 그는 26세의 나이로 죽음을 맞았다.[30] 그 뒤 몇 년간 시카고와 보스턴, 다른 도시들에서는 에델슈타트 모임들이 생겨났다. 한 에델슈타트 노래모임이 뉴욕에도 만들어졌고 덴버에 있는 에델슈타트의 묘지에는 묘비가 세워졌는데 조카딸의 말에 따르면 "그를 사랑했고 그가 옹호하고 계몽하려 했던 노동하는 인민들"이

---

28. 1936년 2월 1일 엠마 골드만이 델마 콜도프스키(Thelma Koldofsky)에게 보낸 편지, Nettlau Archive, International Institute of Social History.

29. Emma Goldman, *Living My Life*, p 55.

30. 에델슈타트의 삶과 글에 대해서는 *Dovid Edelstadt Gedenk-Bukh*(New York, 1953) ; D. Edelstadt, *Shriften*(London 1910) ; 그리고 Kalman Marmor, *Dovid Edelstadt*(New York, 1950) 를 보라.

세웠다고 한다.[31]

에델슈타트의 죽음은 유대인 운동에 충격을 줬다. 하지만 『프라이에 아르베터 슈티메』는 27세의 유능한 청년이자 크로포트킨의 『빵의 쟁취』, 장 그라브(Jean Grave)의 『사멸하는 사회와 아나키』(*Moribund Society and Anarchy*), 알렉산드르 베르크만의 『한 아나키스트의 옥중자서전』을 포함해 아나키스트 고전의 번역자로 일찌감치 명성을 얻었던 모쉬 카츠와 솔 로타로프의 지도를 받으며 계속 발행되었다.[32] 더구나 아나키스트들과 사회주의자들이 연합신문 창간을 논의하기 위해 만났던 1889년부터 시작된 전통을 따라 매년 12월 『프라이에 아르베터 슈티메』는 로우어이스트사이드에서 욤 키퍼 무도회의 효과나 조직화된 노동에 대한 아나키스트들의 입장 같은 운동이 직면한 중요한 문제들을 논의하는 회의를 열었다.[33] 1891년에는 프랑스의 유명한 아나키스트이자 지리학자인 엘리제 르클뤼가 편집자들을 방문해서 리버테리안 노선에 따라 운영되는 아이들을 위한 학교를 조직해야 한다고 강력히 권유했다는 점은 덧붙일 만하다.[34]

이 시기 또 다른 중요한 사건은 <자유개척단>의 일원인 알렉산드르 베르크만이 피츠버그 근처의 카네기 철강 경영자인 헨리 클레이 프릭의 목숨을 노린 사건이었다. 1892년 홈스태드 파업 중에 벌어진 베르크만의 행동은 그의 동지들에게 각양각색의 반응을 얻었다. 나중에 『프라이에 아르베터 슈티메』의 편집자가 된 요셉 코헨(Joseph Cohen)에 따르면, 몇몇

---

31. 1974년 12월 9일 소냐 에델슈타트 킨이 폴 애브리치에게 보낸 편지, Avrich Collection, Library of Congress. 1948년 부에노스 아이레스의 에델슈타트 모임이 J. Sigal이 편집한 *Kropotkin Zamlbukh*를 출판했다는 점도 주목할 만하다.

32. Frumkin과 Feinman이 편집한 *Moyshe Katz Zamlbukh*에 실린 "M. Katzes tetikayt in der anarkhistisher un sotsial-revolutsionerer bavegung"을 보라.

33. *Fraye Arbeter Shtime*, 1891년 1월 1일자, 1892년 1월 1일자.

34. I. Rudash[Rudashevsky], "An Evening with Elisée Reclus," *Man!*, 1938년 4월호. 1889년 뉴욕으로의 이른 여행 동안 르클뤼는 *Freiheit*의 사무실에서 요한 모스트를 만났다.

사람들에게 베르크만의 이름은 "일종의 부적이자 영감의 원천, 자극"이 되었다.[35] 하지만 다른 사람들은 비판적이었다. 그리고 몇몇 사람들은 운동과의 관계를 끊었고 어느 곳에서 벌어지든, 특히 민주적인 미국에서라면 그런 행동이 테러리즘이라며 거부했다.

베르크만이 행동하던 시기에 『프라이에 아르베터 슈티메』는 이미 심각한 어려움에 부딪치고 있었다. 가난한 노동자들의 도움에 의지했던 신문은 시작부터 재정적인 어려움을 겪어왔다. 식자공과의 임금논쟁은 신문의 어려움을 가중시켰고 1892년 5월 신문은 열 달 동안 발행을 중지했다. 그리고 1893년 3월 신문이 복간되자마자 미국은 대공황에 휩싸였다. 신문은 다시 발행중지 압력을 받았던 1894년 4월까지 버텼다.[36]

1894년 『프라이에 아르베터 슈티메』의 발행중단과 함께 미국의 유대인 아나키즘 운동사의 첫 번째 국면도 끝이 났다. 복간된 신문이 운동에 새로운 생명력을 불어넣은 1899년까지는 제자리걸음만 반복하던 시기였다. 이 중단기 동안 유대인 아나키즘은 정체상태에 빠졌다. 〈자유개척단〉과 〈자유기사단〉, 그리고 다른 집단들은 제1차 세계대전 이전에 완전히 없어질 때까지 겨우 명목만 유지했던 〈국제 노동인민협회〉와 함께 사라졌다. 하지만 활동이 완전히 중단되지는 않았다. 예전의 규모만큼은 아니더라도 강연회와 집회들이 계속되었다. 더구나 매년 동북부 도시의 유대인 아나키스트들은 함께 모여 토론회를 열기 위해 뉴욕으로 대표들을 보냈다.[37] 그러나 가장 중요한 점은 이스트브로드웨이 202가의 사무실에서 1895년부터 발행된 32쪽의 월간 문화·문학지 『디 프라이에 게젤샤프트』(*Di Fraye Gezelshaft*, 자유로운 사회)의 창간이다. 편집자인 레온티예프

---

35. Joseph J. Cohen, *Di Yidish-anarkhitishe bavegung in Amerike*(Philadelphia, 1945), p. 194.

36. *Tfileh Zakeh*, 매년 치러지다 1893년 이후 중지되었던 〈자유개척단〉의 욤 키퍼 행사도 대공황의 희생양이 되었다.

37. 예를 들어, *The Firebrard*, 1896년 10월 4일자를 보라.

(M. Leontieff, 레프 솔로몬 모이세프(Lev Solomon Moiseev)의 가명)는 겨우 23살이었지만 유럽 문학에 정통했고『프라이에 아르베터 슈티메』의 발행이 중단되기 몇 달 전부터 글을 기고했다. 건축 엔지니어인 레온티예프는 그 분야에서 세계적인 명성을 얻었고 맨하탄의 건물과 뉴욕의 윌리엄스버그 다리를 감독했다. 메리슨과 카츠, 솔로타로프의 도움을 받아 레온티예프는 크로포트킨과 그라브, 르클뤼, 세바스티앙 포르 같은 유명한 유럽 아나키스트들의 글을 번역하고 유명한 유대인 아나키스트 작가들의 글을 받아『디 프라이에 게젤샤프트』를 일류 잡지로 만들었다.[38]

『디 프라이에 게젤샤프트』외에도 외국에서 온 방문객들이 약해져 가던 운동에 생명력을 불어넣었다. 이 사실은 1897년에 처음으로 미국에 와서 뉴욕과 다른 도시들에서 강연했던 표트르 크로포트킨의 경우에 특히 잘 들어맞는다. 그리고 크로포트킨은 동지들이 준비한 개인적인 모임들, 예를 들어 드레퓌스 사건과 그 시대의 다른 문제들을 논의했던 솔로타로프의 집에서 열린 모임에도 참석했다. 아나키즘의 주요한 이론가 중에서 유대인 지지자들에게 크로포트킨보다 더 강한 영향력을 행사했던 사람은 없었고 ―심지어 모스트도 아니다―, 그의 방문은 절실하게 요구되던 활력을 제공했다. 하지만 5년의 공백 기간 뒤『프라이에 아르베터 슈티메』가 복간될 때까지 운동은 예전의 힘을 회복하지 못했다. 1899년 10월, 신문은 사울 야노브스키의 지도를 받으며 복간되었다. 야노브스키의 임기는 20세기의 첫 20년 동안 이어져 1919년까지 계속되었다. 지금부터 보겠지만 이 시기는『프라이에 아르베터 슈티메』만이 아니라 전체 유대인 아나키스트 운동의 전성기로 기록된다.

---

38. *Di Fraye Gazelschft*에 관해서는 A. Frumkin, *In filing fun yidishn sotsializm*(New York, 1940), pp. 79~85. 레온티예프는 조지 워싱턴 다리 건설에서 고문으로 일했고 영예로운 청동훈장을 받았다.

야노브스키는 1864년 핀스크(Pinsk)의 러시아 마을에서 태어났다. 랍비의 아들이었지만 그는 종교가 "전부 엉터리"라고 경멸하며 일찌감치 그것을 거부했다.[39] 1885년 미국으로 이민을 와서 더 나은 노동조건을 요구하다 해고될 때까지, 그는 (와이셔츠, 외투, 모자를 만드는) 의류산업에서 여러 직업을 전전했다. 헤이마켓 순교자들에 감동을 받은 그는 〈자유개척단〉에 가입했고 『브르하이트』에 글을 쓰면서 스스로 묘사했듯이 "거침없는 아나키스트", 테러리즘과 폭동의 지지자가 되었다.[40]

야노브스키의 글은 주목을 받았고 1889년 그는 런던에 와서 『아르베터 프라인트』를 편집해달라는 초청을 받았다. 루돌프 로커에 따르면 그의 도착은 런던의 "유대인 노동운동에서 새로운 시대를 열었다."[41] 감동을 주는 연설가 야노브스키는 헤이마켓, 노동절, 파리꼬뮨 기념일에 모습을 드러냈고 종종 크로포트킨, 에리코 말라테스타, 루이즈 미셸과 나란히 연단에 섰다. 1890년 아르베터 프라인트 인쇄소가 출판했던 그의 팸플릿 『아나키즘이란 무엇인가?』(*Vos viln di anarkhistn?*)는 이디시어로 아나키즘을 설명하는 최초의 책 중 하나였고 특히 노동자 계급 독자를 위해 기획되었다. "그의 언어는 자연스럽고 살아있으며 그는 독자들이 생각하도록 만든다"고 로커는 관찰했다. 로커가 생각하기에 야노브스키는 당시 화이트샤펠의 유대인 중에서 "말과 글 모두에서 가장 뛰어난 선전가"였다.[42]

영국에서 5년을 보낸 뒤 야노브스키는 미국으로 돌아갔고 예전처럼 뉴욕에 정착했다. 콧수염과 오만해 보이는 턱수염을 기른, 작고 거무스레하

---

39. 1972년 6월 1일 뉴욕주 브롱스에서 Sophia Janoff[Yanovsky]와의 인터뷰.

40. Yanovsky, *Ershte yorn*, pp. 95~101.

41. Rocker, *London Years*, p. 128.

42. 같은 책, pp. 129~30. 그의 전기 작가의 묘사에 따르면 야노브스키의 연설 스타일은 "재치 있고 날카로우며 화산처럼 뜨겁고 폭발적이었다." Abba Gordin, *S. Yanovsky : Zayn lebn, kemfn un shafn, 1864~1939*(Los Angeles, 1957), p. 129.

며 열정적인 야노브스키는 동북부 전역의 청중들을 열광시켰던 강연을
하며 다시 한번 유대인 아나키스트 모임에서 유명한 인물이 되었다. 하지
만 야노브스키는 아나키스트 운동 내에서 자신의 영향력을 손상시키는
나쁜 성격도 가지고 있었다. 편협하고 빈정대며 관용이 부족했던 그는 다
른 사람들을 무뚝뚝하게 대했고 친구와 적 모두를 가차없이 비판했다. 그
는 자신이 쓴 글의 견본을 보여준 젊은 시인에게 "왜 당신은 종이를 낭비
하고 있나?"라고 물었다. 한 피아노 콘서트가 끝난 뒤 그는 독주자에게
왜 바이올린을 연주하지 않느냐고 물었다. 피아니스트가 "나는 바이올린
을 연주할 줄 모릅니다"라고 대답하자 야노브스키는 "그러면 피아노는
아나?"라고 쏘아 붙였다.[43] 요셉 코헨이 말했듯이, 그런 가시 돋친 말들은
야노브스키가 많은 적들을 물리치게 했지만 그 자신의 운동 내에서도 그
러했다.[44] 골드만은 그의 "전제주의적 방식들"을 비판했다. 베르크만은
그가 융통성 없고 "독재적"이라고 생각했다. 또 다른 동지는 "그는 영리
한 친구였지만 방식이 너무 모났다. 그가 그렇게 심하게 빈정대면 당신은
눈앞이 아찔해질지 모른다!"고 회상했다.[45]

하지만 개인적인 단점이 어떻든 야노브스키는 매우 능력있는 편집자이
자 관리자였다. 심지어 그의 적들도 이 점에 동의했다. 『프라이에 아르베
터 슈티메』를 복간하자는 요청을 받고 불안한 시작을 했지만 그는 예전
에 부족했던 안정성을 제공해서 신문을 튼튼한 발판 위에 올려놨다. 문학

---

43. Lucy Robins Lang, *Tomorrow Is Beautiful*(New York, 1948), p. 112 ; 1972년 9월 28일 Israel
 Ostroff와의 인터뷰.

44. Cohen, *Di yidish-anarkhistishe bavegung*, p. 92.

45. 1929년 4월 16일 엠마 골드만이 친애하는 동지에게 보낸 편지, Goldman Archive,
 International Institute of Social History ; 1930년? 2월 2일 알렉산드르 베르크만이 미나 로벤손
 (Minna Lowensohn)에게 보낸 편지, Avrich Collection ; 1977년 2월 3일 뉴욕에서 Bessie Zoglin
 과의 인터뷰. 그리고 1930년 12월 16일 베르크만이 마이클 코헨(Michael Cohen)에게 보낸
 편지를 보라, Berkman Archive, International Institute of Social History.

적인 재능을 보는 눈을 지녔던 그는 많은 재능있는 작가들과 여러 가지 주제들에 관한 참신한 의견들에 칼럼을 개방했다. 크로포트킨, 솔로타로프, 모스트가 등록되어있던 아나키스트 기고자들의 명부에, 그는 루돌프 로커, 막스 네틀라우, 아브라함 프럼킨(Abraham Frumkin), 엠마 골드만, 미국인으로 필라델피아 유대인 거주지역에서 이디시어를 배웠던 볼테린느드 클레이르 같은 이름을 추가시켰다.[46] 문화에 굶주린 유대인 노동자들을 위해 그는 아우구스트 스트린버그(August Strindberg)와 헨릭 입센(Henrik Ibsen), 버나드 쇼, 오스카 와일드, 레오니드 안디브(Leonid Andreev), 올리브 슈라이너(Olive Schreiner), 옥타브 미르보(Octave Mirbeau), 버나드 라자레(Bernard-Lazare)를 번역해서 실었다. 그 외에도 그는 아브롬 라이젠(Avrom Reisen)과 레이빅(H. Leivick) 같은 유명한 유대인 작가들의 글을 실어서 『프라이에 아르베터 슈티메』를 그 시대에 가장 많이 읽히는 신문 중 하나로 만들었다. 야노브스키 자신의 칼럼인 "경계 중(Oyf der Vakh)"도 날카로운 재치 때문에 특별한 인기를 누렸고 찬사를 받았다.[47] 권위있는 한 소식통에 따르던 야노브스키의 지도를 받으면서 『프라이에 아르베터 슈티메』는 "유대인 인쇄물 중에서 부러운 위치"를 차지하게 되었다.[48] 구독부수가 조금씩 늘어나 제1차 세계대전 직전에는 2만 부를 넘어섰다.[49]

야노브스키가 『프라이에 아르베터 슈티메』에 새로운 방침을 제시했다는 점도 덧붙여야 한다. 1894년에 정간될 때까지 신문은 천년왕국의 기대

---

46. Paul Avrich, *An American Anarchist : The Life of Voltairine de Cleyre*(Princeton, 1978)를 보라.
47. 시간이 촉박하면 야노브스키는 모든 기사를 인쇄공에게 직접 읽어주었고 인쇄공은 "그가 말하는 대로 판을 짰다." 1974년 2월 2일 뉴욕주 브롱스에서 Morris Ganberg와의 인터뷰.
48. Epstein, *Jewish Labor*, 1권, p. 207. Charles A. Madison, *Yiddish Literature*(New York, 1968), p. 138과 비교하라.
49. 1976년 6월 18일 뉴욕즈 WBAI의 P. Constan[Ahrne Thorne]과 무전기를 이용한 인터뷰.

에 심취해서 총체적인 혁명과 현존 체제의 완전한 파괴를 지지했고 점진
적인 개혁을 경멸했다. 대부분의 유대인 동지들처럼 야노브스키 자신도
요한 모스트의 열렬한 제자이자 실행에 의한 선전의 지지자였다.[50] 하지
만 그즈음부터 1880년대와 90년대의 종말론적 열정, 즉 사회혁명이 곧 닥
쳐오고 물리적인 힘이 불가피하다는 신념은 점차 쇠퇴하기 시작했다. 야
노브스키는 사회문제를 해결하려면 아나키즘이 조금 더 건설적으로 접근
할 필요가 있다고 결론을 내렸다. 예전에 그가 가졌던 테러리즘적 입장은
그의 온 몸, 온 마음과 반대되게 되었다. 한 친구는 그에게 아나키즘이란
"폭탄이 아니라 인간의 존엄과 협력, 사랑과 박애의 철학"이었다고 회상
했다.[51] 『프라이에 아르베터 슈티메』가 제시했듯이 "직접행동"은 더 이상
폭력이나 파괴가 아니라 리버테리안 학교를 설립하고 노동자들의 조합을
돌보며 모든 유형의 협동조합을 건설하는 걸 의미했다.[52] 1901년 맥킨리
대통령의 암살에 분노한 야노브스키는 아나키즘이 다른 무엇보다도 조화
와 "인간들 사이의 평화"를 요구한다고 주장했다. 이런 점에도 성난 군중
이 헨리가 185번지의 『프라이에 아르베터 슈티메』 사무실을 습격해 파괴
했고 야노브스키 자신도 모퉁이에 몰려 몰매를 맞았다.[53]

더 실용적이고 현실적인 입장으로 이동했음을 드러내는 또 다른 신호
는, 형성기 운동의 두드러진 특징인 종교에 반대하는 선동을 완화한 것이
다. 한 성명서에서 드러나듯, "과거의 죄 때문에 단식하고 속죄하는 것보
다 춤추고 즐기는 게 더 낫다"던 사람들은 욤 키퍼 무도회를 계속 개최했
다.[54] 하지만 무도회는 세기가 바뀌기 전만큼 많이 열리지 않았고, 짐작할

---

50. S. Yanovsky, "Kropotkin kakim ia ego znal," G. P. Maximoff가 편집한 *P. A. Kropotkin i ego uchenie*(Chicago, 1931), p. 219.
51. 1972년 9월 28일 Israel Ostroff와의 인터뷰.
52. *Fraye Arbeter Shtime*, 1911년 1월 7일자.
53. 같은 신문, 1901년 9월 20일자 ; Rischin, *Promised City*, p. 161.

수 있듯이 그때와 비교할 만한 열의를 가지고 빠져든 사람도 없었다. 1903년과 1906년 사이에 키쉬네프(Kishinev)와 다른 러시아 도시들의 프로그램들[55]이 무도회의 분위기를 깼고 적지 않은 유대인 아나키스트들이 자신들의 뿌리로 돌아갔다. 이스라엘 코펠로프가 얘기했듯이, 키쉬네프 이후 "통의 내용물을 뒤집어엎은 듯 내가 이전에 품었던 사해동포주의와 국제주의, 그와 비슷한 생각들이 갑자기 사라졌다."[56] 운동에 가장 헌신적인 인물 중 한 명인 히렐 솔로타로프는, 한 러시아 청년이 <영원한 인민이 주회>(the Am Olam(Eternal People) colonization society)에 가입해서 그 단체의 보호를 받으며 미국으로 이민을 왔을 때처럼, 자신을 이끌던 민족감정이 다시 눈을 떴다고 느꼈다. <자유개척단> 시대의 노련한 동료인 코펠로프, 모쉬 카츠와 함께 솔로타로프는 유대인이 살아남기 위한 해결책을 시오니즘[57]에서 찾으며 노선을 바꿨다.[58]

하지만 더욱더 실용적인 접근이 나타났던 또 다른 영역은 노동운동이었다. 야노브스키 시기 동안 아나키스트들은 유대인 노동자들이 고용된 모든 직종―제본업과 담배제조업에서 재봉업과 페인트공까지―에서 노동조합을 조직하는 데 참여했다. 그들은 특히 <여성 방직 노동자 국제연맹>과 <미국 합성의류 노동자회>에서 적극적으로 활동하며 파업에 참여하고 부패를 제거하며 관료주의와 무관심에 맞서 싸웠다. [여전히] 투쟁

---

54. *Free Society*, 1904년 9월 18일자. 1906년 9월 28일에 열린 시카고의 에델슈타트 모임이 후원했던 욤 키퍼 무도회의 성명서와 비교하라. Michael A. Cohn Papers, YIVO Institute for Jewish Research, New York.

55. [옮긴이 주] 반(反)유대인 캠페인이 벌여져 많은 유대인들이 학살당하고 재산을 약탈당했다.

56. Kopeloff, *Amol in Amerike*, p. 458. Nora Levin, *While Messiah Tarried : Jewish Socialist Movements, 1871~1917*(New York, 1977), p. 172.

57. [옮긴이 주] 19세기 말 팔레스타인으로 돌아가 유대인의 민족국가를 건설하려는 민족주의 운동.

58. Maximoff가 편집한 *P. A. Kropotkin i ego uchenite*, p. 332.

적이지만 그들은 과거에 많은 아나키스트들이 그랬듯이 부분적인 경제적 이득을 더 이상 경멸하지 않았다. 로커가 언급했듯이, "'나빠질수록 좋아진다'는 낡은 구호는 잘못된 가정 위에 만들어졌다. 노동자 계급의 정신을 딴 곳으로 돌리고 사회적인 해방으로 이끄는 길에서 벗어나게 한다는 이유로, 많은 급진주의자들이 노동자의 몫을 어느 정도 늘리는 걸 —심지어 노동자들이 그걸 원할 때도— 반대하게 했던 '모든 것 또는 아무것도'라는 또 다른 구호도 마찬가지다. 이건 역사와 심리학의 경험에 완전히 위배된다. 생활조건을 향상시키기 위해 싸울 준비가 되어있지 않은 사람은 사회적인 해방을 위한 싸움도 준비하지 못할 수 있다. 이런 종류의 구호들은 혁명운동에서 암(癌)과 같다."[59]

이를 새로운 태도로 받아들인다면, 생명보험과 질병수당, 재해수당, 매장지(burial plots), 교육문화 프로그램을 강조했던, 미국과 캐나다에서 사회주의 성향을 띤 유대인의 박애체제인 <노동자단>(the Workmen's Circle)에 아나키스트들이 적극적으로 참여했다는 사실은 놀랍지 않다.[60] 1920년대가 되면 뉴욕의 <새로운 사회>(Naye Gezelshaft) 지부, 필라델피아의 <급진주의자 도서관>(the Radical Library) 지부, 볼티모어의 <자유>(the Frayhayt) 지부, 로스앤젤레스의 <크로포트킨> 지부를 포함해서 약 24개의 아나키스트 지부들이 건설된다.

더구나 유대인 아나키스트들은 모든 영역의 협동조합사업에 개입했다. 가장 대표적인 게 뉴욕 펜실바니아 역 근처의 <여성 방직 노동자 국제연맹>의 주택협동조합과 로우어이스트사이드와 브롱스의 <미국 합성의류 노동자회>의 주택협동조합이다. 당시 해체된 <자유기사단>의 단원 차임

---

59. Rocker, *London Years*, p. 80.

60. <노동자단>에 관해서는 J. S. Hertz, *Fuftsik yor arbeter ring in yidishn lebn*(New York, 1950); 그리고 Jadah J. Shapiro, *The Friendly Society : A History of the Workmen's Circle*(New York, 1970)을 보라.

바인버그도 같은 이유로 필라델피아에서 강연회를 지원하고 문건을 배포하며 협동조합 신발가게와 빵집을 열었던 <유대인 노동자 협동조합협회>를 조직했고 거의 9백 명의 회원을 끌어들이는 데 성공했다.61 비슷하게 유대인 아나키스트들이 대거 정착했던 뉴저지주의 스텔턴 정착지는, 프란시스코 페레가 바르셀로나에 세웠던 근대학교의 모델을 본 딴 아이들의 학교와 협동조합의 식품가게, 의복공장, 마을버스 서비스를 자랑했다.62

야노브스키 시대에 미국 전역에서 유대인 아나키즘은 급속하게 확장했다. 『프라이에 아르베터 슈티메』의 복간 이후 새로운 모임들이 나타났고 새로운 정기간행물들이 발행되었으며 운동은 가장 왕성한 전성기를 이뤘다. 1900년과 18년 사이에 뉴욕에서만 적어도 10개의 유대인 모임들이 만들어졌고63 전체 회원은 거의 5백 명에 달했다. 1905년 혁명 이후 러시아로부터 이민의 물결이 밀려오면서 다른 도시들도 비슷한 증가를 보였다. 그리고 1910년 12월 유대인 아나키스트 단체의 연합체인 <미국 아나키스트 모임연합>(the Federirte Anarkhistishe Grupen in Amerike)이 필라델피아에서 총회를 가지며 출범했고, <자유기사단>를 대체해 필라델피아의 주도적인 유대인 모임이 되었던 <급진주의자 도서관>이 그 준비를 맡았다.64

----

61. *Man!*, 1933년 4월호 ; Avrich, *An American Anarchist*, p. 135 ; 1971년 11월 23일 필라델피아에서 Morris Beresin과의 인터뷰

62. the *Fraye Arbeter Shtime*(1909년 10월 16일자)은 1909년 페레의 처형을 헤드라인에서 다루며 애도했고 이 죽음은 미국에서 그와 비슷한 20개가 넘는 학교의 설립을 자극했다. Paul Avrich, *The Modern School Movement - Anarchism and Education in the United States*(Princeton, 1980)를 보라.

63. The Anarkhie Group, the Kikht Group, the International Group, the Fraye Arbeter Shtime Group, the Broyt un Frayhayt Group, the Germinal Group, the Jewish Self-Education Group, the Shturm Group, the Frayhayt Group, the Friends of Art and Education Group.

64. 뉴욕, 필라델피아, 보스턴, 볼티모어, 패터슨, 시카고, 위니펙, 다른 도시들의 대표들이 참석

유대인 모임의 확산은 이디시어로 된 아나키스트 간행물의 양적 증가를 동반했다. 다음의 리스트가 보여주듯이 1900년에서 20년 동안 20개의 이디시어 아나키스트 정기간행물 중 12개가 미국에서 발행되기 시작했다.

미국의 이디시어 아나키스트 정기간행물들

Di Abend Tsaytung. 뉴욕, 1906년. 일간지. <자유로운 노동자의 목소리> 발행. 사울 야노브스키 편집.

Der Anarkhist. 필라델피아, 1908년. 월간지. <아나키스트 꼬뮌주의자 모임>(the Group of Anarchist Communists) 발행.

Behind the Bars. 뉴욕, 1924년. <아나키스트 적십자회>(the Anarchist Red Cross Society) 발행. 영어와 이디시어. 단 한 번만 발행(1924년 1월).

Broyt un Frayhayt. 필라델피아, 1906. 주간지. 요셉 코헨 편집.

Fraye Arbeter Shtime. 뉴욕, 1890~1977. 주간지였다가 격주간지와 월간지. 데이비드 에델슈타트, 사울 야노브스키 등이 편집.

Di Fraye Gezelshaft. 뉴욕, 1895~1900. 월간지. 레온티에프 편집.

Di Fraye Gezelshaft. 뉴욕, 1910~1911. 월간지. 사울 야노브스키 편집.

Di Fraye Tsukunft. 뉴욕, 1915~1916. 비정기간행물. <미국 아나키스트 연합>(the Anarchist Federation of America) 발행.

Dos Fraye Vort. 뉴욕, 1911. 월간지. <미국 아나키스트 모임연합>(the Federated Anarchist Groups in America) 발행. 메리슨(J. A. Maryson) 편집.

Di Frayhayt. 뉴욕, 1913~1914. 월간지. <미국 아나키스트 모임연합> 발행. 바론(L. Barone) 편집.

Frayhayt. 뉴욕, 1918. 월간지. 야곱 아브람스(Jacob Abrams) 등이 편집.

했다. *Fraye Arbeter Shtime*, 1911년 1월 7일자 ; *The Agitator*, 1911년 1월 15일자. <아나키스트 모임연합>은 1914년 <미국 아나키스트 연합>(the Anarchist Federation of America)으로 이어졌고 이 조직은 2년 뒤 해산되었다.

* *Lebn un Kamf.* 뉴욕, 1906. 율리우스 에델슨(Julius Edelsohn) 편집.

Der Morgenshtern. 뉴욕, 1890. 주간지. 아바 브라스라브스키(Abba Braslavsky) 편집.

* *Di Shtime fun di Rusishe Gefangene.* 뉴욕, 1913~1916?. 월간지. <아나키스트 적십자>(the Anarchist Red Cross) 발행. 알렉산드르 자거(Alexander Zager) 편집.

* *Der Shturm.* 뉴욕, 1917~1918. 격주간지? 야콥 아브람스 등이 편집.

Di Sonrayz Shtime. 미시간주 엘리시아, 1934. <썬라이즈 협동농장 공동체>(the Sunrise Co-operative Farm Community) 발행. 1호만 발행(1934년 5월 19일자).

Tfileh Zakeh. 뉴욕, 1889~1893. 매년 (욤 키퍼의 날에) <자유거척단> 발행.

Varhayt. 뉴욕, 1889. 주간지. <자유개척단> 발행. 요셉 자파 편집.

Der Yunyon Arbeter. 뉴욕, 1925~1927. 주간지. <아나키스트 그룹, I.L.G.W.U.> 발행. 사이먼 파버(Simon Farber) 편집.

* *Zherminal.* 뉴욕주 브룩클린. 1913~1916?. 월간지. <제르미날 그룹> 발행. 잘만 데닌(Zalman Deanin) 편집.

* 표시를 한 이 저널들의 복사본은 어디에 있는지 알 수 없다.

야노브스키 자신은 『프라이에 아르베터 슈티메』 외에 두 개의 새로운 신문들을 편집했다. 첫 번째인 『아벤트 차이퉁』(*Di Abend Tsaytung*, 석간) 은 분명 아브라함 카헨의 성공적인 『쥬이쉬 데일리 포워드』(*Jewish Daily Forward*, 날마다 전진하는 유대인)와 경쟁하기 위해 계획되었다. 하지만 재능과 자본의 부족으로 이 신문은 두 달 만에 폐간되었다. 두 번째인 『프라이에 게젤샤프트』는 더 오래 유지되었던 1890년대 같은 이름의 잡지를 모형으로 삼은 문학 월간지로 1년 6개월 동안 발행되었다. 그렇지만 다른 모든 이디시어 잡지 중에서 『프라이에 아르베터 슈티메』만이 오랫동안 살아남을 수 있었다.

그럼에도 교육받고 [사회적·정신적으로] 상승하려는 열정은 아나키스트 출판물들을 한층 더 성숙시켰다. 신문과 잡지 외에도 책과 팸플릿들이 홍수처럼 인쇄되어져 나왔다. 예를 들어, 뉴저지주 뉴워크의 〈자유로운 노동자의 목소리〉는 크로포트킨, 말라테스타, 다른 주요한 아나키스트 작가들의 책을 이디시어로 번역해서 출판했다. 브룩클린의 〈제르미날 출판조합〉(the Germinal Publishing Association)은 크로포트킨의 『청년에게 보내는 호소』를 새로이 이디시어로 번역해서 출판했다. 위니펙의 〈자유로운 사회모임〉(the Fraye Gezelshaft Group)은 크로포트킨의 『사회주의 발전에서 아나키즘의 위치』(*Place of Anarchism in Socialistic Evolution*)의 이디시어판을 발행했다. 뉴욕의 〈빵과 자유도서관〉(the Broyt un Frayhayt Bibliotek)은 볼테린느 드 클레이르의 『직접행동』과 마리아 골드스미스의 『아나키즘과 혁명적 노동조합주의』(*Anarchism and Revolutionary Syndicalism*), 1909년 사형을 선고받았고 독방에서 자살했던 러시아 아나키스트 마뜨료나 프리시아크니유크(Matryona Prisiazhniuk)의 법정연설을 번역해서 출판했다.[65] 어른만이 아니라 아이들도 다윈과 스펜서, 다른 유명한 과학자와 작가들의 책을 탐독했다. 뉴욕의 경찰국장은 "그 점을 생각하라!, 허버트 스펜서는 소년과 소녀들이 요정이야기를 읽기를 장려했다"고 소리쳤다.[66] 배움에 대한 갈증을 채우기 위해 많은 도시의 유대인 아나키스트들이 도서관과 독서실, 문학모임을 조직했고, 다른 한편으로 로우어이스트사이드의 헌신적인 아나키스트이자 장서가였던 막스 마이젤의 서점은 이디시어로 된 엄청난 수의 급진적인 작품들—크로포트킨과 쏘로우, 오스카 와일드의 책 중 일부는 마이젤이 직접 출판했다—을 갖춘 지적인

---

65. Paul Avrich, *The Russian Anarchists*(Princeton, 1967), pp. 66~67.
66. Rischin, *Promised City*, p. 199에서 재인용.

활동의 중추가 되었다.[67]

여전히 크로포트킨은 유대인 제자들이 숭배하는 가장 대중적인 아나키스트 저자였다. 1901년 두 번째로 미국을 방문했을 때 많은 도시들에서 엄청나게 몰려나온 청중에게 강연했고 ―이미 5장에서 봤듯이―, 『프라이에 아르베터 슈티메』가 [책을 내기 위해] 그의 사진들을 더 모으려고 계획했을 때, 크로포트킨은 그 계획을 중단시키며 "하나의 우상"이 되는 걸 거부한다고 야노브스키에게 말했다.[68] 크로포트킨이 영국으로 돌아간 뒤 유대인 아나키스트들은 러시아에서 아나키스트 운동을 꽃피우려는 그의 활동을 지원하기 위해 돈을 보냈다. 1905년 혁명이 터졌을 때 유대인 아나키스트들은 더욱더 열심히 러시아의 아나키스트 신문들을 지원했고 모금활동을 위해 미국에 온 일련의 러시아 혁명가들―니꼴라이 차이코프스키, 막심 고리끼, 그레고리 게르슈니(Gregory Gershuni), 캐더린 브레쉬코브스카야(Catherine Breshkovskaya), 차임 지틀로브스키(Chaim Zhitlovsky)―을 환영했다.[69] 1907년에 혁명이 진압된 뒤에는 정치범들을 돕기 위해 〈아나키스트 적십자〉(Anarchist Red Cross)가 조직되었다. 뉴욕에 본부를, 필라델피아와 볼티모어, 시카고, 디트로이트에 지부를 둔 이 조직은 여론에 호소하고 탄원서를 돌리며 감옥에 있거나 추방된 러시아 혁명가들을 위해 돈과 의복을 모으는 연회("농민 무도회"와 "죄수 무도회")를 조직했다.[70]

러시아에서 벌어지는 사건들에 계속 열정적으로 관심을 가지면서 유대

---

67. S. Linder, "Max N. Maisel," *Fraye Arbeter Shtime*, 1959년 11월 1일자.

68. Yanovsky, "Kropotkin kakim ia ego znal," p. 216.

69. *Di Abend Tsaytung*, 1906년 3월 1일, 21일, 30일자와 4월 11일자 ; *Fraye Arbeter Shtime*, 1906년 12월 29일자.

70. Boris Yelensky, *In the Struggle for Equality : The Story of the Anarchist Red Cross*(Chicago, 1958) ; Avrich, *The Russian Anarchists*, pp. 113~14 ; *Fraye Arbeter Shtime*, 1955년 2월 10일자 ; 1974년 2월 2일 뉴욕주 브롱스에서 Morris Ganberg와의 인터뷰.

인 아나키스트들은 다른 운동 속으로도 자신을 밀어 넣었다. 1911년 그들은 도쿄에서 처형된 덴지로 고토쿠(Denjiro Kotoku)와 아나키스트 동료들의 죽음에 항의했다. 1912년 그들은 매사추세츠주 로렌스에서의 섬유노동자 파업을 지원했고 1913년에는 뉴저지주 패터슨에서의 파업을 지원했다. 그들은 멕시코 혁명을 위해, 특히 캘리포니아 남부에서 리카르도 플로레스 마공과 엔리케 플로레스 마공이 이끌던 운동을 위해 기금을 모았다. 그리고 예전처럼 신문과 잡지를 발행하기 위해 피크닉과 소풍, 콘서트와 연극공연을 조직했다.

여러 해를 거듭하면서 결국 3월 18일과 5월 1일, 11월 11일은 아나키스트 달력에서 공휴일이 되었다. 그리고 앞서 얘기했듯이 1912년 12월 7일 엠마 골드만의 『마더 어쓰』와 함께 『프라이에 아르베터 슈티메』가 준비했던 크로포트킨 탄생 70주년 기념식이 카네기 홀에서 열려 그에게 존경을 표했다. 그때 『프라이에 아르베터 슈티메』는 크로포트킨의 삶과 사상을 다룬 특집을 다뤘고, 크로포트킨의 저작을 포함해 아나키스트와 사회주의자의 고전들을 이디시어로 출판하려는 목적으로 <크로포트킨 문학회>(Kropotkin Literatur Gezelshaft)가 설립되었다. 간사이자 회계였던 메리슨(J. A. Maryson), 참여자 중 한 명인 막스 마이젤과 함께 이 모임은 전국의 유대인 모임에서 회원을 모집했고 설립 후 처음 10년 동안 크로포트킨의 책 일곱 권과 바쿠닌 전집 한 권, 맑스의 『자본론』 세 권, 프루동의 『소유란 무엇인가?』, 슈티르너의 『유일자와 그의 소유』 외 다수의 책들을 발행했다.[71]

제1차 세계대전의 발발과 함께 아나키스트 운동은 중요한 국면에 접어

---

71. 메리슨 자신은 슈티르너와 맑스를 포함해 가장 어려운 번역 중 일부를 했다. 누군가의 평가에 따르면, <크로포트킨 문학회>는 최고로 많을 때 3천 명의 회원을 가졌다. *Fraye Arbeter Shtime*, 1970년 1월호

들었다. 독일 군국주의가 유럽의 사회진보를 파멸시킬지 모른다고 두려워한 크로포트킨이 연합국에 대한 지지를 선언하자, 그의 입장은 『프라이에 아르베터 슈티메』에서 격렬하게 논쟁되었고 결코 완전히 치유되지 못할 상처를 받았다. 야노브스키는 [아나키스트 중] 가장 먼저 전쟁을 반대하였고 요셉 코헨, 알렉산드르 베르크만, 엠마 골드만, 대서양 양편의 다른 유명한 아나키스트들과 함께 『전쟁에 관한 국제선언』(an International Manifesto on the War)에 서명했으며 모든 전쟁 책임이 "오직 국가라는 존재에" 있다고 선언했다.[72] 하지만 야노브스키는 그 사안에 관해 다른 의견을 가진 사람들에게도 지면을 개방했고, 나중에는 크로포트킨의 영향을 받아 그 자신도 연합국의 승리를 지지하는 쪽으로 입장을 바꿨다.[73]

볼세비키 혁명은 격렬한 논쟁의 또 다른 원인이었다. 물론 모든 아나키스트들이 환호하며 짜르의 타도를 환영했고 몇 명은 미국이 비슷한 사회·정치적 봉기를 경험하리라고 기대했다.[74] 하지만 1917년 11월 볼세비키의 권력강탈은 각양각색의 반응을 자아냈다. 골드만은 레닌과 트로츠키를 찬양하는 노래를 불렀지만("인품과 예언자적 비전, 열정적인 혁명정신으로 세계를 두려워하게 한 사람들") 야노브스키는 레닌을 "메피스토펠레스"[75]라고 비판했고 러시아의 미래에 나쁜 조짐이 될 새로운 독재의 출현을 예상했다.[76]

이 논쟁의 외중에 야노브스키는 『프라이에 아르베터 슈티메』의 편집장

---

72. *Mother Earth*, 1915년 5월호

73. *Fraye Arbeter Shtime*, 1914년 12월 26일자. 미카엘 콘을 포함해 다른 유대인 아나키스트들은 독일을 강력히 지지했다. 같은 신문, 1914년 11월 21일자 ; *Mother Earth*, 1914년 12월호

74. *Fraye Arbeter Shtime*, 1917년 4월 17일자, Z. Szajkowski, *Jews, Wars, and Communism*(New York, 1972~1977), 총 4권 중 1권, p. 72에서 재인용.

75. [옮긴이 주] 메피스토펠레스는 괴테의 『파우스트』에 나오는 악마이다.

76. Emma Goldman, *The Truth about the Boylsheviki*[원문대로](New York, 1918), pp. 5, 10 ; Lang, *Tomorrow Is Beautiful*, p. 112.

직을 사임했다. 그 후 —그 해가 1919년이다— 아나키즘은 시련기를 겪었다. 전쟁을 하는 동안과 전쟁이 끝난 뒤 시작된 억압과 추방은 가장 헌신적인 활동가들—그 중엔 골드만과 베르크만도 포함된다—을 운동에서 몰아냈다. 그리고 사람들에 대한 공산주의의 흡입력도 아나키스트 운동에 피해를 입혔다. 많은 사람들은 러시아 혁명을 도래하는 노동자들의 천년왕국으로 보고 자신의 모국[러시아]으로 돌아갔지만 감옥이나 비밀경찰의 처형실로 사라졌을 뿐이다. [미국에서] 줄어드는 이민자 수와 동유럽인에 대한 이민제한이 이디시어를 알 가능성이 있는 사람들의 보충을 엄청나게 줄였다.[77] 그동안 노쇠한 아나키스트 세대는 쇠퇴하기 시작했고 미국에서 태어나고 자란 그들의 아이들은 미국생활에 동화되고 주류사회로 편입되었다. 아나키스트 운동은 결코 회복할 수 없는 침체기로 접어들었다.

『프라이에 아르베터 슈티메』를 사임한 뒤 야노브스키는 <여성 방직 노동자 국제연맹>의 이디시어 주간지인 『게레흐티카이트』(*Gerekhtikayt*, 정의)의 편집장직을 맡았고 1926년까지 그 직책을 유지했다. 한 권위있는 중요한 소식통의 의견에 따르면, 그가 주필을 맡으면서 『게레흐티카이트』는 "미국에서 가장 활기차고 잘 편집된 노동자 신문" 중 하나가 되었다.[78] 야노브스키가 없는 『프라이에 아르베터 슈티메』는 책임을 맡은 편집위원회와 함께 어려운 시기로 접어들었다. 독자가 줄어들고 고질적인 재정적 어려움이 다시 발생했다. 이 사안을 다루기 위해 새로운 유대인 아나키스트 연합인 <미국·캐나다 유대인 아나키스트 연합>(the Yidishe Anarkhistishe Federatsie fun Amerike und Kenede)이 1921년에 만들어졌고 여론에 호소

---

77. [옮긴이 주] 이디시어를 아는 사람들이 줄어드니 유대인 운동도 힘을 잃을 수밖에 없었다.
78. Louis Levine, *The Women's Garment Workers*(New York, 1924), p. 494.

하며 피크닉과 소풍을 조직했다. 북아메리카의 모든 지역에서 기부금이 들어왔다. 1920년대 중반부터 신문은 다시 안정적인 발판을 마련했다.

　＜연합＞은 야노브스키의 후임으로 배짱 좋고 능력있는 요셉 코헨(Joseph Cohen)을 지명했고 그는 1923년부터 편집장을 맡았다. 코헨은 필라델피아의 담배공장 노동자였고 그곳에서 볼테린느 드 클레이르의 영향을 받아 아나키즘으로 전향했다. 그는 유대인 운동에서 주도적인 인물로 부상했다. 그는 ＜급진주의자 도서관모임＞과 ＜필라델피아 모던스쿨＞(the Philadelphia Modern School)의 추진력이자 뉴저지주 스텔턴 정착지의 설립자였으며 나중에 미시간주의 선라이즈(Sunrise) 정착지도 세웠다. 그리고 그는 (미국의 유대인 아나키즘 역사를 포함해서) 네 권의 책을 썼고[79], 자신이 핵심적인 역할을 한 이런 사업들을 기록하는 많은 기사들을 썼다.

　그런데 코헨의 성격에는 날카롭고 모난 구석이 있었다. 야노브스키처럼 그도 관용이 부족했고 심지어 상당히 많은 동지들의 비난을 받았던 거만한 성향을 가졌다. 알렉산드르 베르크만은 그의 독재적인 행태를 ―야노브스키를 비난했을 때처럼― 비난했다. 베르크만은 미카엘 콘에게 "그는 민주주의를 위해서가 아니라 독재를 위해, 자신의 직업을 안전하게 만들기 위해 결코 멈추지 않을 거다"라고 말했다. 더구나 베르크만이 보기에 코헨은 분명한 입장이 없었다. "그는 지금 아나키스트로서 글을 쓰지만, 다른 한편으로 의회주의자이기에 사람들은 다음에 그가 어떤 입장을 지지할지 알지 못해. 나는 그가 편집하는 『프라이에 아르베터 슈티메』에 객관적이고 분명한 태도가 없다고 생각해. 그리고 그 점은 신문에게 해로워."[80]

---

79. *De yidish-anarkhistishe bavegung*(위의 각주 35번을 보라).

80. 1930년 11월 7일 알렉산드르 베르크만이 미카엘 콘에게 쓴 편지, Berkman Archive ; 1930년? 2월 2일 베르크만이 미나 로벤손에게 쓴 편지, Avrich Collection. Abraham Blecher, "Problems of Theory and Practice," *The Road to Freedom*, 1926년 8월 1일자와 15일자, 9월

베르크만의 평가는 공정하지 않다. 코헨이 몸담는 동안 『프라이에 아르베터 슈티메』는 야노브스키가 지도할 때처럼 뛰어나지는 않았다 해도 높은 수준을 유지했다. 신문은 유명한 작가들—베르크만 자신과 골드만, 네틀라우, 로커, 막시모프, 볼린—의 에세이와 기사를 실었고 미국과 해외의 아나키스트 운동에 관한 정보의 보고로 남았다. 게다가 신문은 이디시어에 익숙하지 않은 젊은 독자들을 위해 마련한 영어 페이지[81]—오래 가지 못했다—만이 아니라 요벨의 해(jubilee, 안식년)라는 유익한 쟁점을 다뤘고 특별 증보판[82]을 발행했으며, 네틀라우의 『에리코 말라테스타』(1924)와 베르크만의 『현재와 미래 : 꼬뮨주의 아나키즘의 입문서』(*Now and After : The ABC of Communist Anarchism,* 1929)처럼 많은 책과 팸플릿을 영어로 발행했다.[83]

이 외에도 유대인 아나키스트들은 1921년 스승이 죽은 뒤 세워진 모스크바의 크로포트킨 박물관에 돈을 보냈고[84], —네틀라우와 말라테스타, 볼린을 포함해— 유럽의 늙은 아나키스트들을 위해 기금을 기부했으며[85]

1일자와 비교하라.

81. "청년의 목소리"라고 제목을 붙인 영어 페이지는 "실제로 청년 기관지가 아니었다"고 당시의 한 청년 아나키스트는 회상했다. "구식이고 시대에 뒤떨어졌으며 거의가 이디시어를 영어로 번역한 거였다." 1972년 10월 27일 뉴욕주 롱비치에서 Louis Slater와의 인터뷰.

82. 예를 들어, 야노브스키의 주도로 신문을 복간한 뒤 30주년을 축하했던 *Yubiley Zaml-Bukh,* 1899~1929(New York, 1929).

83. *Fraye Arbeter Shtime*이나 <유대인 아나키스트 연합>이 인쇄해서 발행했던 다른 책들은 Armando Borghi의 *Mussolini, Red and Black*(1938)과 스페인 시민전쟁에 관한 Rudolf Rocker의 두 권의 팸플릿인 *The Truth about Spain*(1936)과 *The Tragedy of Spain*(1937)이다.

84. 1925년 3월 23일 야노브스키와 코헨은 뉴욕의 한 만찬모임에서 박물관을 위해 기금을 모으자고 연설했다. *The Road to Freedom,* 1925년 3월호. 1926년 1월 19일 날짜로 크로포트킨의 미망인 소피가 코헨에게 보낸 편지는 150달러를 받았다고 전했다. Cohen Papers, Bund Archives of the Jewish Labor Movement, New York.

85. 1929년 7월 11일 <유대인 아나키스트 연합>의 간사 벤자민 악셀러(Benjamin Axler)가 막스 네틀라우에게 보낸 편지, Nettlau Archive.

아나키스트 운동에 영향을 미친 제2의 헤이마켓 사건인 사코와 반체티를 위한 집회와 시위에 참여했다. 더구나 1923년과 27년 사이에 그들은 공산주의자들이 의류 노동조합을 장악하는 걸 막기 위해 예전에 경쟁했던 사회주의자들과 힘을 모았다. 이 목적을 위해 <여성 방직 노동자 국제연맹>의 아나키스트 모임은 정당이 노동조합을 통제하려 들지 말라고 요구하고 공산주의자 임원들의 "거만함(khutspah)"을 비난하며 거친 행동과 "폭력단원의" 방식을 비롯해 그들의 부정선거 관행을 비난하던 주간지 『유니온 아르베터』(Der Yunyon Arbeter, 조합노동자)를 창간했다.86

사회주의 동맹자들의 지원을 받으며 아나키스트들은 의류 노동조합을 장악하려는 공산주의자들의 시도를 막는 데 성공했다. 하지만 그 과정에서 아나키스트들 역시 조합의 위계질서에 사로잡히게 되었다. 실제로 몇 명은 [노동조합의] 고위직을 맡았고 안나 소스노브스키(Anna Sosnovsky)는 부의장이 되었다. 우리가 봤듯이 야노브스키는 조합신문인 『게레흐티카이트』를 편집했고, 『유니온 아르베터』의 예전 편집장이자 또 다른 아나키스트인 사이먼 파버가 그의 뒤를 이었다. 이런 새로운 상황은 20세기의 시작과 더불어 더 실용적이고 온건한 입장을 택했던 유대인 아나키즘 발전방향의 일부였다. 예전에 개혁주의를 비난했던 아나키스트들은 유화적인 입장을 채택했다. 실제로 몇 명은 소비에트 러시아의 사례에 견주어 혁명의 효능을 의심했다.87

---

86. *Der Yunyon Arbeter*, 1925년 12월 4일자와 21일자, 1926년 11월 8일자와 15일자, 22일자. 그리고 Abraham Blecher, "The War in the International Ladies' Garment Workers' Union," *The Road to Freedom*, 1925년 8월호 ; Simon Farber, "Di frayhaytlekhe sotsialistn un di treyd-yunyon bavegung," *Fraye Arbeter Shtime*, 1951년 2월 16일자 ; 그리고 "An Important Declaration," leaflet of the Anarchist Workers' Group, 1925, Labadie Collection.

87. <아나키스트 적십자>가 1924년에 부활했고 "To the Workers of America : Save Your Brother Tortured in the Prisons of Russia"(*Behind the Bars*, 1924년 1월호)라는 호소문을 발표했다는 점은 언급할 만하다.

이 과정은 많은 유대인 아나키스트들이 최초로 (루즈벨트에게) 투표했던 1930년대 뉴딜정책을 거치면서 더 빨라졌고, 그 결과 기성체제에 반대하는 혁명적인 운동으로서의 정체성을 잃어버렸다. 공산주의자들을 물리친 뒤 아나키스트들과 사회주의자들은 우호적인 관계를 유지했다. 『프라이에 아르베터 슈티메』는 예전처럼 헤이마켓과 파리꼬뮨에 찬사를 보냈지만, 메이데이와 노동절(Labor Day)[88], 매년 기금을 모으는 연회를 포함해 다른 특별행사에서 기부와 광고로 신문을 지원했던 <여성 방직 노동자 국제연맹>이나 <합성의류 노동자 연맹>(the Amalgamated Clothing Worker Union)에 대한 비판[89]을 중단했다.

1920년대와 30년대 동안 유대인 아나키스트들의 관심은 사회주의자나 자유주의자들의 관심과 그리 다르지 않았다. 그들은 두 차례의 세계대전 동안 세계가 직면한 모든 문제들, 즉 볼셰비키 독재의 성장, 무솔리니와 히틀러의 대두, 유럽에서의 정치적인 추방이라는 심각한 상황, 사코와 반체티의 순교, 그리고 폭력과 혁명, 전쟁이라는 가장 중요한 문제들을 다뤘다. 짧은 순간이나마 아나키스트들은 스페인 혁명으로 크게 기뻐할 수 있었고 그 운동이 삶에 새로운 힘을 주길 희망했다. 하지만 1939년 프랑코의 승리는 지독한 충격으로 다가왔다. 희망은 쓰라린 낙담으로 변했다. 제2차 세계대전의 도래와 유럽에서의 유대인 학살은 대다수 사람들에게 최후의 광기처럼 보였다. 1933년 나찌 독일을 피해 미국으로 이민을 왔던 로커는 자유가 살아남으려면 히틀러를 무력으로 무찔러야 한다고 믿기 시작했다. 독일 군국주의나 [독일의] 군대식 통제에 관한 한, 로커는 25년 전에 크로포트킨이 "나와 다른 사람들보다 더 나은 판단을 했다"고 인정했다.[90]

---

88. [옮긴이 주] 미국과 캐나다의 노동절로 9월의 첫 번째 월요일이다.
89. [옮긴이 주] 아나키스트와 정치적 입장이 다른 조직들에 대한 비판이다.

그동안『프라이에 아르베터 슈티메』의 편집권은 다른 사람에게로 넘어 갔다. 1932년 요셉 코헨은 미시간주에 선라이즈 정착지를 세우기 위해 떠 났고[91] 야노브스키, 미카엘 콘, 아브라함 프럼킨으로 구성된 편집위원회 가 그 자리를 책임졌다. 1934년 새로운 편집자로 마르크 므라츠니가 지명 되어 1940년까지 일했다. 러시아 혁명의 베테랑이자 베르크만과 골드만 의 친구인 므라츠니는 지적이고 교양있으며 정신분석학을 공부했고 다양 한 언어를 구사했기에 그 자리에 아주 적격이었다. 그는 스페인의 진행상 황에 많은 관심을 가졌고 신둔에 해외취재를 실었다. 나중에 그는 스페인 의 패배가 "내게 엄청난 실망"을 안겨줬다고 회상했다. 그 후 그에게 아 나키즘은 속이 비어있는 껍질처럼 보였다. "내가 텅 빈 유대교회의 랍비 처럼 느껴졌다. 그래서 나는『프라이에 아르베터 슈티메』를 사임하고 운 동을 떠났다."[92]

그리고 1930년대 말 사울 야노브스키가 죽었다. <자유개척단>의 최후 생존자 중 한 명인 그는 1880년대 이후 아나키스트로 살아왔고 유대인 운동의 최고단계를 기록했던『프라이에 아르베터 슈티메』의 편집자로 일 했다. 1920년대와 30년대 동안 그는 신문을 위해 돈을 모으려고 전국을

90. 1941년 4월 16일 루돌프 로커가 벤 카페스에게 보낸 편지, Cohen Papers, Bund Archives ; Rocker, *London Years*, p. 34. 도착하는 순간부터 로커는 미국의 유대인 아나키스트 운동 내 에서 하나의 힘이 되었고 미국 전역을 돌며 연설했으며 *Fraye Arbeter Shtime*에 글을 쓰고 아나키스트 철학과 역사에 불후의 기여를 한 시리즈들을 출판했다.

91. Joseph J. Cohen, "The Sunrise Co-operative Farm Community," *Freedom*(New York), 1933년 6월 호 ; 그리고 Cohen, *In quest of Heaven : The Story of the Sunrise Co-operative Farm Community* (New York, 1957)를 보라.

92. 1974년 2월 15일 뉴욕에서 Mark E. Clevans[Mratchny]와의 인터뷰. Mratchny에 관해서는 Rudolf Rocker, *Revolutsie un regresie*(Buenos Aires, 1963), 총 2권 중 1권, pp. 251~52 ; Avrich, *The Russian Anarchists*, pp. 206, 222, 232~35 ; 그리고 P. Constan[Ahrne Thorne], "Tsu di shloyshim nokh unzer gutn khaver Mark Mratchny," *Fraye Arbeter Shtime*, 1975년 5~6월호를 보라.

돌아다니며 연설했던 활동적인 인물이었다. 체력이 쇠했지만 그의 말은 예전처럼 날카로웠다. 1930년 미카엘 콘은 베르크만에게 "야노브스키가 나이를 먹을수록 더 냉소적이 된다. 그는 사적으로나, 공개적으로나 모든 것, 모든 사람들을 저주하고 또 저주한다"고 썼다.[93]

1938년 야노브스키는 캘리포니아까지 여행하는 최후의 연장순회강연을 떠났다. 반세기 전 런던에서 우연히 그를 만났고 그를 "내 생애에 만난 사람 중 가장 경이로운 청년"이라 여겼던 토마스 벨(Thomas H. Bell)은 야노브스키가 로스앤젤레스에서 연설할 때 그곳에 있었다. 그때 벨이 본 건 "가끔 변덕을 부리고 때때로 아주 신랄한 말을 하는 주름 진 늙은이였어요. 그러나 나는 그를 끌어안아 포옹했고 그의 주름 진 늙은 뺨에 가장 따듯한 감정을 담아 키스했죠" 그리고 나서 벨은 얘기했다. "우리는 심술궂고 맹목적이며 귀를 기울이지 않고 절뚝대거나 천식을 앓는 낡은 세대가 되었어요. 그리고 이제 전 세계적인 거대한 반동의 물결이 우리의 운동을 완전히 압도했어요. 아, 하지만 내가 그 영광스러운 나날, 우리가 청년일 때 함께 했던 영예로운 동지들을 회상할 때면, 나는 감동과 자부심으로 가슴 속까지 흥분됩니다."[94] 쉴 새 없이 담배를 피우던 야노브스키는 그 다음해 폐암으로 죽었다.

그러나 새로운 편집자가 뒤를 이어 『프라이에 아르베터 슈티메』는 계속 발행되었다. 므라츠니 다음에는 구스타프 란다우어를 신봉하던 헤르만 프랑크(Herman Frank) 박사가 맡았고, 그 다음엔 예전에 런던 운동에서 활동했던 솔로 린더(Solo Linder)가, 그 후엔 예전에 <세계 산업 노동자 조합>의 조직원이고 제1차 세계대전 때 아나코-노동조합주의자였던 이시도어 위소츠키(Isidore Wisotsky)가 맡았다. 세월이 흐르고 독자가 줄어

---

93. 1930년 12월 29일 미카엘 콘이 알렉산드르 베르크만에게 보낸 편지, Berkman Archive.
94. 1940년 5월 13일 토마스 벨이 *Fraye Arbeter Shtime*에 보낸 편지, Labadie Collection.

들면서 신문은 주간에서 격주간으로, 그 다음엔 격주간에서 월간으로 바꾸며 점점 쇠퇴의 징후를 보였다. 유대인 이민자들이 생활하고 일하던 유대인 거주지역과 착취공장들도 사라졌다. 위소츠키는 "공상가, 혁명가, 사회주의자, 아나키스트, 세계 산업 노동자 조합주의자, 이상주의자, 선동가, 자유사상가, 과거의 전도사들"도 사라졌다고 슬퍼했다.[95]

1970년대에 『프라이에 아르베터 슈티메』의 구독부수는 2천부 이하로 떨어졌다. 그 후 많은 세월을 질질 끌어온 신문은 1975년 3월 사코와 반체티로 인한 동요 외중에 아나키즘으로 전향했던 아른 쏜이 편집장을 맡으면서 새로운 활력을 찾았다. 생업이 인쇄공이고 부업으로 기사를 썼던 쏜은 훌륭한 사진을 아는 장인의 안목을 가졌고 좋은 글을 찾기 위해 주의를 기울였다. 그가 재직할 동안 신문은 유대인의 지적이고 문화적인 세계에서 과거의 위상을 회복했고 좋은 질의 기사와 함께 문학과 경제학에서 노동과 세계사까지 다양한 주제를 곁들였다.

그러나 시간은 냉혹하게 사람을 데려간다. 이디시어 독자들은 죽어갔다. 나이 먹은 유대인 아나키스트들은 플로리다나 캘리포니아로 은퇴했다. <유대인 아나키스트 연합>은 1966년에 해체되었고 <노동자단>의 아나키스트 지부는 해산되거나 아나키스트가 아닌 지부로 통합되었다. 로스앤젤레스의 크로포트킨 지부는 끝까지 갔지만 50년 이상 활동한 뒤 1975년 문을 닫았다. 『프라이에 아르베터 슈티메』는 끝까지 버텼다. 1977년 5월 신문은 최후의 연례 연회를 열었고 『뉴욕 타임즈』가 이 연회를 보도했다.[96] 그 해 12월 신문은 높아진 비용과 줄어드는 구독부수의 먹이가 되어 발행을 중단했다. 87년만의 죽음인 것과 동시에, 『프라이에 아르베

---

95. Isidore Wisotsky, "Such a Life," 초고, Labadie Collection, p. 322. 그리고 1958년 10월 12일 *New York Times Magazine*의 Wisotsky 회고록을 보라.

96. *New York Times*, 1977년 6월 5일자.

터 슈티메』는 1886년에 만들어진 런던『프리덤』을 제외하면 세계에서 가장 오래된 이디시어 출판물이고 현존하는 가장 오래된 아나키스트 잡지였다. 그리고 이탈리아어판『라두나타 데이 레프라타리』가 1971년에 폐간되었기에 미국의 마지막 외국어 아나키스트 신문이었다.[97]

『프라이에 아르베터 슈티메』의 폐간은 미국에서 유대인 아나키스트 운동의 종말을 의미했다. 거의 100년 동안 활동했던 유대인 아나키스트들은 감동적인 기록을 남겼다. 그들은 일반적으로 인정되는 기준들을 거부하고 자신들이 옳다고 믿는 원리들을 위해 고통을 참아낼 용기를 가졌을 뿐 아니라, 자신들의 모임과 집단, 신문과 포럼들 속에 풍부한 사회·문화적 삶과 따뜻하고 우애 어린 정신, 공통의 대의를 위해 헌신하는 고결한 정신을 확립했다. 더구나 그들은 압도적인 사회·정치체제의 관행들에 반항하면서 자신들이 그토록 열렬히 원했던 더 자유로운 세상을 잠깐 동안이나마 실현했다.

---

97. 1980년 퍼시픽스트리트필름(Pacific Street Films)은 한 시간짜리 다큐멘터리인 "노동자의 자유로운 목소리 : 유대인 아나키스트들(The Free Voice of Labor : The Jewish Anarchists)"을 만들어 미국 전역과 많은 외국의 극장, 텔레비전에서 상영했다. 신문의 마지막 편집자이자 영화사의 핵심인물이던 아른 쏜은 81번째 생일을 불과 며칠 앞둔 1985년 11월 13일에 죽었다.

14

알렉산드르 베르크만
스케치

태어난 지 100년, 죽은 지 50년이 지나서야 알렉산드르 베르크만은 자신이 응당 받아야 했던 인정을 받기 시작했다. 최근까지도 그의 이름은 아나키스트 모임 밖에서 거의 알려지지 않았다. 그는 미국 역사에서 거의 언급되지 않았고 그가 헨리 클레이 프릭을 암살하려 했던 1892년 홈스태드 철강 파업과 관련해서만 여기되곤 한다. 그러나 지난 20년 동안 아나키즘에 대한 관심이 부활하면서 더 많은 대중이 베르크만의 삶과 사상에 대해 알게 되었다. 그리고 그의 옥중 자서전과 꼬뮌주의 아나키즘의 입문서가 다시 출판됨으로써, 이제 러시아에서의 일기만 다시 발행되면 그의 중요한 3부작은 완성된다.[1]

단순히 "프릭을 저격한 사람" 이상의 인물인 베르크만은 1906년 석방

---

1. Alexander Berkman, *Prison Memoirs of an Anarchist*(New York, 1912) ; *Now and After : The ABC of Communist Anarchism*(New York, 1929) ; *The Bolshevik Myth(Diary 1920~1922)* (New York, 1925).

되어 1919년 러시아로 추방될 때까지 엠마 골드만과 함께 미국 아나키스트 운동의 주도적인 인물이었고 중요한 정기간행물의 편집자였으며 재능 있는 작가이자 연설가였고 "지금까지 인류가 생각해낸 가장 뛰어난 사상"이라며 소중히 여기던 대의 때문에 오랫동안 감금당한 순교자였다.[2] 타협할 줄 모르는 고결한 인품의 그는 많은 혁명가들이 감염되었던 이중성이나 권력에 대한 갈망을 보이지 않았다. 빅토르 세르주에 따르면 그는 역사 속으로 사라져간 이상주의자 세대의 고독한 생존자였다.[3] 미국과 소비에트 러시아에서 추방된 그는 말년을 프랑스 남부에서 보냈고 자신의 이상이 언젠가 승리하리라는 신념을 포기하지 않았다. 멘켄은 베르크만이 "투명하고 믿음직한 사람"이었다고 기억한다. 하지만 "우리는 미친개라도 되는 양 그를 사냥했고 결국 그를 이 나라에서 내쫓았다. 그리고 미국내전 이후 대중적으로 등장한 그 누구보다도 영리한 두뇌와 용감한 영혼도 그와 함께 사라졌다."[4]

베르크만은 1870년 러시아 빌리나(Vilna)의 유복한 유대인 부모 밑에서 네 명의 아이 중 막내로 태어났다. 그의 아버지는 신발공장의 도매상이었는데 유대인 상인과 학자들 같은 상류층만의 특권지역이던 상트페테르부르크로 이사가는 걸 허가받을 수 있을 만큼 부유했다. 사샤(Sasha, 알렉산드르의 러시아어 애칭)는 하인들과 수도 근처의 여름 별장을 갖춘 안락한 환경에서 성장했고 사회의 특권층만이 다니는 최고급 김나지움에 다녔다. 하지만 아주 어릴 때부터 그는 반란의 꿈에 들떴다. 1870년대는, 특히 상트페테르부르크에서는 러시아 인민주의가 성장했고 1881년에는 짜르의 암살로 정점에 도달했다. 사샤의 지리수업이 교실 창문을 깨뜨리

---

2. 1927년 4월 25일 알렉산드르 베르크만이 벤 카페스에게 보낸 편지, International Institute of Social History, Amsterdam.

3. Victor Serge, *Memoirs of a Revolutionary, 1901~1941*(London, 1963), p. 154.

4. *New York World*, 1925년 4월 26일자.

며 터진 폭탄으로 중단된 적도 있었다. 그날 저녁 집에서 부모님들은 숨죽여 얘기를 나눴지만 혁명가들에게 동정적이던 그의 형은 침대 곁으로 와서 "인민의 의지, 전제군주를 무너뜨리는 자유러시아와 같은 신비롭고 장엄한 말들"로 그를 흥분시켰다.[5]

어렸을 때 사샤는 암살에 가담했다는 이유로 교수형을 당한 다섯 명의 인민주의자들의 순교에서 깊은 감동을 받았다. 그는 이상주의와 용기에 고무되었고 그 시기부터 그들이 보여준 모범이 베르크만의 뇌리에 박혔으며 프릭을 암살하려고 결심했던 10년 뒤까지도 생생하게 남아있었다. 영감의 특별한 원천은 사샤가 김나지움에 입학했을 때 시베리아로 유형을 떠난 어머니의 막내동생으로, 그의 옥중자서전에 등장하는 "막심(Maxim) 삼촌"이다. 베르크만 문서보관소 기록에 따르면, "막심 삼촌"은 다름아닌 마르크 나탄슨인데, 그는 혁명지도자 중 가장 유명한 사람이었다. 그의 인민민주주의는 아나키스트에 공감하는 분위기를 강하게 풍겼고, 그는 조직능력과 명석한 두뇌, 자기희생 글 솜씨 등―그의 조카 베르크만도 많은 점에서 비슷했던―으로 동지들의 존경을 받았다. 〈차이코프스키단〉(표트르 크로포트킨도 단원이었다)과 1870년대 가장 큰 인민주의 조직이던 〈토지와 자유〉(the Land and Freedom society)를 창설한 나탄슨은 나중에 〈사회혁명당〉의 핵심인물이 되었고 제1차 세계대전 동안 믿음직한 반(反)군국주의자였으며 러시아 혁명 동안 〈사회혁명당〉 좌파의 지도자가 되어 볼셰비키 독재를 신랄하게 비판했으며 스위스로 추방되자 1919년 그곳에서 죽었다.

"막심 삼촌"은 베르크만이 나중에 "고귀하고 위대한 나의 우상"이라 불렀던 사람이었다.[6] 그리고 베르크만 자신의 경력도 비슷한 길을 걸었

---

5. Berkman, *Prison Memoirs of an Anarchist*, p. 86.
6. 1932년 6월 12일 베르크만이 허드슨 하울리(Hudson Hawley)에게 보낸 편지, Berkman

다. 그는 학교에서 뛰어난 학생 중 한 명으로 여겨졌지만 "너무 반항적"
이었다. 12살의 나이에 그는 신의 존재를 부정하는 수필을 썼다. 15살에
이미 혁명 문학을 읽던 그는 "때 이른 신의 부정과 위험한 성향, 반항" 때
문에 낙제했다.[7] 그때부터 그는 유대인 거주지역의 마을인 코브노(Kovno)
에서 살았고 아버지의 갑작스런 죽음으로 수도에서 살 권리를 잃은 가족
도 그곳으로 이사왔다. 다음해 그의 어머니도 돌아가시자 샤샤는 고아가
되었다. 여섯 달 뒤인 1888년 2월에 그는 새 삶을 시작하기 위해 미국으
로 떠났다.

1887년 11월 11일 [베르크만이 미국으로] 출발하기 3달 전에 헤이마켓
아나키스트들이 처형을 당했고 베르크만이 뉴욕에 도착했을 때도 그 사
건은 여전히 뜨겁게 논의되고 있었다. 순교한 러시아 인민주의자들에 대
한 기억이 완전히 가시지 않았기 때문에 처형은 베르크만에게 많은 영향
을 미쳤다. 그는 즉시 아나키스트 선동에 투신했고 처음엔 주도적인 유대
인 집단인 〈자유개척단〉에, 그 후에는 운동의 이민 계파에서 유력한 인
물인 요한 모스트가 이끌던 독일계 〈자유〉 모임에 투신했다.

베르크만과 엠마 골드만이 평생의 우정을 쌓기 시작하던 그 후 몇 년
간은 비교적 조용히 지나갔다. 그러나 샤샤와 골드만, 한 젊은 아나키스
트 화가[8]가 매사추세츠주의 우스터(Worcester)에서 간이식당을 연 뒤인
1892년 피츠버그 근처의 펜실바니아주 홈스테드에 있는 카네기 제철소의
노동자들이 총격을 받고 쓰러졌다는 소식이 전해졌다. 베르크만은 인민
주의 영웅들을 모방해서 권총을 구입하고 카네기사의 독재적인 경영자

Archive.

7. Berkman, *Prison Memoirs of an Anarchist*, p. 16.

8. Modest Aronstam(나중에 Modest Stein), the "Feyda" of 베르크만과 골드만의 자서전.

프릭-훌륭한 예술품으로 가득 찬 프릭의 우아한 맨션은 아직도 뉴욕 5
번가를 화려하게 꾸미고 있다-을 살해하기 위해 홈스태드로 출발했다.
파업을 무너뜨리기 위해 핑커톤(Pinkertons)의 민병대를 끌어들여서 유혈
사태로 몰아간 사람이 바로 프릭이었다. 베르크만에게 프릭은 무엇보다
도 자본주의 억압의 상징이었고, 그의 제거가 현존질서의 부조리에 맞서
는 인민의 궐기를 자극하리라고 생각했다. 즉 베르크만의 시도는 실행에
의한 선전 행동이었고 유럽 전역에서 정치적인 암살이 빈번하게 벌어졌
을 때 미국 내의 유일한 습조이었다.

그러나 이 시도는 프릭을 제거하는 데 실패했듯이 민중을 깨우지도 못
했고 권총과 단검으로 상처를 입은 프릭은 곧 회복됐다. 하지만 베르크만
은 비싼 대가를 치러야 했다. 14년 동안(그는 21살에 투옥되어 35살에 출
감했다) 그는 앨러게이니(Allegheny)시에 있는 펜실바니아의 서부교도소
에 수감되었다. [이곳에서의] 잊혀지지 않는 기억을 기록한 『한 아나키스
트의 옥중자서전』은 출감한 지 6년 만에 출판되었다. 감옥은 숨 막히고
야만적이었지만 베르크만의 성격을 성숙하게 만들었다. 그는 푸쉬킨과
고골리, 투르게네프, 위고, 졸라, 역사와 시, 철학과 종교서적을 읽을 수
있었다. 그럼으로써 그는 언어감각과 숨어있던 필력을 발전시킬 수 있었
다. 더구나 감옥은 그가 아나키스트로서의 신념을 더욱 굳건히 하도록 만
들었다. 거의 10년이 지난 뒤 그는 엠마 골드만에게 보낸 편지에 "자유로
운 인류애라는 유년시절의 막연한 미래상은 일상생활의 기본적인 힘이
되는 아나키라는 살아있는 진리로 명확해지고 구체화되었어"라고 썼다.
오랫동안 독방에 감금되었던 베르크만이 감옥에서 살아남은 건 그의
굴복하지 않는 정신을 증명했다. 하지만 그는 심하게 좌절하기도 했다
과거의 악몽이 괴롭히고 미래에 대한 불안이 엄습할 때 그는 삶을 다시

---

9. Berkman, *Prison Memoirs of an Anarchist*, p. 415.

일으키기 위해 싸웠다. 때때로 자살을 생각하기도 하는 극심한 내적 동요를 겪고 나서야, 마침내 그의 영혼은 부활하기 시작했다. 옥중자서전을 쓰면서 그 스스로 앨러게이니시의 유령에서 벗어나게 되었고 오래지 않아 그는 다시 사회정의라는 대의에 에너지를 쏟을 수 있었다. "나는 오랜 병에서 회복된 사람 같았다. 아주 약해졌지만 삶의 즐거움을 느꼈다."[10]

(베르크만이 감옥에서 석방되기 바로 직전인) 1906년 요한 모스트가 죽자 엠마 골드만과 함께 베르크만은 미국 아나키스트 운동에서 주도적인 인물이 되었다. 집회에서 연설하고 시위를 조직하며 잡지를 편집하고 또 노동자와 실업자들을 선동하면서 그는 골드만을 제외하면 다른 어떤 동지들보다 리버테리안 운동을 더욱더 발전시켰다. 그가 주필이 되면서 골드만의 『마더 어쓰』는 미국에서 으뜸가는 아나키스트 잡지이자 전 세계에서 만들어지던 잡지 중 가장 훌륭한 잡지가 되었다. 그의 억압적인 수감생활을 지켜봤던 엠마는 나중에 그가 "활기찬 문체와 분명한 생각으로 모든 사람들을 놀라게 했다"고 회상했다.[11] 골드만의 잡지를 거드는 것 외에 그는 (1910년에 마더 어쓰 출판사가 출판했던) 『아나키즘과 다른 에세이들』(*Anarchism and Other Essays*)[12]의 편집과 교정을 맡았고 골드만의 뛰어난 자서전인 『나의 삶을 살면서』(*Living My Life*)를 포함해 그녀가 나중에 낸 모든 책들에 대해서도 그런 역할을 맡았다.

동시에 베르크만은 다른 영역의 활동들에도 적극적이었다. 1910년과 11년 그는 학생들의 리버테리안 정신을 길러준 페레 학교를 뉴욕에 세우는 걸 도왔고 최초의 교사 중 한 명으로 일하기도 했다. 더구나 다음 몇 년 동안 그는 실업자들을 위한 시위에서 사회를 봤고 1912년 로렌스 방

---

10. 같은 책, p. 508.

11. Emma Goldman, *Living My Life*(New York, 1931), p. 398.

12. [옮긴이 주] 한국에는 『저주받은 아나키즘』(김시완 옮김, 우물이있는집, 2001)이라는 제목으로 번역되었다.

직노동자 파업과 1914년 루들로우(Ludlow)학살13 같은 운동을 선동했다. 제1차 세계대전이 터지자 그는 뉴욕에서 군국주의에 반대하는 집회를 조직했고, 전국을 돌았던 순회강연을 연장해서 증가하는 전쟁 히스테리에 맞서는 여론을 불러일으키려 했다. 1915년 말이 되자 그는 5년 전 로스엔젤레스타임스 빌딩에 폭탄을 던진 맥나마라(McNamara) 형제의 공범으로 몰려 투옥된 데이비드 캐플란(David Caplan)과 매튜 슈미트(Mattew Schmidt)의 석방을 요구하는 캠페인을 위해 캘리포니아로 갔다. 그리고 1916년 1월 그는 샌프란시스코에서 자신의 혁명적인 신문『블래스트』(*The Blast*, 폭파)를 창간했는데, 그것은 18개월 동안 발행되면서 『마더 어쓰』 다음으로 미국에서 경향력있는 아나키스트 잡지가 되었다.

하지만『블래스트』는 불행한 이름임을 증명했다. 1916년 7월 22일 샌프란시스코에서 열린 임전태세를 위한 퍼레이드에서 폭탄이 터져 10명이 죽고 40명이 부상을 입었는데 경찰은 그 사건과 아무런 관련이 없던 베르크만을 연루시키려 했다. 하지만 그들의 노력은 성공하지 못했고 두 명의 노동자 투사(두 사람 모두 아나키스트가 아니었다), 토마스 무니(Thomas Mooney)와 워렌 빌링스(Warren Billings)가 범인으로 지목되었는데, 이 사건에 관한 리차드 프로스트(Richard Frost)의 철저한 조사에서 보여지듯 이들은 거짓 증언과 증거조작으로 인해 유죄를 선고받았다.14

헤이마켓 비극에서처럼 이 사건은 누가 실제로 폭탄을 던졌는지를 결코 밝혀내지 못했지만 빌링스는 종신형을, 무니는 교수형을 선고받았다. 프로스트가 증명했듯이, 베르크만은 기금을 모으고 변호사를 확보하며 그들을 변호하는 전국적인 캠페인을 추진해서 최초로 그들을 도왔던 사

---

13. [옮긴이 주] 루들로우학살은 총잡이들과 주방위군이 파업 노동자들의 천막에 불을 지르고 뛰쳐나오는 광부들과 가족을 학살한 사건.
14. Richard H. Frost, *The Mooney Case*(Stanford, 1968).

람 중 한 명이었다. 베르크만의 선동으로 아나키스트들은 심지어 러시아 혁명 외중에도 페트로그라드의 미국 대사관 밖에서 시위를 벌였고(그 중엔 아나톨리 젤레즈니아코프도 있었다) 윌슨 대통령이 무니의 형량을 감형하도록 중재하지 않을 수 없게 만들었다.[15] 베르크만의 도움이 없었다면 무니와 빌링스는 파슨즈와 스파이스, 사코와 반체티의 운명을 뒤따랐을 것이다. 하지만 1939년까지 풀려나지 못했기 때문에 자신들이 저지르지 않은 범죄로 그들은 사실상 감옥에서 20년 이상을 보냈다.

1917년 미국이 참전하자 베르크만은 징병반대를 선동하기 위해 뉴욕으로 돌아갔다. 그는 곧 체포되어 재판을 받고 애틀랜타 연방감옥에서의 2년 형을 선고받았으며, 그곳에서 동료 수감자에 대한 폭행에 항의하다 7개월을 독방에서 보냈다. 엠마 골드만도 징병법을 반대하다 수감되기는 마찬가지였는데, 그녀는 베르크만이 "영혼이 타들어가는 경험으로 인한 공포" 때문에 육체적, 정신적으로 거의 무너져 내릴 지경이었고 서부교도소에서 14년을 보낸 뒤 경험한 것보다 더 심했다고 말했다.[16]

그러나 반(反)혁명 히스테리의 물결에 젖어있던 정부는 베르크만이 미국을 떠나기 전까지는 만족할 줄을 몰랐다. 그리고 1919년 12월 그와 골드만은 러시아로 추방되었다. 추방당하기 전날 밤 시카고에서 열린 작별 만찬에서 그들은 25년 전 베르크만이 죽이려 했던 프릭의 사망소식을 들었다. 베르크만은 "신이 추방했다"고 논평했다. 엠마는 프릭이 "흘러간 시대의" 인물일 뿐이고 "그를 유명하게 만든 사람은 알렉산드르 베르크만이며 프릭은 베르크만의 이름과 관련될 때만 살아있을 것이다. 그의 막대한 재산도 그런 영광을 보상할 수는 없을 것이다"고 덧붙였다.[17]

---

15. *Bulletin of the Relief Fund of the International Working Men's Association*, 1927년 3월호; *Fraye Arbeter Shtime*, 1971년 12월 1일자.

16. Emma Goldman, *Living My Life*, p. 698.

17. 같은 책, p. 709.

1920년 1월 이제 거의 50줄에 이른 베르크만은 어린시절 떠나왔던 모국으로 돌아갔다. 자유와 정의에 대한 열정을 고스란히 간직했던 그는 정치적인 노력은 아닐지라도 문화적으로 볼세비키와 협력하면서 혁명적인 활동에 새로이 에너지를 쏟아 부었다. 몇 개월 동안 그와 골드만은 아크엔젤(Archangel)에서 오데싸까지 러시아 전역을 여행하며 페트로그라드의 혁명박물관을 위한 자료를 수집했다. 하지만 얼마 지나지 않아 소비에트 정부의 방식이 그의 열정을 꺾어 놓고야 말았다. 그는 러시아 아나키스트들이 대규모로 체포되고 마흐노의 게릴라 부대도 해산되며 지역의 소비에트들이 국가기구의 도구로 변하자 깜짝 놀랐다. 그는 볼세비키들이 노동자의 이름으로 통치하고 있다고는 하나 사실상 혁명의 성공을 가능케 한 인민의 주도권과 자립을 파괴하고 있다며 못마땅해 했다.[18]

결정적인 충격은 1921년 3월 크론슈타트 봉기를 진압한 뒤에 찾아왔다. 이 사건은 베르크만에게 "새로운 전제주의의 시작을 의미했다."[19] 그해 말 그의 환상은 무너졌다. 베르크만은 이민을 결심했다. 그는 일기에 "하루하루가 암울하다. 하나씩 희망의 깜부기불이 꺼져가고 있다. 테러와 전제주의가 10월에 태어난 생명을 짓뭉갰다. 혁명의 구호는 부인되고 그 이상은 인민의 피 속에 사라졌다. 어제의 활력은 수백만 명에게 죽음을 선고했다. 오늘의 그림자는 검은색의 관을 덮는 휘장처럼 온 나라에 드리워졌다. 독재가 민중을 짓밟고 있다. 혁명은 죽었다. 그 정신이 황야에서 울부짖고 있다… 나는 러시아를 떠나기로 결심했다."[20]

집이나 모국이 없던 한 사람은 다시 한번 추방길에 올랐고 자신의 삶을 바쳤던 운동을 계속하기로 했다. 스톡홀름에 잠시 머문 뒤 그는 베를

18. Alexander Berkman, *The "Anti-Climax" : The Concluding Chapter of My Russian Diary "The Bolshevik Myth"* (Berlin, 1925).

19. 1932년 6월 12일 베르크만이 허드슨 하울리에게 보낸 편지, Berkman Archive.

20. Berkman, *The Bolshevik Myth*, p. 319.

린으로 갔고 그곳에서 아나키스트 모임과 어울렸으며 볼셰비키 러시아와 크론슈타트 반란에 관한 많은 팸플릿들을 발행했다. 1925년 그는 프랑스로 옮겨가 그곳에서 여생을 보냈다. 시카고에 있던 오랜 친구에게 그는 "내적인 갈등과 영혼의 외로움, 환멸과 반동의 시대라는 정신적인 고통"을 토로하는 편지를 썼다.[21] 그러나 그는 절망하지 않았다. 그는 동지들을 구호하는 일에 뛰어들었고 (에리코 말라테스타, 세바스티앙 포르, 막스 네틀라우처럼) 나이 든 유럽 아나키스트들을 위해 기금을 만들었으며 러시아의 아나키스트 죄수들을 돕기 위한 위원회의 간사와 회계를 맡았고 그 사보를 편집했다. 게다가 그는 볼셰비키 정권 하의 정치적인 억압에 관한 자료수집(『러시아 감옥에서 온 편지』(*Letters from Russian Prisons*)로 1925년에 출판되었다)을 도왔고, 같은 해에 당시의 소비에트 전체주의를 가장 먼저, 그리고 가장 신랄하게 평가한 책 중 한 권인 자신의 러시아 일기 『볼셰비키 신화』(*The Bolshevik Myth*)를 출판했다.

1926년 파리 근처에 살던 베르크만은 아나키즘에 관한 입문서를 써달라는 뉴욕 <유대인 아나키스트 연합>의 요청을 받았다. 골드만의 설명에 따르면[22], 그는 두 가지 이유 때문에 동의했다. 첫째, 일반 시민들 사이에 널리 퍼진 아나키즘에 대한 왜곡된 인상—아나키즘을 테러리즘이나 카오스와 같은 말로 여기는—을 바로잡기 위해서이다. 이런 오해를 없애기 위해 베르크만은 아나키즘에 관한 가장 뛰어난 역사가인 네틀라우에게 "누구라도 읽고 이해할 수 있는 책 한 권, 아나키즘의 입문서"가 필요하다고 편지를 썼다. 베르크만이 느낀 두 번째 이유는 러시아 혁명과 관련해 아나키스트의 입장을 다시 검토할 필요가 있었기 때문이다. 러시아 혁명의 가장 중요한 교훈은 권위주의적인 방식들이 "해방으로 이끌 수 없고 수

---

21. 1924년 8월 25일 베르크만이 벤 카페스에게 보낸 편지, Berkman Archive.
22. 베르크만의 *Now and After*, 2쇄(New York, 1937)에 쓴 엠마 골드만의 서문.

단과 목적이 본질적으로나 실제적으로나 동일하다”는 점이라고 적었다.[23]

바로 이것이 『현재와 미래』(*Now and After*)의 목적으로 ‘꼬뮨주의 아나키즘의 입문서’ 라는 부제가 이런 내용을 더 분명하게 전달해 주고 있다. 베르크만이 독창적인 이론가였던 것은 아니다. 그의 사상은 주로 크로포트킨과 아나키즘 운동의 다른 창설자들에게서 빌려온 거였다. 그러나 그는 그 주제를 탄탄하고 부드럽게 다룰 줄 아는 명석하고 뛰어난 작가였다. 평범하지 않은 스타일리스트로 자처했던 멘켄도 “간단하고 강렬하며 훌륭한 영어”를 구사했던 베르크만의 능력을 칭송했다.[24] 그 결과 이 책은 영어나 다른 언어로 꼬뮨주의 아나키즘을 가장 분명하게 설명했던 크로포트킨의 『빵의 쟁취』와 같은 급으로 평가되는 고전이 되었다. 무엇보다도 베르크만에게 “사상은 물질이었다.”[25] 남성과 여성이 더 자유로운 삶을 준비하려면 권위주의적인 편견을 제거하고, 그들이 조화와 평화 속에 생활할 수 있도록 협동과 상호부조의 정신이라는 새로운 생각을 기를 필요가 있다고 그는 믿었다. 그 목적을 위해 그의 이 작은 책, 리버테리안으로서의 생애에 비하면 정말 작은 이 책은 엄청나게 중요한 공헌을 했다.

1929년 『현재와 미래』가 출판되었을 때 베르크만은 막 70세가 되었다. 프랑스 정부의 끊임없는 추방 위협을 받으면서 그는 번역과 편집을 하고 가끔씩 미국과 영국인 출판업자들의 대필을 하거나 동지들과 친구들의 기부로 생활비를 충당하며 불안정하게 생계를 꾸려갔다. 1930년대 초부터 건강이 나빠지기 시작했고 그는 편지에서 우울증과 피로를 호소했다. 1936년 초 그는 오랫동안 고통을 줬던 전립선 때문에 두 차례나 수술을

---

23. 1927년 6월 28일 베르크만이 닥스 네틀라우에게 보낸 편지, Berkman Archive.
24. *New York World*, 1925년 4월 26일자.
25. Berkman, *Now and After*, p. 223.

받았다. 질병으로 고통을 받으면서도 타인이 베푸는 자비에 의존하며 살고 싶지 않았던 그는 1936년 6월 28일 결국 니스의 아파트에서 권총으로 자살했다. 엠마 골드만이 얘기했듯이 그는 자신의 영혼을 회복시키고 삶에 새로운 힘을 줬을지도 모를 스페인 시민전쟁이 터지기 겨우 3주 전에 죽었다.[26]

베르크만이 말한 "한 인간이 되어라, 하나의 완전한 인간"은 삶의 가장 고귀한 목표였다.[27] 그리고 그 자신이 훌륭한 모범을 제시했다. 그의 동지인 루돌프 로커는 이렇게 쓰고 있다. "아주 드문 한 사람이 우리를 떠났다. 그는 위대하고 고귀한 인물이었고 진정한 인간이었다. 그의 무덤 앞에서 우리는 조용히 고개 숙이며 그 많은 세월 동안 그가 성실하게 일해 온 이상을 위해 노력하겠다고 맹세한다."[28]

---

26. 베르크만의 『현재와 미래』에 골드만이 쓴 서문.
27. Berkman, *Prison Memoirs of an Anarchist*, p. 7~8.
28. *Vanguard*, 1936년 8~9월호.

15

감옥에 갇힌 리카르도 플로레스 마공

20세기의 가장 뛰어난 멕시코 아나키스트인 리카르도 플로레스 마공
(Ricardo Flores Magón)의 경력은 모순적인 면을 담고 있다. 한편으로 그는
언제나 멕시코 혁명의 순교자에 포함된다. <멕시코 자유당>(the Partido
Liberal Mexicano)으로 구체화된 그의 운동은 1911년 5월 포르피리오 디아
스(Porfirio Díaz)를 추방시킨 세력을 형성하게 했다. 그리고 혁명의 초기
단계에 거의 3만 부를 발행하던 그의 잡지 『레제네라시옹』(*Regeneración,*
재건)은 디아스의 독재에 맞서도록 도시만이 아니라 농촌의 멕시코 노동
자, 농민들을 일깨웠고 다른 경우라면 덫에 사로잡혔을지도 모를 혁명을
더욱더 평등주의적인 방향으로 이끄는 데 중요한 역할을 했다. 1911년 마
공주의자들이 "토지와 해방"이라는 구호를 내걸고 바자 칼리포니아(Baja
California)에서 일으킨 반란은 멕시칼리(Mexicali)와 티주아나(Tijuana)에
일시적으로 혁명적인 꼬뮨들을 만들었다. 그 꼬뮨들은 플로레스 마공이
일종의 아나키스트의 성경으로 간주했던 책이자 그를 따르는 지지자들이

수천 부의 복사본을 배포했던 크로포트킨의 『빵의 쟁취』에 이론적인 기초를 뒀다. 오늘날 플로레스 마공의 명성은 멕시코 전역에서 존경을 받고 있다. 그의 유품은 멕시코시티에 있는 유명인사들의 원형 홀(the Rotunda of Illustrious Men)에 보관되어있다. 전국의 도로와 광장이 그의 이름을 땄고 멕시코인들은 금세기의 중요한 사회봉기 중 하나인 멕시코 혁명의 위대한 "선각자"로 그에게 경의를 표한다.[1]

하지만 플로레스 마공은 멕시코가 아니라 미국에서 성인시절 대부분을 보냈다. 1903년 말경 멕시코시티의 벨렝(Belén) 감옥에서 풀려난 뒤 플로레스 마공은 더욱더 심한 박해 위협을 받았고 멕시코를 떠나 국경 너머에서 선동을 계속하리라 결심했다. 1904년 1월 4일 30세의 나이로 그는 텍사스주 라레도(Laredo)에서 리오그란데 강을 건넜고 두 번 다시 조국을 보지 못했다. 그 뒤 그는 미국에서 19년 동안 살았고 그 중 절반 이상을 감옥에서 보냈다. 그는 미주리와 캘리포니아, 애리조나, 워싱턴, 캔자스에서 투옥되었고 1922년 캔자스주의 리븐워스(Leavenworth) 교도소에서 죽었다. 한 친구가 얘기했듯이 그의 대방랑은 "곧바로 수난의 십자가로" 이어졌다.[2]

그리하여 디아스에 맞서 플로레스 마공이 시작한 투쟁은 동시에 미국의 정치적 억압에 맞선 투쟁이 되었다. 경찰과 사립탐정, 우정청(postal) 관리와 이민국 관리의 맹렬한 추격을 받으며 그는 이 도시, 저 도시로 내몰렸고 간혹 체포되어 괴롭힘을 당했으며 끊임없이 추방 위협에 시달렸다. 1904년부터 1907년 사이에 그는 엘파소, 샌안토니오, 세인트루이스, 토론토, 몬트리올, 로스앤젤레스에 살았다. 샌안토니오에서는 그의 목숨

---

1. James D. Cockroft, *Intellectual Precursors of the Mexican Revolution, 1903~1913*(Austin, 1968) ; 그리고 John M. Hart, *Anarchism and the Mexican Working Class, 1860~1931*(Austin, 1978)을 보라.
2. W. C. Owen, "Death of Ricardo Flores Magón," *Freedom*, 1922년 12월호.

을 노린 습격을 받았고 로스앤젤레스에서는 경찰에게 구타를 당했다. 세인트루이스와 엘파소에서는 그의 신문사가 경찰의 단속을 받아 파일과 장비들을 몰수당했다. 1907년부터 10년까지 그는 로스앤젤레스와 애리조나의 감옥에 갇혔다.

미국에서 보낸 시기 동안 플로레스 마공의 리버테리안 철학은 가장 발전된 단계에 도달했다. 게다가 그의 운동은 미국 아나키스트와 <세계 산업 노동자 조합>의 상상력을 자극했다. 엠마 골드만과 알렉산드르 베르크만은 마공의 편에서 연설하고 글을 썼으며, 『레제네라시옹』을 돕고 변호사를 고용하기 위한 기금을 모았으며, 플로레스 마공과 동료들이 체포되었을 때 보석을 신청했다. 그리고 뉴욕의 <아나키스트 적십자>에서도 돈이 들어왔는데, 헤이마켓 순교자인 앨버트 파슨즈의 미망인 루시 파슨즈가 모금을 위해 노력했다. 또 다른 유명한 미국인 아나키스트 볼테린느드 클레이르도 멕시코 동지들을 위해 기금을 모았고 죽기 여섯 달 전에 자신의 마지막 시인 "붉게 쓴(Written-in-red)"을 멕시코 동지들에게 바치며 『레제네라시옹』에 실었다.3 더구나 두 명의 캘리포니아 아나키스트, 독일출신의 알프레드 산프트레벤(Alfred G. Sanftleben)과 영국출신의 윌리엄 오웬은 『레제네라시옹』의 영어면을 편집했고, <바자 캘리포니아 해방군>의 사병 중엔 수백 명의 미국인 아나키스트들과 세계 산업 노동자 조합원들(Wobblies)이 있었으며 세계 산업 노동자 조합운동에서 가장 유명한 순교자들인 프랑크 리틀(Frank Little)과 조 힐(Joe Hill)도 끼어있었다.

1910년 8월 3일 리카르도 플로레스 마공은 미국의 중립법(neutrality laws)을 위반했다는 죄목으로 3년 형을 산 뒤 감옥에서 풀려났다. 6개월

---

3. Voltairine de Cleyre, "Written-in-Red(To Our Living Dead in Mexico' Struggle)," *Regeneración*. 1911년 12월 16일자.

뒤 마공의 지지자들이 바자 캘리포니아에서 반란을 일으켜 미국인 친구들 사이에 큰 희망을 자아냈다. 로스앤젤레스의 엠마 골드만은 이 운동을 지지하는 연설을 했고 급진적인 노래를 부르며 환호하는 군중의 박수갈채를 받았다. 멕시칼리를 함락하자 잭 런던(Jack London)은 플로레스 마공에게 다음과 같은 격려의 메시지를 보냈다. "미국에 있는 우리 사회주의자들, 아나키스트들, 방랑자들, 좀도둑들, 범법자들, 바람직하지 못한 시민들은 멕시코의 노예제와 독재를 타도하기 위해 노력하는 당신의 마음, 당신의 영혼과 함께 합니다."4 하지만 5월 말 봉기는 무너졌다. 그리고 1911년 6월 22일 플로레스 마공은 또 다시 중립조치를 위반했다는 유죄판결을 받았다. 그는 워싱턴주 맥닐 섬의 연방교도소에서의 1년 11개월 형을 받았다. 서해안의 유명한 아나키스트 공동체인 홈(Home) 정착지 근처에서 온 면회객들이 교도소 생활의 우울함을 덜어주었다. 1914년 1월 형기를 마친 플로레스 마공은 로스앤젤레스 근처의 협동농장으로 일하러 갔고 헛간 하나를 사무실로 쓰며 수동 인쇄기를 이용해 『레제네라시옹』을 다시 발행했다. 하지만 1916년 2월 그는 또 다시 체포되었고 맥닐 섬에서의 1년 형을 선고받았지만 집행을 유예받았다. 그는 샌프란시스코에서 베르크만이 발행하던 『블래스트』에 「우리가 범죄자인가?」라는 글을 썼다. "우리는 천국에서든 지상에서든 어떠한 신의 권위도 받아들이길 거부한다. '신도 없고 지배자도 없다!'가 우리의 모토이다."5

1918년 3월 21일 플로레스 마공이 마지막으로 체포되었는데, 그는 동료인 리브라도 리베라(Librado Rivera)와 함께 제1차 세계대전 동안 미국을 휩쓴 반(反)급진주의 히스테리의 제물이 되었다. 체포의 이유는 세계의 아나키스트와 노동자들이 다가오는 사회혁명을 준비한 것을 주장하는

---

4. *Regeneración*, 1911년 2월 11일자.
5. *The Blast*, 1916년 3월 15일자.

선언서, 그들의 서명이 있는 선언서의 발행이었다. 이 선언서는 "이 순간 우리는 활동, 활동, 더 많이 활동해야만 한다. 아나키스트 이상을 사랑하는 남성과 여성 각자는 위험을 생각하거나 조롱에 신경을 쓰거나 결과를 생각하지 말고 그 이상을 끈기 있게 전파하자. 일하자, 동지들, 미래에는 우리의 이상이 실현될 것이다"라고 주장했다.6 플로레스 마공은 전쟁노력을 막았다는 혐의를 받고 간첩법(the Espionage Act)에 따라 끔찍하게도 20년 형을 선고받았고(리베라는 15년 형을 선고받았다) 1916년에 유예되었던 1년 형을 추가로 더 받았다. 그는 홈 정착지의 한 친구에게 이렇게 편지를 썼다. "21년 형은 지금도 이미 늙었고 지쳐버린 한 사람에겐 종신형과 다름없다."7

1919년 11월 3일 건강이 나빠진 플로레스 마공은 맥닐 섬에서 더 크고 건조한 리븐워스에 있는 연방교도소―리베라도 곧 그를 뒤따라 왔다―로 이송되었다. 바로 옆의 독방에 있던 <세계 산업 노동자 조합>의 시인 랄프 채플린(Ralph Chaplin)은 플로레스 마공이 "내가 만난 그 누구보다 천성적으로 더 관대하고 심지 굳은" 사람이며 그의 얼굴이나 행동이 "전사보다는 성인 같다"고 했다. 감옥의 사서로 일하면서 마공은 "혁명적인 이상주의자의 가장 고귀한 유형으로 우리 모두를" 감동시켰고 "오랜 수감 생활로 건강이 나빠졌지만 인간 삶을 개선시키려는 열정은 여전히 줄어들지 않았다."8

---

6. *Regeneración*, 1918년 3월 16일자, 영어로 번역되어 David Poole이 편집한 *Land and Liberty : Anarchist Influences in the Mexican revolution*(Sanday, Orkney, 1977), pp. 104~105에 실렸다.

7. 1920년 12월 15일 리카르도 플로레스 마공이 거스 텔츠(Gus Teltsch)에게 보낸 편지, *Epistolario revolucionario e íntimo*(Mexico City, 1925), 총 3권 중 1권, p. 30.

8. Ralph Chaplin, *Wobbly : The Rough-and-Tumble Story of an American Radical*(Chicago, 1948) pp. 255, 278. 리븐워스의 교도소장은 플로레스 마공을 "교양있고 빈틈없는 멕시코인"으로 묘사했다. Dirk Raat, *Revoltosos : Mexico's Rebels in the United States, 1903~1923*(College

리븐워스에 수감되어있는 동안 플로레스 마공은 뉴욕의 젊은 아나키스트이자 그의 석방을 위해 일하던 변호위원회의 일원이고 "엘렌 화이트(Ellen White)"라는 가명을 쓰던 릴리 사르노프(Lilly Sarnoff)와 오랫동안 편지를 주고받기 시작했다. 1899년 러시아에서 태어난 사르노프는 자신이 목격했던 반(反)유대인 학살에 대한 생생한 기억을 안고 1905년 미국으로 왔다. 어린 소녀시절부터 아나키스트 운동에 참여하면서 그녀는 정치범을 위해 활동했고―『로드 투 프리덤』과 『맨!』을 포함해―많은 미국 아나키스트 정기간행물들에 시를 쓰고 스케치를 보냈다. 플로레스 마공이 죽은 뒤, 그녀는 사코와 반체티를 구하기 위한 캠페인에 투신했고 플로레스 마공과 했던 것처럼 그들과도 편지를 주고받았으며 감옥으로 그들을 찾아갔다. 오랫동안 그녀는 뉴저지주 스텔턴에 있는 페레 정착지의 일원이었고 1981년에 죽을 때까지 동료인 루이스 레이먼드(Louis G. Raymond)와 그곳에 계속 머물렀다. 1971년 그녀는 "반란자들을 원하지 않고 오직 편협한 마음을 가진 사람들과 간사한 사람들, 무식한 사람들만을 원했던" 곳, 바로 그 미국에서 플로레스 마공과 그가 겪은 시련에 관해 최초로 애기하는 시들을 작은 책자로 출판했다.9

1920년 10월 6일에서 1922년 11월 12일(죽음을 맞이하기 겨우 11일 전인)까지 거의 2년 동안 리카르도 플로레스 마공은 40통 이상의 편지를 사르노프에게 썼다(모두 보존되어있고 거의 모두가 암스테르담의 〈국제 사회사 연구소〉에 보관되고 있다). 플로레스 마공을 위해 끝까지 변호했던 해리 바인버거(Harry Weinberger)외에도 니콜라스 버널(Nicolás T. Bernal), 거스 텔츠(Gus Teltsch), 로즈 번스타인(Rose Bernstein)같은 친구

Station, Texas, 1981), p. 273.

9. Lilly Raymond, *Miscellaneous Poems*(Stelton, N. J., 1971). Raymond에 관한 더 많은 정보는 *Vicisitudes de la Lucha*(Calgary, Alberta), no. 8(1975)을 보라.

들에게 보낸 모든 편지들은 (1925년) 멕시코시티의 <"리카르도 플로레스 마공" 문화그룹>이 스페인어로 번역해서 출판했다.[10] 1976년 멕시코시티 의 <토지와 해방모임>은 원본의 팩시밀리 복사본을 가지고 사르노프에 게 보낸 편지들을 새로이 스페인어로 번역해서 출판했다.[11]

사르노프에게 보낸 편지들은 상당히 흥미롭다. 팔머(Palmer) 시기 동안 수감생활의 공포를 드러낸 것 외에도 편지들은 전쟁 이후 아나키스트 운 동 전체를 사로잡았던 상당히 중요하고 폭넓은 논쟁점들—볼세비키 혁명 에 대한 태도와 리버테리안 대안의 전망 같은—을 다루었기 때문이다. 골 드만과 베르크만을 포함해 다부분의 아나키스트들처럼 플토레스 마공도 처음에는 레닌과 트로츠키를 해방과 정의라는 신새벽의 선포자로 환호하 며 맞이했다. 하지만 1920년 이후 마공은 그들이 혁명을 "죽이고" 민중에 게 새로운 독재를 행사하고 있다고 비난했다. 그는 전제주의가 [결국] 전 제주의를 낳을 수밖에 없고 "나는 노동자가 행사하든 자본가가 행사하든 독재에 맞서겠다"고 선언했다. 그러나 마공은 진정한 혁명이 가까운 장래 에 실현될 거라는 신념을 결코 포기하지 않았다. 마공은 "역사는 바스티 유[감옥]의 폐허 속에 자신의 요람을 마련했던 시대[프랑스 대혁명 시대] 의 마지막 줄을 이미 쓰고 있다. 인류의 암중모색이 자유를 향한 길로 뛰 어 올랐듯이, 이제 곧 새로운 역사의 첫 장이 동시대인들에게 알려질 새 로운 시대를 열 것이다"라고 주장했다.[12]

---

10. 1975년 멕시코시티의 the Ediciones Antorcha가 다시 발행한 Flores Magón, *Epistolario revolucionario e íntimo*. 1922년 3월 27일 플로레스 마공이 릴리 사르노프에게 보낸 한 통의 편지는 예일 대학의 Weinberger Papers에 보존되고 있다.

11. Proudhon Carbó가 번역한 *Ricardo Flores Magón : Su vida, su obra y 42 cartas escritas en ingles durante los dos últimos años de su prision y de su vida*(Mexico City, 1976). 가장 중요한 편지는 Paul Avrich가 편집한 *International Review of Social History* 22(1977), pp. 379~422의 "Prison Letters of Ricardo Flores Magón to Lilly Sarnoff"에 다시 실렸다.

12. "Prison Letters of Ricardo Flores Magón," pp. 386, 394, 404.

지나치게 화려한 문체가 역사 속으로 이미 사라진 낭만적 혁명주의 시대를 반영하지만 강렬하게 씌어진 플로레스 마공의 편지는 진정한 문학적 가치를 지녔다. 오웬은 플로레스 마공을 "혁명운동이 낳은 가장 영향력있는 작가 중 한 사람"으로 부르는 게 옳다고 했다.[13] 이상주의와 도덕적인 열정을 결합한 그의 문학적인 재능 덕분에 『레제네라시옹』은 그 시대의 주목받는 아나키스트 신문 중 하나가 되었고 멕시코와 미국 모두에서 헌신적인 지지자들을 얻었다. 그리고 스페인어로 쓴 글과 똑같이 시적인 호소력과 불타는 이상주의가 두드러졌던 사르노프와 다른 동지들에게 보낸 편지들은 그가 영어를 탁월하게 구사한다는 점을 증명한다. 고어체나 존재하지 단어들("intermeddle"과 "candorous", "emphemerous")을 썼다는 점을 포함해 여러 가지 면에서 그의 편지들은 1928년에 출판된 반체티의 옥중 편지들과 비슷했다.[14]

리븐워스로 이송되었지만 플로레스 마공의 건강은 계속 나빠졌다. 그의 변호사였던 바인버거는 온갖 노력을 다했지만 석방을 허가받지 못했다. (바인버거의 탄원을 거부했던 검찰총장 도허티(H. M. Daugherty)는 플로레스 마공에 대해 이렇게 편지를 썼다. 그는 "치안을 방해하며 혁명적인 교리를 주장하고 실천하기 때문에 위험하고 이 나라의 법률을 따르지 않기로 결심했습니다.")[15] 플로레스 마공은 아나키스트 신념을 철회하지 않았고 개인적으로 사면을 호소하지도 않았으며 국가의 자비를 구걸하는 불명예보다 차라리 죽음을 택했다. 1920년 12월 그는 이렇게 편지에

---

13. Owen, "Death."
14. 반체티와 플로레스 마공의 사건이 비슷했다는 점도 얘기할 만하다. Marion Denman Frankfurter와 Gardner Jackson이 편집한 *The Letters of Sacco and Vanzetti*(New York, 1928), p. 169를 보라.
15. 1921년 4월 18일 해리 도허티가 해리 바인버거에게 보낸 편지, Poole이 편집한 *Land and Liberty*, pp. 106~107.

썼다. "내가 죽으면 아마도 내 친구들은 '여기 이상주의자 잠들다'라고 무덤에 새길 터이고 내 적들은 '여기 미치광이가 잠들다'라고 새길 것이다. 그러나 그 누구도 '여기 겁쟁이이자 이상을 배신한 자가 잠들다'라고 비문을 새기지는 못할 것이다."16

1922년 11월 21일 이른 아침에 야간당번은 옆방의 죄수이던 랄프 채플린을 깨워 플로레스 마공이 독방에서 심장마비로 죽었다는 소식을 전했다. 그는 49세로 죽었고 21년의 형량 중 5년을 살았다. 리브라도 리베라를 포함해 몇몇 사람들은 그가 살해되었다고 확신했지만 채플린은 갑작스런 신체적 쇠약이 그를 죽음으로 내몰았다고 믿었다.17 어쨌든 그를 죽인 건 감옥이다. 관용을 호소했던 바인버거의 탄원을 무시하고 플로레스 마공에게 적절한 의학적인 조치를 취하지 않음으로써 정부당국은 사실상 그에게 사형선고를 내린 것이다. 이 소식을 들은—그 자신도 미국의 감옥에서 16년을 보냈던—베르크만은 다음과 같이 편지를 썼다. "리카르도는 훌륭한 사람이고 가장 헌신적인 동지였다. 그 감옥의 의사들—나는 그들을 안다—은 편안하게 숨을 거두게 해주겠다는 욕을 했었다."18 플로레스 마공의 죽음으로 빨갱이 사냥은 또 다른 희생자의 목숨을 빼앗았다.

따라서 20년간의 추방 이후 리카르도 플로레스 마공의 시신만이 모국으로 돌아갈 수 있었다. 그의 시신이 멕시코로 돌아왔을 때, 꽃으로 뒤덮인 관을 실은 특별기차가 수도로 가면서 이 마을, 저 마을을 지날 때마다 적기와 흑기를 든 노동자와 농민 무리들이 철로변에 늘어섰다. 오웬에 따르면 자기 동포들에게 그런 헌신을 얻었던 건 플로레스 마공의 용기와 고

---

16. 1920년 12월 6일 리카르도 플로레스 마공이 니콜라스 버날에게 보낸 편지, *Epistolario revolucionario e íntimo*, 1권, p. 24.

17. Chaplin, *Wobbly*, p. 310.

18. 1922년 12월 14일 알렉산드르 베르크만이 미카엘 콘에게 보낸 편지, Michael A. Cohn Papers, YIVO Institute for Jewish Research, New York.

귀함 덕분이었다. 오웬은 이렇게 썼다. "그 사람은 참으로 성실하고 굳은 확신을 가졌기에 다른 누가 침묵에 길들여졌다 해도 그는 말해야만 했다. 인간 노예제를 타도하려는 위대한 투쟁에서 한 부분을 담당해야 한다는 그의 결심은 너무나 강해서 개인적으로 어떤 희생을 치른다해도 끝까지 싸워서 해결해야만 했다."[19]

1923년 1월 플로레스 마공은 멕시코시티에서 열린 가장 큰 규모의 대중 장례식 중 하나로 장례를 치루었다. 2년 전 모스크바에서 열렸던 크로포트킨의 장례식처럼, 그의 장례식도 "그는 아나키를 위해 죽었다"라고 쓴 현수막을 내건 정치적인 시위가 되었다. 1945년 5월 1일 국제 노동자 계급 연대의 날에 그의 유골은 국립묘지(national pantheon)에 매장되었다. "멕시코 국가는 국가의 존재를 저주했던 사람을 정식으로 인정했다. 이것은 관대하지만 아이러니한 찬사였다"고 미국 역사가는 얘기했다.[20]

19. *Freedom*, 1922년 12월호
20. Lowell L. Blaisdell, *The Desert Revolution : Baja California 1911*(Madison, 1962), p. 204.

16

몰리 슈타이머
한 아나키스트의 삶

1980년 7월 23일 몰리 슈타이머(Mollie Steimer)는 쿠에르나바카(Cuer-navaca)라는 멕시코 마을에서 심장마비로 사망했고, 이로써 아나키스트 운동을 위해 쉬지 않고 일했던 한 삶도 마감되었다. 죽음을 맞던 시기에 슈타이머는 엠마 골드만, 알렉산드르 베르크만과 밀접한 관계를 맺었던 유명한 인물 중 최후의 한 사람이었다. 그녀 자신도 국제적인 명성을 얻었던 왕년의 아나키스트 중 마지막 한 사람이었고 멕시코에 있던 러시아의 유명한 정치적 망명객 ─ 야곱 아브람스, 빅토르 세르주, 레온 트로츠키처럼 각기 다른 [성향의] 인물들을 포함하는 망명객 ─ 중 생존인물이었다.

그녀의 심장이 멈췄을 때 슈타이머는 82살이었다. 1897년 11월 21일 러시아 남서부의 두나에치(Dunaevtsy)라는 촌락에서 태어난 그녀는 1913년 부모님, 다섯 남매와 함께 미국으로 이민을 왔다. 뉴욕의 유대인 거주 지역에 도착한 그녀는 겨우 15살의 나이로 가족을 부양하기 위해 그 즉시 의류공장에서 일해야 했다. 그리고 바쿠닌과 크로포트킨, 골드만의 책을 알기 전까지 그녀는 베벨의 『여성과 사회주의』(*Women and Socialism*)와 스테피냑의 『지하 러시아』(*Underground Russia*)로 시작해서 급진적인 문학작품들을 읽었다. 1917년부터 몰리는 아나키스트가 되었다. 러시아 혁명이 시작되자 그녀는 선동활동에 몰두했고 『슈투름』(*Der shturm*, 폭풍)이라는 이디시어 비밀잡지 주위에 모여있던 젊은 아나키스트들의 모임에 가입했다. 내부 알력으로 진통을 겪던 <폭풍모임>은 1917년 말경에 다시 창단했고 자유(Frayhayt)라는 이름을 채택했으며 그 이름으로 새로운 잡지를 발간했다. 이 잡지는 1918년 1월에서 5월 동안 다섯 번 발행되었고 특히 로버트 마이너(Robert Minor)의 시사만화와 마리아 골드스미스, 게오르그 브란데스(Georg Brandes)의 기사를 실었다. 편집자들은 잡지의 표어로 제퍼슨의 "정부는 가장 적게 지배할 때 최선"이라는 말을 확대한 헨리 데이비드 쏘로우(Henry David Thoreau)의 유명한 금언인 "정부는 아무도 지배하지 않을 때 최선이다"(이디시어로 "Yene regirung iz di beste, velkhe regirt in gantsn nit")를 택했다.

<자유모임>은 동유럽 유대인 출신의 노동자인 12명의 아주 젊은 남녀들로 구성되었고 할렘의 104가 이스트 5번지에서 정기적으로 만났으며, 슈타이머를 포함해 그들 대부분은 6개의 방이 딸린 그곳 아파트에서 같이 살았다. 몰리를 제외하면 이 모임에서 가장 활동적인 인물은 1906년에 러시아에서 이민을 온 32살의 야곱 아브람스였다.[1] 1917년 <제본직공연맹>(the Bookbinder's Union)의 간사였던 아브람스는 알렉산드르 베르크만이 샌프란시스코—정부당국은 악명 높은 무니-빌링스 폭탄투척 사건에 그를 연루시키려 했다—로 송환되는 것을 막으려고 노력했다. 모임의 또 다른 구성원은 1911년 비극적인 트라이앵글 셔트웨이스트 화재에서 창문으로 뛰어내려 작은 상처만 입고 가까스로 탈출했던 아브람스의 아내

---

1. *Abrams-Bukh*(Mexico City, 1956), pp. 9~19.

메리였다. 그 외의 나머지 구성원은 화가인 하이먼 라초우스키(Hyman Lachowsky), 21살로 아나키스트라기보다 맑스주의자였던 사무엘 리프만(Samuel Lipman), 리프만의 여자친구인 에델 번슈타인(Ethel Bernstein), 그녀의 동생인 로즈 번슈타인(Rose Bernstein), 야곱 슈바르츠(Jacob Schwartz), 샘 하르트만(Sam Hartman), 버나드 세르네이커(Bernard Sernaker, 그녀의 딸인 제르미날과 하모니는 스텔턴에서 페레학교를 다녔다), 클라라 라르센(Clara Larsen), 스마 아델(Sma Adel)과 힐다 아델(Hilda Adel)부부(레온 에델Leon Edel의 삼촌과 숙모인), 잘만 데닌(Zalman Deanin)과 소니아 데닌(Sonya Deanin)부부였다.

하나의 단체로서 이 〈자유모임〉은 비밀리에 자신들의 신문을 편집해 배포했다. 자본주의를 반대하고 혁명과 소비에트를 지지하는 성향(발행인 난에서 "유일하게 정당한 전쟁은 사회혁명"이라고 선언했던) 때문만이 아니라 연방정부가 미국의 전쟁노력에 반대하는 것도 금지했기 때문에 비밀은 필요했다. 수동 인쇄기로 신문을 인쇄하던 이 〈자유모임〉은 신문을 단단히 싸서 밤중에 도시 전역의 우편함에 밀어 넣었다. 곧 연방공무원과 지방공무원들이 그들의 활동을 알게 됐지만 아브람스와 슈타이머, 다른 동지들이 신문헤드라인을 장식한 ─그리고 그들을 감옥에 가둔─ 사건이 터질 때까지 모임을 추적하지 못했다.

1918년 봄과 여름 동안 미국 군대가 소비에트 러시아에 상륙한 사실이 사건을 자극했다. 이런 간섭을 반혁명적인 책동으로 봤던 〈자유모임〉의 회원들은 그런 개입을 중단시키기로 결심했다. 이 목적을 위해 이들은 미국인 노동자들에게 총파업을 시작하자고 호소하는 삐라를 영어와 이디시어로 만들었다. 영어 삐라는 "당신은 러시아 혁명이 무너지는 걸 받아들일 텐가?"라고 물었다. "아니오, 라고 대답한다면 당신은 미국의 인민들을 의미한다! 러시아 혁명은 전 세계 노동자의 도움을 요청한다. 러시아 혁명은 '전 세계 노동자들이여! 일어나라! 봉기하라! 당신의 적과 나의 적을 때려 눕혀라!'라고 부르짖었다. 그렇다, 친구들이여, 전 세계 노동자의 유일한 적은 바로 자본주의이다." 이디시어 삐라도 비슷한 메시지를 담았다. "노동자들이여, 야만적인 간섭에 대한 우리의 대응은 총파업이어야 한다! 이런 공개적인 도전[총파업]은 자유를 위해 싸우는 게 러시아 노동자들만이 아니고 여기 미국에서도 혁명의 정신이 살아있음을 정부가 알게 할 것이다. 정부가 감옥에서의 야만적인 처벌과 교수형, 총살형으로 당신을 위협하지 못하게 하라. 우리는 러시아의 당당한 전사들을 배신하지 말아야 하고 배신하지 않을 것이다. 노동자들이여, 싸우기 위해 일어서자!"[2]

두 개의 삐라는 5천 부 인쇄되었다. 슈타이머는 대부분의 삐라를 도시 근처의 각기 다른 장소에 배포했다. 그 후 1918년 8월 23일 그녀는 남은 삐라를 자신이 일하던 맨하탄 남부의 공장에 가지고 가서 몇 장을 손으로 나눠주고 나머지를 2층의 화장실 창문에 놓았다. 그 삐라가 거리 아래로 날려가 한 무리의 노동자들이 삐라를 주웠고 즉시 경찰에 신고했다. 그리고 경찰은 미군 정보국에 신고했고 이들은 공장에 두 명의 하사관을 보냈다. 한 층, 한 층 수색하면서 이들은 삐라를 나눠주는 걸 도왔던, 그즈음에 <자유모임>에 가입했던 하이먼 로잔스키(Hyman Rosansky)라 불리는 젊은 노동자와 우연히 마주쳤다. 로잔스키는 자신이 관련되어있다고 인정했고 밀고자로 변해 나머지 동지들을 연루시켰다.

슈타이머는 라초우스키, 리프만과 함께 즉시 감금당했다. 같은 날 경찰은 104번가 이스트 5번지의 본거지를 습격해서 아파트를 엉망으로 만들

---

2. Zechariah Chafee, *Free Speech in the United States*(Cambridge, Mass., 1942), pp. 109~110 ; Zosa Szajkowski, "Double Jeopardy — The Abrams Case of 1919," *American Jewish Archives* 23(1971년 4월), pp. 6~32.

며 야곱 아브람스와 야곱 슈바르츠를 체포했고 경찰서로 그들을 데려가면서 주먹과 곤봉으로 때렸다. 경찰서에 도착한 뒤 더 심한 폭행이 가해졌다. 슈바르츠는 피투성이가 되었다. 곧바로 라초우스키도 타박상을 입고 머리카락이 한 웅큼 빠지며 피를 흘렸다.[3] 다음 며칠 동안 나머지 회원들도 검거되어 심문을 받았다. 몇 사람은 석방되었지만 가브리엘 프로버(Gabriel Prober)라는 한 친구와 함께 아브람스, 슈타이머, 라초우스키, 리프만, 슈바르츠는 몇 년 전에 의회가 통과시킨 보안법(Sedition Act)에 위배되는 음모를 꾸몄다는 혐의로 기소되었다. 정부당국에 협력했던 로잔스키는 심문을 연기해도 좋다는 허가를 받았다.

잘 알려졌듯이 아브람스 사건은 미국에서 시민의 자유라는 기본권(civil liberty)을 억압했던 중요한 사건이다. 최초로 보안법을 적용해 고발된 이 중요한 사건은 제1차 세계대전 이후 빨갱이 사냥 히스테리 동안 헌법의 권리를 가장 악명 높게 위반했던 사건 중 하나로, 이 주제와 관련된 모든 역사교과서들에서 인용된다.[4]

재판은 뉴욕의 연방법원건물에서 1918년 10월 10일부터 시작되어 2주 동안 열렸다. 피고는 아브람스, 슈타이머, 슈바르츠, 라초우스키, 리프만, 프로버였다. 하지만 슈바르츠는 법정에 서지 못했다. 경찰에게 심하게 폭행당한 그는 벨르뷰(Bellevue) 병원으로 옮겨졌고 재판이 진행 중이던 10월 14일에 죽었다. 공식적인 기록에는 그의 죽음이 당시 기승을 부리던 스페인 유행성감기 탓이라고 되어있었다. 하지만 그의 동지들의 말에 따르면, 슈바르츠는 야만적으로 살해당했다. 그의 장례식은 정치적인 시우가 되었다. 10월 25일 알렉산드르 베르크만이 주최한 추모집회는 파크뷰

---

3. B. Aurin, "The 'Third Degree'," *Freedom*(New York), 1919년 1월 15일자.
4. 사건을 탁월하고 포괄적으로 다룬 Richard Polenberg, *Fighting Faiths : The Abrams Case, the Supreme Court, and Free Speech*(New York, 1987)을 보라.

펠리스(Parkview Palace)에서 슈바르츠를 애도하며 열렸다. 1,200명의 애도객이 참석해서 존 리드(John Reed)―그 자신도 미국의 러시아 간섭을 비난해서 체포되었다―와 해리 바인버거―아브람스 사건의 피고인측 변호인이자 1917년 징병에 반대했던 베르크만과 골드만의 재판에서도 이미 그들을 변호했던―의 연설을 들었다(바인버거는 감옥에서의 석방을 보장받으려던 리카르도 플로레스 마공의 변호사로도 잠시 일했었다).

아브람스 사건은 18년 동안 앨러바마주의 하원의원이었던 헨리 델라마 클레이턴(Henry Delamar Clayton) 판사가 맡았다. 클레이턴은 자신이 헤이마켓 사건과 사코-반체티 사건의 재판장이었던 게리 판사, 타이어 판사와 다른 점이 없음을 증명했다. 그는 피고인들의 "자유연애(free love)"를 시빗거리로 삼았고 항상 그들을 조롱하며 창피를 줬다. 그는 "당신은 계속 생산자들에 관해 얘기했습니다. 당신은 밖으로 나가지도 않으면서 도대체 무엇을 생산하는지 나는 지금 묻고 싶습니다. 이 나라에는 관심을 필요로 하는 경작되지 않은 땅이 무수히 많습니다"라고 아브람스에게 말했다. 다른 관점에서 아브람스가 자신을 아나키스트라 칭하고 그리스도도 아나키스트라고 덧붙였을 때 클레이턴은 말을 가로막았다. "우리의 신은 이 재판정에 없습니다. 당신은 있지만." 아브람스는 대꾸하려 했지만 "미국혁명의 우리 선조들이"까지밖에 말하지 못했다. 클레이턴이 "뭐라고요?"라고 되물었고 아브람스는 "나의 선조들"이라고 대답했다. 클레이턴은 "이 나라의 국부들5이 당신의 선조들에 속한다는 얘기입니까? 좋습니다, 워싱턴과 다른 사람들이 이곳 재판정에 없기 때문에 나는 우리가 그 점을 무시할 수 있다고 생각합니다"라고 말했다. 아브람스는 "내가 그들을 존경"하기 때문에 그들을 선조라고 불렀다고 설명했다. "우리는 하

---

5. [옮긴이 주] 원문에는 fathers라고만 나와 있지만 미국헌법을 제정한 founding father를 가리킨다.

나의 거대한 인간 가족이고 나는 '우리 선조들'이라고 말했습니다. 민중의 편에 선 사람들이기에 나는 그들을 아버지라 부릅니다."[6]

변호인 바인버거는 보안법이 미국의 전쟁수행을 방해하는 활동에 대한 처벌을 의미하는데, 미국의 러시아 간섭이 독일이나 그 동맹국들에 맞서는 게 아니기 때문에, 피고가 그 행위를 반대한 걸 전쟁노력을 방해하는 것으로 해석할 수 없음을 증명하려고 했다. 하지만 재판장 클레이턴은 "트랄라(tra la), 봄에 피는 꽃은 이 사건과 아무런 관련이 없다"[변호인의 주장이 과도한 해석임을 비꼬는 말]며 이 주장을 무시했다. 『뉴욕 타임즈』는 재판장의 "어느 정도 유머러스한 방식들"을 칭찬하면서 "그가 재판을 이끌던 방식들이 이 도시와 나라의 감사"를 받을 만한 가치가 있다고 선언했다. 반대로 업튼 생클레어(Upton Sinclair)는 클레이턴이 헤르터가(Hester Street)를 민주주의 안전판으로 만들기 위해 앨러바마주에서 끌어들여졌다고 얘기했다.[7]

재판의 판결이 나기 전에 몰리 슈타이머는 자신의 정치적 신념을 설명하는 강력한 연설을 했다. 그녀는 이렇게 선언했다. "나는 아나키즘을 어떤 집단도 다른 집단에게 지배당하지 않는 새로운 사회질서로 이해한다. 아나키즘에서 개인은 자유라는 말의 의미를 풍부하게 실현할 것이다. 사적 소유권은 폐지될 것이다. 모든 개인은 자신을 정신적·육체적으로 잘 발전시킬 동등한 기회를 가질 것이다. 우리는 지금까지 해 왔듯이 하루하루 살아가기 위해 싸우면 안 된다. 다른 사람의 생산물에만 의지해 살아가는 사람은 없어져야 한다. 모든 사람은 능력만큼 생산해야 하고 필요한 만큼 즐겨야 한다(즉 필요에 따라 받는다). 돈을 벌려고 애쓰는 대신 으

---

6. *New York Times*, 1918년 10월 18일자. 그리고 Richard Polenberg, "Progressivism and Anarchism : Judge Henry D. Clayton and the Abrams Trial," *Law and History Review* 3(1985년 가을, pp. 397~408.

7. *New York Times*, 1918년 10월 28일자 ; Szajkowski, "Double-Jeopardy," p. 22.

리는 교육을 받고 지식을 얻으려고 애써야 한다. 지금 전 세계의 인민은 자신을 국가라 부르는 여러 개의 집단들로 나눠져 있는데, 하나의 국가는 −대부분의 경우 다른 국가를 경쟁자로 간주하며− 다른 국가에 도전한다. 우리 전 세계의 노동자들은 서로의 형제애를 위해 손을 맞잡을 것이다. 이 사상을 실현하기 위해 나는 모든 에너지를 쏟고 필요하다면 내 목숨도 바칠 것이다.”[8]

클레이턴이 재판장이었기에 공판의 결과는 예측할 수 있었다. 배심원들은 피고인 중 한 명만이 무죄라고 봤다(프로버는 모든 점에서 깨끗했다). 판결일인 10월 25일 사무엘 리프만은 앞으로 나가 민주주의에 관해 법정에서 연설했다. 재판장 클레이턴은 “당신은 민주주의에 관해 아무것도 모릅니다. 당신이 이해하는 유일한 사실은 아나키라는 지옥입니다”라며 말은 가로막았다.[9] 클레이턴은, 리프만, 라초우스키, 아브람스에게 최고형인 20년의 징역형과 벌금 1,000달러를 판결했다. 슈타이머는 15년 형과 벌금 500달러라는 판결을 받았다(따로 재판을 받았던 로잔스키는 3년 형이라는 가벼운 처벌을 받았다).

삐라 배포에 대한 야만적인 판결은 자유주의자와 급진주의자 모두에게 충격을 줬다. 재차리아 샤피(Zechariah Chafee)가 학장으로 있던 하버드 법과 대학의 학부생 중 한 무리는 피고인들이 단지 다른 국가의 일에 간섭하지 말라고 주장했기에, 간단히 말해 언론의 자유라는 권리를 행사했기 때문에 유죄판결을 받았다고 항의했다. 샤피 교수는 “한 세기 이상 모든 국가의 억압당하는 사람들에게 피난처가 되어왔다고 스스로 자긍심을 가져왔는데, 우리처럼 급진적이지 않은 사람들만을 위한 피난처라는 입장으로 갑자기 비약하면 안 된다. 군주제를 지지하는 영국이 공화주의자 마

---

8. *Sentenced to Twenty Years Prison*(New York, 1919), p. 20.
9. Chafee, *Free Speech*, p. 127.

찌니나 아나키스트 크로포트킨에게 취한 입장을 생각해 보라!”고 주장했다.[10]

사피 교수가 사면을 위한 탄원서의 초안을 잡는데 참여함으로써 로스코 파운드(Roscoe Pound)와 펠릭스 프랑크푸르터(Felix Frankfurter)같은 유명한 법학자들을 포함해 “하버드의 모든 법학부 교직원”이 [탄원에] 참여했다. 노만 토마스(Norman Thomas), 후친스 햅굿(Hutchins Hapgood), 니스 보이스(Neith Boyce), 레오나스 애봇(Leonard Aboott), 앨리스 스톤 블렉웰(Alice Stone Blackwell), 헨리 워즈워스 롱펠로 다나(Henry Wadsworth Longfellow Dana), 볼턴 홀(Bolton Hall)도 비슷한 탄원서들에 서명했다. 디트로이트에서 아그네스 잉글리스(Agnes Inglis)—나중에 미시간 대학의 라바디 문서소장코너의 큐레이터가 된—는 피고인들을 위해 일했다. 디트로이트의 이탈리아 아나키스트들도 사건에 관한 희곡을 쓰고 동지들과 함께 연극을 공연했다.[11]

게다가 뉴욕의 두 조직이 미국 대법원에 항소했던 피고인들을 돕기 위해 나섰다. 첫 번째 조직은 엘레노어 핏제랄드(M. Eleanor Fitzgerald)가 간사를 맡고 레오나드 애봇, 로저 발드윈, 루씨 로빈스(Lucy Robins), 마가렛 생어(Margaret Sanger), 링컨 스테픈스(Lincoln Steffens)가 고문단을 구성했으며 프린스 홉킨스(Pryns Hopkins)가 의장을 맡았던 <정치범 석방동맹>(the League for the Amnesty of Political Prisoners)으로 『의견이 범죄인가?』(*Is Opinion a Crime?*)라는 사건에 대한 책자를 발행했다. 두 번째 조직은 샘 아델과 힐다 아델 부부가 <자유모임>의 예전 회원들과 함께 조직했고 『프라이에 아르베터 슈티메』와 <노동자단>, <제본직공연맹>—아

---

10. 같은 책, p. 237.

11. 1920년 2월 9일 아그네스 잉글리스가 해리 바인버거에게 보낸 편지, Weinberger Papers, Yale University.

브람스가 간사로 일했던 조직―이 지원했던 <정치범 변호와 구제위원
회>(the Political Prisoners Defense and Relief Committee)였다. 1919년 이
조직은 사건에 관한 가치있는 정보들을 담은 『20년 형을 선고받다』
(*Sentenced to Twenty Years Prison*)라는 제목의 32쪽짜리 팸플릿을 발행했
다(<미국과 캐나다의 러시아 노동자 연맹>이 러시아어 번역본을 발행했
다).

그동안 네 명의 아나키스트들은 항소 결과를 기다리며 보석으로 풀려
났다. 그 즉시 슈타이머는 자신의 급진적인 활동을 다시 시작했다. 다음
11개월 동안 그녀는 8번이나 체포되었고 잠깐 동안 경찰서에서 지내기도
했으며 풀려나고 ―가끔 영장도 없이― 다시 체포되었다. 1919년 3월 11
일 그녀는 164명의 급진주의자들―그 중 몇 명은 나중에 골드만, 베르크
만과 함께 부포드(*Buford*)로 추방되었다―을 체포하던 연방경찰과 지방경
찰의 습격을 받고 이스트 15번가에 있던 <러시아 인민의 집>에서 체포되
었다. 반란을 선동했다는 죄를 뒤집어쓴 슈타이머는 보석금 1,000달러를
내고 풀려날 때까지 악명 높은 톰스(Tombs) 감옥에서 8일을 보냈다. 그리
고 결국 다시 체포되어 추방을 위해 엘리스 섬으로 보내졌다. 하루 24시
간 내내 갇혀 지냈고 운동을 하거나 신선한 공기를 마시지 못했으며 다른
정치범들과 어울릴 권리도 박탈당했던 그녀는 당국이 자신의 수감환경을
완화할 때까지 단식투쟁을 시작했다. "미국정부의 전체 기관이 8파운드
도 안 되는 이 가냘픈 여성을 짓누르는 데 이용되고 있다"고 엠마 골드만
은 한탄했다.[12]

그런데 정부는 법정에 사건[삐라 사건에 대한 항소]이 계류되어있던
21살의 죄수를 추방할 준비가 되지 않았다. 엘리스 섬에서 풀려난 뒤 몰
리는 계속 감시를 받았다. 1919년 가을 골드만이 미주리주 제퍼슨시의 연

---

12. Emma Goldman, *Living My Life*(New York, 1931), p. 705.

방교도소에서 2년 형기를 마친 뒤 뉴욕으로 돌아왔을 때, 몰리는 그녀를 방문할 기회를 잡았다. 이 만남이 영원한 우정의 시작이었다. 몰리는 엠마를 짜르 체제 하의 헌신적이고 금욕적이며 이상주의적인, "제대로 인생을 즐길 수 있게 되자가자 자신의 생명을 바친" 러시아 여성혁명가로 기억했다. 엠마의 묘사어 따르면, 몰리는 "자그마하고 얼굴 생김새와 키가 일본인과 비슷하고 기묘해 보였다." 엠마는 그녀가 "강철 같은 의지와 부드러운 마음을 가진" 훌륭한 여성이지만 "생각이 유연하지 않아서 걱정된다"고 덧붙였다. 엠마는 자신의 조카딸인 스텔라 발렌틴(Stella Ballantine)에게 몰리가 "치마를 입은 알렉산드르 베르크만 부류"라고 농담을 했다.13

골드만과 만난 직후 슈타이머는 또 다시 체포되었다. 그녀는 블랙웰 섬의 감화원에 수감되었고 1919년 10월 30일부터 1920년 4월 29일까지 여섯 달 동안 갇혀 지냈다. 다른 동료 죄수들과 또 한번 격리되고 외부세계와의 모든 접촉을 금지당한 채 더러운 독방에 갇힌 그녀는 목청이 터져라 "아나키스트 행진곡"과 다른 혁명가들을 부르고 단식투쟁을 하면서 항의했다.14

이 사이에 대법원이 몰리와 동지들의 유죄를 확정했다는 소식이 들려왔다. 하지만 두 명으 재판관, 즉 루이스 브란데스(Louis Brandeis)와 올리버 웬델 홈즈(Oliver Wendell Holmes)는 강력하게 유죄확정을 반대하면서 피고인들의 목적이 러시아를 돕는 것이지 전쟁노력을 막는 게 아니라는 점에 동의했다. 홈즈는 "두 장의 삐라를 발행했다고 '20년 형'에 처한 이 사건에서 나는 정부가 미국으 헌법—이제 그들이 쓸모없게 만든—을 공표했던 것과 마찬가지로 피고들도 공표할 권리를 가진다고 믿는다"고 말

---

13. 같은 책, pp. 701~702.
14. Mollie Steimer, "To My Comrades," *Freedom*(New York), 1919년 10~11월호

했다.[15]

대법원이 이 결정을 공고했을 때 보석 중이던 아브람스와 리프만, 라초
우스키는 달아나 뉴올리언즈에서 멕시코로 탈출하려 했다. 연방수사관에
게 발각되어 그들의 보트는 바다에서 저지당했고 이송되어, 러시아로의
추방을 기다리던 베르크만이 막 풀려났던 애틀란타의 연방교도소에 수감
되었다. 베르크만처럼 아브람스와 동지들도 1919년 12월부터 1921년 11
월까지 2년을 애틀란타 교도소에서 보냈다. 그들의 탈출계획을 알았던 슈
타이머는 평범한 노동자들이 기부한 4만 달러의 보석금을 몰수당하기 때
문에 탈출에 협력하지 않았다. 그녀는 자신들을 도우려 했던 남성과 여성
들을 속이는 건 명예롭지 않은 행동이라 느꼈다. 1920년 4월 그녀는 블랙
웰 섬에서 미주리주 제퍼슨시―1919년 12월 베르크만과 함께 추방되기
전에 골드만이 감금당했던―로 이송되었다.

몰리는 제퍼슨시에서 18개월을 보냈다. 재판 이후 그녀의 삶은 비극으
로 가득 찼다. 반복된 투옥 외에도 그녀의 남동생 중 한 명이 유행성 감기
로 죽었고 아버지는 그녀가 유죄판결을 받은 뒤 충격으로 죽었다. 하지만
그녀는 절망하지 않았다. 바인버거에게 보내는 편지에서 그녀는 에드먼
드 쿡(Edmund V. Cooke)의 시를 인용했다.

당신은 독수리의 꼬리를 붙잡을 수 없다,
그 무엇도 사상의 힘을 제한할 순 없다;
당신은 사상을 감옥에 가둘 수 없다,
당신은 의견을 추방할 수 없다.

그동안 바인버거는 <정치범 변호와 구제위원회>의 후원을 받아 러시

---

15. *Is Opinion a Crime?*(New York, 1920), p. 2.

아로의 추방을 조건으로 자기 의뢰인들을 석방시키려고 노력했다. 아브람스와 리프만은 이런 타협을 환영했지만 라초우스키와 슈타이머는 원리원칙대로 추방을 거부했다. 특히 몰리는 단호했다. 그녀는 바인버거에게 말했다. "저는 모든 사람이 스스로 선택한 곳에서 살아야 한다고 믿습니다. 어느 개인이나 집단도 저를 이 나라 밖이나 다른 어떤 나라로 보낼 권리가 없습니다!" 더구나 그녀는 [계속] 옥중에 남아있어야만 했던 미국의 다른 정치범들에게도 관심을 가졌다. "그들 역시 저의 동지들이고 미국의 감옥에서 수천 명의 다른 정치범들이 괴로워하고 있는 지금, 저와 다른 세 명의 개인들을 동시에 석방하라고 요구하는 게 매우 이기적이고 아나키스트-꼬뮨주의자로서의 제 원칙에 어긋나는 것이라 생각합니다."16

슈타이머가 완강하게 원칙을 고집하자 화가 난 아브람스는 바인버거에게 충고의 말을 보냈다. "그녀는 크로포트킨이나 바쿠닌이라는 성경을 가지고 선한 기독교인처럼 다가서야만 합니다. 그렇지 않다면 당신은 성공하지 못할 겁니다"라고 썼다.17 정당한 절차를 통해 합의가 이루어졌고 바인버거는 네 명의 죄수들이 자신들의 돈으로 러시아로 떠나야 하고 미국으로 다시 돌아오지 않는다는 조건으로 석방을 허가받았다. <정치범 변호와 구제위원회>는 그 비용을 부담하기 위해 기부금을 모았고, 1921년 11월 슈타이머와 다른 죄수들은 추방을 기다리기 위해 엘리스 섬에 도착했다. 그들은 미국을 떠나는 게 조금도 혼란스럽지 않았다. 오히려 그들은 조국으로 돌아가 혁명을 위해 일하기를 갈망했다. 그들의 동지인 마커스 그라함(Marcus Graham)이 썼듯이, "러시아는 아직 그들의 활동을 더 많이 필요로 했다. 그곳의 정부는 '노동자 계급'의 이름으로 가장한 채 지배했고 노동자 계급을 노예로 만들기 위해 생각할 수 있는 모든 방법을

---

16. Szajkowski, "Double-Jeopardy," pp. 25~26.
17. 1920년 3월 3일 야곱 아브람스가 해리 바인버거에게 보낸 편지, Weinberger Papers.

쓰고 있었다."18

친구들과 가족이 모두 미국에 있지만 그녀의 마음은 러시아로 돌아간다는 기대로 밝았다. "저는 어느 나라에 있던지 아나키스트 꼬뮨주의라는 제 이상을 지지합니다"라고 그녀는 추방당하기 5일 전 해리 바인버거에게 말했다. 이틀 뒤인 1921년 11월 21일 4명의 젊은 아나키스트들에게 경의를 표하는 고별만찬이 17번가 동쪽의 알래어(the Allaire) 식당에서 열렸고 바인버거, 레오나드 에봇, 해리 켈리, 엘리자베스 걸리 플린(Elizabeth Gurley Flynn), 노먼 토마스와 다른 사람들이 연설했다. 엘리스 섬의 독방에서 온 몰리는 모든 "자유를 사랑하는 미국인들"에게 사회혁명에 동참하라는 호소를 보냈다.19

1921년 11월 24일 몰리 슈타이머와 사무엘 리프만, 하이먼 라초우스키, 부인 메리를 동반한 야곱 아브람스는 에스토니아(Estonia)호를 타고 소비에트 러시아로 출항했다. 『프라이에 아르베터 슈티메』는 경고를 보냈다. 신문은 그들이 미국의 간섭에 저항하고 볼세비키 정권을 지지했지만 러시아는 더 이상 진정한 혁명가들의 천국이 아니라 권위와 억압의 땅이기 때문에 그들이 기대하는 환영을 받지 못할 것이라 예상했다.20 이 예상은 곧 증명되었다. 미국에서 빨갱이 사냥의 희생자였던 이들은 러시아에서 붉은 테러(Red Terror)의 희생자들이 되었다. 1921년 12월 15일 모스크바에 도착하자마자 그들은 혁명의 전환에 환멸을 느낀 골드만과 베르크만이 이미 서구로 떠난 걸 알았다(슈타이머가 바인버거에게 썼듯이 떠난 사람들에 대한 그녀의 실망은 "아주 심했다").21 크로포트킨이 2월에 죽었

---

18. *Free Society*(New York), 1921년 10~11월호.
19. 1921년 11월 19일 몰리 슈타이머가 해리 바인버거에게 보낸 편지, Weinberger Papers.
20. *Fraye Arbeter Shtime*, 1921년 11월 26일자.
21. 1921년 12월 20일 몰리 슈타이머가 해리 바인버거에게 보낸 편지, Weinberger Papers.

고 크론슈타트 반란은 3월에 진압되었다. 마흐노의 반란군은 해산되었고 수백 명의 아나키스트들이 감옥에서 신음했으며 노동자와 농민의 소비에트들은 새로운 관료주의를 위해 무턱대고 도장을 찍어대는 정당독재의 도구로 변했다.

하지만 우울한 와중에도 몇 가지 희망적인 일들이 있었다. 아브람스는 모스크바에서 최초의 증기세탁소를 세웠고 소비에트 외무성의 지하실에서 가게를 운영했다. 동시에 그는 그때까지 억압당하지 않은 골로스뜨루다 출판사의 아나코-노동조합주의자 동지들과 함께 일하기 시작했다. 리프만은 베르크만, 골드만과 함께 부포드로 추방되었던 자신의 애인 에델 번슈타인과 다시 결합했다. 항상 아나키즘보다 맑스주의자에 더 가까웠던 리프만은 농업경제학 과정을 이수했고 1927년에 <공산당>에 가입했다. 모스크바에서 불행하게 지내던 라초우스키는 화가로 일하기 위해 민스크의 고향으로 돌아갔다. 그리고 슈타이머는 자신의 오랜 둥지 센야 플레신을 만났다.

몰리보다 세 살 위인 센야는 1894년 12월 19일 끼예프에서 태어났고 16살에 미국으로 이민을 갔으며 혁명에 참여하기 위해 1917년 러시아로 돌아올 때까지 골드만의 『마더 어쓰』 사무실에서 일했다. 그는 페트로그라드의 <노동자의 목소리 모임>에서 활동했고 나중에는 우크라이나의 <나바트연맹>에서 일했다. 1919년 3월 <연맹>의 신문에 글을 쓰면서 센야는 볼셰비키가 그들과 민중 사이에 "만리장성(Chinese wall)"을 쌓고 있다며 심하게 비난했다.[22] 1920년 11월 <연맹>은 와해되었고, 센야는 볼린, 마르크 므라츠니, 아론 바론, 페니 바론과 함께 체포되어 모스크바의 감옥으로 이송되었다. 그 뒤 곧 풀려난 그는 혁명박물관에서 일하기 위해 페트로그라드로 돌아왔다. 여기서 그는 미국에서 방금 도착한 슈타이머

---

22. *Nabat*(Kharkov), 1919년 3월 23일자.

를 만났고 둘은 바로 사랑에 빠졌다.

아나키스트 운동에 대한 억압으로 매우 혼란스러웠지만 센야와 몰리는 <아나키스트 죄수들을 돕는 모임>(a Society to Help Anarchist Prisoners)을 조직했고 감금된 동지들을 돕기 위해 러시아 전역을 돌았다. 1922년 11월 1일 이들 자신도 러시아의 범죄자들을 돕고 해외의 아나키스트들과 관계를 지속했다(그들은 당시 베를린에 있던 베르크만, 골드만과 편지를 교환했다)는 죄목으로 체포되었다. 시베리아로 2년의 유배형을 선고받은 이들은 11월 17일 페트로그라드의 감옥에서 단식투쟁을 선언했고 다음날 풀려났다. 하지만 이들은 도시를 떠나는 게 금지되었고 이틀마다 정부당국에 보고하라는 명령을 받았다.

얼마 지나지 않아 센야와 몰리는 감옥에 갇힌 동지들을 도우려는 노력을 다시 시작했다. 1923년 7월 9일 정부는 이들의 방을 습격했고, 이들은 소비에트 형법 60~63법령을 어기고 아나키스트 사상을 선전했다는 죄목으로 다시 체포되었다. 동료 죄수들로부터 격리된 이들은 또 다시 단식투쟁을 선언했다. <노동조합 적색 인터내셔널>(the Red International of Trade Unions, Profintern) 총회에서 외국의 아나코-노동조합주의자 대표들이 트로츠키에게 항의하자 이들은 곧 석방되었다. 하지만 이때 이들은 곧 러시아에서 추방될 거라는 통보를 받았다. 모스크바에서 온 잭 아브람스와 메리 아브람스 부부, 에델 번슈타인은 이들에게 작별을 고했다. 1923년 9월 27일 이들은 독일로 가는 배의 갑판에 있었다.[23]

배에서 내리자마자 센야와 몰리는 알렉산드르 베르크만과 엠마 골드만이 기다리던 베를린으로 곧장 갔다. 그들은 거의 굶주리고 무일푼으로 도착했으며 종신여권도 없었다. 1948년 멕시코 시민권을 얻을 때까지 그 후 25년 동안 이들은 모국이 없는 아나키스트들인 "난센(Nansen)"[24] 시민으

---

23. Alexander Berkman이 편집한 *Letters from Russian Prisons*(New York, 1925), pp. 92~111.

로 살았다. 베를린에서 몰리는 당시의 경험을 서술한 "러시아를 떠나며"(1924년 1월)와 "공산주의자 교도관들"(1924년 5월)이라는 두 개의 기사를 런던 『프리덤』에 보냈다. 그녀는 2년 전 미국에서 추방될 때 자신의 "마음이 가벼웠"지만 러시아에서 추방될 때는 볼셰비키들의 "위선과 불관용, 배반"이 "분노와 반란의 감정을 불러일으켰"음에도 "몹시 슬펐다"고 말했다. 그녀는 자신의 모국에서 냉혹한 정치 엘리트들이 위대한 민중혁명을 강탈했다고 선언했다. "아니다, 나는 러시아를 벗어난 게 행복하지 않다. 나는 그곳에서 가증스런 공산주의자들의 전제적인 활동에 맞서 싸우는 노동자들을 돕고 싶었다."25

베를린에서, 그리고 그 후 파리에서 센야와 몰리는 자신들이 추방당한 이유가 된 구호활동을 다시 시작했다. 베르크만, 골드만, 알렉산드르 샤피로, 볼린, 므라츠니와 함께 이들은 〈러시아에 감금된 혁명가들을 변호하기 위한 합동위원회〉(the Joint Committee for the Defense of Revolutionaries Imprisoned in Russia, 1923~26)와 〈러시아에 감금된 아나키스트들과 아나코-조합주의자들을 위한 국제 노동자 연합의 구호기금〉(the Relief Fund of the International Working Men's Association for Anarchists and Anarcho-Syndicalists Imprisoned in Russia, 1926~32)에서 일했으며, 투옥되고 추방된 동지들을 격려하는 소포와 메시지들을 끝없이 보내는 노력을 아끼지 않았다. 암스테르담의 〈국제 사회사 연구소〉에 있는 이들의 문서 보관소는 시베리아와 백해, 중앙아시아, 수용소(Gulag) 군도를 이뤘던 피네가(Pinega), 미누신스크(Minusinsk), 우스트-쿨롬(Ust-Kulom), 나림(Narym), 예니세이스크(Yeniseisk)처럼 이국적인 발음의 장소들에서 온 편

---

24. [옮긴이 주] 〈국제연맹〉이 본국 정부가 없는 사람들에게 발급한 여권.

25. Mollie Steimer, "On Leaving Russia," *Freedom*, 1924년 1월호, *A worker's Experience in Russia* (Los Angeles, 1924)에서 삐라 형태로 다시 인쇄되었다.

지들로 가득 찼다. 편지 중 몇 통은 미국에서 이들이 알고 지내던 아나키스트들로부터 왔다.

1924년 센야와 몰리는 파리로 이사가 러시아 아나키스트 망명객 자크스 도우빈스키(Jacques Doubinsky)와 함께 살았고 그 뒤 이사를 가 볼린의 가족들과 한방에 살았다. 1927년 이들은 러시아만이 아니라 이탈리아, 스페인, 포르투갈, 불가리아에서 온 동료 아나키스트 망명자들－무일푼이고 법적인 서류도 없으며 어떤 경우에는 죽음을 의미하기도 했던 추방위협에 끊임없이 시달리던 망명자들－을 돕기 위한 〈파리 상호부조모임〉(the Mutual Aid Group of Paris)을 조직하면서 볼린, 도우빈스키, 베르크만과 뭉쳤다.

동시에 이들은 또 다른 러시아 망명객인 표트르 아르쉬노프가 네스토르 마흐노의 격려를 받으며 작성했던 『조직강령』을 볼린과 베르크만, 다른 아나키스트들과 함께 비판했다. 센야와 몰리에게는 중앙집행위원회를 요구하는 『조직강령』이 권위주의의 씨앗을 품었고 지역자치라는 아나키스트의 기본원리와 충돌하는 것이었다. 1927년 11월 몰리는 이렇게 썼다. "아아, '강령'의 정신 모두는 혁명 과정에서 대중이 정치적으로 지도되어야만 한다는 생각으로 가득 차 있다. 모든 게 죽고 악이 시작되는 곳은 … 주로 이 노선에 의지한다. … 불가피하게 스파이 체제와 수사관, 감옥과 재판관을 만들도록 이끌고 결국은 체까[비밀경찰]로 이끌 혁명의 방어체제 때문에 … 군대 때문에 강령은 아나키스트 꼬뮨주의 노동자당을 지지한다."26

생계비를 벌기 위해 센야는 그동안 뛰어난 재능을 보였던 사진사를 직

---

26. 1927년 11월 30일 몰리 슈타이머가 동지인 기네브에게 보낸 편지, Fleshin Archive, International Institute of Social History, Amsterdam. 그리고 Abe Bluestein이 편집한 *Fighters for Anarchism*(New York, 1983), pp. 50~62를 보라.

업으로 삼았다. 그는 국제 아나키스트 신문이 많이 복사했던 콜라주와 함께 베르크만, 볼린, 유명하거나 알려지지 않은 다른 많은 동지들의 인물 사진을 찍는 아나키스트 운동의 나다르(Nadar)[27]가 되었다. 1929년 센야는 베를린의 사샤스톤(Sasha Stone) 스튜디오에서 일해 달라는 초청을 받았다. 몰리의 도움을 받으며 센야는 히틀러가 권력을 잡아 파리로 돌아가도록 압력을 받았던 1933년까지 베를린에 머물렀고 제2차 세계대전이 터질 때까지 이들은 계속 파리에서 살았다.

1920년대와 30년대 동안 망명객 생활을 하면서 센야와 몰리는 꾸준하게 방문객들—그 중에는 해리 켈리, 로즈 페소타(Rose Pesotta), 루돌프 로커와 밀리 로커부부도 포함된다—을 맞이했고, 방문객 중 몇몇은 오랜 친구들[센야와 몰리]에 대한 인상을 남겼다. 예를 들어, 켈리는 몰리가 "예전처럼 어린애 같은 얼굴이고 역시 이상주의적"이라고 봤다. 그렇지만 골드만은 몰리가 "편협하고 광신적"인 반면 센야가 항상 "아프고 풀이 죽었다"고 생각했다. 또 한번 엠마는 몰리를 젊은 투사시절의 베르크만과 비교하며 "최고로 열광적이다. 몰리는 극단을 맴돈다. 그녀는 지독한 분파주의자이고 유연성 없는 개념과 강철 같은 의지를 가지고 있다. 말 열 마리로도 그녀가 지지하거나 맞서는 것에서 몰리를 끌어낼 수 없다. 그러나 이 모든 것을 가진 그녀는 우리의 이상을 불태우며 사는 진정 가장 헌신적인 영혼 중 한 명이다."[28]

이런 나날들에서 가장 감동적인 재회는 소비에트 체제에 대한 환상에서 벗어난 잭 아브람스와 메리 아브람스 부부가 러시아에서 돌아왔던

---

27. [옮긴이 주] 초상사진을 많이 찍은 프랑스의 사진작가.

28. Harry Kelly, "Roll Back the Years : Odyssey of a Libertarian," 초고, Avrich Collection, Library of Congress, 39장, p. 4 ; 1932년 2월 29일 엠마 골드만이 알렉산드르 베르크만에게 보낸 편지, Berkman Archive, International Institute of Social History ; 1931년 8월 12일 골드만이 미카엘 콘에게 보낸 편지, Goldman Archive, International Institute of Social History.

1926년에 이루어졌다. 여러 주 동안 네 명의 오랜 동지들은 볼린의 집에서 센야와 몰리의 방을 함께 썼고 아브람스 부부가 멕시코로 떠날 때까지—그들은 여생을 멕시코에서 보냈다— 옛날이야기를 하며 앞으로 무슨 일이 벌어질지 궁금해 했다. 1918년 재판의 또 다른 피고인이던 라초우스키는 고향인 민스크로 이사한 뒤 두 번 다시 소식을 듣지 못했고, 리프만은 체포되어 총살당했던 스탈린의 대숙청 때까지 농업경제학자로 일했다. 그의 아내인 에델은 10년 동안 시베리아 죄수캠프로 보내졌고 지금 모스크바에서 홀로 가난하게 살고 있다. 그들의 독자(獨子)는 히틀러와 전쟁을 벌이는 동안 전선에서 죽었다.[29]

1939년 전쟁이 터질 때 센야와 몰리는 파리에 있었다. 처음에는 괴롭힘을 당하지 않았지만 오래지 않아 유대인 혈통과 아나키스트 신념 때문에 이들은 체포되었다. 1940년 5월 18일 몰리가 수용소로 보내진 반면, 프랑스 동지들의 도움을 받은 센야는 가까스로 프랑스의 점령되지 않은 지역으로 탈출할 수 있었다. 어떻게 해서 몰리는 석방을 보장받았고 두 사람은 마르세이유에서 재회했으며 그곳에서 1941년 가을 마지막으로 오랜 친구 볼린을 만났다. 곧 이들은 대서양을 건너 멕시코시티에 정착했다. "우리의 고독한 연인[볼린] 때문에 내 가슴은 너무 아팠다"고 몰리는 1942년 12월 루돌프 로커와 밀리 로커부부에게 편지를 썼다. "볼린에게, 우리의 모든 스페인 친구들에게, 우리 유대인 가족에게 어떤 일이 일어날지 아는 사람이 있을까! 이것이 [나를] 미치게 한다!"[30]

그 뒤 20년 동안 센야는 멕시코에서 SEMO—센야와 몰리이니까—라고 이름을 붙인 자신의 사진 스튜디오에서 일했다. 이 시기 동안 그들은 〈토

---

29. 1975년 4월 18일 몰리 슈타이머가 폴 애브리치에게 보낸 편지, Avrich Collection ; 1974년 5월 21일 뉴욕에서 Clara Larsen과의 인터뷰.
30. 1975년 12월 5일 몰리 슈타이머가 로커부부에게 보낸 편지, Rocker Archive, International Institute of Social History.

지와 해방모임>의 스페인 동지들과 밀접한 관계를 가졌고 잭 아브람스와 메리 아브람스 부부—멕시코의 망명지에서 만난 트로츠키와 잭의 우정에 도—와도 우호적인 관계를 유지했다. 1953년 죽기 직전에 아브람스는 후두암 수술을 위해 미국 입국을 허가받았다. "그는 거의 움직이지 못하는 죽어 가는 사람"이었다고 친구인 클라라 라르센은 회상했다. "하지만 FBI 요원이 하루 종일 그를 감시했다."31

하지만 몰리는 미국으로 돌아가지 못했다. 친구와 친지들이 국경을 넘어 멕시코시티나 쿠에르나바카에서 그녀를 만나야 했고 그녀와 센야가 아나키즘 운동에서 은퇴한 1963년에도 마찬가지였다. 미국에서 추방될 때 몰리는 "내가 어느 나라에 있건 아나키스트 꼬뮨주의라는 이상을 지지하겠다"고 맹세했다. 러시아와 독일, 프랑스, 당시 멕시코에서도 그녀는 여전히 자신의 맹세를 지켰다. 러시아어와 이디시어, 영어, 독일어, 프랑스어, 스페인어에 능했던 그녀는 동지들과 편지를 교환했고 전 세계의 아나키스트 신문들과도 접촉했다. 그리고 그녀는 뉴욕에서 온 로즈 페소타와 클라라 라르센를 포함해 많은 방문객들을 맞이했다.

1976년 엠마 골드만에 대한 다큐멘터리를 찍던 네덜란드 텔레비전이 몰리를 필름에 담았고 1980년 초 뉴욕의 <퍼시픽 스트리트 협동조합> (the Pacific Street Collective)이 다시 한번 그녀를 필름에 담았다. 그 필름에서 그녀는 열정적인 말투로 아나키즘에 대한 애정을 얘기했다. 말년에 몰리는 야위고 지쳤다. 그녀는 1978년 1월 메리 아브람스의 죽음으로 많이 슬퍼했다. 2년 뒤, 퍼시픽 스트리트 필름과 인터뷰를 한 지 얼마 지나지 않아 그녀는 쿠어르나바카의 집에서 심장마비로 쓰러져 사망했다. 최후까지 그녀의 혁명적인 열정은 지칠 줄 모르는 불꽃으로 타올랐다. 약하

---

31. 1974년 5월 21일 Clara Larsen과의 인터뷰. 그리고 Augustin Souchy, "Zum Gedächtnis Jakob Abrams," *Die Freie Gesellschaft*(Darmstadt), no. 42, 1953, pp. 31~32.

고 병들었던 센야도 그녀의 갑작스런 죽음으로 쓰러졌다. 1년이 채 되지 않게 [목숨을] 끌던 그는 1981년 7월 19일 멕시코시티의 스페인 병원에서 삶을 마감했다.

3브

유럽을 포함한 다른 나라들

17장 파리꼬뮨과 그 유산 18장 폴 브루스 : 현실주의적 아나키스트

19장 순교자, 구스타프 란다우어 20장 브라질의 아나키스트들

21장 오스트레일리아 아나키스트 : J. W. 플레밍

17

파리꼬뮨과 그 유산

1871년 파리꼬뮨은 근대사의 핵심적인 사건이었다. 한 발의 총성이 사라지지 않고 메아리치며 전 세계로 울려 퍼졌던 19세기의 가장 위대한 도시반란은 표트르 크로포트킨과 에리코 말라테스타라는 아나키스트들을 만들어 냈고 유럽 대륙 전역에서 아나키스트 운동을 일으켰다. 그 뒤 반동의 시기와 <제1 인터내셔널>의 소멸이 이어졌지만 파리꼬뮨은 맑스의 가장 강력한 정치 팸플릿인『공산당선언』과 그 다음으로 유명한 책 중 하나인『프랑스에서의 내전』만이 아니라, 바쿠닌과 크로포트킨의 감동적이고 영향력있는 에세이들에 영감을 주었다.

파리꼬뮨이 시작되던 시기에는 친구와 적 모두가 꼬뮨을 프랑스만이 아니라 유럽 전역에서 가장 중요한 에피소드로 보았다. 100년 이상 역사적인 관점은 이 점을 보강해 왔다. 사실상 꼬뮨은 세계적인 중요성을 가진 사건이었고, 결코 완전히 치유할 수 없는 상처를 받았던 프랑스 내부보다 아마도 국외에 더 큰 영향을 미쳤을 것이다. 꼬뮨은 전쟁, 특히 패전

이 어떻게 사회반란을 폭발시킬 수 있는지를 보여줬고 이 사례는 그 다음 세기에 러시아와 스페인, 중국에서 반복되었다. 세단(Sedan)에서의 패배와 포위라는 상황, 항복의 굴욕감은 1793년과 1848년의 혁명 전통을 부활시켰고 민중의 혁명적인 폭발을 위한 풍토를 만들어서 일하는 사람들의 혁명적인 열정을 다시 불러일으켰다. 노동자들의 영웅적이고 자신을 희생하는 행동과 시대를 앞선 개혁방식들로, 꼬뮌은 미래 세대에게 영감의 원천이 되었다. 147명의 꼬뮌 전사들이 5월의 피비린내 나는 주간 동안 학살당했던 곳인 페르라셰즈 공동묘지의 뮈르 데 페데레(Mur des Fédérés)는 오늘날까지도 사회주의자들과 아나키스트들, 꼬뮌주의자들 모두에게 성지로 남아있다.

그렇지만 꼬뮌의 패배는 그 실패에서 배우려고 노력하는 사람들에게 객관적인 교훈이 되었다. 맑스주의자만이 아니라 아나키스트들도 꼬뮌 전사들이 주도권을 잡고 베르사이유로 진격했다면 결과가 달라졌을지 모른다고 주장해 왔다. 대다수가 내전을 일으킬지 모른다는 두려움으로 주춤거렸지만 꼬뮌의 몇몇 활동가들(주로 블랑키주의자들)은 엥겔스가 지적했듯이 "방어가 모든 무장봉기를 무너뜨린다"며 그 방침[베르사이유 진격]을 급히 지지했다. 맑스도 동의했다. "만일 그들이 패배했다해도 그건 그들의 '선한 본성' 탓일 거다"라고 1871년 4월 맑스는 꼬뮌 전사들에 관해 적었다.[1] 그러나 이 점은 매우 의심스럽다. 꼬뮌 전사들이 공세를 취하지 못한 게 패배의 결정적인 원인이라 해도 프러시아 군대가 파리를 포위했다는 점을 고려할 때 베르사이유로의 진격은 성공할 가능성이 거의 없었다. 비스마르크는 혁명운동이 프랑스를 장악하도록 방관하거나 허용

---

1. 엥겔스의 말은 Frank Jellinek, *The Paris Commune*, 1871(London, 1937), p. 176에서 인용 ; 1871년 4월 12일 맑스가 루트비히 쿠겔만(Ludwig Kugelmann)에게 보낸 편지. 맑스의 다른 모든 얘기들은 *The Civil War in France*(London, 1871, 한국어판 : 칼 마르크스, 『프랑스 내전』, 안효상 옮김, 최갑수 해제, 박종철출판사, 2003)에서 인용했다.

하지 않았을 것이다.

왜 비교적 짧은 이 시기—꼬뮨은 3월 18일부터 5월 28일까지 겨우 72일간 지속되었다—가 그토록 오랜 논쟁의 대상이 되어왔을까? 꼬뮨은 오랜 혁명전통의 종말일까, 아니면 다소 새로운 전통의 시작일까? 이 질문은 아직도 논쟁되고 있는 많은 질문 중 하나이다. 하지만 답은 간단하다. 즉 꼬뮨은 두 가지 요소를 모두 다 가졌다. 고집스런 파벌주의(parochialism), 정파와 클럽의 확산, 상퀼로트 이데올로기, <공공안전위원회>(Committee of Public Safety), 자유와 평등, 박애라는 슬로건, 인권선언은 꼬뮨을 과거로 돌려보냈다. 반면에 중앙집권적인 권위에 대한 거부, 여성의 권리와 노동자 통제라는 실험은 미래로 가는 길을 가리켰다. 꼬뮨은 프랑스 혁명과 러시아 혁명을 잇는 다리였고 프랑스 혁명의 메아리이자 러시아 혁명의 선구자였다. 꼬뮨은 사멸하는 시대의 종말이자 새로운 시대의 시작이라는 자연스러운 과정을 밟아야 했다.

1871년 파리에서는 실제로 무슨 일이 있었는가? 꼬뮨은 노동자 계급의 정부였나? 프롤레타리아 독재란 무엇인가? 무엇이 국가의 부정인가? 맑스와 엥겔스, 바쿠닌는 이런 물음에 대해 각자 다르게 설명했다. 하지만 세 명의 유명한 혁명가 중 바쿠닌만이 일관되게 꼬뮨을 지지했다. 지지했을 뿐 아니라 바쿠닌은 1870년 가을 리용과 마르세이유에서 먼저 벌어졌던 사건들에 개인적으로 참여했다. 반대로 맑스는 꼬뮨이 실제로 건설될 때까지 파리에서의 폭동을 강력하게 반대했다. 맑스는 꼬뮨의 설립이 "절망적이고 어리석은 행동"이라고 믿었고 노동자들에게 무르익지 않은 봉기라고 경고했다. 꼬뮨이 세워진 뒤에야 맑스는 지지를 보냈고 동시에 사망기사이기도 했던 감동적인 찬사를 보냈다. "꼬뮨을 세운 노동자들의 파리는 새로운 사회의 영광스러운 선구자로 영원히 찬양될 것이다. 그 순교자들은 노동자 계급의 가슴 속 깊이 소중히 간직되리라."

맑스는 꼬뮨의 원리들이 영원하다고 말했다. 그 원리들은 결코 꺾이지 않고 노동자가 해방될 때까지 다시, 또 다시 주장될 것이다. 바쿠닌도 이런 생각을 공유했다. 두 사람 모두 꼬뮨을 새로운 사회의 원형으로 보았다. 하지만 바쿠닌에게 꼬뮨은 프롤레타리아 독재나 어떤 정부가 아니었고 "인민의 최종적인 해방과 그들의 연대라는 새로운 시대"를 열어 "국가를 대담하고 노골적으로 부정"하는 것이었다.[2] 바쿠닌의 동료였던 스위스인 잠 기욤에게 꼬뮨은 "말 그대로의 의미에서 참된 아나키의 상태"를 향해 길을 닦는 "연방주의자 혁명"을 의미했다. 같은 맥락에서 크로포트킨은 꼬뮨을 "위대한 사회혁명의 선구자이자 … 미래의 혁명들을 위한 출발점"으로 찬양했다.[3]

하지만 아나키스트나 맑스주의자 모두 꼬뮨을 자신들의 독점적인 소유물로 주장할 수 없다. 꼬뮨의 프로그램은 어떤 하나의 딱지를 붙일 수 있는 분명한 정체성을 가지지 않았다. 오히려 꼬뮨은 말쑥한 이데올로기적인 또는 당파적인 분류를 무시했다. 다양한 이해관계와 열망을 반영했던 꼬뮨은 모든 인간을 위한 모든 것이었다. 최근의 연구는 그 복합성을 다시 강조해 왔다. 꼬뮨은 중앙집권 경향과 연방주의 경향, 권위주의 경향과 리버테리안 경향 모두를 드러냈다. 꼬뮨은 실용적인 실험과 이상주의를 혼합했고 보편적인 박애라는 전망을 애국심과 결합했다. 사회적인 구성에서도 꼬뮨에는 노동자와 지식인, 상인과 장인이 섞여 있었다. 바쿠닌주의자와 맑스주의자, 프루동주의자, 블랑키주의자, 공화주의자와 자코뱅

---

2. 바쿠닌의 이 말과 다른 얘기들은 Nicolas Walter가 편집한 *The Paris Commune and the Idea of the State*(Lausanne, 1971)에서 인용했다.

3. 기욤의 얘기는 Jacques Rougerie가 편집한 *Procès des Communards*(Paris, 1964), p. 14에서 인용했다. 크로포트킨의 모든 얘기는 Nicolars Walter가 편집한 *Freedom Pamphlet* 8권(London, 1971)에 포함된 그의 에세이 *The Commune of Paris*에서 인용했다.

주의자들 모두가 참여했다.

하지만 그 뿌리에는 지방의 자립주의가 깊이 새겨져 있었다. 꼬뮨의 추진력은 주로 지방분권주의자와 리버테리안이었다. 그리고 그 전술은 즉석에서 만드는 것(improvisation)과 직접행동이었다. 다른 곳들에서처럼 파리의 노동하는 사람들 대부분에게 이상적인 사회는 여전히 평의회와 클럽, 꼬뮨들의 직접민주주의였고 노동자와 장인, 농민이 평화롭고 만족스럽게 살 수 있는, 중세 이후 반체제주의자들과 반대자들이 그렸던 전망인 아래로부터 조직되고 경제적·정치적인 자유로 충만한 반(反)권위주의 공화국이었다.

이 전망을 고수하면서 꼬뮨은 정치적이고 군사적인 사안만이 아니라 경제적, 교육적, 문화적인 사안들에 대한 지방통제를 확립했다. 꼬뮨은 성직자들의 재산을 몰수했고 교회를 사회포럼들로 전환시켰다. 꼬뮨은 경찰과 군대를 폐지했고 장교를 선출하는 것과 함께 평범한 시민들에게 — "무장한 인민에게" — 그 의무를 배당했다. 꼬뮨은 공무원들을 선출했고 그들의 봉급을 노동자들의 임금 수준으로 제한했다. 짧은 기간 동안 지속되었고 우선적으로 식품과 방어에 집중되었지만 개혁방식들은 인상 깊었다. 지대의 지불이 중지되었고 빚의 상환도 연기되었다. 자유학교들과 예술가들의 평의회가 설립되었다(프루동의 친구인 꾸르베가 평의회 의장이었다). 필수적인 공공서비스들—우편, 하수처리, 가스, 교통수단—은 효율적으로 공급되었다.

특히 노동과 산업 영역에서의 개혁들은 주목할 만하다. 공장에서 벌금은 폐지되었다. 빵집의 야간작업도 없어졌다. 몇몇 상점에는 열 시간 노동제가 도입되었다. 무엇보다도 꼬뮨은 평범한 노동자들이 자신들의 일상을 관리할 능력을 가지고 있음을 보여줬다. 석공들은 보험 프로그램을 시작했다. 실업여성들은 협동조합 형태의 작업장을 만들었다. 모든 지역에서 노동조합과 공장평의회들이 구성되었다. 소유자들이 버린 공장들은 점거되어 노동자들의 협동조합으로 전환되었으며 러시아 혁명과 스페인 혁명에서의 노동자 자주관리라는 실험을 앞질러 실행했다. 1870년 12월 한 노동자 클럽은 "우리는 1789년 농민들이 토지를 점유했듯이 오늘날 노동자들이 생산수단을 점유할 권리를 가진다고 믿는다"고 선언했다.[4] 그런 선언들은 꼬뮨 시기 동안 여러 번 반복되었고, 예를 들어 <파리방어를 위한 여성연맹>(the Union of Women for the Defense of Paris)은 다음과 같이 선언했다. "우리는 노동자가 자신의 노동 생산물을 향유하기 위해 노동을 다시 조직하는 유일한 방법이 다양한 산업을 관리하고 이윤을 공유하는 자유로운 생산자들의 협동조합을 조직하는 것이라고 생각한다." 이 선언은 더 나아가 "남성노동자와 여성노동자의 이해관계가 전적으로 동일하고 그들의 연대가 자본에 대항하는 노동의 최종적이고 보편적인 파업의 성공에 필수적이기 때문에 그들 사이의 모든 경쟁을 폐지하자"고 요구했다.[5]

바로 이런 꼬뮨의 특징들이 유럽의 아나키즘과 사회주의의 발전에서 비교할 만한 대상이 없을 만큼 꼬뮨을 의미있는 사건으로 만들었다. 프루동(그는 1865년에 죽었다)의 제자들—그 중에는 꾸르베, 롱게(Longuet), 베르모겔(Vermorel)이 있었다—이 꼬뮨에 참여했다는 점은 놀라운 일이 아니다. 프루동의 영향—확실히 맑스의 영향력보다 더 컸다—은 꼬뮨 전사들에게 친근했던 "연방주의자(Federals)"라는 명칭에서도 드러난다. 조지 우드콕이 관찰했듯이 1871년 4월 19일 "각 꼬뮨의 완전한 권리와 모

---

4. Eugene Schulkind가 편집한 *The Paris Commune of 1871 : The View from the Left*(London, 1972), p. 39.
5. Stewart Edwards가 편집한 *The Communards of Paris, 1871*(London, 1973), p. 135.

든 프랑스인이 인간이자 시민, 노동자로서 자신의 소질을 완전히 발휘하도록 보장함으로써 프랑스의 모든 지방으로 꼬뮨의 절대적인 자치의 확대"를 요구했던 꼬뮨의 선언은 프루동이 썼던 것일지 모른다.6

엘리제 르클뤼와 엘리 르클뤼 형제처럼 많은 바쿠닌주의 아나키스트들도 참여했고 엘리는 국립도서관의 관장이 되었다. 게다가 루이즈 미셸 같은 미래의 아나키스트들과 베느와트 말롱(Benoît Malon), 귀스타브 르프랑세즈(Gustave Lefrançais), 아르튀르 아놀드(Arthur Arnould), 위젠느 발랭(Eugène Valin)처럼 아나키스트에 가까운 사람들과 리버테리안 사회주의자들도 참여했다. 베르사이유 부대에게 체포되어 고문당하고 불구가 되었으며 결국 총살당한 꼬뮨의 가장 유명한 순교자 중 한 사람인 발랭(Varlin)은 1870년 다음과 같이 썼다. "다가오는 혁명은 자본주의나 정치적인 착취의 모든 형태들로부터 노동자들을 근본적으로 해방시켜야만 하고 모든 사회관계를 정의라는 원리 위에 확립해야만 한다."7 다른 유명한 활동가들로는 이탈리아 혁명가인 아밀카레 시프리아니(Amilcare Cipriani)와 에밀 앙리(Emile Henry)의 아버지로 나중에 추방되었던 포르튀네 앙리(Fortuné Henry)가 있었다.

꼬뮨은 프랑스만이 아니라 이탈리아와 스페인, 스위스의 아나키스트 운동에도 강한 자극을 줬다. 더구나 아나키스트-꼬뮨주의의 교리와 실행에 의한 선전 모두가 꼬뮨에서 직접 생겨났고 크로포트킨, 말라테스타, 폴 브루스(Paul Brousse)—이들 모두가 꼬뮨의 영향을 받아 아나키스트가 되었다—가 1870년대에 이를 발전시켰다. 사실 원래 의미로 따지면 실행에 의한 선전은 개인의 테러행위가 아니라 마을이나 지방을 파리꼬뮨의 노선을 따르는 사회혁명기지로 점유하는 걸 의미했다. 제법 많은 꼬뮨 전

---

6. George Woodcock, *Pierre-Joseph Proudhon* (London, 1956), pp. 276~77.
7. Schulkind, *The Paris Commune*, p. 33.

사들이 국경을 넘어 스페인과 스위스, 이탈리아로 도망쳤고 그곳에 <반(反)권위주의 인터내셔널>을 설립했을 뿐 아니라 그 지역에서 아나키스트 운동을 자극했다.

무엇보다도 꼬뮌은 당시 등장하던 리버테리안 운동에 영감을 줬다. 모든 국가의 아나키스트들에게 꼬뮌은 연방주의와 반국가주의라는 이상을 직접적으로 표현했고 사회혁명과 다가올 리버테리안 질서의 모델이 되었다. 바쿠닌은 『파리꼬뮌과 국가에 대한 생각』(*The Paris Commune and the Idea of the State*)에서 "미래의 사회는 아래에서 위로 올라오며 조직되어야 하고 자유로운 결사체와 노동자들의 연방들로, 먼저 결사체에서 그 다음에 꼬뮌들로, 지역으로, 국가로, 마지막에는 거대한 국제적이고 보편적인 연방으로 조직되어야만 한다. 따라서 오직 이런 사회에서단 해방과 전체의 행복이라는 참되고 활력을 주는 질서가 실현될 것이다"라고 적었다.

우리가 봤듯이 꼬뮌은 크로포트킨의 사상에도 비슷한 영향을 미쳤고, 그는 『반란의 말』(*Words of a Rebel*), 『빵의 쟁취』, 『작업장과 공장, 일터』에서 구체화시킨 사회혁명을 위한 모델을 제시했다. 아나키스트로서 크로포트킨의 경력은 1871년 파리꼬뮌과 1921년 크론슈타트 꼬뮌 사이의 50년이라는 시기와 정확하게 일치한다. 그가 자신의 학문연구를 포기하고 혁명운동에 헌신했던 시기는 파리꼬뮌이 진압된 1871년이다. 1872년부터 74년까지 <차이코프스키 단>의 단원으로서 크로포트킨은 노동자와 농민들에게 꼬뮌의 교훈에 관해 강연했다. 그리고 상트페테르부르크 감옥에 수감된 뒤에는 벽을 두드려 흥분한 옆방의 죄수에게 꼬뮌의 역사를 가르쳤다. 크로포트킨은 꼬뮌이 "단지 최초의 시도일 수 있을 뿐"이며 그 한계들을 인정했다. 그는 꼬뮌이 국가를 완전히 파괴하지 않았고 권위주의적인 혁명가 집단들이 꼬뮌의 리버테리안적 특성을 변질시켰다고 봤다. 그럼에도 그는 꼬뮌을 "비열한 자본가 착취를 끝장내고 인민들을 국가의 감독에서 벗어나게 했으며 자유와 평등, 연대라는 새로운 시대로 인류를 발전시키려는” 최초의 영웅적인 노력이라며 찬양했다.[8]

꼬뮌은 짧게 존재했지만 유명한 영웅들만이 아니라 이름 없는 영웅들의 수많은 용기 있는 행동들을 낳았다. 즉 동지들이 철수하길 기다리며 몽파르나스(Montparnasse)역 외곽의 신문매점에 조용히 앉아있던 한 노동자는 총을 유유히 장전해 베르사이유 부대의 파견대에게 쏘았고 탄약이 떨어진 뒤 조용히 사라졌다. 중절모를 쓰고 신사복에 빨간 탄띠를 걸친 샤를 드레퀼류즈(Charles Delescluze)는 패배하기 전날 밤 바리케이드 위에 올라가 자신의 노구가 베르사이유 저격수들의 시선을 끌도록 실루엣을 만들었다[그는 꼬뮌과 운명을 함께하려 했다]. 루이즈 미셸은 3월 18일 거리를 뛰어 내려오며 “반역이다!”를 외쳤고 몽마르뜨 언덕에서 대포를 철수시키는 걸 막았다. 루이즈 미셸과 엘리자베스 드미트리예프(Elizabeth Dmitrieff)는 모든 희망이 사라진 뒤에도 보급품을 나르고 부상자를 간호했으며 바리케이드 뒤에서 무기를 들었다. 결국 비극으로 끝났다 해도 그런 행동들은 꼬뮌에 대한 경외심을 불러일으켰고 프랑스와 다른 나라 모두에서 하나의 신화를 만들었다. 맑스는 “역사에서 비교할 만한 그토록 위대한 사례는 없었다”고 선언했다. 화가 르누아르(Renoir)는 이렇게 말했다. “그들은 미쳤지만 자신 속에 결코 꺼지지 않는 작은 불꽃을 가졌다.”[9]

꼬뮌은 배반과 불관용의 순간이라는 더 어두운 측면도 가졌는데, 그런 측면들은 그 뒤에 생겨난 혁명가 집단의 명성을 존중함으로써 가려졌다. 꼬뮌은 영웅만이 아니라 악인도 가졌고 그 중에서 반(反)유대주의와 반지

---

8. Nicolas Walter, “The Paris Commune and the Anarchist Movement,” Walter가 편집한 *Freedom Pamphlet* 8권.

9. Alistair Horne, *The Fall of Paris : The Siege and the Commune, 1870~1871*(Garden City, N.Y., 1967), p. 472.

성주의는 악시옹 프랑세즈(Action Française)[10][20세기 초반 프랑스에서 활동한 반의회주의, 반유대주의, 민족주의 우익 단체]와 20세기 파시즘을 예측하게 하며 두각을 드러냈다. 동일한 임금을 선언했지만 꼬뮌의 지도자들은 일반 노동자의 봉급보다 훨씬 많고 공장의 주임이나 방위군 고위간부의 봉급과 비슷한, 하루에 15프랑의 봉급을 받도록 의결했다. 꾸르베, 말롱, 르프랑세즈, 아놀드 같은 리버테리안들을 억압했던 <공공안전위원회>가 만들어졌고, 정치적인 성향의 신문 중에서 27개 신문이 발매금지를 당했으며 신문검열을 강요받았다. 펠릭스 피아트(Félix Pyat)와 특히 라울 리고트(Raoul Rigault)는 멋대로 체포하고 사형을 집행했으며 인질을 잡아서 ―르프랑세즈와 드레퀼류즈가 적극적으로 반대했던 전술이다― 꼬뮌의 숭고한 이미지를 훼손시켰다. 꼬뮌의 첫 열흘 동안 4백 명 이상의 사람들이 체포되었고 파리의 대주교와 많은 성직자들이 끌려나와 총살되었다.

하지만 이 모든 건 국가정부의 잔악함보다 못하다. 멕시코 전쟁에서 죄수를 만들지 않은 걸[모두다 죽인 걸] 자랑하던 잔인한 군인 갈리페(Gallifet) 장군이 꼬뮌에 대한 억압을 주도했다. 일반적으로 프랑스 혁명 전체기간 동안 전국에서 살해당한 수만큼의 많은 사람들이 파리에서 일주일 동안 두 번에 걸쳐 살해당했다. 2만 5천 명이 넘는 사람들이 학살되었고 5천 명이 유배당했으며, 5만 명이 체포되고 1만 4천 명이 수감되었으며 수천 명이 망명 길에 올랐다. 아돌프 티에르(Adolphe Thiers)는 베르사이유의 외무대신에게 이렇게 썼다. "나는 몇 차례 무시무시한 광경을 목격했던 파리에서 이제 막 돌아왔어. 내 친구여, 이리 와서 우리의 만족감을 함께 나누자."[11]

---

10. [옮긴이 주] 20세기 초반 프랑스어서 활동한 반의회주의, 반유대주의, 민족주의 우익 단체.
11. Jellinek, *The Paris Commune*, p. 320.

　꼬뮌에 대한 억압의 규모와 잔인함은 반란의 성격과 전혀 균형이 맞지 않았고 바로 그전 주의 환희에 찼던 기운과 정반대였다. 꼬뮌은 즐겁고 기개에 찬 정신을 폭발시키는 집단적인 휴일을, 박애와 연대, 관대함, 희망이라는 열정적인 감정이 두드러졌던 "억압당한 자들의 축제"—레닌의 표현이다—를 가졌기 때문이다. 이런 모든 성격이 비극을 가중시켰고 결말을 더욱더 견디게 어렵게 만들었다. 크로포트킨은 "베르사이유의 살인마들이 꼬뮌 전사들을 난도질하고 찔러 죽이며 총살하고 할복하게 했다"고 적었다. 약 3천 명이 요새와 감옥에서 죽었다. 사토리(Satory) 부대는 대규모로 총살을 집행했다. 각지의 점령된 바리케이드에서도 방어하던 사람들이 학살되었다. 147명은 뮈르 데 페데레에서 총살당했다.

　히스테리와 루머는 무고한 사람들을 추가로 학살했다. 우유병을 나르던 여성들은 방화범으로 오인받아 등 뒤에서 총을 맞았다. 볼테린느 드 클레이르는 "창틀로 손이 보이면 창문이 총탄세례를 받았다. 누군가의 목에서 저항의 소리가 새어나오면 집이 습격을 받고 그곳에 살던 사람들이 끌려나와 벽에 일렬로 세워져 그 자리에서 총살되었다"고 적었다.[12] 그 여파로 정부당국은 거의 모두가 익명이고 때때로 실행되기도 했던 거의 40만 건의 협박을 받았다. 루이즈 미셸은 뉴칼레도니아 섬으로 추방되었고 그곳에서 그녀는 아나키즘으로 전향했다. 엘리자베스 드미트리예프는 심한 부상을 입고 스위스로 탈출했으며 그 뒤 모국인 러시아로 돌아가 정치 망명객과 결혼했고 시베리아에서 이른 나이로 죽었다. 그동안 런던 『타임즈』는 "베르사이유 군대가 마지막 6일 동안 죄수와 여성, 아이들을 총살하고 총검으로 찌르며 잡아 찢었던 비인간적인 보복률"에 항의했다. "우리가 기억하는 한 역사에서 그와 유사한 일은 없었다."[13] 하지만 바쿠

---

12. Voltairine de Cleyre, *Selected Works*(New York, 1914), p. 246.

13. Schulkind, *The Paris Commune*, p. 27.

닌은 꼬뮌주의자들이 "학살되고, 군주와 성직자의 반동적인 사형집행인들이 피바다를 만들었기 때문에 꼬뮌이 유럽 노동자 계급의 상상력과 가슴 속에 가장 생생하고 강력하게 남게 되었다"고 적었다.

파리꼬뮌을 하나의 분리된 사건으로 보면 안 된다. 오히려 파리꼬뮌은 지역적으로나 시간적으로나 더 큰 운동의 일부였고 1870년대 초반 동안 서유럽으로 확장되었다. 사실 파리꼬뮌은 [파리라는] 그 경계를 넘어 확산되기 전에 프랑스 내에서 이미 하나의 운동이었다. 그리고 꼬뮌은 파리가 아니라 제2 제국의 붕괴 이후 1870년 9월 지방 도시 중에서 가장 혁명적이던 리용에서 시작했다. 리용꼬뮌의 소식들이 연쇄반응을 일으켜 론 계곡을 타고 프로방스로 퍼졌다. 1870년 가을과 겨울동안 마르세이유, 툴루즈, 나르본, 세뜨(Cette), 페르피냐, 리모쥐, 생테티엔(Saint-Etienne), 르크뢰조(Le Creusot) 등 여러 다른 도시들에서 봉기가 있었다. 이 운동은 드문드문 일어났고 일시적―몇몇 마을에서 꼬뮌은 실제로 시작되지도 못했다―이었지만 그럼에도 큰 중요성을 가졌다. 특히 리용과 마르세이유에서는 봄에 파리꼬뮌이 세워진 뒤 다시 한번 운동의 불꽃이 타올랐다.[14]

그런데 바쿠닌주의자들은 파리에서보다 프랑스 남부에서 더 두드러진 역할을 했다. 마르세이유에서는 가스통 크레미외(Gaston Crémieux), 샤를 알레리니(Charles Alerini), 앙드레 바스텔리카(André Bastelica)라는 세 명의 바쿠닌 추종자들이 사건의 중심에 있었다. 그리고 리용에서는 바쿠닌과 그의 동료 알베트 리샤르(Albert Richard)가 봉기를 지도했다. 클뤼세레(Cluserer) 장군의 도움을 받아 시청을 점거한 뒤 바쿠닌의 첫 번째 행동은 국가의 폐지를 선언하는 것이었다. 그런 취지의 벽보가 1870년 9월 25일 붙었다.

---

14. Jeanne Gaillard, *Communes de province, Commune de Paris, 1870~1871*(Paris, 1971)을 보라.

1조 : 무능해진 국가의 행정수단과 통치수단들은 폐지된다.

2조 : 이로써 모든 형사법원과 민사법원이 중지되고 인민의 정의(the People's justice)로 대체된다.

3조 : 세금과 저당권의 지불은 중지된다. 세금은 연방화된 꼬뮨들이 프랑스의 구원에 필요한 만큼 부유한 계급에게 부과해서 모을 기부금들로 대체될 것이다.

4조 : 국가가 폐지되었기 때문에, 그것은 더 이상 사적인 부채의 상환을 보장하기 위해 간섭할 수 없다.

5조 : 이로써 현존하는 모든 지역의 행정기관들은 폐지된다. 그 기관들은 프랑스의 구원을 위한 위원회의 각 꼬뮨들로 대체될 것이다. 민중의 직접감시를 받는 이런 위원회들이 모든 정부권력을 행사할 것이다.

6조 : 각 현(department)에서 거점도시들의 위원회는 프랑스의 구원을 위한 혁명 대의원대회에 두 명의 대표들을 파견할 것이다.

7조 : 이 대의원대회는 프랑스에서 제2의 도시이며 프랑스의 방어를 정열적으로 가장 잘 다룰 수 있는 리용의 시청에서 즉시 열릴 것이다. 인민이 지지할 것이기에 이 대의원대회는 프랑스를 구원할 것이다.

무장하라!!![15]

프랑스 남부에서부터 꼬뮨주의 운동은 국경을 가로질러 이탈리아와 스페인으로 퍼졌고 그곳에서도 즉시 진동이 느껴졌다. 이탈리아에서 꼬뮨주의 운동은 1874년 바쿠닌이 마지막으로 적극적인 역할을 했던 볼로그나(Bologna)에서 봉기의 형태를 취했고, 바쿠닌의 젊은 제자들인 말라테스타와 카피에로, 스테피냑이 이끈 1877년의 베네벤토(Benevento) 반란에서 마지막으로 메아리쳤다. 스페인에서 1873~74년의 "지방분권주의(can-

---

15. Schulkind, *The Paris Commune*, p. 74.

tonalist)" 운동은 프랑스의 사건들, 특히 리용과 마르세이유에서의 사건에서 직접 영감을 받았고, 많은 망명객들(알레리니와 폴 브루스도 포함해)이 피레네 산맥을 가로질러 1873년 7월 바르셀로나의 총파업과 꼬뮨들의 구성에 참여했다.

그렇지만 이것 이상으로 파리는 전 세계 각지에 세워진 혁명적인 꼬뮨들이라는 더 넓은 전통의 일부였고 두 세기 이상 여러 곳으로 뻗쳐나갔다. 즉 1793년과 1848년, 1871년의 프랑스, 1905년과 17년, 21년의 러시아, 1874년과 77년, 1920년의 이탈리아, 1918~19년의 독일, 1873~74년, 1936~39년의 스페인, 제2차 세계대전 이후 중앙유럽과 동유럽의 동베를린과 포즈난(Poznan), 부다페스트, 프라하가 그런 곳들이다. 여기에 중앙집권적인 권위를 공격하고 노동자 통제를 호소했던 1968년의 파리 봉기와 "1871년 파리꼬뮨을 모델로"―당시 참여했던 학생들과 노동자들에 따르면― 건설되었고 거의 알려지지 않은 1967년의 상하이 꼬뮨을 덧붙일 수 있다.16

아주 다양하지만 이 사건들은 많은 공통점을 지녔다. 대부분의 경우 사건들은 (맑스가 예상했던) 발달된 산업국가가 아니라 장인과 농민경제 강력한 지역주의 전통을 가진 (바쿠닌이 예상했던) 비교적 뒤떨어지고 주변화된 지역에서 발생했다. 모두가 사회혁명이었고 아래로부터의 혁명이었으며 권위주의적이고 과두적인 체제들에 맞선 분권주의자와 연방주의자, 리버테리안들의 혁명이었다. 1871년 크로포트킨이 "봄바람이 불자 고여있던 연못의 물이 증발하듯이"라고 썼듯이 모든 사건들은 정부의 붕괴로 생긴 진공상태에서 자발적으로 생겨난 다수의 평의회와 위원회들을 예견했다. 모든 사건들은 매우 평등주의적이어서 모두가 똑같이 즐거운

---

16. John Hicks and Roσert Tucker가 편집한 *Revolution and Reaction : The Paris Commune of 1871*(Amherst, Mass., 1973), p. 113.

분위기와 진취적인 기상, 홍분, 관대함과 영웅주의를 드러냈다. 강렬한 반동의 시기가 뒤따르면서 모든 사건들은 잔인한 야만성에 짓밟혔다. 하지만 모든 사건들은 미래의 반란을 일깨울 순교자들을 만들었다.

이탈리아와 스페인에서처럼 러시아에서도 꼬뮨은 무엇보다도 1873년과 74년에 "민중에게 다가가서" 사회반란을 선동하려 했던 젊은 인민주의자들에게 직접적인 영향을 미쳤다. 우리가 봤듯이, 꼬뮨의 영향을 받아 크로포트킨은 평생을 아나키스트로 살았다. 그리고 꼬뮨에서 개인적으로 활동했던 표트르 라브로프는 꼬뮨을 "아직 희미하지만 노동자 공화국의 첫 번째 동틀 녘"이라 불렀다.[17] 1905년 혁명 동안 자신들을 꼬뮨 전사라 불렀던 한 아나키스트 집단은 비알리스톡(Bialystok)이라는 마을을 "제2의 파리꼬뮨"으로 만들려고 노력했다. 마찬가지로 1917년 혁명 동안 모스크바와 페트로그라드의 아나키스트들은 두 수도를 1871년의 이상적인 이미지를 모델로 삼는 평등주의적 꼬뮨들로 바꾸려고 노력했다. "사회혁명을 통해 아나키스트 꼬뮨으로"는 〈페트로그라드 아나키스트 연맹〉의 슬로건이었다.[18]

맑스를 따랐던 레닌 역시 꼬뮨을 최초의 근대 혁명이자 러시아 혁명이 두 번째를 차지하는 역사적인 발전과정의 첫 단계로 보았다. 1917년 4월 레닌은 핀란드 역으로 가면서 맑스의 『프랑스에서의 내전』을 가져갔고 그것을 『4월 테제』와 『국가와 혁명』에서의 꼬뮨 프로그램으로 통합했다. 레닌이 죽었을 때 그의 시신은 꼬뮨 전사의 깃발로 감싸졌고, 40년 뒤 소비에트 우주비행사는 우주여행을 떠나면서 맑스와 레닌의 초상화와 꼬뮨 전사의 주장을 적은 리본을 가져갔다. 하지만 리버테리안 관점에서 보면,

---

17. Schulkind, *The Paris Commune*, p. 294.

18. Paul Avrich, *The Russian Anarchists*(Princeton, 1967), pp. 48, 126.

10월 혁명 이후 1871년의 이상들은 배신당했고 [오히려] 꼬뮨은 볼셰비키 독재에 대한 아나키스트의 대응이 되었다.

1921년 크론슈타트는 러시아에서 꼬뮨주의 전통의 마지막 사건이었다. 물론 크론슈타트와 파리 사이에는 차이점들이 있다. 크론슈타트는 더 작은 사건이었고 2달이 아니라 2주 동안만 지속되었으며 비교적 더 적은 사상자를 낳았다. 더구나 크론슈타트 반란은 사회주의(최소한 이름으로는) 정권에 반대했다. 하지만 페트로그라드의 아나키스트들이 "제2의 파리꼬뮨"이라 불렀던 크론슈타트어는 놀랄 만큼 파리꼬뮨과 비슷한 점들이 있었다. 두 곳에는 똑같이 리버테리안적인 분위기가 있었고 똑같이 중앙집권적인 권력을 거부하며 평의회와 위원회들을 자발적으로 구성했고 똑같이 노동자 통제를 요구했으며 똑같이 영웅적인 행위를 했고 방어에 실패했으며 똑같이 유혈사태라는 결과를 낳았다. 기구한 인연이지만 심지어 날짜도 같았다. 파리꼬뮨은 1871년 3월 18일에 봉기가 시작되었고, 크론슈타트는 50년 뒤인 1921년 3월 18일에 진압당했다. 알렉산드르 베르크만은 그 유사성을 다음과 같이 인식했다. "승리자들은 1871년 꼬뮨 기념식을 축하했다. 트로츠키와 지노비예프는 파리의 반란자들을 학살했던 티에르와 갈리페를 비난했다."[19]

그러나 파리의 예는 부활했다. 1936년 바르셀로나와 1956년 부다페스트, 1968년 프라하에서 꼬뮨들―모두가 맑스주의자들에게 진압되었고 그로써 맑스주의자들은 자신들이 혁명을 파산시켰음을 증명했다―이 생겨났다. 1919년 살해당하기 전날 밤 칼 리프크네히트(Karl Liebknecht)가 말했듯이 "몇몇 승리들은 어떠한 패배보다도 더욱더 부끄럽지만, 몇몇 패배들은 진정한 승리이다."[20] 꼬뮨을 기리기에 적절한 비문(碑文)이 파리에

---

19. Alexander Berkman, *The Bolshevik Myth(Diary 1920~1922)* (New York, 1925), p. 303.
20. Stewart Edwards, *The Paris Commune, 1871*(London, 1971), 서문.

서 프라하까지 세워졌다. 더구나 꼬뮌 전통은 중앙집권적인 정부에 대한 대안으로 살아남았다. 그래서 최소한 크로포트킨은 이렇게 믿었다. 파리 꼬뮌이 "국가의 사슬을 끊고 그 우상을 타도함으로써 인류는 더 나은 미래를 향해, 즉 더 이상 주인과 노예를 구별하지 않고 자유를 쟁취하기 위한 우리의 행진에 불을 밝히는 해방을 시도했기 때문에 피를 흘리고 고통을 받았던 고귀한 순교자들은 더 나은 미래를 향해 나아갈 것이다."

18

폴 브루스
현실주의적 아나키스트

파리꼬뮌이 아나키즘으로 이끌었던 많은 유명한 사람 중에는 프랑스 의사 폴 브루스(Paul Brousse)도 있었다. 오늘날 거의 잊혀졌지만 100년 전 브루스는 국제 아나키스트 운동에서 가장 활동적이고 존경받던 인물 중 한 명으로, 그는 <제1차 인터내셔널>의 반(反)권위주의 정패[주로 아나키스트들로 구성된]와 프랑스와 스페인, 스위스, 독일에서 형성 중이던 아나키스트 운동에서 중요한 역할을 했다. 짜르 경찰 공무원의 딸이자 열렬한 아나키스트였던 나탈리아 랜스버그(Natalia Landsberg)라는 동지를 통해, 그는 1870년대 동안 스위스의 러시아 아나키스트 망명객들과도 긴밀하게 접촉했다. 그는 1876년 바쿠닌의 장례식에서 연설했고 1877년과 78년 크로포트킨과 함께 스위스 아나키스트 잡지인 『라방가르드』(*L'Avant-Garde*, 라방가르드)를 편집했다. 더구나 크로포트킨과 함께 브루스는 19세기 말 아나키스트의 핵심적인 교리 중 두 가지, 즉 꼬뮌주의 아나키즘과 실행에 의한 선전을 이론화하는 데 참여했다.

브루스 역시 그의 정치적인 발전이 평범하지 않은 방향으로 진행되었기 때문에 흥미롭다. 초창기에는 비타협적인 아나키스트 투사로서 폭동과 반란을 주장했지만 그는 "현실주의(possibilism)"로 알려진 온화한 형태의 사회주의로 발전했고 세기가 바뀔 무렵에는 〈파리 시의회〉(the Paris Municipal Council)의 의장이자 프랑스 의원이 되었다. 개혁주의자이자 예전의 아나키스트로서 그는 발기인으로 참여한 〈제2 인터내셔널〉 내에서 자신의 영향을 받는 지지자를 불쾌하게 여기던 맑스주의자들을 아주 싫어했지만, 아나키즘의 배신자로서 브루스는 리버테리안 동지들의 적개심도 스스로 초래했다.

브루스는 1844년 1월 23일 프랑스 남부 몽펠리에(Montpellier)의 안락한 중류층 가정에서 태어났다. 그의 할아버지는 곡물상인이었고 아버지는 몽펠리에 의과대학에서 화학학부를 이끌던 의사였다. 청년 브루스는 스스로 이 학교에 입학했고, 1867년 콜레라 유행병이 돌 동안 병원의 인턴으로 일했기 때문에 대학의 모든 등록금을 면제받았다. 학업을 마치면서 브루스는 의사로서의 경력을 시작하는 동시에 1870년에는 쥘 게드(Jules Guesde)—나중에 라이벌이 될—가 편집하던 급진적인 신문 『레 드르와 드 롬므』(Les Droits de l'Homme, 인간의 권리)에 기고하면서 정치적인 경력도 시작했다.

이미 얘기했듯이 브루스를 아나키스트로 만든 건 —크로포트킨과 말라테스타, 다른 많은 사람들처럼— 파리꼬뮌이었다. 꼬뮌운동의 지지자이자 꼬뮌의 붕괴 이후 불법으로 규정된 〈국제 노동자 협회〉의 몽펠리에 지부 조직원이던 브루스는 1872년 체포되어 4개월 징역형에 처해졌다. 국경을 가로지르는 꼬뮌 반란의 힘이 영향을 미치기 시작하던 스페인으로 도망치면서 그는 두 명의 망명객을, 프랑스 남부에서 혁명적인 꼬뮌들을 만드는 데 참여했던 헌신적인 바쿠닌주의자인 샤를 알레리니와 카미유 카메

(Camille Camet)를 만났다. 1873년 4월 세 명의 추방자들은 바르셀로나에 〈인터내셔널〉의 프랑스어권 지부를 설립했고 브루스는 프랑스에서 〈인터내셔널〉을 지속시키기 위해 몰래 들여보내던 〈인터내셔널〉의 기관지 『라 솔리다리테 레볼루셔네르』(La Solidarité Révolutionnaire, 혁명가의 연대)의 편집자가 되었다.[1]

이 시기부터 꼬뮨 운동이 스페인에 뿌리를 내리기 시작했고 1873년 6월 20일 〈국제 노동자 협회〉의 한 집단─브루스도 끼어있었다─이 바르셀로나의 시청을 점령하고 ─나중에 브루스가 크로포트킨에게 얘기했듯이─ "혁명을 일으키느냐 죽느냐"를 결의했다.[2] 그들의 시도는 순식간에 무너졌지만 한 달 뒤 총파업으로 이어졌고, 정부가 노동자들을 군대로 징집하기 시작하면서 총파업은 무너졌다. 브루스가 적극적으로 참여했던 총파업의 실패는 젊은 반란재[브루스]에게 많은 영향을 미쳤고, 그는 자신의 나머지 경력 동안 총파업을 혁명의 무기로 쓰는 걸 단호하게 반대했다.

1873년 7월 프루동의 연방주의자 사상의 대표주자인 프란시스코 피 이 마르갈(Francisco Pi y Margall)이 권력에서 제거당한 뒤 군부의 반동이 시작되었고 바르셀로나는 더 이상 혁명의 성지가 되지 못했다. 따라서 브루스는 알레리니와 카메, 〈인터내셔널〉 바르셀로나 지부의 지도자인 가르시아 비냐스(García Viñas)와 함께 스위스로 갔다. 브루스의 도피는 그가 유럽 아나키스트 운동의 최전선에 등장하며 〈쥐라 연합〉과 〈반권위주의 인터내셔널〉에 개입했던 향후 6년의 시작을 알렸다. 당시 브루스는 30세이었다. 중간 정도의 키에 날카로운 갈색 눈, 검은색 턱수염, 늘어뜨린 검

---

1. James Guillaume, *L'Internationale . Documents et souvenirs(1864~1878)* (Paris, 1905~1910), 총 4권 중 3권, pp. 90~91.
2. David Stafford, *From Anarchism to Reformism*(London, 1971), p. 37에서 인용.

은 머리칼을 가진 브루스는 자신이 만난 모든 사람에게 —크로포트킨을 포함해서— 강한 인상을 줬다. 크로포트킨은 『한 혁명가의 자서전』에서 그를 다음과 같이 묘사했다. "정신적인 활동이 왕성하고 재미있으며 날카롭고 생기 넘치며, 어떤 사상을 기하학적인 논리로 최대한 발전시킬 준비가 되어있는, 국가와 국가기구를 강력하게 비판하는 젊은 의사였다. 그는 프랑스어와 독일어로 된 두 개의 신문을 편집하기 위해 충분한 시간을 마련했고 많은 양의 편지를 썼으며 노동자들의 저녁 파티에서 핵심인물이었다. 그는 진정한 '남부인'의 섬세한 마음을 가지고 사람들을 조직하려고 쉼 없이 노력했다."[3]

베른에 정착하면서 브루스는 국제 아나키스트 운동의 핵이던 <쥐라 연합>의 편에서 선동하고 선전하는 데 곧바로 투신했다. 스위스의 프랑스 망명객 중에서 가장 유능한 편에 속했던 브루스는, 보통선거권에 반대하는 비타협적인 리버테리안이었고 프루동의 정신을 이어받아 보통선거권을 "단지 수의 야만성"일 뿐이고 노동자들의 복종을 유지하려는 기득권 사회의 장치라고 공격했다. 마찬가지로 그는 <인터내셔널>에서 어떠한 중앙조직도 반대했고 1872년 9월 몽펠리에 지부에서 자신을 내쫓았던 — 같은 달 바쿠닌과 기욤도 헤이그 대회에서 <인터내셔널>에서 추방되었다— 맑스와 총무위원회를 끊임없이 비판했다.

베른에 도착한 지 얼마 지나지 않아 브루스는 그 지역에 <쥐라 연합>의 프랑스어권 지부를 조직했고 이전까지 아무도 만들지 못했던 아나키스트 세력의 거점을 만들었다. 동시에 그는 스위스에서 독일어권 노동자들의 지지를 얻기 위해 노력했고 1874년 라쇼드퐁(La Chaux-de-Fonds)에서 열린 <쥐라 연합> 대회는 브루스의 주장을 대부분 받아들여 <연합>의 『불레틴』(*Bulletin*, 속보)을 보완하는 독일어 삐라를 인쇄하기로 결정

---

3. P. Kropotkin, *Memoirs of a Revolutionist*(Boston, 1899), pp. 393~94.

했다. 1875년 1월 다시 한번 브루스의 노력으로 작은 독일인 학습모임이 베른에 만들어졌고 같은 해 10월 사회혁명을 통해 국가를 타도하자고 호소하는 아마도 최초의 독일 아나키스트 강령을 펴냈다.[4] 더구나 1876년 3월 이 모임은 파리꼬뮌 5주년을 기념해 대중행진을 조직했다. 하지만 당시 사회주의자의 상징이자 아나키스트의 상징이던 적기를 보고 흥분한 다수의 중산층들이 적개심을 품고 행진대열을 무너뜨렸다.

1876년 7월 15일 발행을 시작한 『아르바이터 차이퉁』(*Die Arbeiter-Zeitung*, 노동자신문)은 "모든 노동자의 완전하고 최종적이며 절대적인 해방"을 요구했다.[5] 신문은 나탈리아 랜스버그의 재정지원을 받고 크로포트킨과 세 명의 독일 망명객, 즉 에밀 베르너(Emil Werner), 오토 링케, 독일 아나키스트 운동의 중요한 창설자인 아우구스트 라인스도르프(August Reinsdorf)의 도움을 얻어 브루스가 편집했다. 브루스와 크로포트킨은 대부분의 기사를 프랑스어로 썼고 베르너는 이 기사를 독일어로 번역했다. 스위스에 배포된 것 외에도 신문은 국경을 넘어 몰래 반출되었고 1877년 발행이 금지될 때까지 독일에서 아나키스트 선전의 중요한 수단이 되었다.

그 사이에 1876년 7월 1일 바쿠닌이 베른에서 죽었다. 7월 3일 그의 장례식은 정치적인 시위가 되었고 브루스, 기욤, 르클뤼, 아데다르 슈비츠게벨(Adhémar Schwitzguébel), 니꼴라이 쥬코브스키(Nicholas Zhukovsky)가 연설했다. 이 즈음에 브루스는 20세기로 넘어갈 때까지 아나키스트 운동에서 중요한 역할을 했던 실행에 의한 선전이라는 이론을 진지하게 발전시키기 시작했다. 그 개념 자체는 그 해 말라테스타가 카를로 카피에로에

---

4. Max Nettlau, *Anarchisten und Sozialrevolutionäre*(Berlin, 1931), pp. 131~32 ; Andrew Carlson *Anarchism in Germany*(Metuchen, N. J., 1972), pp. 83~84, 401~402.

5. *Arbeiter-Zeitung*, 1876년 7월 15일자, Carlson, *Anarchism in Germany*, p. 84에서 재인용.

게 보낸 한 편지에서 쓴 것으로 주로 알려져 있다. 그렇지만 프랑스와 스페인의 꼬뮨주의적 반란으로 숙성된 이 개념은 1873년 여름 동안 브루스의 『솔리다리테 레볼루셔네르』에서 이미 등장하고 있었다. 그 시기에 브루스는 유럽 전역의 도시들에 꼬뮨을 세운 것을 구상했고 "혁명의 매개"로서 꼬뮨의 역할이 그의 아나키즘 이론에서 중심이 되었다.

브루스의 혁명적인 극단주의와 실행에 의한 선전의 강조는 차츰 지지를 받았고, 이는 더 온건한 초기노동조합주의(proto-syndicalist) 입장을 취했던 〈쥐라 연합〉의 비공식적인 지도자 잠 기욤에게 중대한 도전이었다. 그렇지만 본질적으로 브루스는 실용주의자(pragmatist)였고, 실행에 의한 선전은 그 이후 수십 년 간 동의어가 되었던 개인적인 암살이 아니라 1871년 파리꼬뮨으로 드러났듯이 지역의 시위와 반란, 집단적인 직접행동의 여러 형태들을 의미했다.

1876년과 77년에 브루스의 『아르바이터-차이퉁』에서 사용된 구절도 이런 의미를 담고 있었다. 그리고 이런 형태의 실행에 의한 선전은 1877년 3월 18일 파리꼬뮨을 지지하면서 베른에서 열린 두 번째 기념행진에서 실천으로 옮겨졌다. 이 행진에는 그 행사를 위해 투쟁적인 노래 적기가(the Red Flag)를 작곡한 브루스 외에도 크로포트킨과 슈비츠게벨, 게오르기 플레하노프(George Plekhanov)도 참여했다("러시아 맑스주의의 아버지" 플레하노프는 이 당시 청년 바쿠닌주의자였고, 1876년 12월 그와 관련된 상트페테르부르크 카잔 대성당(Kazan Cathedral)의 시위는 실행에 의한 선전의 원래 의미를 살린 초기의 사례로 간주될 수 있다). 경찰은 바쿠닌의 무덤을 방문하는 것으로 이어졌던 베른 시위를 해산시켰다. 실행에 의한 선전의 더 극적인 사례는 다음 달 이탈리아에서 말라테스타와 카피에로, 스테피냑이 주도했던 베네벤토 봉기로 나타났지만 이 봉기 역시 곧 진압되었다.[6]

실행에 의한 선전 외에도 브루스는 크로포트킨처럼 최초로 꼬뮨주의 아나키즘을 주장한 사람 중 한 명이었고 창시자는 아닐지라도 주도적인 이론가가 되었다. 실행에 의한 선전처럼 꼬뮨주의 아나키즘을 최초로 분명하게 언급한 건 1876년 스위스의 또 다른 유명한 프랑스 망명객 프랑세즈 뒤마르테레이(François Dumartheray)였고 브루스가 『아르바이터-차이퉁』에서 그 개념을 정교하게 다듬었다. 이 이론은 —또 한번 실행에 의한 선전처럼— 이탈리아에서 동시적이고 독립적으로 이론화되었고 1876년 10월 <이탈리아 연맹>(the Italian Federation)의 공식 강령에 삽입되었다. <반권위주의 인터내셔널>의 베르비에(Verviers) 대회에서 브루스와 안드레아 코스타(Andrea Costa)는 바쿠닌의 집산주의—개인의 필요보다 노동량에 따라 보상받아야 한다—를 고집하던 스페인 아나키스트 비냐스와 모라고(Morago)와 대조적으로 꼬뮨주의 아나키즘을 강력하게 지지했다. 그렇지만 이때부터 스페인을 제외한 바쿠닌주의자들이 대부분 집산주의에서 꼬뮨주의 아나키즘으로 입장을 바꿨다. 그리고 이 이론이 만들어지기 직전에 죽은 바쿠닌도 같은 길을 걸었을지 모른다고[꼬뮨주의-아나키즘을 지지했을 것이라고] 믿어진다.

1877년 중반부터 브루스의 관심은 점점 스위스에서 프랑스로, <쥐라 연합>과 <인터내셔널> 운동에서 프랑스의 아나키즘을 부활시키겠다는 방향으로 바뀌기 시작했다. <쥐라 연합>은 이미 쇠퇴했고 베른의 운동도 붕괴되었으며 『아르바이터-차이퉁』은 폐간되었다. 그 해 크로포트킨의 도움으로 브루스는 생기 있는 잡지 『라방가르드』를 발행하기 시작했고 잡지의 모토는 시의 형식을 취했다.

---

6. 나중에 브루스는 실행에 의한 선전이 "대중의 의식을 일깨우는 강력한 수단"이라고 적었다. *Bulletin de la Féderation Jurassienne*, 1877년 8월 5일자, Jean Maitron, *Le mouvement anarchiste en France*(Paris, 1975), 총 2권 중 1권, pp. 76~77에서 재인용.

일어나라 활기에 찬 민중이여! (Lève-toi, peuple puissant!)
노동자여, 기계를 점유하라! (Ouvrier, prends la machine!)
땅을 장악하라, 농민이여! (Prends la terre, paysan!)

스위스에서 합법적으로 배포되고 프랑스에서 비밀리에 배부되던 『라
방가르드』는 비타협적인 전투성을 가졌고, 국가를 완전히 파괴하고 "각
각의 필요와 이해관계를 놓고 자유롭게 구성된 모임과 이런 모임들의 자
유로운 연방"에 바탕을 둔 사회가 그것을 대체할 것을 요구했다.7

1879년 이번에는 반대로 브루스가 19세기의 가장 영향력있는 아나키
스트 잡지 중 하나인 『르 레볼테』(*Le Révolté*, 반란)를 크로포트킨이 창간
하는 걸 도왔다. 하지만 그 해 6월 브루스는 체포되어 스위스에서 추방당
했다. 그는 브뤼셀로 갔지만 7주 뒤에 내쫓겼고 프랑스로 돌아가기 전에
거의 1년 동안 런던에서 살았으며 그 뒤 프랑스에서 자신의 급진적인 경
력의 새로운 단계를 시작했다.

브루스의 아나키즘이 1870년대를 채웠듯이 그의 현실주의는 1880년대
를 채웠다. 자신의 아나키스트 신념을 다시 검토하면서 그는 실행에 의한
선전을 포기하고 예전에 스스로 불만을 드러냈던 점진적인 개혁의 유용
성을 받아들였다. 1880년 프랑스로 돌아왔을 때 그는 이미 선거활동에 대
한 적개심을 버렸고 더 이상 투표기권을 고집하지 않았다. 1883년 그는
"이상은 여러 개의 실천적인 단계로 구분되어야 한다. 말하자면 이상을
가능하게 만들려면 우리는 가까운 장래로(*immediatised*) 목표를 맞춰야 한
다"고 적었다.8 간단히 말해 브루스는 개혁주의적이고 지방자치적인 사회

---

7. J. Langhard, *Die anarchistische Bewegung in der Schweiz*(Berlin, 1903), p. 95 ; George Woodcock, *Anarchism : A History of Libertaran Ideas and Movements*(Cleveland, 1962), p. 293.
8. Theodore Zeldin, *France, 1848~1945*(Oxford, 1973~1977), 총 2권 중 1권, p. 753에서 재인용.

주의를 적극적으로 옹호했다. 그는 1880년대 동안 프랑스에서 가장 강력한 사회주의 운동이었고 1889년 <제2 인터내셔널>을 만드는 걸 도왔던 <현실주의자 정당>(Possibilist party)을 창설했다.

하지만 이런 변화는 드러난 것만큼 모순되지 않았다. 브루스의 전기 작가인 데이비드 스테포드(David Stafford)가 분명히 했듯이,9 브루스는 초기의 전제조건들 대부분을 계속 지켰기 때문이다. 아나키즘에서 현실주의로의 이행은 갑작스런 전환이나 과거와의 분명한 단절이 아니라 혁명이 아닌 형태로 자신의 꼬뮨주의적 강령을 계속하려는 것이었다. 지역에서의 활동과 리버테리안 사회의 싹으로서 꼬뮨에 대한 그의 초기 신념은, 결국 국가 전체를 포위할 일종의 "한 도시에서의 사회주의"라는 지방자치단위의 새로운 개혁강령으로 유지되었다. 그는 노동자 계급혁명의 수단으로서의 꼬뮨을 노동자 계급개혁의 수단으로서의 꼬뮨으로 대체했기 때문이다.

브루스는 결코 아나키스트 운동으로 복귀하지 않았다. 코스타와 게드, 플레하노프와 악셀로드(Axelrod)처럼 그는 바쿠닌주의를 고집하던 초기 입장에서 벗어나 사회주의 정치운동의 창립자가 되었다. 그러나 그의 변신은 중요한 점에서 다른 사람들과 달랐다. 즉 그는 아나키즘을 버리고 맑스주의로 가지 않았다. 오히려 그는 <제1 인터내셔널>에서 바쿠닌주의자로 남았을 때처럼 반(反)중앙집권제, 반권위주의, 반(反)맑스주의라는 입장을 비타협적으로 고수했다. 더구나 그는 자신의 현실주의 신조에서도 모든 종류의 엘리트와 추상적인 이론체계에 대한 반감을 필수적인 요소로 간직했다. 브루스는 맑스가 "절대 무오류의 사람이 아니"고 "그는 신이 아니다"라고 주장했다. 엥겔스는 브루스가 "지금까지 만난 사람 중에서 가장 멍청"하고 "아나키즘에서 무질서를 제거했지만 다른 모든 구

---

9. Stafford, *From Anarchism to Reformism*, pp. 44, 183~184, 246~50.

절들을, 특히 전술을 계속 유지하고 있다”고 적었다.[10]

<제2 인터내셔널>을 설립하면서 브루스는 그의 삶에서 가장 큰 영향력을 가지게 되었다. 그러나 다음해인 1890년 총파업을 지지하고 지식인과 전문직업인들이 당에 가입하는 걸 반대하던 장 알레망(Jean Allemane)의 추종자들이 탈당하면서 현실주의 운동은 분열되었다. 생을 20년 남겨놓은 브루스는 점점 더 고립되었고 사회주의 운동에 대한 그의 영향력은 약해졌다. 1890년 7월 그는 <파리 시의회>(the Paris Municipal Council)의 부의장으로서 1871년 꼬뮨의 진압에 참여했던 두 보병대대를 기리는 환영회를 조직하도록 승인했다. 그리고 1899년 그는 “공화국의 안전이 가장 중요한 법”이라는 이유로 미예랑(Millerand)이 프랑스 정부에 입각하는 걸 ─제3 제국 하에서 사회주의자가 최초로 장관직을 수락했던─ 승인했다.[11]

1905년 브루스는 <파리 시의회>의 의장이 되었고, 의장 자격으로 스페인의 알폰소 8세를 맞이해서 예전의 아나키스트 동지들의 적개심을 새로이 불러일으켰고 기음이 그와의 모든 관계를 단절하도록 이끌었다. 그 후 브루스는 거의 완전히 잊혀졌다. 1910년 의석을 상실하면서 그는 국립정신병원의 소장이 되었다. 1912년 그는 잊혀진 인물로 숨을 거뒀다.

---

10. 같은 책, pp. 143, 163.

11. Aaron Noland, *The Founding of the French Socialist Party(1893~1905)* (Cambridge, Mass., 1956), pp. 22, 93.

19

순교자, 구스타프 란다우어

지난 20년 동안 득일 아나키스트이자 순교자인 구스타프 란다우어의 부활은 주목할 만했다. 1969년 오스트리아 라디오는 "뮌헨에서의 살인 : 구스타프 란다우어의 삶과 저작"이라는 제목으로 그에게 바치는 한 프로그램을 만들었다. [이스라엘] 텔아비브에서 한 아나키스트 모임은 그를 기리며 그 이름을 땄다(란다우어가 이스라엘 공동체주의 운동에 미친 영향은 상당히 컸다). 그리고 1974년 4월 뉴욕에서 열린 한 아나키스트 회의에서 많은 사람들이 그의 삶과 사상에 관한 세션에 참석했다.

동시에 란다우어는 다양한 언어로 된 많은 양의 책과 논문들에 영감을 주었다. 독일어로 쒸어졌지만 스페인과 스웨덴에서 출판되었고 절판된 지 오래된 막스 네틀라우와 아우구스틴 소우치(Augustin Souchy)의 옛날 연구[1]를 대신하기 위해 [각기 다른 저자가 쓴] 네 권의 두꺼운 전기가 출

---

1. Max Nettlau, "La vida ce Gustav Landauer segun su correspondencia," *La Protesta* 부록, 1929년 7월 31일자, *Incitación al socialismo*(Buenos Aires, 1947), pp. 187~325에 다시 실렸다.

판되었다.[2] 그리고 란다우어의 삶과 사상에 관해 더욱더 진전된 연구들은 [아직도] 진행 중이다. 란다우어 자신의 작품으로는 1960년대와 70년대 유용한 서문과 각주를 단 많은 선집(選集)들이 독일어로 출판되었고[3], 셰익스피어에 관한 에세이와 프랑스 혁명에 관한 편지들을 수집한 것—애초에 출판했던 류텐(Rütten)과 로에닝(Loening)이 40년 뒤 다시 냈다—을 포함해 그보다 더 긴 많은 글들도 다시 출판되었다.[4] 란다우어의 가장 중요한 작품 중 일부는 스페인과 라틴아메리카의 많은 독자들에게 란다우어를 소개했던 디에고 아바드 드 상띨랑(Diego Abad de Santillán)이 오래 전에 스페인어로 번역했다. 더구나 그의 중요한 에세이와 편지들을 수집하기엔 너무 늦어버렸지만, 우리는 1896년 런던의 프리덤 출판사가 처음으로 발행했던 그의 팸플릿 『독일의 사회민주주의』(*Social Democracy in Germany*)[5] 외에도 『사회주의에 대한 호소』(*Aufruf zum Sozialismus*, 1911)의 영어 번역본과 에세이집 『혁명』(*Die Revolution*, 1908)을 발췌한 영어 번역본을 가지고 있다.

왜 란다우어에 대한 관심이 다시 살아나는가? 무엇이 그를 중요한 인물(루돌프 로커는 그를 "영적인 거인(spiritual giant)"이라 불렀다)로 만드는가?[6] 처음에는 [당시] 성장하던 전체주의의 [명령을 받은] 군인들에게

---

2. Wolf Kalz, *Gustav Landauer : Kultursozialist und Anarchist*(Meisenheim am Glan, 1967) ; Charles. B. Maurer, *Call to Revolution : The Mystical Anarchism of Gustav Landauer*(Detroit, 1971) ; Eugene Lunn, *Prophet of Community : The Romantic Socialism of Gustav Landauer* (Berkeley, 1973) ; Ruth Link-Salinger(Hyman), *Gustav Landauer : Philosopher of Utopia*(Indianapolis, 1977).

3. 가장 주목할 만한 책은 Heinz-Joachim Heydorn이 편집한 *Zwang und Befreiung*(Cologne, 1968) ; Ulrich Linse가 편집한 *Gustav Landauer und die Revolutionszeit, 1918/19*(Berlin, 1974) ; 그리고 Ruth Link-Salinger(Hyman)이 편집한 *Erkenntnis und Befreiung*(Frankfurt, 1976)이다.

4. Gustav Landauer, *Shakespeare*(Frankfurt, 1920) 2권짜리는 1962년에 다시 출판되었다 ; *Briefe aus der französischen Revolution*(Frankfurt, 1918) 2권짜리도 1961년에 다시 출판되었다.

5. Gustav Landauer, *For Socialism*(St. Louis, 1978) ; *Anarchy*, 1965년 8월호 ; *Social Democracy in Germany*(London, 1896).

비극적이고 야만적인 죽음을 맞이했다는 점이 계속 분노와 연민을 불러일으켰다. 그는 제1차 세계대전에 뒤이은 독일 혁명에서 가장 유명한 아나키스트 순교자였다. 인품과 지식, 개성의 면에서 탁월함을 타고난 그는 20세기에 가장 영향력있는 —아마도 로커를 제외한다면— 독일 아나키스트 지식인이었다. 그의 작품은 에른스트 톨러(Ernst Toller), 헤르만 헤세(Hermann Hesse), 아놀드 츠바이크(Arnold Zweig)처럼 유명한 독일 작가들의 칭송을 받았다. 그는 근대 독일역사에서 가장 감동적이고 급진적인 잡지 중 하나인『소치알리스트』(*Der Sozialist*, 사회주의자; Berlin, 1891~99, 1909~15)를 편집했다. 그의 소설『죽음의 설교자』(*The Preacher of Death*, 1893)는 산만하고 두서가 없으며 지루하지만, 그는 희곡과 시에 관한 감수성이 예민한 평론가였고 셰익스피어와 괴테, 횔덜린, 슈트린버그(Strindberg), 월트 휘트먼(Walt Whitman)에 대한 독창적인 에세이를 썼다. 그리고 그는 독일 작가 한스 블류어(Hans Blüher)가 20세기의 가장 뛰어난 연애편지들이라고 부른 것을 썼다.[7] 그는 독일 표현주의운동의 작가들, 특히 톨러 카이저(Toller Kaiser), 게오르그 카이저(Georg Kaiser)와 긴밀한 관계를 맺었고 1919년에 죽을 때까지 1892년부터 시작된 <새롭고 자유로운 민중무대>운동(the Neue Freie Volksbühne movement)과 제휴하며 독일 아방가르드 연극에도 적극적으로 참여했다.

이 외에도 란다우어는 아나키스트 작가와 비(非)아나키스트 작가 모두의 작품을 많이 번역한 것으로 이름을 날렸다. 그는『상호부조론』과『들판과 공장, 작업장』,『위대한 프랑스 혁명』을 포함하는 크로포트킨의 많은 중요한 글들을 번역했고 프루동의『전쟁과 평화』,『19세기 혁명의 일반이념』의 일부를 번역했다. 그는 에티엔 드 라 보에티(Etienne de la

---

6. Rudolf Rocker, *The London Years* (London, 1956), p. 90.

7. Maurer, *Call to Revolution*, p. 47.

Boétie)의 『자발적인 복종에 관한 이론』(*Discourse of Voluntary Servitude*)과
오스카 와일드의 『도리언 그레이의 초상』(*The Picture of Dorian Gray*), 『사
회주의 하의 인간영혼』(*The Soul of Man under Socialism*), 조지 버나드 쇼
의 에세이들, 관심을 기울이며 평생 팬이었던 휘트먼의 시들을 번역했다
(그는 인간이 내면에 세계를 지니고 있다는 자신의 신비주의적 신념을
'풀잎(Leaves of Grass)'[휘트먼의 시]이 나타낸다고 봤고 1919년 바이에른
(Bavaria)에서 교육부 장관으로 있을 때 휘트먼의 시를 모든 학생들의 강
의계획서에 넣자고 제안했다). 마지막으로 그는 자신이 매우 존경하던 철
학자이자 중세 독일의 신비주의자 마이스터 에카르트(Meister Eckhart)의
설교와 에세이들을 근대적인 언어로 번역했다.

또 란다우어는 유대인 신비주의 철학자 마르틴 부버(Martin Buber)와의
우정으로도 유명했다. 란다우어의 영향을 받은 부버는 리버테리안이자
란다우어의 〈사회주의자연맹〉(Socialist Bund)의 일원이 되었다. 『혁명』을
처음 출판하고 란다우어가 죽은 뒤 그의 글과 편지를 부지런히 모으고 편
집한 사람도 바로 부버였다. 더구나 부버의 『유토피아에의 길』(*Paths in
Utopia*)에서 란다우어에 관한 장(章)은 영어권에서 여전히 몇 안 되는 진
지한 평가 중 하나이다.[8]

그 당시 란다우어는 아주 다재다능한 인물이었다. 언론인이자 철학자,
소설가이자 비평가까지 그의 관심영역은 강한 인상을 남겼다. 아마도 이
런 점은 그를 바라보는 전기 작가들의 각기 다른 관점들을 설명해준다.
루쓰 히만(Ruth Hyman)에게 그는 "유토피아 철학자"였고, 찰스 마우러
(Charles Maurer)에게는 "신비주의 아나키스트", 오이겐 룬(Eugene Lunn)

---

8. 부버의 전기 작가에 따르면 부버가 결혼한 뒤에도 란다우어와의 우정은 "성인 시기의 가장
   중요한 관계"였다. Maurice Friedman, *Martin Buber's Life and Work : The Early Years,
   1878~1923* (New York, 1981), p. 77.

에게는 "낭만적인 사회주의자", 볼프 칼츠(Wolf Kalz)에게는 "문화적 사회주의자이자 아나키스트"였다. 하지만 란다우어는 자신에게 "아나키스트-사회주의자"라는 다른 딱지를 붙였다. 그는 "아나키가 국가와 교회, 자본이라는 우상에서 해방된 인간을 표현한다. 사회주의는 인간들 사이의 참되고 진정한 공동체를 표현한다. 왜냐하면 사회주의는 개인의 영혼에서 성장하기 때문이다"라고 적었다.9 스피노자, 쇼펜하우어, 니체, 입센, 프루동, 바쿠닌, 크로포트킨, 톨스토이와 같은 각기 다른 종류의 사상가들로부터 영향을 받은 그는 한때 사회주의자이자 개인주의자였고 낭만주의자이자 신비주의자였으며 투사이자 수동적인 저항의 지지자였다. 그리고 그는 러스킨(Ruskin)과 모리스의 예술공예 운동(the Arts and Crafts movement)에 빚을 졌으며 게데스와 하워드의 전원도시 운동에서도 도움을 받았다. 이처럼 이질적인 요소들을 가졌지만 그는 일관된 사회철학과 혁명 이론을 만들 수 있었다.

란다우어는 1870년 4월 7일 독일 남서부 칼스루에(Karlsruhe)의 유대인 중산층 가문에서 태어났다. 이 지역은 중세 때부터 오랜 사회반란의 역사를 가졌고 두 명의 유명한 독일 아나키스트, 요한 모스트와 루돌프 로커도 이곳에서 태어나고 자랐다. 1870년은 프랑스-프러시아 전쟁이 터진 해이고 독일에서 중앙집권적인 군사권력이 출현한 해이다. 이 팽창하던 리바이어던에 맞서 란다우어는 50년의 삶을 모두 투쟁에 바쳤다. 동시에 그는 위계적이고 권위주의적인 특성을 가진 〈독일 사회민주당〉으로 구체화된 중앙집권적이고 국가주의적인 사회주의를 거부했다. 그는 "우리가 싸우는 대상은 위로부터 평준화되는 국가사회주의와 관료주의이다. 우리가 지지하는 건 자유로운 연합과 연맹, 권위의 소멸, 모든 족쇄에서

---

9. *Der Sozialist*, 1911년 7월 15일자, Lunn, *Prophet of Community*, p. 200에서 재인용.

풀려난 정신, 자립, 모두의 행복이다"라고 강력하게 주장했다.[10]

1892년 하이델베르크 대학과 베를린 대학, 스트라스부르크 대학을 다니면서 란다우어는 1891년 〈사회민주당〉에서 추방된 "청년(Die Jungen)"으로 알려진 베를린의 반체제 맑스주의자 단체(루돌프 로커도 구성원이었다)에 가입했다. 단체의 주간지 『소치알리스트』의 편집장직을 맡으면서 그는 바쿠닌과 크로포트킨의 노선을 따라 맑스주의에 대한 분권적이고 반(反)권위주의적인 비판을 발전시켰고 아래로부터 조직된 자율적인 꼬뮨들의 연방으로 국가를 대체하자고 요청했다.

크로포트킨과 윌리엄 모리스처럼 란다우어는 중세 시대의 분권적인 꼬뮨 생활을 동경했다. 그는 이 생활을 "독립적인 단위들의 총체성", "모임들의 사회(society of societies)"라 불렀다.[11] 그는 계급투쟁이라는 개념을 받아들였지만 정치와 경제에서 완전히 중앙집권적이고 관료주의적인 권위와 맑스주의 이론의 독단적인 경직성을 불쾌하게 여겼다. 1893년 노련한 이탈리아 혁명가 아밀카레 시프리아니가 "당신들의 불관용과 야만성의 제물이 되어 내쫓긴 그들과 함께 가겠다"고 항의하며 자리를 떴던 〈제2 인터내셔널〉 취리히 대회에서, 란다우어는 배제당했던 의견을 달리하는 사람 —로자 룩셈부르크도 그 중 한 명이었다— 중 한 명이었다.[12] 1896년 아나키스트들이 〈사회주의 인터내셔널〉의 집회에 참석하려고 마지막으로 시도했던 런던 대회에서, 또 한번 란다우어는 —에리코 말라테스타, 페르디난드 도멜라 뉴웬후이스(Ferdinand Domela Nieuwenhuis), 다른 아나키스트 대의원들과 함께— 쫓겨났다. 1911년에 출판된 자신의 『사회주의에 대한 호소』에서 란다우어는 맑스주의를 "우리 시대의 전염병이

---

10. Landauer, *Social Democracy in Germany*, p. 8.

11. Martin Buber, *Paths in Utopia*(Boston, 1958), p. 53 ; Lunn, *Prophet of Community*, p. 184.

12. James Joll, *The Second International, 1889~1914*(London, 1955), p. 72.

자 사회주의 운동의 저주"라고 부르기까지 했다.[13]

1893년 취리히 대회 이후 란다우어는 자신의 소설 『죽음의 설교자』를 출판했지만, 『소치알리스트』 ─ 일시적으로 발행을 중지당한 ─ 에서 "선동적인 소재들"을 퍼뜨렸다는 이유로 감옥에 갇히면서 그의 문학활동은 중단되었다. 많은 시간을 ─ 한 번은 베를린 경찰서장을 비판했다는 이유로 ─ 감옥에서 보냈지만 그는 19세기 말까지 계속 『소치알리스트』를 편집했다. 란다우어의 영향을 받으면서 이 잡지는 선동적인 가치를 제한하면서까지 아주 지적인 성격을 띠었다. 이처럼 이론적이고 철학적인 경향이 증가했기 때문에 신문은 노동자 계급 독자들을 장악하지 못했다. 잡지는 점점 더 공장노동자와 농민보다 지식인과 전문직업인들에게 호소력을 가졌다. 이 점은 신문이 아나키스트 선전도구로서의 효력을 잃고 있다며 반감을 품은 신문의 노동자 계급 출신 편집진들 사이에 갈등을 낳았다. 자신의 접근법을 바꾸려고 노력했지만 란다우어는 그다지 성공을 거두지 못했고 1899년 독자수가 점점 줄어들자 『소치알리스트』의 발행은 중단되었다.

그 시기부터 란다우어는 자본주의와 국가에 대한 정면공격을 중단하게 되었다. 이전에는 바쿠닌과 크로포트킨의 혁명적 아나키즘이 그의 사상을 지배해 왔었다. 그가 이 인물들에 대한 관심을 완전히 버린 건 아니다. 바쿠닌에 대해 란다우어는 "내가 그를 우연히 만난 그 날부터 사랑하고 존경해 왔다"고 얘기했고 1901년 막스 네틀라우가 러시아 아나키스트[바쿠닌]에 대해 쓴 초고 형태의 전기에 후기를 썼다.[14] 더구나 다음 몇 년 동안 그는 크로포트킨의 많은 주요저작들을 번역했다. 하지만 세기가 바

---

13. Gustav Landauer, Heinz-Joachim Heydorn이 편집한 *Aufruf zum Sozialismus*(Frankfurt, 1967), p. 93 ; Landauer, *For Socialism*, p. 60.

14. Max Nettlau, *Michael Bakunin*(Berlin, 1901), pp. 56~58.

뀐 뒤 그는 점점 더 톨스토이의 영향을 받았고 특히 그가 "모든 사회주의
자 중에서 가장 위대한 인물"이라고 부르던 프루동에게 많은 영향을 받
았다.[15] 그는 자신의 철학을 구성하면서 점점 더 프루동의 상호주의에 끌
렸고, 생산물의 정당한 교환을 촉진할 뿐 아니라 소규모 생산자들이 싸게
대출을 받을 수 있게 하는 인민은행이라는 개념을 받아들였다. 점점 더
그는 평화로운 사회혁명과 리버테리안 교육, 특히 프란시스코 페레와 그
의 근대학교운동이 발전시켰던 교육을 강조했다. 여전히 크로포트킨에게
헌신적이었지만 그건 크로포트킨의 사상에서 호전적이고 혁명적인 측면
들보다는 그의 윤리적인 접근과 상호부조이론, 분권적인 협동생산에 대
한 강조 때문이었다.

크로포트킨과 프루동의 연방주의 원리들을 섞어서 란다우어는 자발적
인 협동과 상호부조에 기초를 둔 사회, "농업과 산업을 결합한 농촌 공동
체인 지역공동체에 기초를 둔 평등하게 교환하는 사회"를 주장했다.[16] 그
는 점점 더 계급투쟁에 관해 얘기하지 않았고, 이제 "직접행동"은 무장봉
기나 실행에 의한 선전활동보다 권위에 대한 수동적인 저항과 결합된 평
화로운 협동의 창출을 의미했다. 더구나 란다우어에게 "총파업"은 노동중
단이 아니라 자신의 이익을 위해서, 그리고 자주관리 하에서 노동을 계속
하는 것을 의미했다. 국가를 사랑과 인류애의 부정으로 보면서 그는 자발
적인 공동체들로 국가를 점진적으로 대체할 것을 요구했다. 그는 무감각
한 상태에서 깨어나 자신들의 농촌과 도시의 꼬뮨들을 구성함으로써 억
압과 착취, 부조리의 국가체제를 벗어나자고 노동자와 농민, 지식인 모두
에게 호소했다.

란다우어에게 사회주의는 더 이상 갑자기 새로운 어떤 것을 한꺼번에

---

15. *Der Sozialist*, 1910년 1월 1일자.
16. Buber, *Paths in Utopia*, p. 56에서 재인용.

시작하는 것이나 갑작스런 종말론적 활동이 아니라 이미 존재하고 자라고 있는 무엇, "항상 막 시작하고 항상 움직이는" 무엇을 발견하고 발전시키는 것이었다. 그 사상은 "낡은 껍질 안에 새로운 사회를 건설하자"는 <세계 산업 노동자 조합>의 구호를 닮아 갔다. 자신의 가장 유명한 글인 『혁명』과 『사회주의에 대한 호소』에서 란다우어는 지금 존재하는 사회의 "외부"와 "옆에" 자유로운 사회를 만들자고 인민에게 호소했다. 그는 인민에게 "자본주의 부으로 나가자"고, "인간이 되기 시작하자"—다른 사람들이 따라오도록 하나의 영감이자 모델로 기여하는, 현존 질서 내부의 리버테리안 요새 형태로 지금 우리가 대안사회라고 부르는 것을 만들자—고 역설했다. 다른 말로 하면 그는 더 이상 혁명을 폭력적인 대중봉기가 아니라 평화롭고 점진적으로 대항문화를 만드는 것으로 이해했다.

이 개념을 구성하면서 란다우어는 16세기 프랑스 작가 드 라 보에티와 대중의 "자발적 복종"에 대한 그의 비판에서 강한 영향을 받았다.[17] 라 보에티는 인민이 권위주의 제도들에 대한 지지를 철회하고 자신들의 리버테리안 제도들을 구성해야 한다고 말했다. 만일 아무도 폭군에게 복종하지 않는다면 그의 권력은 사라질 것이다. 이제 중앙집권적이고 억압적이며 관료화된 사회에서 손을 떼자는 게 란다우어의 중요한 메시지가 되었다. 1908년에 창설된 그의 <사회주의자연맹>은 스페인 시민전쟁 동안 아나키스트들이 "친밀집단(affinity groups)"이라 불렀던 자연적이고 자발적인 단체들로 구성되는 그런 대안사회를 시작하려 했다. 동시에 <사회주의자연맹>은 권위주의적이고 위계적인 <사회민주당>에 대한 리버테리안적 대안이 되었다. 1911년까지 이 단체는 베를린과 취리히, 다른 독일과 스위스 도시들에 20개의 모임을 만들었고, 심지어 파리에도 하나를 만

---

17. Etienne de la Boétie, *A discourse of Voluntary Servitude*, 란다우어가 독일어로 번역한 건 *Der Sozialist*, 1910년 9월 1일자에서 1911년 1월 1일자.

들었다.

그러나 자발적인 협동과 수동적인 저항의 대변인이 되었다해도 란다우어는 대중혁명을 완전히 거부하지 않았다. 그는 결코 자발적인 대중봉기를 반대하지 않았다. 그리고 개인적인 테러리즘을 반대했지만 항상 테러리스트들에게 연민을 품었고 그들을 행동으로 이끌었던 절망을 이해했다. 하지만 그는 가장 근본적으로 개인의 내면에서 영적인 혁명(spiritual revolution)이 일어나야 한다고 믿었다. 그는 사회문제가 폭력이나 권력의 강탈로 해결될 수 없다고 말했다. 진정한 사회혁명은 영적인 회복의 일종이기 때문이다. 그는 필요한 게 "인간 영혼의 부활"이라고 적었다. 사회의 근본적인 변화는 "우리가 혁명의 영혼이 아니라 갱생의 영혼을 점유할" 때에만 발생할 것이다. 그가 남긴 가장 유명하고 종종 인용되는 구절로, "국가는 하나의 조건이자 인간들 사이의 특정한 관계이고 하나의 인간행동양식이다. 우리는 다른 관계들을 맺고 다르게 행동함으로써 그것을 파괴한다."[18]

제1차 세계대전이 일어나기 몇 년 전 동안, 란다우어는 독일 예술가와 지식인 모임 내에서 잘 알려진 인물이 되었다. 키가 크고 말랐으며 좁은 어깨, 멋진 외모와 호소력있는 눈을 가진 그는 종종 긴 망토와 구식 모자를 썼다. 그의 풍성한 턱수염과 길고 검은 머리칼은 구약성서에 나오는 예언자처럼 보이게 했다. 사려 깊고 열정적이며 항상 진리를 추구했던 란다우어는 모든 독단적인 교리를 피했다. 로커는 "그의 연설을 들으면 누구라도 모든 말이 그의 영혼에서 나오고 정말 고결하다는 인상을 받게 된다"고 적었다.[19] 그러나 란다우어는 자신의 모국에서 아무런 존경도 받지 못한 예언자였다. 그는 전쟁을 반대하고 독일에 대한 공격을 인정함으로

---

18. Buber, *Paths in Utopia*, p. 46에서 재인용.
19. Rocker, *The London Years*, p. 90.

써 대부분의 동포들에게 계속 미움을 받았다. 1912년 초 그는 미국작가 랜돌프 본(Randolph Bourne)보다 먼저 "전쟁은 권력자와 살인자, 강도의 행동"이라고 썼다. "전쟁은 국가를 분명하게 드러낸다."[20](1918년 "전쟁은 국가의 활력이다"라는 본의 유명한 금언과 비교하라) 1916년 크리스마스에 란다우어는 우드로우 윌슨(Woodrow Wilson)에게 보낸 한 편지에서 평화라는 결론만이 아니라 <국제연맹>이 무기를 통제하고 전 세계의 인권을 보호하는 게 필요하다고 강조했다.

볼셰비키 혁명 1주년인 1918년 11월 7일 바이에른에서 혁명이 일어났고 새로운 바이에른 공화국의 사회주의 총리가 된 친구 쿠르트 아이스너(Kurt Eisner)는 란다우어를 뮌헨으로 불러들였다. 하지만 이따금씩 주장되듯이 란다우어가 아이스너 내각의 일원이 된 것은 아니다. 오히려 자신의 동지인 에리히 뮤잠(Erich Mühsam), 에른스트 톨러와 함께 란다우어는 자신이 오랫동안 지지해 온 일종의 연방주의 사회를 만들기 위해 노동자와 농민, 병사와 수병의 평의회들을 조직하는 운동에서 핵심적인 역할을 했다. 그는 <혁명적인 노동자평의회>와 <바이에른 노동자 중앙평의회>에서 뮤잠을 도왔다. 그는 국가가 산업과 농업을 통제하는 프롤레타리아 독재나 의회정부보다 자치와 자주관리에 바탕을 둔 평의회와 협동조합의 체제를 계속 지지했다.

이런 점에서 뮤잠과 많이 달랐던 란다우어는 레닌이 러시아에 세운 혁명 독재를 비판해왔고 1918년에는 볼셰비키들이 "전 세계에서 유례를 찾아볼 수 없을 만큼 아주 소름끼치게 될 군사정권을 위해 일하고 있다"고 적었다.[21] 국가사회주의와 프롤레타리아 독재라는 맑스주의적 전망 대신에 란다우어는 아래로부터의 지역통제와 노동자 자주관리를 갖춘 자유로

---

20. Lunn, *Prophet of Community*, p. 242에서 재인용.
21. 같은 책, p. 254.

운 협동조합과 공동체들의 분권화된 사회를 계속 강조했다. 그는 국가 없는 천년왕국이 하룻밤 사이에 달성되리라고 기대하지 않았다. 그는 이렇게 말했다. "나는 완성된 결과를 욕망하지 않는다. 나는 항상 목적을 넘어서는 뭔가를 볼 것이다. 나는 과정에 관심을 두고 있고, 우리는 끝까지 과정에 있다."22

그렇지만 제한적인 그의 희망들마저도 좌절되었다. 아이스너의 암살(그의 죽음은 베를린에서 로자 룩셈부르크와 카를 리프크네히트의 냉혹한 살해를 요구했다) 이후 란다우어는 1919년 4월 7일 자신의 49세 생일날 뮌헨에서 공포된 새로운 평의회 공화국(Council Republic)에서 교육부장관이 되었다(그의 보좌관 중 한 명은 젊은 아나키스트인 레트 마루트(Ret Marut)로 나중에 "트라벤(B. Traven)"이라는 유명한 소설가가 되었다).23 이 자리는 페레의 제자에게, 그리고 자신의 꿈인 영적 혁명을 이루기 위해 교육에 매우 높은 가치를 부여했던 사람에게 적합한 자리였다. 그러나 그의 공직생활은 겨우 한 주에 그쳤고 공산주의자들이 권력을 잡으면서 끝났다. 그는 어린이만이 아니라 어른을 포함해 모든 연령대의 시민들을 리버테리안 교육 프로그램으로 끌어오려 했지만 그 계획은 결코 실현되지 못했다.

1919년 5월 1일 베를린의 국방장관(the minister of defense) 구스타프 노스케(Gustav Noske)는 바이에른 혁명을 분쇄하기 위해 용병(Freikorps)을 보냈다. 다음날 란다우어는 체포되었다. 1911년에 그는 이렇게 적었다. "이제 영웅이 아니라 온당한 삶(proper life)의 모범을 제공할 조용하고 겸손한 전혀 다른 종류의 순교자가 나올 시간이 되었다."24 이제 란다우어

---

22. 1918년 11월 27일 란다우어가 게오르그 슈프링거(Georg Springer)에게 보낸 편지, Maurer, *Call to Revolution*, p. 188에서 재인용.

23. Will Wyatt, *The Man Who Was B. Traven*(London, 1980)을 보라.

24. Martin Buber가 편집한 *Gustav Landauer : Sein Lebensgang in Briefen*(Frankfurt, 1929), 총

자신이 그런 순교자가 되었다. 감옥의 안뜰에서 한 장교가 접근해 야만적인 학살의 신호로 그의 얼굴을 때렸다. 군인들의 공격으로 란다우어는 곤봉과 개머리판에 구타당했고 걷어차이고 짓밟혔으며 뭉개졌다. "이제 나를 죽여라. 네가 인간이라는 점을 명심해라"고 그가 소리쳤다.[25] 바로 그때 그는 총살당했다. 그의 시신은 옷이 벗겨진 채 세탁장에 버려졌다(1934년 에리히 뮤잠도 나찌의 손에서 같은 운명을 맞이했다).

사회민주당원인 노스케는 잔혹한 폭력을 사용한 사령관에게 "당신은 뮌헨에서 사려 깊고 아주 성공적인 방식으로 작전을 수행했다"며 치하했다. 나중에 란다우어를 쏜 병사는 단순히 "명령을 따랐을 뿐"이라고 주장한 뒤 모든 책임을 면제받았다. 란다우어의 얼굴을 때린 장교는 5백 마르크의 벌금형을 받았다. 또 다른 장교는 감옥에 5주 동안 갇혔지만 란다우어의 살해죄가 아니라 그의 시계를 훔친 죄 때문이었다. 담당장교는 결코 재판에 회부되지 않았다. 뮌헨 노동자들의 기부금으로 <아나코-노동조합주의연맹>이 세운 란다우어 기념비는 히틀러가 집권한 뒤 나찌에게 헐렸다. 이제 이 비를 다시 세워야 한다.

2권 중 2권, p. 242 ; Lunn, *Prophet of Community*, p. 342.
25. *Gustav Landauer*, 2권, pp. 421~24 ; Lunn, *Prophet of Community*, pp. 338~40. 부버는 란다우어의 순교를 "우리 시대의 비인간성이 묘사하고 그려온" 죽음이라 여기했다. Friedman *Martin Buber's Life and Work*, p. 256.

20

브라질의 아나키스트들

아르헨티나와 달리 브라질은 라틴아메리카에서 가장 거대한 아나키스트 운동을 형성했다. 운동의 지지자들은 대부분 1880년대와 제1차 세계대전 사이에 포르투갈과 스페인, 이탈리아만이 아니라 독일, 오스트리아, 다른 유럽 국가들에서 이민 온 사람들이거나 그 후손들이었다. 이 기간 동안 이탈리아에서만 백만 명 이상의 이민자들이 브라질로 왔고 그 중 수천 명은 아나키스트나 아나키즘에 매우 동조하던 사람들이었기에 아나키즘은 전쟁[제1차 세계대전] 전 브라질 노동자와 지식인들의 주요한 급진 이데올로기로서 사회주의를 능가했다. 1920년대까지 대부분의 브라질 노동조합들은 아나코-노동조합주의 성향을 가졌고 오랫동안 강한 리버테리안 성향을 유지했다. 더구나 브라질 공산주의는 대부분 사회민주주의보다 아나키스트 운동에서 생겨났고 <브라질 공산당>은 특히 초반에 두드러지게 리버테리안 성향을 드러냈지만 1930년대에 스탈린주의가 강화되면서 그 성향은 사라졌다.

크기와 인구수를 고려할 때 브라질이 활발한 아나키스트 운동을 자랑했다는 건 놀랍지 않다. 그렇지만 운동의 두드러진 규모와 활력, 그 지지자들의 고귀한 이상주의에 감동을 받을 수밖에 없다. 운동의 기원은 프루동과 바쿠닌의 교리들이 전 세계에서 아나키스트 모임을 형성하도록 자극했던 때인 1870년대와 80년대로 거슬러 올라갈 수 있다. 더구나 1887년 헤이마켓 처형은 브라질인들의 운동에 지속적으로 영향을 미쳤고 얼마 지나지 않아 브라질에도 순교자가 생겼다. 최초의 순교자는 뽈리니체 마테이(Polinice Mattei)로 1898년 정치집회에서 "아나키 만세!(Viva l'anarchia!)"라고 소리치다 칼에 찔려 죽었다.[1]

다른 곳들에서처럼 브라질에서도 헤이마켓 사건 이후 아나키스트 단체의 갑작스런 증가와 포르투갈어와 이탈리아어로 된 아나키스트 출판물들의 발행이 이어졌다. 더구나 1890년 이탈리아 농업경제학자이자 이상주의적 공상가인 지오반니 롯시(Giovanni Rossi) 박사는 라틴 아메리카에서 최초의 아나키스트 공동체 중 하나인 세실리아(Cecilia) 정착지를 파라나(Paraná)에 세웠다.[2] 다음 20년 동안 프루동, 바쿠닌, 크로포트킨만이 아니라 르클뤼, 말라테스타, 장 그라브와 그들보다는 덜 알려졌지만 영향력 있는 작가들인 사베리오 메를리노, 샤를 말라토(Charles Malato), 어거스틴 하몬(Augustin Hamon) 등이 쓴 다양한 언어로 된 유럽 아나키스트 문헌들이 브라질로 쏟아져 들어왔다.

포르투갈과 스페인에서처럼 브라질에서도 아나키즘은 종종 원리에 대한 비타협적인 헌신, 열성적인 반(反)교권주의, 채식주의, 술과 담배의 금

---

1. Eric A. Cordon, "Anarchism in Brazil : Theory and Practice, 1890~1920"(Tulane대학 박사논문, 1978), pp. 67~68.

2. Giovanni Rossi, *Utopie und Experiment*(Zurich, 1897) ; Afonso Schmidt, *Colônia Cecília*(São Paulo, 1942) ; Newton Stadler de Souza, *O anarquismo da colônia Cecília*(Rio de Janeiro, 1970)을 보라.

지라는 특징을 가졌고 금욕주의적이며 종교와 비슷한 형태를 취했다. 잡지들을 발행하는 것 외에 브라질 아나키스트들은 노동과 자유사상, 세기가 바뀔 무렵부터 발행되기 시작하던 다른 급진적인 간행물들의 편집진으로 일했다. 그들은 노동조합을 만드는 데, 그리고 무엇보다도 1906년 교사와 언론인, 시인들만이 아니라 신발제조업자들과 인쇄업자들, 석공들, 목수들, 어부들, 부두노동자들, 섬유노동자들, 호텔과 식당의 노동자들을 끌어들였던 <브라질 노동연맹>(Confederação Operária Brasileira)을 만드는 데 주도적인 역할을 했다. 이런 독학한 노동자들은 비싼 흰색 칼라와 검은 넥타이, 프록 코트를 입고 노동자 대회에서 사진을 찍어 색다르고 매력적인 광경을 만들었다. 메이데이 집회와 파업, 8시간 노동을 위한 운동에서 보인 역할 외에도 이들은 반(反)군국주의 시위와 리버테리안 학교, 연극공연, 음악 콘서트, 과학과 예술에 관한 강연들을 조직했다.

아나키즘의 전체 역사에서 가장 다채로운 몇몇 인물들이 브라질에서 등장했다고 말하는 건 과장이 아니다. 그런 사람 중에는 20세기에 이탈리아에서 이민 온 뒤 아르헨티나에서 추방되었던 오레스테 리스토리(Oreste Ristori)가 있다. 그는 탈출하기 위해 배에서 작은 보트로 뛰어내리다 두 다리가 모두 부러진 적이 있다. 그 치료가 끝날 때쯤 담당의사가 아나키스트로 전향할 정도로 그의 설득력은 대단했다. 리스토리는 우루과이로 갔다가 브라질로 왔고 상파울로에서 이탈리아어로 된 주간지『라 바타글리아』(La Battaglia, 전투)를 만들었다. 1936년에 다시 추방되자 그는 스페인으로 가서 싸웠다. 프랑코가 승리하고 아나키스트들이 진압되자 리스토리는 모국인 이탈리아로 돌아갔고 파시스트에 반대하는 저항에 참여했다. 4년의 투쟁 끝에 그는 체포되었고 1944년 독일군에게 총살되었다.

『라 바타글리아』에서 리스토리를 도운 사람은 1899년 브라질로 이민 오기 전부터 이탈리아에서 여러 번 감옥에 갇히거나 가택연금을 당했던 지지 다미아니(Gigi Damiani)였다. 브라질에 도착하자마자 자신의 아나키스트 신념 때문에 그는 다시 감금되었다. 풀려난 뒤 그는 그림을 배웠고 『라 바타글리아』와 다른 아나키스트 잡지들을 후원하면서 상파울로 극장의 무대장치를 담당했다. 대단한 연설가는 아니었지만 그는 동지들에게 "비꼬는 미소(ironic smile)"로 기억되었다.[3] 1919년 이탈리아로 추방되자 그는 말라테스타와 긴밀한 관계를 맺고 있던 『우마니따 노바』(*Umanità Nova*, 신인류)에서 일했다.

스페인 출신의 에베라도 디아스(Everardo Dias)는 헤이마켓 순교자들이 처형당한 1887년에 브라질로 왔고 당시 그는 두 살이었다. 청년기에 이르러 아나키스트가 되면서 그는 〈자유사상협회〉(the Association of Free Thought)의 리스토리, 벤자민 모타(Benjamin Mota) 등과 의기투합했고, 다윈과 스펜서, 페레의 사상을 전파하고 "인간이 만든 가장 사악한 음료"인 알콜과 "담배의 횡포"만이 아니라 카톨릭 교회의 반(反)계몽주의와 압제를 공격하던 단체의 격주간지 『오 리브레 펜사도르』(*O Livre Pensador*, 자유사상)를 편집했다.[4]

역시 스페인에서 이민을 온 프로렌티노 드 카발호(Florentino de Carvalho)는 경찰과 관계된 직업을 가졌지만 1902년 상파울로의 서점에서 우연히 발견한 크로포트킨의 『빵의 쟁취』―스페인과 라틴아메리카에서 일종의 아나키스트 성경이던―를 읽고 아나키즘으로 전향했다. 경찰을 그만두고 그는 산토스(Santos)라는 항구도시에서 하역노동자이자 화가로 일했고 그곳에서 노동조합의 조직책이 되어 자신의 이전 동료들[경찰들]의

---

3. John W. F. Dulles, *Anarchists and Communists in Brazil, 1900~1935*(Austin, 1973), p. 8에서 인용했다. 일반적으로 Damiani와 브라질 아나키즘에 대해서는 Edgar Rodrigues, *Socialismo e sindicalismo no Brasil, 1675~1913*(Rio de Janiero, 1969)과 *Nacionalismo e cultura social, 1913~1922*(Rio de Janiero, 1972)를 보라.

4. Dulles, *Anarchists and Communists in Brazil*, p. 8에서 재인용.

추적을 받았다. 게다가 그는 읽고 쓰며 가르칠 기회와 아나키스트 집회에
서 연설할 기회를 얻었다. 그 집회에서 그의 검은 머리칼과 타오르는 듯
한 눈빛은 그의 친구인 니체(Nietzsche)를 떠올리게 했다.

1901년 포르투갈에서 이민 왔고 상파울로의 이탈리아 아나키스트 단
체에 가입했던 네노 바스코(Neno Vasco)는 부유한 가정에서 성장했고 법
학 학위를 받았다. 카발호의 웅변재능을 가지진 못했지만 ―그는 수줍음
이 너무 많아 청중 앞에 얼굴을 내밀지 못했다―, 기사와 희곡, 그의 잡지
『오로라』(*Aurora*, 여명)와 『테라 리브레』(*Terra Livre*, 자유로운 대지)는
브라질에서 가장 계몽된 아나키스트라는 평판을 얻게 해주었다. 언어학
자이자 정자법(正字法) 학자였던 그는 근대화된 철자법체계를 고안했고
나중에 <브라질 문학회>(the Brazilian Academy of Letters)는 이런 많은 변
화들을 채택했다.

또 다른 재능 있는 언어학자인 파울로 베르텔로(Paulo Berthelot)―그는
에스페란토어에 열정을 보였다―는 1907년 파리에서 브라질로 왔다. 곧
그는 인디안 부족들의 국가없는 협동생활에 관해 배우려고 연안도시에서
내륙으로 들어갔는데 그만 열병에 걸려 1910년에 죽었다. [이때] 그의 나
이는 서른 살이었다.

상파울로의 뛰어난 아나키스트이자 "성인의 인품을 가진 사람"[5] 에드
가르드 레우엔로스(Edgard Leuenroth)는 독일에서 이민 온 약제사 아버지
와 브라질 어머니의 아들로 1881년 브라질에서 태어났다. 레루엔로스는
활자공이자 편집자, 리버테리안이자 노동조합조직책이 되었고 1905년 브
라질에서 가장 유명한 아나키스트 잡지 중 하나인 『테라 리브레』를 창간
했던 바스코 모스코소(Vasco Moscoso), 마뉴엘 모스코스(Manuel Moscoso)
와 함께 했다. 1906년 『테라 리브레』가 재정지원을 호소하면서 러시아 혁

---

5. 같은 책, p. 15.

명투쟁들에 관한 시리즈 기사를 썼고 표트르 크로포트킨에게서 한 통의 감사편지를 받았다는 점은 흥미로운 사실이다.6

레우엔로스외에도 브라질 본토출신의 두 사람이 관심을 끈다. 라비오 루즈(Rábio Luz)는 의학을 전공한 유명한 소설가로 연방구(Federal District)에서 장학사를 맡았고 평생 아나키즘의 교리들을 설교했다. 그리고 알고사(Algosa)라는 동북부주 상원의원의 아들인 호세 위티시카(José Oiticica)는 시인이자 언어학자이고 철학자였다. 의학과 법률을 공부한 뒤 위티시카는 리오에 학교를 세웠고 그 뒤에는 라구나(Laguna) 시립학교의 교장직을 맡았다. 그는 아나키즘 고전들을 연구하기보다는 사회와 국가에 관한 자신의 생각들을 발전시키면서 아나키스트가 되었다. 2년 뒤 라구나에서 리오로 돌아오면서 그는 예전에 단순히 테러리스트로 여겼던 아나키스트들이 본질적으로 같은 사상을 지지해 왔다는 놀라운 사실을 발견했다. 결국 그는 아나키즘의 대의를 자신의 것으로 받아들였고 가장 열정적인 지지자 중 한 사람이 되었다. 하지만 그의 리버테리안주의는 논쟁의 여지를 남겼다. 한때 그는 "나는 귀족정치주의자들의 민주화를 추구하지 않는다. 내가 추구하는 건 민주주의자들의 귀족정치이다. 내가 욕망하는 건 민주주의자들에게 지성과 문화, 불멸의 미와 불후의 예술작품에 대한 사랑을 제공하는 거다"라고 얘기했다. 그런 얘기가 잘난 체 하는 것이라는 것을 아는 사람들에게는 트로츠키, 지노비예프, 카메네프(Kamenev)가 볼셰비키 독재의 "세 유대인 지도자들"이라는 위티시카의 말이 매우 불온한 것이었다.7

러시아 혁명에 대한 브라질 아나키스트들의 반응은 다른 나라 동지들

---

6. Sheldon L. Maram, "Anarchists, Immigrants, and the Brazilian Labor Movement, 1890~1920"(Santa Barbara California대학의 박사학위논문, 1972), p. 105.

7. Dulles, *Anarchists and Communists in Brazil*, p. 328.

의 반응과 그리 다르지 않았다. 소수의 예외가 있긴 했지만 그들은 처음에 볼셰비키 봉기를 열광적으로 환영했고 레닌과 트로츠키를 국가없는 공산주의라는 아나키스트의 궁극적인 미래상을 공유하는 동지로 받아들였다. 그들은 아나키즘의 영향으로 볼셰비즘이 권위주의적인 철학에서 리버테리안적인 철학으로 바뀌리라 믿었고, 지주와 자본가, 권력을 되찾으려는 다른 반혁명적인 요소들과 싸우기 위한 일시적인 방편으로 "프롤레타리아 독재"를 묵인했다. 1917년과 19년 사이에 리오와 상파울로에서 아나키스트들은 볼셰비키의 사례를 따라서 자본주의 체제를 전복할 총파업을 달성하겠다는 희망을 품고 지속적으로 파업과 시위를 벌였다. 그들은 인터내셔널가를 부르며 연합국이 러시아에 개입하는 것을 비난했고 다가올 질서를 찬양하며 (붉은 블라우스를 입은 여성들이 앞장서서) 거리를 행진했다. 1918년 11월 리오데자네이로의 아나키스트들—그 속엔 위티시카도 있었다—은 1년 전 볼셰비키 쿠데타의 노선을 따라 시 주변의 핵심적인 거점들을 장악하고 정부를 전복하려는 뻔히 실패가 예상되는 음모를 계획했다.

하지만 1921년이 되면 자신들의 아나키스트 동지들이 억압당하고 있고 크론슈타트 반란이 진압되었으며 소비에트 정부에서 관료주의와 독재가 자라고 있다는 소식이 알려지면서 많은 사람들의 환상은 깨졌다. 1920년 11월 7일 볼셰비키 권력장악 3주년을 맞아 아나키스트 잡지 『플레베』(*A Plebe*, 인민)는 볼셰비즘에 맞서는 전면적인 캠페인을 시작했다. 그럼에도 다수의 아나키스트들은 막 성장하기 시작한 〈브라질 공산당〉에 맞서 승부수를 던지거나 러시아의 "소비에트 아나키스트들"처럼 동반자가 되었다.

그동안 브라질 내에서 혁명을 선동하려는 노력은 성공하지 못했다. 정부당국은 계속 아나키스트들을 추적했고 박해했다. 그들은 폭발계획과 음모를 꿨다는 죄를 뒤집어쓰고 체포되었고 독방에 감금되어 구타당하고 굶주리며 고문당하거나 총살되고 추방되었다. 파업참가자들은 파면되었고 블랙리스트에 오르거나 해고당했다. 잡지들은 폐간을 당했고 신문사는 파괴되었으며 집회장과 문화센터들은 폐쇄되었다. 볼셰비키주의 지지자들은 노동자들에게 아나키즘의 반(反)정치적이고 분권적인 원리들을 더 엄격한 공산주의 방식들로 대체하라고 요구했다. 그 뒤 대중의 지지를 얻으려는 경쟁은 혁명운동을 심하게 분열시켰고 브라질 노동자의 단결을 손상시켰다.

사태를 더 나쁘게 만든 건 아나키스트들이 내부에서도 분열되었다는 점이다. 그들은 볼셰비키 독재의 본질에 대해서만이 아니라 아나키스트 운동과 산업 노동자 계급의 관계에 대해서도 말다툼을 벌였다. 개인주의자들은 집산주의자들을 혹평했고 아나키스트-꼬뮨주의자들은 아나코-노동조합주의자들을 비난했다. 한 아나키스트-꼬뮨주의자는 맑스주의를 따르는 반대자들에 대한 바쿠닌의 말을 흉내내어, 만약 노동조합주의가 궁극적으로 승리한다면 "모든 에너지를 새로운 국가건설에 쏟아 붓는 노동조합 직원들"이라는 무리들이 등장하고 "그 결과 정치적 불평등을 따라 새로운 경제적 불평등이 심화될 것"이라 예언했다. "부르주아 계급의 자리에는 [노동조합] 직원이라는 계급이 들어설 것이다."[8]

그런 논쟁들은 해결될 수 없었다. 1920년대부터 브라질에서 아나키즘의 영향력은 감소했고 한때 번성했던 운동은 한 분파 수준으로 줄어들었다. 그러나 레우엔로스, 위티시카와 동료들은 투쟁을 포기하려 들지 않았다. 그들은 사코와 반체티를 구하기 위한 운동에 적극적으로 참여했고 나중에는 거리에서 〈녹색셔츠〉(the Green Shirts)와 다른 파시스트 집단들에 맞서 싸웠다. 상파울로와 리오데자네이로에서 소규모 아나키스트 모임들

---

8. Gordon, "Anarchism in Brazil," pp. 168~69에서 재인용.

은 제2차 세계대전 이후에도 살아남아 끝까지 자신들의 이상을 지켰다.
1964년 집권한 군사독재는 이 마지막 불씨를 짓밟았다.

21

오스트레일리아 아나키스트

J. W. 플레밍

엠마 골드만이 묘사했듯이 오스트레일리아에서 "가장 활동적인 우리의 동지" 플레밍(J. W. Fleming)에 대한 스케치로 아나키스트의 초상들을 모아놓은 갤러리를 마무리하려 한다.1 강인한 성격과 호전적인 기질을 지녔던 플레밍은 다른 어떠한 사회운동에서도 찾아볼 수 없었던 헌신적인 영혼을 가졌다. 하이드공원[정치적인 연설이나 시위가 벌어진 걸로 유명한 런던의 공원]에 해당하는 멜버른공원에 있는 야라(Yarra)강둑의 연단에서 그는 노동자와 실업자를 위해 매주 일요일마다 강연을 했다. 그의 용기와 강한 의지는 아주 유명했다. 근 60년 동안의 고통과 박해, 체포에도 그는 스스로 정한 사명을 다했다. 그가 오스트레일리아 아나키즘 역사에서 "가장 완고하고 끈기 있는 선동가"라 불렸다는 점은 그리 놀랍지 않다.2

---

1. Emma Goldman, *Living My Life* (New York, 1931), p. 436.
2. Jim Garvey, "Chummy Fleming, 1863?~1950 : A Memoir," Avrich Collection, Library of Congress.

존 윌리엄 플레밍은 1863년 혹은 64년에[3] 영국 더비(Derby)에서 아일랜드인 아버지와 영국인 어머니—그가 다섯 살 때 죽은—의 아들로 태어났다. 노동자인 아버지는 더비의 파업에 참가했고 그의 할아버지는 1840년대 내내 곡물법[4]의 폐지를 선동했다. 어릴 적 처미(Chummy)라 불리던 그는 열 살부터 레스터(Leicester) 구두공장에서 일하며 남은 일생 동안 종사하게 될 일[제화공]을 배웠다. 십대에 이미 종교적인 무신론자였던 플레밍은 당시 자유사상을 이끌었던 사람들—조지 제이콥 홀리오크George Jacob Holyoake), 찰스 브래들러프(Charles Bradlaugh), 애니 베전트(Annie Besant)—이 영국 중부지방을 돌며 개최한 순회강연에도 참석했다.[5] 아나키즘이 무신론을 대체해 근본적인 이데올로기로 자리 잡은 뒤에도, 그 자신은 오랫동안 반(反)교권주의와 자유사상을 위해 목소리를 높이면서 평생 세속주의자(secularist)로 남았다.

이 점 말고는 플레밍의 성장기에 관해 알려진 게 거의 없다. 한 친척이 오스트레일리아로 그를 초청하자 그는 이민을 결심했고 1884년 멜버른에 도착해 제화공으로 일했다. 그는 스무 살이었다. 도착하자마자 즉시 그는 영국에서 보낸 어린시절에 그랬듯이 자신을 매혹시킨 세속주의자 운동에 참여했다. 거의 모든 아나키스트들이 무신론자이거나 불가지론자였고 많은 수는 자유사상운동을 통해 아나키스트가 되었다. 플레밍도 그런 경우

이 초고를 복사해 내게 보내준 빅토리아주 칼톤의 존 애로우스미스(John Arrowsmith)에게 감사한다.

3. 플레밍 자신의 주장에 따르면, 그가 1863년에 태어났는지 1864년에 태어났는지 확실하지 않지만 *Marxism, Freedom and the State*(London, n.d.)에 바친 헌정사에서 케나픽(K. J. Kenafick)은 1864년이라고 주장했다.

4 [옮긴이 주] 곡물법(Corn Laws)은 곡물 수입에 높은 세금을 매긴 법률이다.

5. *The Tocsin*(Melbourne), 1901년 10월 17일자 ; Sam Merrifield, "John William (Chummy) Fleming," *Recorder : Melbourne Branch, Australian Society for the Study of Labour History*, 1964년 7월호, pp. 3~5.

였다. 그는 1882년에 만들어진 <오스트레일리아 세속주의자 연합>의 멜버른 지부에 가입했을 뿐 아니라 1884년 10월 시드니의 제2차 오스트레일리아 자유사상대회에도 참석했다.6

동시에 플레밍은 그를 일생 동안 사로잡았던 또 다른 운동―실업자를 위한 운동―에 투신했다. 오스트레일리아에 도착한 지 겨우 1년이 지난 1885년 그는 선두에서 "빵 또는 일자리"를 요구하는 깃발을 들고 멜버른의 실업자시위―재무성 건물까지 행진하는 걸로 끝난―에 참여했다. 목적지에 도착했을 때 경찰이 시위행렬을 공격하며 플레밍과 많은 사람들을 체포했다. 어렸기 때문에 플레밍은 "분수를 지켜라"는 충고를 듣고 법정에서 풀려났다. 하지만 그 즉시 플레밍은 감옥에 있는 동지들을 빼내기 위한 돈을 모으기 시작했다.7

법과 충돌했던 수많은 사건 중 첫 번째인 이 사건 이후 플레밍은 멜버른을 떠나 밸러랫(Ballarat)으로 가 제화공으로 일했고 <오스트리아 세속주의자 연합>의 지역분회에서 간사로 일했으며 자유사상을 선동하는 데 참여했다. 한번은 윌리엄 리(William Lee)라는 동료와 함께 시내 중심가에서 돌을 맞기도 했다. 약 여섯 달 뒤 멜버른으로 돌아가기 전까지 두 가지 중요한 사건이 발생했다. 첫 번째 사건은 오스트레일리아 최초의 아나키스트 단체인 <멜버른 아나키스트 클럽>의 결성이다. 1886년 5월 1일 설립된 클럽은 <오스트리아 세속주의자 연합>의 멜버른 지부의 한 분파였고 플레밍은 같은 해 9월 이 클럽에 가입했다.8 두 번째 사건은 1886년 5월 4일 우리가 이미 알고 있다시피 전 세계 아나키스트 운동에 큰 영향

---

6. Bob James, "Fleming, John William," *Australian Dictionary of Biography*, 그리고 *Chummy Fleming : A Brief Biography*(Melbourne, 1986).

7. *The Tocsim*, 1901년 10월 17일자.

8. Sam Merrifield, "The Melbourne Anarchist Club, 1886~1891," *Labour History*(Melbourne), 3권, pp. 32~43.

을 미쳤던 시카고의 헤이마켓 폭발사건이었다. <멜버른 아나키스트 클럽>에 가입한 뒤 플레밍은 시카고 아나키스트들의 유죄판결에 항의하는 집회에서 연설했고, 나중에는 친하게 지내던 노동자들과 함께 임박한 사형집행을 연기해달라고 클리블랜드(Cleveland) 대통령에게 탄원서를 보냈다. 이런 노력들은 거의 효과가 없었지만 남은 삶 동안 플레밍은 "동지들의 끔찍한 살해"를 떠올리면서 파슨즈와 스파이스, 링, 피셔를 죽음으로 내몬 이상을 끝까지 고수했다.9

플레밍은 파벌간의 논쟁으로 해산된 1890년 7월까지 <멜버른 아나키스트 클럽>에 계속 참여했다. 게다가 그는 제화공들의 노동조건을 개선하기 위해 싸웠고 <빅토리아 제화공연맹>(Victoria bootmakers' union)의 창설자였다. 연맹구성원들은 1890년 <멜버른 조합사무소>(Trades Hall Council)에 참석할 대표로 그를 선출했다. 다음해 그는 오스트레일리아 <노동당>의 전신(前身)인 <진보정치동맹>(the Progressive Political League)의 피츠로이(Fitzroy) 지부 의장이자 <빅토리아 제화공연맹>의 의장으로 선출되었다.10 그리고 그는 영국의 윌리엄 모리스의 조직을 모델로 삼은 <오스트레일리아 사회주의자동맹>의 창립회원이었고 같은 이름의 미국조직에서 영감을 받아 만들어진 <노동기사단>(the Knights of Labour)에 참여했다. 1890년 <기사단> 멜버른 지부의 집회에서 플레밍은 빅토리아의 노동절 시위를 조직하기 위해 노동자와 급진적인 대표들의 위원회를 구성하자고 제안했다. 그리고 2년 뒤 멜버른 최초의 메이데이 행진을 이끌었던 사람도 바로 플레밍이었다.11

이 모든 사실 외에도 [활동]초기 플레밍은 다른 활동들에도 시간을 냈

---

9. *Freedom*, 1911년 1월호.

10. James, "Fleming, John William"; *Freedom*, 1979년 6월 16일자.

11. 1977년 9월 30일 샘 메리필드(Sam Merrifield)가 폴 애브리치에게 보낸 편지; *100th Australian Anarchist Centenary Celebrations*, 소책자(Melbourne, 1986), Avrich Collection.

다. 그는 노동착취를 반대하는 선동에 참여했고 협동조합의 설립을 도왔
으며 1889년 파업 동안 런던의 부두노동자들을 위한 기금을 모았고 멜버
른 공공도서관의 일요일 개관을 위해 싸웠으며 농촌사회복지운동(village
settlement movement)을 위해 연설했고 언론의 자유와 자유사상, 전투적인
노동조합주의, 단일세제를 선동했다.

　이런 활동들에서의 역할 때문에 플레밍은 지속적으로 박해를 받았다.
그는 고용된 자객에게 얻어맞거나 체포위협을 받았으며 대때로 감옥에
갇혔다. 그러나 그는 존경도 받았다. 그의 전매특허인 성실성과 노동자들
을 돕기 위한 끊임없는 노력들로 인해 그는 빅토리아주 주지사인 호프톤
경(Lord Hopetoun)과 우정을 나누게 됐고, 호프톤 경은 실업자에게 나눠
주도록 돈과 샴페인을 플레밍에게 기부했다. 이 우정은 플레밍이 구두제
작시설로 사용하고 반세기 동안 독신생활을 하던 멜버른 교외의 칼튼
(Carlton)에 있는 그의 초라한 집을 호프톤 경이 방문하는 것으로 이어졌
다고 한다(멜버른의 한 신문은 주지사의 많은 기부금을 쓸 곳이 "실업자
들의 대변인이자 수호자로 활동하는 플레밍 씨의 때 묻고 초라한 가게"
라고 보도했다)[12]

　플레밍은 이론가나 저술가로서보다 활동가로서 두각을 드러냈다. 그는
거의 50년 넘게 아나키스트 신문에 글을 보냈는데, 대부분은 그 날의 사
건들에 관해 논평하거나 편집장에게 보내는 편지들이었다. 그래도 역시
그는 개인적이든, 공적이든 편지가 아니라 빅토리아주 여러 곳에서 열린
야외집회나 강연회에서 연설할 때가 더 편했다. 게다가 플레밍은 급진적
인 연설가로서 두각을 드러냈다. 모든 자료들에서 이 점이 확인된다.
1884년 멜버른에 도착하자마자 그는 대중적인 야외 포럼으로 퀸스 브리
지 근처의 노스 워프(North Wharf)에서 열리던 일요일 오후집회(Sunday

---

12. *The Age*, 1902년 6월 25일자.

afternoon meetings)에 참석하기 시작했다. 그리고 머지않아 그 자신이 연단에서 의견을 발표했고 무신론과 실업에서부터 여성의 권리와 단일세제까지 다양한 주제들로 연설했다. 1887년 6월 그는 2천 명의 청중 앞에서 「여왕의 탄생 50주년을 찬양하기 위해 인간이 굶주려야 하는가?」라는 주제로 연설했다. 7월에는 「개혁이냐 혁명이냐?」라는 주제로 연설했고 청중은 3천 명으로 늘어났다.[13]

늘어나는 청중들로 위기감을 느낀 멜버른 항 관리소(the Melbourne Harbour Trust)는 1887년 12월 12일 일요일에 부두를 무단 침입했다는 이유로 플레밍에게 [법원]출두를 명령했다. 그는 경고조치를 받고 다음 주에 풀려났다. 하지만 정부당국의 압력을 받자 그는 곧 도시를 지나 흐르는 야라강의 강둑에 위치한 새로운 연설장소로 이동했다. 그는 60년 동안 일요일 오후마다 빠지지 않고 열변을 토했던 연단을 그곳에 세웠다. 낡은 중절모를 쓴 검소한 차림으로 그는 커다란 느릅나무 아래 돌과 흙으로 만든 2피트 높이의 연단에 서서 연설했다. 굵은 글씨로 "아나키"라는 단어를 새긴 밝은 색의 붉은 깃발도 나무에 걸었다. 때로는 "신도 없고 권위도 없다"라는 구호를 쓴 플래카드를 걸었다. 근처에는 아나키스트 책자들을 높이 쌓아올린 작은 테이블 하나가 놓였다. 연설을 시작한다는 신호로 플레밍이 작은 종을 울리면 그에게로 청중이 모여들었다. 보통 신문에서 묘사되듯이 굵은 콧수염과 평범한 외모, 누르스름한 안색, "친근하고 따뜻한 눈빛"을 가진 작은 사나이 플레밍은 혁명적인 선동가와 거리가 먼 것처럼 보였다. 한 청중이 회상하듯이, 그는 "고함을 지르는 사람"이나 "절규하는 사람"도 아니었다. 오히려 그는 "부드럽고 온화한 목소리"로, 신중하지만 열정적인 톤으로 말했고 "기생계급들과 귀족들, 협잡꾼의 부정"에 관해 길게 얘기할 때만 분노로 격해졌다.[14]

---

13. Garvey, "Chummy Fleming".

연설가로서 플레딩의 주된 주제는, 특히 20세기로 접어든 뒤의 주제는 의회정치와 점진적인 개혁의 무익함이었다. 오래 전에 [체제를] 보완하는 방법들을 포기했기 때문에 그는 필요하다면 무장봉기도 포함하는 직접행동에 희망을 걸었다. 그는 자본주의 체제와의 타협을 거부했고 자본주의의 뿌리와 가지를 자름으로써만 노동자의 해방을 달성할 수 있다고 확신했다. 이 점에서 그는 단호했다. 노동자의 몫을 조금도 늘리지 않는 정치 행동은 해방으로의 유일한 길인 사회혁명의 길로 전환되어야 했다.

플레밍은 특히 <노동당>의 빠른 성장에 불만을 품었다. 그는 <노동당>의 지도자들이 오스트레일리아의 생명력을 유린하고 있다며 "노동자들의 천국과 동경의 땅이라는 건 <노동당>의 사기, 즉 어리석고 맹목적인 숭배"라고 선언했다. 멜버른에는 "타락한 거지들"이 득실대고 있었다. "자존심이라고는 거의 찾아볼 수 없다. <노동당> 정치인의 등장 이후 꿈꾸는 자와 깨어있는 자 속에 만들어진 병약한 세대와 타고난 노예들은 아버지들이 우리에게 준 해방을 짓밟고 있다. 아버지들의 붉고 뜨거운 피가 스며들어있는 해방은 파괴되고 노동투사를 가장한 정치적인 겁쟁이들을 달래느라 버려지고 있다."15

플레밍의 과격한 발언은 원한을 사게 되었다. 보수주의자와 자유주의자 모두를 자극하며 비타협적이고 도전적이던 그는 종종 야유를 받았고 방해받았으며 주먹으로 맞거나 연단에서 밀려났다. 1904년 <노동당> 담당자들에 대한 공격("늙고 살찐 카(Carr)", "노망기가 든 늙은 바보")16 때문에 그는 1890년 이후 <제화공연맹>을 대표해 참여하던 <멜버른 조합사무소>에서 제명되었다. 플레밍은 자신의 제명을 어떤 정당도 받아들일

---

14. 같은 책 ; 1977년 9월 5일 데이비드 스티븐스(David Stephens)가 폴 애브리치에게 보낸 편지, Avrich Collection.

15. *The Syndicalist*, 1913년 9월 1일자부터 15일자까지.

16. *The Age*, 1904년 4월 4일자.

수 없는 아나키스트 신념 탓으로 돌렸다. "나는 톨스토이와 스펜서, 세계에서 가장 진보적인 사상가들의 동료이다. 노동자들이 의회에 의지하는 한, 그들은 결코 자신의 권리들을 얻지 못할 것이다. 세계의 모든 의회들보다 총파업이 더 효과적이다. … 우리는 시카고에서 교수형을 당했고 뉴욕에서 전기의자로 처형을 당했으며 파리에선 목이 잘렸고 이탈리아에선 목 졸려 죽었다. 나는 내 동지들과 함께 할 것이다. 나는 당신들의 정부와 당신들의 권위를 거부한다. 그들을 타도하라. 최선을 다하라. 아나키여 영원하라!"고 그는 강력하게 주장했다.[17]

플레밍은 단념하지 않았다. 제명된 그 다음 일요일에 그는 야라 강둑에서 했던 연설 중에서 가장 많은 청중들을 앞에 놓고 연설했고, 8천 명에서 1만 명 사이의 청중들이 "아나키에 관해 들었다."[18] 다음 10년 동안 그는 노동자의 타고난 권리를 죽 한 그릇에 팔아넘기던 정당 실력자들과 당직자들을 "정치적인 노동운동의 사기꾼들"이라 부르며 계속 비난했다. 1910년 그는 남부 오스트레일리아의 <노동당> 주지사가 경찰에게 "애들레이드(Adelaide)의 파업참가자들을 몽둥이로 때려라"고 명령했다며 비난했다. 1911년 그는 "적극적인 반란으로 이어지는 직접행동을 통해"서만 진정한 변화를 가져올 수 있다고 주장하며 "정치활동의 오류"를 비난했다. 1912년 리치몬드 마을회관에서 열린 실업자들의 집회에서 연설하면서 그는 청중들에게 "배고픔을 견디기보다 장식장의 유리를 깨는 사람"이 되라고 설득하며 다시 한번 직접행동 전략을 요구했다. 그리고 1913년

---

17. *Freedom*, 1979년 6월 16일자에서 재인용. 플레밍은 프랑스 아나키스트 에밀 앙리(Emile Henry)의 1894년 법정연설을 흉내냈다. "당신은 시카고에서 [동지들의] 목을 매달았고 독일에서 목을 잘랐으며 헤레스(Jerez)에서 목을 졸라 죽였고 바르셀로나에서 총살했으며 몽브리송(Montbrison)과 파리에서 목을 잘랐다. 그러나 당신은 결코 아나키즘을 파괴하지 못할 것이다." James Joll, *The Anarchist*(London, 1964), p. 138에서 재인용.
18. *Freedom*, 1904년 6월호

멕시코 혁명을 하나의 모델로 인용하면서 그는 "행동만이 성공하고 정치는 항상 실패한다. 정치를 타도하라! 정치인들을 타도하라!"고 선언했다.[19]

하지만 아무리 노력해도 플레밍은 흐름을 바꿀 수 없었다. 해가 갈수록 <노동당>은 아나키스트와 다른 투사들을 희생시키면서 계속 지지를 확보했다. 플레밍은 힘든 싸움을 하고 있다는 걸 분명히 알았지만 용기를 잃지는 않았다. 1904년 그는 "멜버른에서 우리 중 아주 적은 숫자만이 아나키를 정면에 내세우지만 우리는 미래에 수확할 씨앗을 뿌리고 있다"고 인정했다.[20]

플레밍은 완고하고 끈질기게 자기 일을 계속했다. 매년 악단과 장식한 이동식 무대차를 동반한 1~2만 명의 행진하는 대열에서 플레밍은 진홍색 깃발을 휘날리며 멜버른을 통과하는 메이데이 행진을 이끌었고 자신이 대중에게 연설하던 야라 강둑에서 행진을 끝냈다. 플레밍은 "내가 습격을 받거나 방해받지 않았다"며 특히 1913년 시위를 성공적이라고 생각했다(예전에는 돌을 맞았고 깃발을 "갈기갈기 찢겼다").[21] 더구나 매년 그는 파리꼬뮨(5월 18일) 출범기념식과 시카고 순교자들의 처형(11월 11일) 추모식에 참여했다. 1910년 순교자들의 처형추모식은 플레밍이 6년 전에 제명당했던 <조합사무소> 강당에서 열렸다. 하지만 <협회>는 아무런 이의를 제기하지 않았고 집회는 "큰 성공"을 거두며 "우리의 죽어간 동지들과 아나키, 반란을 위한 세 번의 갈채가 울려 퍼지며" 끝났다.[22]

운동의 기세를 더욱더 올리기 위해 1908년 플레밍은 가장 뛰어난 아나키스트 연설가 중 한 명인 엠마 골드만에게 오스트레일리아로 장기여행

---

19. 같은 잡지, 1911년 8월호
20. 같은 잡지, 1904년 6월호
21. 같은 잡지, 1913년 8월호
22. 같은 잡지, 1911년 1월호

을 오라고 초청했다. 미국인 동지들을 열렬히 존경했던 그는 야라 강둑연설에서 골드만을 찬양했고 오랫동안 그녀와 편지를 주고받았으며 1906년부터는 자신의 집회에서 골드만의 잡지인『마더 어쓰』를 배포하기도 했다. 성공의 가능성에 흥분한 골드만은 여행비를 마련하기 위해 돈을 모으기 시작했다. 골드만은 곁에 있던 연인 벤 라이트만(Ben Reitman)과 함께하는 여행이 미국 정부의 관심에서 벗어나 "기쁨과 절실히 필요했던 휴식을 줄" 것이라 얘기했다. 라이트만 역시 "그 생각으로 들떴다." 그는 여행 외에는 다른 어떤 것도 얘기할 수 없었고 당장 출발하길 원했다. 방문을 준비하면서 골드만은 "새로운 친구들을 얻고 신선한 정신과 감정을 일깨울" 장소인 빅토리아로 1,500파운드 무게의 책을 배에 실어 보냈다. 1909년 4월까지 그들은 여행준비를 했고 여행가방을 꾸렸으며 성대한 송별파티를 준비했다. 하지만 출발 전날 밤 골드만은 미국 시민권을 박탈당했고 [만일 그대로 떠난다면] 미국으로 다시 돌아오지 못하기에 여행을 취소해야 했다. 모든 필요한 준비를 끝낸 플레밍과 그의 동료들만이 아니라『마더 어쓰』에도 막대한 재정손실을 주며 여행은 취소되었다.[23]

플레밍은『마더 어쓰』를 집회에서 팔았고 1940년 골드만이 죽을 때까지 그녀와 편지를 교환했지만 그들은 결코 만나지 못했다. 그리고 그는 런던『프리덤』과 가이 알드레드(Guy Aldred)가 제1차 세계대전 이전에 펴냈던『헤럴드 오브 리볼트』(*The Herald of Revolt*, 반란의 신문)를 포함해 다른 아나키스트 잡지들도 팔았다. 1912년 그는 알드레드에게 "친애하는 동지, 당신의 신문을 후원하기 위해 최선을 다할 거라고 확신해도 좋습니다. 그러나 오스트레일리아인들은 혁명적인 문헌들을 읽지 않습니다. 톰 만(Tom Mann)이 오스트레일리아인들을 양대가리로 묘사했는데, 저는 그게 정확하다고 생각합니다"라고 썼다. 그 해에 오스트레일리아의

---

23. Emma Goldman, *Living My Life*, pp. 436, 449 ; *Mother Earth*, 1909년 3 · 4월호

모든 도시에서 실업자 집회를 열었지만 파업이 한 번도 없었다고 플레밍은 얘기했다. "다급할 때 자본가들은 협박하기만 하면 바로 [노동자들의] 복종을 얻습니다. 억압자들의 소중한 무기인 징병제도가 확고하게 뿌리내려 있습니다. 14세의 어린이가 멜버른에서 백마일 이상 떨어진 군대요새에 갇혀 있습니다[징병되었다]. <노동당> 정부가 오스트레일리아에 만든 건 바로 이런 겁니다. 오 제기랄, 어떻게 이런 인간 잡초들이 자라날 수 있을까요? 나는 아나키를 외칩니다."24

그의 외침은 공허했다. 제1차 세계대전이 터지자 오스트레일리아는 본국인 영국의 편에서 싸웠다. 미국의 골드만처럼 플레밍은 군국주의에 반대하는 원칙들을 고집했다. 그가 보기에 전쟁은 노동자들을 포화의 희생양으로 삼는 권력과 이윤을 위한 자본가들의 싸움이었고 어느 한 편의 승리가 더 바람직하다고 보는 건 불합리했다. 연합국에 대한 크로포트킨의 지지는 그에게 충격이었다. "저는 크로포트킨을 스승이자 삶의 지침으로 받아들였던 시절들을 후회합니다. 그는 그렇게 우리를 실망시켰습니다. 저는 절망을 느꼈습니다"라고 1914년 11월 골드만에게 보낸 편지에 썼다.25

플레밍은 반대편에서 목소리를 높였다. 「부자들의 전쟁과 가난한 사람들의 투쟁」이 1915년 강연 주제 중 하나였다. 전쟁을 반대하는 발언 때문에 법정에 소환되자 사회주의자 변호사인 마샬 라일(Marshall Lyle)이 그를 변호했고 무죄로 석방되었다. 하지만 얼마 지나지 않아 그는 야라 강둑에서 연설하는 동안("왜 당신이 싸우러 가야 하나?", "만일 지금 당신이 참고 있는 다른 건달들이 아니라 독일이 권력을 잡는다 해서 당신의 살림살이가 더 나빠질까?"라고 말했다고 기록되었다) "징병을 방해했기

---

24. *The Herald of Revolt*, 1912년 8월호.
25. 1914년 11월 12일 플레밍이 엠마 골드만에게 보낸 편지, *Mother Earth*, 1915년 2월호

때문에 벌금형을 받았다. 나머지 전쟁기간 동안에도 플레밍은 군국주의를 반대하는 성전(聖戰)을 계속했고 반대자들의 난폭한 대우로 고통을 받았다. 그는 조롱당했고 돌팔매질 당했으며 얻어맞거나 강에 처넣겠다는 협박도 받았다. 그리고 한 번은 실제로 강에 빠진 걸 지난 몇 년 간 실업자들을 위해 그와 함께 싸워 온 사회주의자 친구 퍼씨 래이들러(Percy Laidler)가 끌어내 구해줬다.[26]

제1차 세계대전이 끝났을 때 플레밍은 50대 중반이었고 한 영국인 아나키스트가 불렀듯이 오스트레일리아 아나키즘의 "마지막 모히칸"이었다.[27] 하지만 아직 그에겐 30년 이상의 세월이 남아있었다. 그리고 활동의 폭이 줄어들었지만 결코 그는 헛된 시간을 보내며 만족하지 않았다. 오히려 그는 매년 5월 1일마다 행진했고 적기와 작은 종이 친근감을 주던 야라 강둑의 연단에서 매주 일요일마다 계속 연설했다. 1920년대 동안 그는 사코와 반체티를 위해 연설했고 그들의 사형집행을 막기 위한 전 세계의 투쟁에 동참했다. 시간이 흐르면서 그는 오래된 자유사상 메시지로 돌아갔고 그의 주된 공격목표는 ─정기적으로 연설을 듣던 한 사람에 따르면 그가 "신랄하게 공격했던"─ 가톨릭교회가 되었다. 한번은 근처의 가톨릭 교구가 보낸 청년 폭력단이 연단으로 돌진해 그를 공격하기 시작했지만 다른 연설가들과 청중들이 그를 돕기 위해 모여 습격을 막았다. 부들부들 떨긴 했지만 다치진 않았던 플레밍은 다시 연단에 올라서서 질문에 이렇게 대답했다. "저는 괜찮습니다. 오직 한 가지 사고만 있었습니다. 저는 안경을 잃어버렸습니다. 그건 아마도 지금 매닉스(Mannix)의 박물관에 있을 겁니다." (매닉스는 멜버른의 가톨릭 대주교였다.)[28]

---

26. The Labour Call, 1915년 7월 8일자 ; Bertha Walker, *Solidarity Forever!*(Melbourne, 1972), p. 104.

27. Marcus Graham이 편집한 *Man! An Anthology of Anarchist Ideas, Essays, Poetry and Commentaries*(London, 1974)에서 Stuart Christie가 쓴 서문, p. 2.

대공황이 엄습했을 때 플레밍은 실업자들을 위한 싸움을 다시 시작했다. 1933년 그는 "오스트레일리아는 아무런 개선의 조짐도 보이지 않는 빈털터리가 되었습니다"라고 골드만에게 편지를 썼다. "노동자들은 어떠한 부조리에도 복종할 것이고 강제 중재(compulsory arbitration)가 그들의 유일한 전망입니다. 예전에 볼테르가 얘기했듯이 세계는 바보들로 가득 찼고 그가 봤듯이 사악하고 어리석은 세계만이 남았습니다." 플레밍은 볼테르가 옳았다고 말했다. 거의 50만 명의 남성들이 직업을 잃었고, 매년 일자리를 얻을 가능성이 없는 3만 명의 아이들이 학교를 떠났다. 모든 건 <노동당>의 "정치적 매춘행위들을 신뢰한" 결과였다. 공산주의자들도 나을 바가 없었다. "공산주의자들은 노동자들의 등에 올라타려고 노력하는 점에 있어 <노동당> 당원들보다 한 걸음 더 나아갔습니다. 때때로 저는 삶이 한 편의 광대극이고 모든 점들이 그걸 보여준다고 생각합니다. 언제나 그러리라 믿기만 했는데 이제는 그걸 알겠습니다." 등료 아나키스트들의 지위도 급속한 속도로 떨어졌다. 몇몇 사람들은 공산주의자들과 결합했고 다른 사람들은 정치인이 되기 위해 <노동당>에 참여했다. "오랜 동지들이 대부분 죽었고 저는 그 자랑스러운 경주의 마지막 생존자입니다. 오늘날의 젊은이들은 자유로워지길 희망하지 않는 실패자들입니다. 아나키즘이 황야에서 울부짖고 있습니다"라고 플레밍은 썼다.[29]

시간이 흘러도 상황은 나아지지 않았다. 실제로 어떤 점에서 상황은 더 나빠졌다. 그러나 플레밍은 예전처럼 계속 활동했다. 매주, 매년 그는 정부와 종교를 반대하는 연설을 했다. 그는 "내가 아나키스트 깃발을 계속 펄럭이게 하고 있다"고 선언했다. "나는 한 명의 아나키스트이자 무신론

---

28. Garvey, "Chummy Fleming".
29. 1933년 1월 18일 플레밍이 엠마 골드만에게 보낸 편지, *Freedom*(New York), 1933년 3월 18일자.

자로 죽겠다고 항상 말한다. 왜냐하면 그게 이치이고 상식이기 때문이
다." 그는 아무런 후회도 하지 않았다. 오히려 그는 자신이 이끌어온 삶에
만족한다고 회고했다. 그는 골드만의 자서전 제목을 본 따 그녀에게 이렇
게 편지를 썼다. "저는 제 삶을 살아왔어요. 저의 작은 노력은 당신의 노
력만큼은 아니겠지만, 그래도 그건 하나의 노력이었습니다."30

하지만 제2차 세계대전이 터지자 플레밍은 의심으로 가득 찼다. "이성
의 시대"는 결코 오지 않는 걸까?, 라고 그는 물었다. "인간 본성은 변하
지 않는다. 최후의 대량학살에 대한 고통스런 경험은 사라지고 있다. 또
다른 양떼가 준비 중이다. 인간은 이성을 잃고 길들여져 순순히 명령에
복종하고 죽음을 향해 행진한다. 인간은 원래부터 바보이고 여전히 바보
의 모든 특징을 가지고 있다. 내가 젊었을 때 그렇게 가능성이 있어보였
던 해방의 여명은 사라졌다. … 사실이 그걸 말해준다. 세계는 바보들로
가득 차 있다. 내 목표는 신이라 불리는 속임수와 그 동지인 권위를 공격
하는 거였다. 어쨌든 권력은 신으로부터 왔다. 아나키즘은 해충의 무리들
이 정교하게 다듬었던 사기행각을 드러냈다. 플라톤은 민회가 부패했고
정치인들이 매수되었으며 민중도 어리석다고 적었다. 소수만이 생각하고
대다수는 결코 생각하지 않는다. 나는 67살이다. 내 시대는 갔다. 나는 내
삶을 살았다. 나는 아나키즘의 깃발을 계속 펄럭이게 했다. 아나키여 영
원하라!"31

플레밍은 이전의 낙관주의를 상실했다. 그는 더 이상 노동자들의 천년
왕국의 "씨앗을 뿌리겠다"고 얘기하지 않았다. 오히려 그의 마음은 미래
에 대해 아무런 희망이 없는 체념을 품었다. 하지만 그는 매주 "오래된
얘기를 하고 여전히 존재하는 권력에 대한 무기력한 도전들을 부추기는"

---

30. 같은 책 ; *Man!*, 1938년 11월호
31. *Man!*, 1940년 1월호

포럼을 계속 열었다.[32] 플레밍이 83살이던 1947년에 그의 활동에 대한 마지막 신문기사가 실렸다. "그렇다, '처미[플레밍의 어릴 적 별명]'는 똑같이 오래된 바위 연단에서, 똑같이 오래된 느릅나무 밑에서, 똑같은 붉은 깃발 밑에서 호통치며 아직도 사방팔방으로 아나키를 선언하고 있다. … 구시대의 마지막 설교자인 처미는 50년 이상 연설을 해왔다."[33]

1950년 1월 25일 플레밍은 칼튼의 집에서 죽었다. 그의 일생은 젊었을 때부터 지지해 온 운동을 위해 바쳐졌다. 그의 소망에 따라 시신은 화장되었다. 그가 죽은 지 3달이 지난 4월의 마지막 날 그의 친구들은 플레밍이 메이데이날 야라 강둑에서 자신의 유골을 뿌려달라고 부탁했다는 걸 갑자기 생각해 냈다. 하지만 그들은 유골을 가지고 있지 않았다. 퍼씨 래이들러는 "그게 어떤 유골인지가 중요한가?"라고 물었다. <정육점연맹>의 한 회원이 힌트를 얻어 5월 1일에 [소의] 유골을 통에 넣어 갔다. 야라 강둑에 올라서서 래이들러는 플레밍에 관해 연설했고 멜버른의 바람에 실려 모든 곳의 민중에게 간다는 점을 강조하며 한 줌의 유골을 뿌렸다.[34] 따라서 끝까지 이교도로 남았던 처미는 그의 마지막 메이데이 기념식에 참석했다.

32. Garvey, "Chummy Fleming".

33. *Melbourne Herald*, 1947년 7월 7일자.

34. Walker, *Solidarity Forever!*, p. 271.

유령처럼 나를 깨우는 아나키스트의 초상들

내가 애브리치의 글을 처음 접한 건 강경대라는 청년의 죽음으로 솟구쳤던 5월의 뜨거운 기운이 어느새 꺾여버린 1991년의 어느 날이었다. 나는 학교 앞 사회과학서점에서 『러시아 아나키스트 1917』(폴 애브리치 지음, 편집부 옮김, 도서출판 예문, 1989)이라는 낯선(!) 책을 만났다. 표지에는 낡은 세계를 힘차게 쟁기질하는 젊은 농부를 그린 판화와 그 위에 '권위와 자본주의를 갈아엎는 농민'이란 문구가 적혀 있었다. 단순하고 검은 표지가 까닭 없이 유혹했지만 조금은 식상한 문구 때문에 난 책을 둔 채 서점을 나섰다. 나중에 형의 책장에서 우연히 그 책을 다시 발견하고 나는 책에, 아니 그 속에 담긴 아나키스트들의 삶에 매료되었다. 만일 딱딱한 이론서였다면 (한참 방황하던) 나는 결코 아나키즘과 친해지지 못했을 거다. 하지만 아나키스트들의 구체적인 삶으로 드러난 사상들은 내 관심을 사로잡았다.

아마도 그즈음부터 나는 아나키즘과 아나키스트라는 말을 입에 달고 다녔던 것 같다. 주위 사람들 모두가 그런 나를 의아하게 바라봤다. 갑자기 웬, 무정부주의? 아무리 아니라고 설명해도 사람들 머리 속에서 '아나키즘=무정부주의'라는 '상식'을 없애긴 힘들었다. 그래서 나는 계속 혼자 다녔다. 그리곤 아나키즘을 설명해줄 좋은 책이 없을까 고민하던 중에 나는 교보문고에서 우연히 이 책을 만났다(그때 나는 입이 째져라 좋아했던 것 같다).

처음에는 책의 제목이 아주 불만스러웠다. 초상이라니. 그건 아나키즘의 소멸을, 쓸쓸한 몰락을 암시하는 듯했다. 특히 미셸 라공의 『패배자의 회고록』(예하출판사)에서 받은 느낌이 겹쳐져 더 쓸쓸했다. 응당 살아있어야 할 사상이, 그 치열했던 삶의 기록들이 묘지의 비명으로만, 존재했었다는 기억으로만 남아야 하다니, 왠지 모를 서글픔이 밀려 왔다.

하지만 지금은 '초상'이라는 말에 만족한다. 분명, 이 책에서 다뤄지는 아나키스트들은 모두 죽어버린 과거의 인물들이다. 하지만 그 육체적인 죽음이 그들을 '살아있게 했던' 열정까지 모두 묻어버릴 순 없다. 배반과 실패의 역사를 반복하며 몰락해 왔지만 아나키스트들은 국가와 자본이라는 괴물에 맞서는 사람들에게 하나의 '유령'으로, 즉 이미 죽어버린 존재이기에 현실에 직접 개입할 순 없지만(그렇기에 유령을 죽일 수도 없다) 현실을 살아가는 우리를 자극하는 존재로 살아남았다. 그리고 반세계화운동이나 지역운동, 다른 여러 운동에서 드러나듯, 유령의 '출현'과 '부름'은 아직도 계속되고 있다.

그런데 최근 아나키즘에 대한 관심이 늘어나는 걸 보면서 한편으로 반갑지만 다른 한편으론 걱정이 들기도 한다. 특히 보수언론들이나 지식인들이 아나키즘을 '양날의 칼'로 사용하기에 가장 걱정스럽다. 즉 보수언론들은 진보적인 척 위장하는 가면이자 기존 좌파들을 공격하는 무기로 아나키즘을 '이용'한다(가장 많이 빌리는 건 국가에 대한 비판이다). 하지만 기득권 세력이 아나키즘을 칭송하는 건 국가와 자본을 넘어서려 했던 아나키스트들에 대한 모욕일 뿐이다. 그리고 맑스주의자들과 아나키스트들의 대립이야 이미 널리 알려진 사실이지만, 그 대립 역시 추상적인 이론만이 아니라 구체적인 '맥락'을 통해 파악되어야 한다. 왜 수많은 아나키스트들이 러시아 혁명에 개입했는지, 왜 레닌과 트로츠키가 크론슈타트와 러시아 아나키스트들을 짓밟았는지는 이론만으론 밝혀질 수 없기 때문이다. 사실 아나키즘은 하나의 완결된 이론체계를 거부하며 '실행에 의한 선전'과 '직접행동'을 외쳤기에, 추상적인 사상투쟁은 무의미하기도 하다.

나는 아나키즘의 가장 큰 힘, 가장 강한 부름을 '앎과 삶'을 일치시키려는 끊임없는 노력이라고 본다. 이 책에서 드러나듯 아나키즘의 조류는 사람 수만큼 다양하지만 공통점은 사상을 몸으로 구현하려는 치열한 노력이었다. 그런 점에서 아나키스트들은 자본주의와 사회주의의 샛길인 '제3의 길'이 아니라 정도(正道)를 걷고자 했다. 방향이 정해진 길을 따라가지 않고 자신들의 걸음으로 길을 만들어가려 했다. 아나키즘이라는 이론은 현실을 살아가는 아나키스트의 삶을 통해서만 생명을 얻고 올바름을 증명할 수 있다. 그래서 나는 아나키즘보다 아나키스트가 중요하다고 본다. 그러니 『아나키스트의 초상』이라는 제목이 이젠 내 맘에 쏙 들 수밖에.

이 책은 애브리치가 그린 초상들을 모아놓은 미술관이다. 그런데 이 초상은 그림의 대상이 직접 그리는 '자화상'이 아니다. 초상은 남이 그린 모습이기에 내가 보여주고픈 모습이 아니라 타자의 시선에 잡힌 모습을 담고 있다. 애브리치는 아나키스트와 아나키즘을 무조건 예쁘게만 그리지 않고 때론 그 일그러진 모습까지도 그렸다. 특히 아나키스트 운동과 관련된 각종 사료들을 모으고 분석했던 애브리치의 작품이기에 이 초상은 찬양과 냉소 사이에서 적절한 균형을 잡고 있다. 그래서 이 책은 아나키즘에 관한 좋은 참고서이다.

그리고 애브리치는 우리의 '오해'와 달리 19세기 말, 20세기 초의 저항운동에서 아나키즘이 어떤 역할을 했는지를 잘 보여준다. 특히 우리가 잘 아는 바쿠닌이나 크로포트킨만이 아니라 잘 알려지지 않은 여러 아나키스트들을 통해 아나키즘의 다양한 '각(角)'을, 그 각들의 미묘한 갈등까지도 그려낸다. 그리고 그런 각과 갈등이 60, 70년대 서구사회의 저항운동과 어떤 관련을 맺는지도 그린다. 게다가 서문에서 밝혔듯이, 애브리치는 한 개인의 삶을 통해 당시 아나키즘 운동의 대의와 방향, 노선 등을 그린다(아나키스트들의 이름을 각 장의 제목으로 삼은 것도 그 때문이다). 그래서 이런 다양한 각과 관계는 추상적이지 않고 아주 구체적으로 다가온다. 이런 구체적인 서술 속에서 우리는 흔히 아나키스트들을 구분짓는 개인주의자, 꼬뮨주의자, 조합주의자 같은 추상적인 잣대들이 왜 위험한지를 알 수 있다(프로크루스테스의 침대를 경계하라!).

마지막으로 애브리치가 그린 초상들은 화려한 귀족 저택에 걸린 가계를 '과시'하는 초상화나 승자의 위엄을 과시하는 것이 아니다. 이 초상은 감상용이 아니라 아나키스트라는 유령과 만날 수 있는 계기이다. 책을 읽으며 유령을 만나게 된다면, 그 부름을 따른다면, 당신은 이 순응적인 현실에서 지워지는 대신 또 다른 누군가의 유령이 될 수 있을지 모른다(어쩌면 애브리치가 바라는 건 이런 초상들로 세계가 가득 채워지는 것일지도 모른다). 유령을 보더라도 공포에 떨지 말기를.

번역의 오류가 모두 내 탓이라는 당연한 애기는 할 필요가 없을 것 같다. 다만 한 가지 설명은 필요할 듯하다. 초상을 그리는 애브리치의 세심한 붓질이 인물과 관련된 여러 정보를 하나의 그림으로 드러내다 보니 문장이 길게 늘어진다(내가 글을 스타일과 아주 다르다). 처음에는 맥락을 고려하면서 문장을 끊을까 생각했지만 그냥 그대로 가는 게 저자의 의도 (명암이 드러나는 그림 그리기)를 살리는 것 같아 가능하다면 그대로 이어서 번역했다. 그래서 이 글엔 하이픈(-)이 상당히 많다.

　이 책은 나의 첫 번째 번역서이다. 상업성이나 대중성이 떨어지기에 이 책은 여러 출판사를 전전해야 했다. 출판을 기꺼이 맡아주고 노력해준 갈무리 출판사의 식구들에게, 한 여름 인쇄기와 씨름할 인쇄노동자분들에게 고마움을 전한다(피크닉을 즐기시길). 그리고 아직도 '정해진 길'을 걸어가기를 기대하시는 부모님에게, 이 책이 자식을 이해하는 좋은 계기가 되었으면 한다. 정한형, 상운형과 나눈 번역과 관련된 많은 얘기들(곁들인 많은 술)이 도움을 줬다. 그리고 끙끙거리는 나를 걱정하고 도와준 북매거진 〈텍스트〉의 '식구들'에게도 고마움을 전한다. 한국사회의 살아있는 경험으로 나를 채워주는 〈시민자치정책센터〉의 사람들에게도 끝으로, 때론 아프지만 항상 가장 큰 힘이 되어주는 몽에게 고마움을 전한다.

2004년 7월
하승우

찾아보기

ㄱ

간디, M. K. 112, 129

갈레아니, 뤼기 240, 272, 292, 293, 295~303, 305, 307

개인주의적 아나키스트 9, 229, 249, 261, 268, 302

개인주의적 아나키즘 55, 255, 256

〈검은 근위대〉 189

게데스, 패트릭 127, 144~5, 153, 156, 158~9, 427

『경제적 모순의 체계』 251, 254

고드윈, 윌리엄 112, 244, 298

고리, 피에트로 272, 292~4, 305~6

고리끼, 막심 56, 186, 339

고토쿠, 덴지로 129, 273, 340

골드만, 엠마 12, 57, 137, 142, 150, 159, 160, 166, 170~4, 176, 181~3, 193, 203, 205, 212, 221, 223, 225, 227, 237, 256, 261, 268, 272, 278, 284, 306, 310~1, 313, 325, 330~1, 340~2, 344, 347, 352, 354~6, 358~60, 362, 365~6, 369, 373, 378, 382~4, 386~9, 391, 393, 445, 453~5, 457~8

『골로스 뜨루다』 60, 182, 215, 218~20

『공동은행』 247, 250~1, 253

공산주의자 190, 195, 199~201, 205, 245, 273, 345~6, 389, 434, 457

공화주의자 39~40, 66, 188, 264, 380, 399

관료주의 32, 100, 112, 129, 134, 176, 185, 228, 333, 387, 427~8, 442

관료주의 국가 32, 106, 132

국가사회주의 11, 150, 164, 219, 427, 433

〈국제 노동인민협회〉 311, 327

〈국제 노동자 협회〉 53, 248~9, 310, 414~5

군국주의 33, 121, 267, 341, 346, 357, 455~6

군산복합체 33, 130

권위주의 28, 31~3, 54, 63, 66, 83, 89, 93, 95, 119, 121, 131, 133, 210, 219~20, 303, 360~1, 390, 399, 403, 409, 415, 419, 421, 427, 431, 442

그라브, 장 156, 326, 328, 437

그라함, 마커스 273, 385

그린, 윌리암 B. 53, 55, 247~51, 253~4

근대학교 209, 276, 284, 306, 335, 430

〈급진주의자 도서관〉 334~5, 343

기욤, 장 71, 180, 399, 416~8, 422
꼬뮨주의 9, 58, 110~1, 142, 148, 195, 218,
     220, 261, 284~5, 290, 299~300, 302,
     336, 344, 351, 361, 385~6, 390, 393,
     397, 402, 406, 408, 411, 413, 418~9,
     421, 443, 464
꼬뮨주의 아나키스트 261, 302
꼬뮨주의-아나키스트 300
꾸르베, 구스타프 400~1, 405

ㄴ

〈나바트연맹〉 215, 220~1, 223, 387
나찌 346, 435
나탄슨, 마르크 A. 65, 94~5
네차예프, S. G. 20, 29, 58, 64~74, 76~95,
     118~9, 233
〈노동당〉 448, 451~3, 455, 457
노동자 계급 20~1, 23, 24, 50, 53, 171,
     281,~2, 284, 298, 304, 306, 325, 329,
     334, 372, 385, 398, 406, 421, 429, 443
노동조합주의자 273, 275

ㄷ

다나, 찰스, A. 244~7, 253~5
다미아니, 지지 439
다윈, 찰스 102, 104~5, 107, 132, 338, 439
데쟈크, 조셉 244, 273
도스토예프스키 80

두루티, 부에나벤츄라 213~4, 257
두호보르파 144
드 클레이르, 볼테린느 151~2, 183, 240,
     275, 278, 282~3, 285, 331, 338, 343,
     365, 406
드레퓌스 사건 156, 328
『들판과 공장, 작업장』 114, 175

ㄹ

『라두나타 데이 레프라타리』 300, 307, 350
라쩐, S. T. 21, 67, 72, 73, 90, 195, 204~5,
     209, 229
라초우스키, 하이먼 375~7, 380, 384~7,
     392
란다우어, 구스타프 241, 281, 348, 423~35
러시아 내전 193
〈러시아 진보연맹〉 313
러시아 혁명 26~8, 55~6, 64, 66, 78, 104,
     122, 137, 186~7, 193, 210, 215, 219,
     225, 227~30, 313, 339, 342, 347, 353,
     358, 360, 374~6, 398, 401, 440, 441,
     463
〈러시아의 자유에 관심을 가진 미국인 친
     구들〉 155~7, 164
레닌, V. I. 26~8, 30, 70, 93, 123, 195~6,
     203, 220, 223, 227, 341, 369, 406, 410,
     433, 442, 463
레닝, 아써 77, 82
레온티예프, M. 327~8, 336

로베스피에르 66, 93
〈로웰연구소〉 39, 153~4, 162~3, 165
로커, 루돌프 60, 183~4, 224, 225, 241, 272,
　　312, 329, 331, 334, 3~4, 346, 347, 362,
　　391~2, 424, 425, 427~8, 432
로파틴, G. A. 65, 83, 94~5
롱펠로, 헨리 워즈워스 44~5, 138
루이스, 로만 311, 317, 320, 322, 324
룩셈부르크, 로자 207, 428, 434
르클뤼, 417
르클뤼, 엘리제 33, 52, 57 109, 156, 161~2,
　　296, 326, 328, 402, 437
리버테리안 9, 18, 25, 27, 29~33, 53, 53~5,
　　93~5, 97, 100~1 103, 109, 111,
　　118~9, 121~4, 129, 131, 135~6, 159,
　　167, 174, 184, 194, 198, 203, 207~9,
　　218, 221, 227~8, 26~~5, 268, 326, 332,
　　356, 361, 365, 369, 399, 400, 402~3,
　　405, 409~11, 414, 416, 421, 426,
　　430~1, 434, 436, 438, 440, 442
리버테리안주의 441
『리버티』 55~6, 58, 140~1, 251~2,
　　256~60, 262, 266, 274, 275, 310, 314
리베라, 리브라도 366~7, 371
리프만, 사무엘 375~7, 380, 384~7, 392
링케, 오토 272, 417

ㅁ

『마더 어쓰』 182, 340, 356, 357, 387, 454

마버, 제임스 143~5, 161, 162, 179
마오주의자 131
마흐노, 네스토르 189, 193~215, 221~26,
　　228~31, 235, 257, 359, 387, 390
막시모프, 그레고리 62, 138, 183, 210, 221,
　　223, 224, 230, 344
말라테스타, 에리코 131, 225, 241, 257, 272,
　　279, 281, 284~5, 294, 298, 300, 302,
　　308, 329, 338, 344, 360, 396, 402, 408,
　　414, 417, 418, 428, 437, 439
맑스, 칼 16~8, 20, 22, 24~5, 27, 28, 31~2,
　　53~4, 74, 82, 107, 126, 156, 210, 315,
　　323, 340, 396~9, 401, 404, 409~10,
　　416, 418, 421, 428~9, 433, 443
맑스주의자 22, 28, 74, 110, 130, 207, 375,
　　387, 397, 399, 411, 414, 428, 463
맥킨리, 윌리엄 E. 177, 131, 277, 285, 293,
　　296~7, 332
멈포드, 루이스 114, 127, 184
메를리노, 프란세스코 사베리오 272,
　　292~3, 299~300, 437
메리슨, J. A. 311, 315, 317, 324, 328, 336,
　　340
메이데이 140, 296, 346, 438, 448, 453, 459
모리스, 윌리엄 112, 140, 143, 274, 277~9,
　　280~1, 313, 315, 319, 322, 427~8, 443
모스트, 요한 59, 140~2, 146, 151, 156, 158
　　169, 172, 240, 256, 258, 272, 275, 279
　　281, 283, 285, 298, 312~3, 315, 317~9,
　　323, 326, 328, 331~2, 354, 356, 427
몰수 69, 118, 120, 138, 195, 205, 365, 384

400

무니, 톰 188, 357~8, 374

무솔리니, 베니토 226, 294, 300~1, 346

무신론 221, 245, 287, 316, 317, 446, 450,
457

<무신론자연맹> 221

무저항주의 120

므라츠니, 마르크 138, 221, 347, 348, 387,
389

<미국 아나키스트 연합> 336

<미국 합성의류 노동자회> 303, 333~4

<미국·캐나다 유대인 아나키스트 연합>
342

<미국과 캐나다의 러시아 노동자 연맹>
60, 218, 303, 382

미국내전 42~3, 50, 169, 244, 246, 248, 259,
352

미셸, 루이즈 279, 281, 285, 329, 402, 404,
406

ㅂ

바론, 아론 138, 206, 208, 212, 221, 223, 336,
387

『바르하이트』 314~6, 325, 329

바인버거, 해리 368, 370~1, 378~9, 381,
384~6

바일리, 윌리엄 153, 258, 274

바쿠닌, 미하일 10, 11, 16~64, 67, 70~4,
76~9, 81~9, 91~3, 95~7, 100, 110,

118~9, 125, 129~30, 137~8, 186, 194,
206, 210, 228, 232, 248, 256~7, 272,
275, 281, 292, 340, 373, 385, 396,
398~9, 403, 406~9, 413, 416~9,
427~9, 437, 443, 464

바쿠닌주의 19~20, 22, 27~8, 32, 54,
58~60, 73, 77, 206, 399, 402, 407, 414,
418~9, 421

반(反)군국주의 122, 218, 353, 438

반(反)권위주의 229, 400, 403, 413, 428

반(反)유대주의 203, 211~2, 404~5

반(反)중앙집권제 421

반체티, 바르톨로메오 12, 61, 184, 239, 254,
257, 269, 273, 287~90, 295, 298,
302~5, 307~8, 345~6, 349, 358, 368,
370, 378

반체티, 바르톨로메오 443, 456

발드윈, 로저 162, 163, 169, 184, 381

베네벤토 봉기 418

베르크만, 알렉산드르 61, 68~9, 137, 142,
172~3, 183~4, 188, 205, 212, 213,
222~6, 237, 256~7, 268, 272, 274, 310,
313, 324, 326~7, 330, 341~4, 347~8,
351~62, 365~6, 369, 371, 373~4,
377~8, 382~4, 386~91, 411

베트남 전쟁 9, 62

볼린 138, 190, 202~3, 206, 208~9, 212,
215~31, 236, 344, 387, 389~92

볼셰비키 28, 30, 62, 95, 123, 126, 129, 131,
138, 188~90, 195~6, 199~201,
204~6, 208, 210, 216, 219, 220~2,

224~5, 227~8, 230, 341, 346, 353, 359~60, 369, 386~7, 389, 410, 433, 441~3

볼셰비키 혁명 341, 369, 433

부버, 마르틴 426, 435

부오나로티, 필리포 65, 86

브레스트-리토프스크 조약 195

브루스, 폴 402, 409, 413~22

블랑키 219

블랑키주의 66, 84, 397

블랑키주의자 399

<블랙 팬더당> 20, 23, 30, 75, 76. 94

빨갱이 사냥 60~1, 287, 371, 377, 386

『빵의 쟁취』108~9, 112, 114, 121. 123, 125, 128, 131, 135, 139, 326, 361, 364, 403, 439

ㅅ

사쩬, M. P. 82, 91, 96

사코, 니콜라 12, 239, 269, 272, 287~90, 295, 298, 302~5, 307~8, 345~6, 349, 358, 368, 378, 443, 456

<사회민주당> 431

사회주의 혁명가 58

<사회주의자동맹> 143. 153, 274, 278~9, 281, 315, 426, 431

상호부조 95, 102~8, 111~2, 125, 129, 132~3, 135, 138, 144, 154, 175, 184~5, 121, 207, 299, 316, 361, 390, 425, 430

상호주의 430

샤피로, 알렉산드르 223, 389

샹카빌라, 주세페 293, 294

<세계 산업 노동자 조합> 61, 348, 365, 367, 431

세르주, 빅토르 193, 209, 216, 219, 222, 230, 352, 373

『소유란 무엇인가?』67, 249, 251, 340

『솔리데리티』58, 159, 274, 292

쇼, 조지 버나드 140, 268~9, 278, 331, 426

슈바르츠, C. L. 254, 260, 252, 264

슈타이머, 몰리 212, 230, 236, 373~7, 379, 380, 382~7, 390, 392

슈티르너, 막스 110, 256, 274, 299, 302, 340

슘, 조지 258, 260, 262~6

스탈린 226, 392, 436

스테피냑 56, 58, 95, 131, 137, 140, 151, 374, 408, 418

스텔턴 정착지 182, 284, 335, 343

스파이스, 아우구스트 140, 175, 272, 310, 358, 448

스페인 혁명 10, 226, 346, 401

스펜서, 허버트 11, 338, 439, 452

시베리아 17, 35, 44, 55, 79, 91, 98~103. 112, 136~7, 144~5, 147, 153, 217, 353. 388~9, 392, 406

시프리아니, 아밀카레 402, 428

신좌파 9, 62,185

실행에 의한 선전 18, 119, 128, 280, 313, 320, 332, 355, 402, 413, 417~20, 430. 463

〈심바이어니즈 해방군〉 94
쏘로우, 헨리 데이비드 138, 179, 338, 374
쏜, 아른 5, 12, 145, 349~50

ㅇ

아나코-노동조합주의 61, 215, 218~9, 221,
    224, 273, 302, 348, 387~8, 435~6, 443
아나코-인민주의 27
아나키스트 꼬뮌주의 110~1, 285, 336,
    386, 390, 393
〈아나키스트 적십자〉 60, 218, 337, 339,
    345, 365
아나키스트 집산주의 58
『아르베터 프라인트』 280, 314~5, 320~1,
    329
아르쉬노프, 표트르 194, 202~3, 206, 208,
    210, 213, 221, 224~6, 230, 390
아브람스, 메리 388, 391, 393
아브람스, 야곱 336~7, 373~4, 377, 385~6
『알람』 58, 141, 273, 275, 314
『알려지지 않은 혁명』 227, 230
애보트, 레오나드 276, 284
야노브스키, 사울 61, 154~5, 171, 183, 279,
    281, 311, 313, 315, 317, 320, 328~33,
    335~7, 339, 341~5, 347~8
야로스, 빅토르 S. 56, 263, 269, 310
에델만, 존 H. 59, 148~50, 154~5, 159, 274,
    276
에델슈타트, 데이비드 178, 311~2, 315,

317, 323~6, 333, 336
에머슨, 랄프 발도 138, 165, 179, 264
엥겔스, 프리드리히 397~8, 421
〈여성 방직 노동자 국제연맹〉 303, 333~4,
    342, 345~6
연방주의 43, 47, 53, 138, 146, 148, 158, 166,
    177, 204, 244, 399, 401, 403, 409, 415,
    430, 433
오가료프, N. P. 36~8, 40, 42, 46, 50, 72, 79,
    81~2, 85, 88~9
오웬, W. C. 253, 261, 269, 274, 365, 370~2
와일드, 오스카 125, 331, 338, 426
우드콕, 조지 204, 230, 401
우드헐, 빅토리아 53, 258, 263
〈우크라이나 반란군〉 198~9, 223
『워드』 53~5, 249~50
워렌, 조슈아 55, 140, 248~50, 274, 277,
    357
『위대한 프랑스 혁명』 425
〈유대인 아나키스트 연합〉 344, 349, 360
『유일자와 그의 소유』 302, 340
이사크, 메리 160, 173
이사크, 아베 57, 59, 160, 173~4
이사크, 아베, 쥬니어 173~4, 180
이쉴, 요셉 166, 183, 250, 256~7, 259, 262,
    273
〈이슈틴단〉 68~70, 73, 75, 78~9, 95
인민은행 246, 253~4, 430
〈인민의 의지〉 55, 91, 93
인민주의 28, 56, 83, 102, 244, 292, 313,
    352~4, 410

임금노예 51, 110, 115
임시정부 122, 187~8, 191, 222

ㅈ

〈자유개척단〉 310, 311~5, 317, 320, 322,
　　324, 326~7, 329, 333, 337, 347, 354
〈자유기사단〉 312, 320, 322, 327, 334~5,
　　448
〈자유모임〉 277, 284, 374~6, 381
자유사상 163, 270, 349, 438~9, 446~7,
　　449, 456
자코뱅 66, 70, 93, 95, 250
자코뱅주의 66~7, 70, 84, 93, 399
적군(赤軍) 189~90, 193, 197~201, 211,
　　222
적기(赤旗) 321, 371, 417~8, 456
『전쟁과 평화』 254, 425
전쟁국가 62, 130
전체주의 11, 132, 135, 360, 425
〈제1 인터내셔널〉 16, 64, 74, 396, 421
제1차 세계대전 26, 60, 121, 137, 197, 218,
　　276~7, 300, 306, 327, 331, 340, 348,
　　353, 357, 366, 377, 425, 432, 436,
　　454~6
〈제2 인터내셔널〉 281, 414, 421~2, 428
제2차 세계대전 127, 132, 227, 259, 346,
　　391, 409, 444, 458
〈제3 인터내셔널〉 22
제니킨 189~90, 193, 199~200, 205, 209,
211
〈제헌의회〉 186, 188~9
젤레즈니아코프, A. G. 186~91, 358
『젤로 뜨루다』 62, 225
『조직강령』 211, 213, 225, 229, 390
조합주의자 9, 61, 220, 273, 302, 348~9,
　　387~9, 443, 464
존슨, 펄 250~1, 259, 263, 266
졸라, 에밀 109, 214, 315, 355
중앙집권 11, 32, 43, 51, 70, 93, 108, 122,
　　126, 129~36, 146, 148, 164, 203, 215,
　　228, 250, 398~9, 409, 411, 427~8, 43.
중앙집중 299
〈쥐라 연합〉 415~9
지노비예프, G. E. 411, 441
지방분권주의 400, 408
지방자치 49, 100, 164, 203, 420~1
직접민주주의 228, 400
집산주의 110, 140, 158, 255, 419, 443
짜르 17, 31, 66~9, 71, 74, 89~91, 97, 14.
　　166, 176~7, 186, 189, 205, 217, 281
　　309, 341, 352~3, 413

ㅊ

차이코프스키, N. V. 55, 137, 339
〈차이코프스키단〉 95, 102, 118, 128, 353,
　　403
『청년에게 보내는 호소』 129, 141, 338
〈체까〉 199, 222~3

체르니쉐프스키 56, 67, 257, 323

ㅋ

카, E. H. 17, 26, 37, 45~6, 71, 76, 78, 92~3
카메네프 441
카츠, 모쉬 311~2, 315, 318, 321~2, 326,
　　328, 333
카피에로, 카를로 57, 128, 290~1, 408,
　　417~8
케냐드, 마틴 P. 42~3, 45~8, 50
케렌스키, A. F. 30, 122, 222, 227
켈리, 해리 61, 148~50, 159, 162, 165, 180,
　　183, 275, 278, 284~6, 386, 391
코사크 100, 189, 198, 204~5, 209
코헨, 요셉 149, 284, 324, 326, 330, 336, 341,
　　343, 347
코헨, 헨리 253, 255, 268, 310
콘피노, 마이클 71, 76~7, 82, 84
『크로나카 사베르시바』 182, 295,
　　297~300, 307
〈크로포트킨 문학회〉 340
크로포트킨 박물관 183, 344
크로포트킨, 표트르 A. 10, 19, 56, 58, 68,
　　74~6, 95, 97~186, 189, 194~5,
　　206~7, 222~3, 225, 227~8, 233, 257,
　　272, 274~5, 277, 279, 281, 284~5, 290,
　　292, 298~300, 315, 323, 326, 328~9,
　　331, 334, 338~41, 344, 346, 349, 353,
　　361, 364, 372~3, 381, 385~6, 396, 399,

402~3, 406, 409~10, 412~20, 425,
　　427~30, 437, 439, 441, 455, 464
크론슈타트 186~8, 190, 217, 223, 228~9,
　　236, 359~60, 387, 403, 411, 442, 463
클리버, 앨드리지 19, 22~3, 29~30

ㅌ

터너, 존 277, 284~5
터커, 벤자민 R. 53~9, 140~1, 146, 150,
　　153~4, 158, 163, 234, 246~7, 249~70,
　　274~5, 278, 298, 310, 314
터커주의 58, 253, 270
테러리즘 120~1, 321, 327, 329, 332, 360,
　　432
톨러, 에른스트 425, 433
톨스토이, 톨스토얀스 56, 112, 120, 125,
　　144, 156, 167, 173, 178~9, 216, 254,
　　257, 268, 274, 427, 430, 452
투르게네프, I. S. 167, 179, 323, 355
트레스카, 카를로 272, 292~3, 302
트로츠키 188~9, 193, 199~201, 203, 216,
　　222~3, 341, 369, 373, 388, 393, 411,
　　441~2, 463
〈통합 적군파〉 94

ㅍ

파농, 프란츠 20, 22~3
파리꼬뮨 27, 54, 88, 109, 121, 140, 150, 214,

231, 280~1, 285, 306. 315~6, 329, 346, 396, 402~3, 407, 409, 410~4, 417~8, 453

파슨즈, 루씨 E. 278, 280, 324, 365

파슨즈, 앨버트 R. 58, 140, 175, 273, 280, 310, 324, 358, 365, 448

페레, 프란시스코 209, 240, 276, 306, 335, 356, 368, 375, 430, 434, 439

페터슨, N. J. 282

포르, 세바스티앙 218, 224, 225, 328, 360

표트르-파블로프스키 요새 71, 81, 90~1, 128, 217

푸가쵸프, E. I. 21, 67~8, 73, 195, 204~5, 209

푸리에 66, 93

푸리에주의자 66 114, 244~6

『프라이에 아르베터 슈티메』 12, 154, 170, 182, 225, 316, 322~3, 325~8, 330~2, 335, 337, 339~44, 346~50, 381, 386

『프라이하이트』 59, 141, 146, 169, 312~3

프랑스 혁명 122, 174, 184, 227, 250, 398, 405, 424

프레너, 이시도어 312, 318, 321~2

『프로부제니에』 183

프롤레타리아 계급 20~1, 23~5, 30~1

프롤레타리아 독재 28~9, 110, 189. 398~9, 433, 442

프롤레타리아트 197

프루동, P. J. 11, 32, 42~3, 49, 53, 66~7, 93 100, 110, 125, 189, 234, 244~57, 260, 298, 340, 400~2, 415~6, 425, 427, 430,

437

프루동주의 246, 249~51, 399

『프리 소사이어티』 159~60, 178

『프리덤』 121, 157, 159, 169, 277~8, 284, 350, 389, 454

프릭, 헨리 클레이 68~9, 172, 257, 326, 351, 353~5, 358

플레밍, J. W. 241, 445~59

플레신, 센야 212, 230, 236, 387

플레하노프, G. V. 418, 421

플로레스 마공, 리카르도 204, 241, 273. 275, 340, 363~72, 378

피크닉 304~5, 307, 316, 325, 340, 343, 465

ㅎ

하벨, 이뽈리트 61, 176, 178, 181, 277

헉슬리, T. H. 104~5, 132

헤르쩬 17, 26, 31, 35~40, 42, 46, 50, 56, 60 67~8, 72, 77, 81~3. 95

헤이마켓 139~40, 143. 175~6, 179, 265 272~3, 279~83, 291, 306, 310~2, 320 324, 329, 345~6, 354, 357, 378, 437. 448

헤이마켓 순교자 58, 175, 238, 296, 316 321, 329, 365, 439

헤이우드, 에즈라 53~4, 249~50

『혁명가의 교리문답』 20, 29~30, 58 73~80, 83~4, 86~8, 94

『혁명적인 교리문답』 76

홈스테드 파업 326
홉스봄, 에릭 203
홉킨스, 프린스 268, 381
홀 하우스 173~5, 181
휘트먼, 월터 138, 179, 425~6
흑기(검은 깃발) 19, 62, 123, 196~7, 199, 208, 371
『홀렙 이 볼리야』 60

히틀러, 아돌프 226, 346, 391~2, 435
힐퀴트, 모리스 313, 319, 321

기타

1905년 러시아 혁명 94, 120, 186, 215, 217, 229, 335, 339, 410
1917년 러시아 혁명 94, 215, 410
『19세기 혁명의 일반이념』 252, 425

갈무리 신서

1. 오늘의 세계경제 : 위기와 전망

   크리스 하먼 지음 / 이원영 편역

   1990년대에 자본주의 세계경제가 직면한 위기의 성격과 그 내적 동력을 이론적·실증적으로 해부한 경제 분석서.

2. 동유럽에서의 계급투쟁 : 1945~1983

   크리스 하먼 지음 / 김형주 옮김

   1945~1983년에 걸쳐 스딸린주의 관료정권에 대항하는 동유럽 노동자계급의 투쟁이 어떻게 전개되어 왔는가를 실증적으로 분석한 역사서.

7. 소련의 해체와 그 이후의 동유럽

   크리스 하먼·마이크 헤인즈 지음 / 이원영 편역

   소련 해체 과정의 저변에서 작용하고 있는 사회적 동력을 분석하고 그 이후 동유럽 사회가 처해 있는 심각한 위기와 그 성격을 해부한 역사 분석서.

8. 현대 철학의 두 가지 전통과 마르크스주의

   알렉스 캘리니코스 지음 / 정남영 옮김

   현대 철학의 역사에 대한 비판적 분석을 통해 철학에서 마르크스주의의 역할은 무엇인가를 집중적으로 탐구한 철학개론서.

9. 현대 프랑스 철학의 성격 논쟁

   알렉스 캘리니코스 외 지음 / 이원영 편역·해제

   알뛰세의 구조주의 철학과 포스트구즈주의의 성격 문제를 둘러싸고 영국의 국제사회주의자들 내부에서 벌어졌던 논쟁을 묶은 책.

11. 안토니오 그람시의 단충들

    페리 앤더슨·칼 보그 외 지음 / 김현우·신진욱·허준석 편역

    마르크스주의 내에서 그리고 밖에서 그람시에게 미친 지적 영향의 다양성을 강조하면서 정치적 위기들과 대격변들, 숨가쁘게 변화하는 상황에 대한 그람시의 개입을 다각도로 탐구하고 있는 책.

12. 배반당한 혁명

    레온 뜨로츠키 지음 / 김성훈 옮김

    혁명적 마르크스주의의 입장에서 통계수치와 신문기사 등 구체적인 자료를 바탕으로 소련 사회의 스딸린주의 정치 체제의 성격을 파헤치고 그 미래를 전망한 뜨로츠키의 대표적 정치분석서.

14. 포스트모더니즘 이후의 정치와 문화

마이클 라이언 지음 / 나병철 · 이경훈 옮김

마르크스주의와 해체론의 연계문제를 다양한 현대사상의 문맥에서 보다 확장시키는 한편, 실제의 정치와 문화에 구체적으로 적용시키는 철학적 문화 분석서.

15. 디오니소스의 노동 · I

안토니오 네그리 · 마이클 하트 지음 / 이원영 옮김

'시간에 의한 사물들의 형성'이자 '살아 있는 형식부여적 불'로서의 '디오니소스의 노동', 즉 '기쁨의 실천'을 서술한 책.

16. 디오니소스의 노동 · II

안토니오 네그리 · 마이클 하트 지음 / 이원영 옮김

이딸리아 아우토노미아 운동의 지도적 이론가였으며『제국』의 저자인 안또니오 네그리와 그의 제자이자 가장 긴밀한 협력자이면서 듀크대학 교수인 마이클 하트가 공동집필한 정치철학서.

17. 이딸리아 자율주의 정치철학 · 1

쎄르지오 볼로냐 · 안또니오 네그리 외 지음 / 이원영 편역

이딸리아 아우또노미아 운동의 이론적 표현물 중의 하나인 자율주의 정치철학이 형성된 역사적 배경과 맑스주의 전통 속에서 자율주의 철학의 독특성 및 그것의 발전적 성과를 집약한 책.

19. 사빠띠스따

해리 클리버 지음 / 이원영 · 서창현 옮김

미국의 대표적인 자율주의적 맑스주의자이며 사빠띠스따 행동위원회의 활동적 일원인 해리 클리버 교수(미국 텍사스 대학 정치경제학 교수)의 진지하면서도 읽기 쉬운 정치논문 모음집.

20. 신자유주의와 화폐의 정치

워너 본펠드 · 존 홀러웨이 편저 / 이원영 옮김

사회 관계의 한 형식으로서의, 계급투쟁의 한 형식으로서의 화폐에 대한 탐구, 이 책 전체에 중심적인 것은, 화폐적 불안정성의 이면은 노동의 불복종적 권력이라는 것을 이해하는 것이다.

21. 정보시대의 노동전략 : 슘페터 추종자의 자본전략을 넘어서

이상락 지음

슘페터 추종자들의 자본주의 발전전략을 정치적으로 해석하여 자본의 전략을 좀더 밀도있게 노동의 관점에서 분석하고 또 이로부터 자본주의를 넘어서려는 새로운 노동전략을 추출해 낸다.

22. 미래로 돌아가다

안또니오 네그리 · 펠릭스 가따리 지음 / 조정환 편역

1968년 이후 등장한 새로운 집단적 주체와 전복적 정치 그리고 연합의 새로운 노선을 제시한 철학 · 정치학 입문서.

23. **안토니오 그람시 옥중수고 이전**

리처드 벨라미 엮음 / 김현우 · 장석준 옮김

『옥중수고』 이전에 씌어진 그람시의 초기저작. 평의회 운동, 파시즘 분석, 인간의 의지와 윤리에 대한 독특한 해석 등을 중심으로 그람시의 정치철학의 숨겨져 온 면모를 보여준다.

24. **리얼리즘과 그 너머 : 디킨즈 소설 연구**

정남영 지음

디킨즈의 작품들에 대한 치밀한 분석을 통해 새로운 리얼리즘론의 가능성을 모색한 문학이론서.

31. **풀뿌리는 느리게 질주한다**

시민자치정책센터

시민스스로가 공동체의 주체가 되고 공존하는 길을 모색한다.

32. **권력으로 세상을 바꿀 수 있는가**

존 홀러웨이 지음 / 조정환 옮김

사빠띠스따 봉기 이후의 다양한 사회적 투쟁들에서, 특히 씨애틀 이후의 지구화에 대항하는 투쟁들에서 등장하고 있는 좌파 정치학의 새로운 경향을 정식화하고자 하는 책.

피닉스 문예

1. **시지프의 신화일기**

석제연 지음

오늘날의 한 여성이 역사와 성 차별의 상처로부터 새살을 틔우는 미래적 '신화에세이'이다.

2. **숭어의 꿈**

김하경 지음

미끼를 물지 않는 숭어의 눈, 노동자의 눈으로 바라본 세상! 민주노조운동의 주역들과 87년 세대, 그리고 우리 시대에 사랑과 희망의 꿈을 찾는 모든 이들에게 보내는 인간 존엄의 초대장!

3. **볼프**

이 헌 지음

신예 작가 이헌이 1년여에 걸친 자료 수집과 하루 12시간씩 6개월간의 집필기간, 그리고 3개월간의 퇴고 기간을 거쳐 탈고한 '내 안의 히틀러와의 투쟁'을 긴장감 있게 써내려간 첫 장편소설!

4. **길 밖의 길**

백무산 지음

1980년대의 '불꽃의 시간'에서 1990년대에 '대지의 시간'으로 나아갔던 백무산이 '바람의 시간'을 통해 그의 시적 발전의 제3기를 보여주는 신작 시집.

 카이로스총서3

아나키스트의 초상
Anarchist Portraits

지은이 폴 애브리치
옮긴이 하승우

펴낸이 조정환 장민성
책임운영 신은주 편집부 이택진 마케팅 오주형

펴낸곳 도서출판 갈무리 등록일 1994. 3. 3. 등록번호 제17-0161호
용지 화인페이퍼 인쇄 한영문화사 제본 영신사
초판인쇄 2004년 8월 18일 초판발행 2004년 9월 19일

주소 서울 마포구 서교동 375-13 성지빌딩 101호 (121-839)
전화 02-325-1485 팩스 02-325-1407
website http://galmuri.co.kr   e-mail galmuri@galmuri.co.kr

ISBN 89-86114-70-4 / 89-86114-63-1 (세트) 04300
값 16,900원